Annette Kossow

Malta

mit Gozo

IWANOWSKI'S REISEBUCHVERLAG

Im Internet:

www.iwanowski.de

Hier finden Sie aktuelle Infos zu allen Titeln, interessante Links – und vieles mehr!

Einfach anklicken!

Schreiben Sie uns, wenn sich etwas verändert hat. Wir sind bei der Aktualisierung unserer Bücher auf Ihre Mithilfe angewiesen.

info@iwanowski.de

Malta

4., aktualisierte Auflage 2009

Salm-Reifferscheidt-Allee 37 • 41540 Dormagen
Telefon 0 21 33/26 03 11 • Fax 0 21 33/26 03 33
E-Mail: info@iwanowski.de
Internet: www.iwanowski.de

Titelbild: Marsaxlokk, Dr. Volkmar Janicke, München
Alle anderen Farb- und Schwarzweißabbildungen: Annette Kossow
Redaktionelles Copyright, Konzeption und dessen ständige Überarbeitung:
Michael Iwanowski
Layout: Monika Golombek, Köln
Karten: Palsa Graphik, Lohmar
Reisekarte: Astrid Fischer-Leitl, München
Titelgestaltung sowie Layout-Konzeption: Studio Schübel, München

Gesamtherstellung: B.O.S.S Druck und Medien, Goch
Printed in Germany

ISBN: 978-3-933041-53-1

Inhaltsverzeichnis

Überblick

Überblick

! **Die grünen Seiten: Das kostet Sie das Reisen auf Malta**

4. VALLETTA UND UMGEBUNG 165

5. RUND UM DEN GRAND HARBOUR 202

6. RUND UM DEN MARSAMXETT HARBOUR 220

7. DIE NÖRDLICHEN LANDESTEILE 226

Reiserouten

Reiserouten

Verzeichnis der Karten

Interessantes

Sprachlegende

Bahar ic-Caghaq Bay	[baha:r itsch-scha-ra]	Mnajdra	[im-naidra]
Birzebbuga	[birsebbu:dscha]	Mqabba	[im-habba]
Birgu	[birdschu]	Munxar	[munschar]
Borg in-Nadur	[bordsch in-nadu:r]	Naxxar	[nascha:r]
Bugibba	[budschibba]	Siggiewi	[si-dschi-äwi]
Ggantija	[dschi:ganti:ja]	Ta' Cenc	[ta-tschensch]
Ghadira	[aadira]	Ta' Hagrat	[ta hadschrat]
Ghajnsielem	[einsiä-lem]	Tarxien	[tarschi:en]
Ghajn Tuffieha	[ai:n tuffi:ha]	Ta' Xbiex	[ta-schbi-esch]
Gharb	[aarb]	Tas-Silg	[tas sildsch]
Ghar Dalam	[aar-dalam]	Qawra	[aura]
Gharghur	[a:ru:r]	Qrendi	[rendi]
Ghar Lapsi	[a:r lapsi]	Qormi	[ormi]
Gozo oder „Ghawdex"	[audesch]	Xemxija	[schem-schija]
Hagar Qim	[hadschar-in]	Xewkija	[scheki:ja]
Luqa	[luha]	Xghajra	[scheira]
Mdina	[im-di:na]	Xlendi	[schlendi]
Mellieha	[melli-äha]	Zabbar	[sabar]
Mgarr	[im:dscharr]	Zebbug	[se:budsch]
Marsaskala	[marsa-skala]	Zetjun	[seitu:n]
Marsaxlokk	[marsa-schlokk]	Zurrieq	[surri:ä]

Legende

Autobahn/beschriebene Route	Post
Hauptstraße/beschrieb. Route	Toiletten
Nebenstraße/beschrieb. Route	Krankenhaus
Ortschaften	Einkaufsmöglichkeit
Sehenswürdigkeiten	Markt
Berge	Kirche
Aussichtspunkt	Kathedrale
Flughafen	Kloster
Hafen	Moschee
Jachthafen	wichtiges Gebäude
Strand	hist. Gebäude/Palast
Fähre	Museum
Ausflugsboot	Bibliothek
Busbahnhof	Theater
Parkplatz	Casino
Denkmal	Hotel
arch. Ausgrabungen	Restaurant
Ruinen	Bar/Club/Disco
Höhlen	Universität
Leuchtturm	Garten/Park
Windmühle	Golfplatz
Turm	Tauchrevier
Fort	Wandermöglichkeit
Information	Heli-Port

I. EINLEITUNG

Die Inselrepublik Malta besteht aus den drei bewohnten Inseln Malta, Gozo und Comino und liegt 93 km von Sizilien und 288 km von Tunesien entfernt. Die Inseln sind außerordentlich dicht bevölkert und äußerst vegetationsarm. Es gibt weder Flüsse noch Seen, Wälder oder Berge, der höchste Punkt Maltas erreicht knapp 260 m. Zur Besiedlung reizt seit Jahrtausenden nur die überaus günstige Verkehrslage im Mittelmeer. Im Nordosten und Südosten gibt es einzigartige Naturhäfen, im Süden und Südwesten sind die Küsten steil und unzugänglich. Der Westen und Norden Maltas werden von Farmland und von Stränden geprägt. Dorthin zieht es im Sommer die Urlauber.

günstige Lage im Mittelmeer

In landschaftlicher Hinsicht ist Malta ein Land, dessen Schönheit sich erst auf den zweiten Blick offenbart. Um mit der Insel warm zu werden, muss man Steine lieben. Die üblichen Vorstellungen von romantischer mediterraner Landschaft treffen hier nicht zu. Malta ist während des größten Teil des Jahres karg und vertrocknet. Schon die Ritter waren bei ihrer Ankunft zunächst enttäuscht: „Nichts weiter als ein Felsen" sei die Insel.

Die strategische Lage im Schnittpunkt wichtiger Handels- und Schiff-Fahrts-Linien zwischen Europa, Afrika und dem Nahen Osten hat den Archipel immer wieder zum Ziel für Angreifer gemacht, die jahrhunderte-, wenn nicht gar jahrtausendelang Maltas Schicksal bestimmten. Lässt man heute den Blick über das kleine, sonnige Eiland schweifen, kann man sich nur schwerlich die brutale Vergangenheit vorstellen. Bis Malta 1964 die Unabhängigkeit erreichte, wechselten die Besitzer häufig: Phönizier, Römer, Araber und Normannen, Ritter und Briten – sie alle waren hier und sie alle hinterließen ihre Spuren. Vor allem der britische Einfluss – von 1800 bis 1964 war Malta Kolonie Großbritanniens – ist auch heute noch in vielerlei Hinsicht deutlich. Seit 2003 ist Malta Mitglied in der EU, und Anfang 2008 wurde der Euro als offizielle Währung eingeführt; eine aufregende Zeit für Einheimische und Besucher zugleich.

Aufbruchstimmung

Von den verschiedenen Phasen der maltesischen Geschichte sind es vor allem zwei Epochen, die zu kulturellen Höhepunkten führten: Im 4. und 3. Jahrtausend v. Chr. – noch vor dem Bau der Pyramiden – entstanden beeindruckende Tempelanlagen, wobei die Tempel von Tarxien, Hagar Qim und Mnajdra auf Malta und Ggantija auf Gozo sowie das unterirdische Hypogäum Hal Saflieni besonders gut erhalten sind. Ihre „Erbauer" gehörten einem Volk an, das vor etwa 6.000 Jahren, von Sizilien kommend, auf Malta siedelte.
In der Neuzeit prägte der aus Rhodos vertriebene Johanniterorden während seiner fast 270 Jahre währenden Herrschaft (1530-1798) das Gesicht der Insel. Nach der heldenhaften Verteidigung Maltas bei der Türkenbelagerung im Jahre 1565 begannen die Ritter, die Insel zu einer einzigartigen Festung auszubauen – mit mächtigen Mauerwällen, riesigen Waffenarsenalen, Hospitälern und Palästen, Getreidelagern und zahllosen Kirchen. Die elegante Hauptstadt Valletta erhebt sich beeindruckend über dem Grand Harbour, einem tiefen natürlichen Hafen, wo heute die großen Kreuzfahrtschiffe aus aller Welt Station machen.

Kennzeichnend für Malta und Gozo sind neben der kargen und trockenen Landschaft die riesigen Kirchenkuppeln, die überwiegend in den letzten 200 Jahren errichtet wurden. Überall ragen sie aus dem Häusermeer auf, das vor allem die Mitte und den Osten des Landes bedeckt. Über 94 Prozent der Malteser leben in Städten, die kaum voneinander abgegrenzt sind, sondern nahtlos ineinander übergehen. Eine Landbevölkerung gibt es kaum noch. Der vorherrschende Baustil ist eine Mischung aus arabischen Flachdachhäusern, britischen Kolonialbauten und süditalienischem Gassengewirr. Diese drei Kulturbereiche bestimmen das Leben der Inseln.

drei Kulturbereiche

Malta ist jedoch nicht nur Kunst und Kultur. Durch das mediterrane Klima beginnt der Frühling auf Malta bereits viel früher als im übrigen Europa. Im Herbst kann man lange baden, und selbst im Winter beträgt die durchschnittliche Sonnenscheindauer sechs Stunden. Trotz der starken Bebauung sind die Landschaft und die Küstenabschnitte reizvoll, wie zum Beispiel die Dingli-Klippen und die Blaue Grotte im Süden der Insel. Des Weiteren lädt das kristallklare Wasser zum Schwimmen, zum Segeln oder zum Surfen ein. Die Küsten Maltas und Gozos gelten auch als traumhafte Tauchreviere. Für Urlauber bietet der maltesische Archipel eine fantastische Mischung aus historischen Sehenswürdigkeiten und den Attraktionen einer Sonnenschein-Insel.

Sowohl auf Malta als auch auf Gozo gibt es ausgezeichnete Hotels und zahlreiche gute Restaurants, die sich vielfach auf maltesische Küche spezialisiert haben.

Maltas Nachbarinsel Gozo wird von den meisten Urlaubern nur in Form eines Tagesausfluges aufgesucht. Oft als kleine Schwester Maltas bezeichnet, bietet sich Gozo für ausgedehnte Spaziergänge an, denn die Insel ist wesentlich grüner und ruhiger als Malta. Hier liegt das landwirtschaftliche Zentrum der Inseln. Der für Malta typische Terrassenbau, der vor rund 1.000 Jahren von den Arabern eingeführt wurde, ist dort besonders ausgeprägt. Gozo produziert einen Großteil der Lebensmittel, darunter Milch und Käse, Getreide und Wein. Wälder gibt es auf Gozo aber ebenso wenig wie auf Malta, von den Buskett Gardens bei Rabat abgesehen.

Nachbarinseln

Noch ruhiger ist es auf Comino, der mit 2,7 km^2 kleinsten Insel des maltesischen Archipels. Wer wirklich nur entspannen und das herrliche Klima genießen möchte, ist dort gut aufgehoben.

Der maltesische Archipel stellt mit seiner Kultur und Natur, seinem herrlichen Klima und liebenswerten, Menschen ein ideales Reiseland rund ums Jahr dar. Ich wünsche Ihnen eine gute Erholung und viel Spaß bei der Entdeckung dieser schönen Inseln.

Annette Kossow

Malta auf einen Blick

Staatsname	Repubblika ta'Malta – Republic of Malta
Flagge	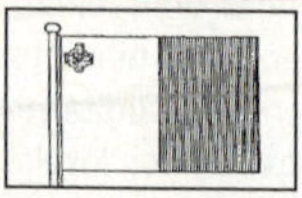 weiß-rot, Georgskreuz auf weißem Feld  Wappen
Staatsform	Parlamentarische Republik (seit 1974) im britischen Commonwealth.
Regierungschef	Präsident Edward Fenech-Adami (seit 2004)
Staatspräsident	Premierminister Lawrence Gonzi (seit 2004), geb. 1.7.1953
Parlament	Repräsentantenhaus mit mindestens 65 für fünf Jahre vom Volk direkt gewählten Abgeordneten
Hauptstadt	Die Hauptstadt Maltas ist Valletta.
Gliederung	6 Bezirke
Internationale Mitgliedschaften	UN und fast alle UN-Sonderorganisationen, Commonwealth, Europarat, EU (seit 2003)
Lage	Der maltesische Archipel, bestehend aus den Inseln Malta, Gozo und Comino, liegt im Mittelmeer, 93 km südlich von Sizilien, 288 km östlich von Tunis.
Größe	Die Gesamtfläche beträgt 316 km^2 (Malta: 246 km^2, Gozo 67 km^2, Comino 2,7 km^2). Das Staatsgebiet ist damit halb so groß wie beispielsweise das Land Hamburg. Malta ist vom südöstlichsten bis zum nordwestlichsten Punkt 27 km lang, die größte Breite in ostwestlicher Richtung beträgt 14,5 km. Für Gozo sind die entsprechenden Maße 14,5 km und 7,2 km.
Küstenlinie	Maltas Küstenlinie beträgt 137 km, die Küstenlinie Gozos 43 km.
Bodenschätze	Mit Ausnahme von Meersalz und Naturstein verfügt Malta über keine Bodenschätze.
Klima	Das Klima ist warm und gesund. Es wehen weder kalte Winde, noch gibt es Nebel, Schnee oder Frost. Die Niederschlagsmenge während der kurzen Regenzeit beträgt 583 mm jährlich. Im Winter (November-April) beträgt die Temperatur durchschnittlich 14 Grad mit einer durchschnittlichen Sonnenscheindauer von 6,5 Stunden. Im Sommer (Mai-Oktober) liegt die Durchschnittstemperatur bei 23,1° C, und die Sonne scheint täglich 10,5 Stunden. Die heißeste Zeit ist von Juli bis September.

WIRTSCHAFT UND SOZIALES

Sprachen	Maltesisch (punisch-arabisches Idiom mit stark italienischem, besonders sizilianischem Einschlag). Englisch ist anerkannte Zweitsprache.
Religion	Römisch-katholisch (91 Prozent, sonstige 9 Prozent).
Bevölkerung	Bevölkerungszahl: Malta 403 000, Gozo 31.000. Überwiegend Malteser (Nachkommen von Italienern, Arabern und anderen Mittelmeervölkern) mit einer britischen Minderheit.
Einwohner pro km²	1240
Alphabetisierung	91,8 Prozent
BIP	€ 5,38 Mrd (2007)
Einwohner pro Arzt	890
Zeit	Mitteleuropäische Zeit
Währung	Euro (seit 2008)
Internationale Vorwahl	356

© graphic

2. LAND UND LEUTE

Geschichtlicher Überblick

Hinweis
*Der **Cultural Heritage Act** überwacht und reguliert das reiche kulturelle Erbe des maltesischen Archipels, www.heritagemalta.org*

Ur- und Frühgeschichte

erste Besiedlung

5200 v. Chr. Neolithische Zeit: Erste Besiedlung der Inseln durch Menschen aus Sizilien. Vor Hunderttausenden von Jahren verband eine Landbrücke den maltesischen Archipel mit Sizilien (nicht allerdings mit Afrika). Über diese Landbrücke müssen Menschen einer kleinen, langschädeligen Rasse (wahrscheinlich aus Anatolien stammend) eingewandert sein, mit denen die Geschichte Maltas beginnt. Diese ersten Siedler brachten Tiere mit. In der Nähe von Ghar Dalam wurden Skelette und schlichte Gebrauchsgegenstände gefunden, weshalb man eine Besiedlung in diesem Gebiet annimmt. Fischfang, Jagd, Feldbestellung bildeten die Ernährungsgrundlage dieses Nomadenvolkes. In Ghar Dalam fand man, teils versteinert und von Gestein umschlossen, teils lose herumliegend, eine große Anzahl an Knochen verschiedener Tiere: Braunbären, Flusspferde, Rothirsche, Zwergelefanten und Füchse.

4000-2500 v. Chr. Epoche der Tempelbauer: In dieser Zeit werden riesige, äußerst kunstvolle Steintempel gebaut (**Megalithkultur**), in denen die Erdmuttergottheit verehrt wird. Die Verzierungen sind von einzigartiger Formvollendung und Dekoration, die in Europa ihresgleichen sucht. Der Tempeldienst wird von Priesterinnen ausgeführt (Matriarchat). Es gibt Tier-, Rauch- und Trankopfer, später kommen Heilschlaf und Orakelsprüche dazu. Dem eigenen irdischen Dasein wurde anscheinend keine Bedeutung beigemessen, denn bis heute fand sich keine Spur eines profanen Lebens, kein Rest einer Stadtmauer, eines Königspalastes, einer Siedlung, ja nicht einmal der Grundriss eines Wohnhauses. Malta und Gozo waren zu jener Zeit noch bewaldet. Es ist denkbar, dass die Menschen dieser Epoche in bescheidenen Hütten aus Holz, in Zelten aus Häuten und Stoffen oder in Höhlen lebten. Sie betrieben Nutztierhaltung und Feldbau. Es wurden weder Spuren von Waffen noch von Gewalteinwirkung gefunden, deshalb nimmt man an, dass dieses Volk außerordentlich friedlich war. Im Laufe von etwa 1.500 Jahren errichtete es an rund 40 Stellen der Insel gewaltige Tempel. Diese sind die ältesten frei stehenden Steinbauten der Welt.

gewaltige Tempel

2500 v. Chr. Aus bisher nicht geklärten Gründen kommt die Megalithkultur zum Ende. Möglicherweise waren eine Epidemie oder eine Naturkatastrophe Ursache für die plötzliche Entvölkerung. Bis zur nächsten Kulturstufe, der **Bronzezeit** (ab ca. 2000 v. Chr.), waren die maltesischen Inseln unbewohnt.

2000 v. Chr. Bronzezeitliche Siedler (möglicherweise Flüchtlinge) kommen aus Sizilien und Unteritalien auf die Insel. Sie bringen Werkzeuge aus Metall, mit denen sie Fliehburgen und Dolmengräber errichten, sie treiben Handel und bauen ein seltsames Transportsystem im Fels (siehe Info-Kasten S. 271). Das Volk lebt in befestigten Dörfern auf Hügelkuppen, wie z.B. in Borg in-Nadur.

Die Phönizier

700 v. Chr. Phönizier nutzen Malta als Stützpunkt auf ihren langen Handelsreisen. Dieses intensiv Seehandel betreibende Volk gab der Insel den Namen „*Mlt*" (vermutlich „*malet*" oder „*melet*" ausgesprochen), was „Ankerplatz" oder „Zufluchtsort" bedeutet. Malta entwickelt sich zu einem wichtigen phönizischen Zwischenhafen zwischen dem östlichen Mittelmeer und den britischen Inseln und erlebt einen wirtschaftlichen Aufschwung.

intensiver Seehandel

Relikte der phönizisch-punischen Zeit sind auch heute noch in der maltesischen Sprache zu finden, und auch die Form der maltesischen Fischerboote (*Dghajsas*) geht auf diese Zeit zurück.

550-218 v. Chr. Karthager besiedeln Malta vom nordafrikanischen Karthago aus, das damals die wichtigste Kolonie Phöniziens in Nordafrika war. Es gelingt ihnen, die Insel gegen die griechischen Eroberungsversuche zu verteidigen, so dass die Griechen nie Herren auf Malta geworden sind.

Die Nähe der griechischen Kolonien auf Sizilien und die lebhafte griechische Seefahrt bleiben ohne größeren Einfluss auf Malta. Allerdings sollen zeitweilig sowohl griechische als auch punische Münzen hergestellt worden sein. Malta wird von der phönizisch-punischen Kultur dominiert. In der Nähe von Marsaxlokk (dem punischen Name für einen geschützt gelegenen Hafen) ensteht eine große, der Astarte geweihte Kultstätte.

Die blühende Landwirtschaft und ein reger Handel bescheren Malta wirtschaftlichen Aufschwung.

264-241 Erster Punischer Krieg zwischen Rom und Karthago

Die Römer

218 v. Chr. Im Zweiten Punischen Krieg zwischen Rom und Karthago werden Malta und Gozo (als Melite und Gaulus) Teil des römischen Weltreiches. Endgültig besiegelt wird dieses im Frieden von Zama (202 v. Chr.). Abgesehen davon, dass die der Astarte geweihte Kultstätte nun der Juno, der römischen Hauptgöttin, gewidmet wird, ändert sich für Malta nur wenig. Weiterhin ist die Insel wichtiger Warenumschlagplatz zwischen Afrika und Italien. Honig, Leinen, Weizen und Olivenöl werden dort verkauft. Für den Schiffbau werden riesige Mengen an Holz benötigt. Die ehemals bewaldete Insel verändert durch das Abholzen riesiger Waldflächen für immer ihr Gesicht.

Warenumschlagplatz

59 n. Chr. Der hl. Paulus erleidet Schiffbruch vor Malta und hält sich drei Monate auf den Inseln auf. Obwohl diese Überlieferung heutzutage vielfach angezweifelt wird, nimmt man jedoch an, dass in dieser Zeit der Grundstein zur Verbreitung des christlichen Glaubens gelegt wurde. Im 3. Jh. war die Mehrheit der Bevölkerung bereits christlich (siehe Info-Kasten S. 231).

römische Herrschaft

Bis zum 4. Jh. nach Chr. Das römische Reich besitzt fast alle Gebiete rund um das Mittelmeer. Während der römischen Herrschaft ist der Insel etwa 700 Jahre lang Frieden beschert. Für die Römer sind die Malteser anfänglich Barbaren, da sie weder lateinisch noch griechisch sprechen. Zunächst überlebt das Punische noch als Landessprache, und erst zögernd lösen sich die beiden Kulturen ab. Wie überall erbauen die Römer auch auf Malta Villen und Thermen, von denen einige wenige Spuren erhalten sind. Von den frühen Christen zeugen die zahlreichen Katakomben von Rabat. Unter den Römern blüht Malta auf. Antike Geschichtsschreiber rühmen die sicheren Häfen, die wohlhabenden Bewohner und vornehmen Häuser, die Herstellung weicher Tücher und die Honigproduktion. Große Bauwerke, Amphitheater, Tempel oder Aquädukte entstehen allerdings nicht.

395 Teilung des römischen Imperiums in ein ost- und in ein weströmisches Reich. Bereits 330 hatte *Konstantin d. Gr.* die Hauptstadt von Rom nach Byzanz (Konstantinopel) verlegt. Malta gehört zunächst zum weströmischen Reich, kirchlich jedoch zum Patriarchat Thessaloniki. In schriftlichen Quellen erscheint seit Ende des 4. Jh. zunehmend die Bezeichnung Malta. Die Zeit zwischen der römischen Herrschaft und der Ankunft der Normannen ist eine wenig untersuchte Epoche in der Geschichte Maltas. Vor Ankunft der Araber herrschte auf Malta das Christentum, wovon das „Martyriologum" des englischen Historikers und Theologen *Bede* (673-735) Zeugnis ablegt.

verschiedene Herrschaften

Um 440 Im Zuge der **Völkerwanderung** besetzen möglicherweise Vandalen die Insel.

476 Untergang des weströmischen Reiches. Malta wird von verschiedenen Herrschaften bestimmt.

6. Jh. Streitigkeiten zwischen den Ostgoten unter *Theoderich* in Italien und dem oströmischen Kaiser in Byzanz führen zu kriegerischen Auseinandersetzungen in Unteritalien. 533 wird Malta erobert und zusammen mit Sizilien dem Oströmischen Reich unter Kaiser Justinian (527-565) unterstellt. 340 Jahre lang wird Malta vom oströmischem Reich beeinflußt.

7./8. Jh. Verlust der Vormachtstellung des Byzantinischen Reiches. Malta und andere Insel- und Küstengebiete erleben einen wirtschaftlichen Niedergang.

Die Araber

870-1070 Arabische Herrschaft. Von Tunesien aus gelingt es arabischen Truppen, Malta einzunehmen. Bis 1070 können sie die Insel gegen die Byzantiner verteidigen. Malta bildet das Zentrum für den **See- und Sklavenhandel** zwischen Tunis, Syrakus und Alexandria. Die Hauptstadt Melite wird in Mdina (arab. Medina) umbenannt. Ein muslimischer Statthalter steht nun der Insel vor. Die Araber schufen nicht nur eine funktionierende Verwaltung, sondern vor allem auch eine ertragreiche Landwirtschaft, die mit Hilfe von Bewässerungssystemen und Terrassenfeldbau aufgebaut wird. Der Anbau von Baumwolle, Zitronen, Feigen, Orangen und Granatäpfeln geht auf diese Zeit zurück. Trotz der relativ kurzen Zeitspanne prägen die Araber die Insel in kultureller Hinsicht. Beispielsweise nahm die Sprache viele Einflüsse aus dem Arabischen auf, so dass sie heute dem in Tunesien gesprochenen Arabisch ähnlichst ist. 99 Prozent der Ortsnamen sowie Vor- und Familiennamen sind arabischen Ursprungs. Man nimmt an, dass sich die Araber nicht nur auf eine

Sprache arabisch beeinflußt

gewinnbringende Verwaltung beschränkten, sondern tatsächlich auf der Insel Fuß fassten. Eine christliche Gemeinschaft gibt es nach Ende der arabischen Herrschaft auf der Insel kaum mehr. Der Islam konnte offensichtlich noch bis in die Mitte des 13. Jh. relativ frei ausgeübt werden.

Die Normannen, Staufer und andere Herrscher

Die folgenden Jahrhunderte waren von verschiedenen Herrschern geprägt: Den Normannen und Staufern (1094-1268), Anjous und Aragonesen und schließlich vom vereinigten Spanien (1442-1530). Von den 25 Herrschern, die während dieses langen Zeitraumes Landesväter der maltesischen Inseln waren, sind nur drei jemals dort gewesen. Malta wurde entweder von direkten Vertretern des Königs oder von Lehnsherren mit dem Titel eines Grafen oder Marquis verwaltet.

1090 Die Normannen vertreiben die Araber. Nach der Eroberung Siziliens von 1060-1090 nimmt *Roger I. de Hauteville* aus der Normandie (1031-1101) im Jahre 1091 Malta ohne großen Widerstand ein. Malta wird Teil des sizilianischen Königreiches. *Roger* führt das Christentum wieder auf Malta ein. Die arabische Bevölkerung und der Statthalter werden tributpflichtig. Um *Roger I.* drehen sich viele romantisierende Legenden, die ihn als gerechten, weisen und beliebten Herrscher darstellen. Andere Quellen besagen, dass er die Insel plünderte, mit hohen Steuerabgaben belegte und, sich selbst als „overlord" bezeichnend, nach Sizilien zurückkehrte. Erst Rogers Sohn *Roger II.* (1095-1154) ermöglicht durch großzügige Gesetze das Zusammenleben von Muslimen, katholischen und griechisch-orthodoxen Christen.

Roger I. de Hauteville

1127-1130 *Roger II.* erhebt die Grafschaft Sizilien 1127 zum Königreich, das er vom Papst als Lehen erhält. Diesem neuen Königreich gehört neben Unteritalien auch Malta an. *Roger II.* gibt seinem Reich eine neue Rechtsordnung. Malta erhält einen eigenen Adelsrat, den „**Consiglio popolare**" (siehe Info-Kasten S. 255), und den einzelnen Dörfer wird ein Gemeinderecht zugesprochen. Die Wirtschaft und das soziale Leben blühen.

1175 Bei einem Besuch auf Malta findet der Bischof von Straßburg ein friedliches Miteinander von Christen und Moslems vor. Die Mehrzahl der 10.000 Einwohner sind zu dieser Zeit noch Moslems. Um 1240 dagegen werden nur noch 83 muslimische Familien auf Malta gezählt.

1194 Nach dem Untergang des Normannenreiches, bedingt durch den Tod *Tankreds*, dem letzten männlichen Nachfolger dieser Dynastie, übernehmen die deutschen Staufer die Herrschaft. *Konstanze*, die Tochter Roger II. und Erbin des Normannenreiches, heiratet 1186 *Heinrich VI.* (Sohn des Kaiser *Friedrich Barbarossa*), wodurch das Königreich Sizilien an die Staufer fällt.

1265 Im Jahre 1250 stirbt *Friedrich II.*. 1224 hatte er die muslimische Bevölkerung auf Malta zur Annahme des christlichen Glaubens gezwungen. Unter Friedrichs Nachfolgern *Konrad IV.* und *Manfred* erlischt das Stauferreich. *Karl von Anjou*, der Bruder des französischen Königs *Ludwig IX.*, erhält vom Papst Neapel, Sizilien und Malta als Lehen.

Sizilianische Vesper

1282 In der „Sizilianischen Vesper" schüttelt Sizilien die französische Fremdherrschaft ab. 1282 fallen Sizilien und Malta an das spanische Königreich von Aragon.

1350 Die Könige von Aragon geben die Insel sizilianischen Adligen (mit dem Titel eines Grafen bzw. Herzogs von Malta) zum Lehen. Vorwiegend waren diese rasch wechselnden Lehnsherren an der Eintreibung von Steuern interessiert. Unruhen in der Bevölkerung waren die Folge. Auf Drängen der maltesischen Bevölkerung unterstellt *Ludwig von Aragon* Malta der direkten Königsherrschaft. Zwischen 1393 und 1397 wird die Insel trotzdem wieder als Lehen vergeben, was zu erneuten Auseinandersetzungen zwischen verschiedenen sizilianischen Adelsfamilien führt. Ab 1350 siedeln Religionsgemeinschaften auf Malta, zunächst die Augustiner, dann die Franziskaner und die Karmeliter.

Bevölkerungsunruhen

1397 Urkundlich besiegelt erhält Malta den Status einer Krondomäne mit Lehensverbot. Königsbeamte erhalten die Aufsicht über die Insel, aber auch die **Università**, das Selbstverwaltungsorgan, erhält mehr Einfluss.

1419/20 König *Alfons V.* (1416-1458), sonst der „Weise" genannt, verpfändet die Inseln für 30.000 Goldgulden, worauf es in den Folgejahren zu verschiedenen Aufständen kommt.

1427/1428 Den Maltesern gelingt es schließlich, sich „freizukaufen" und sich wieder unmittelbar der Krone *Alfons V.* zu unterstellen. Als Gegenleistung muss sich dieser verpflichten, Malta niemals wieder zu verpfänden. Urkundlich wird dieses in einem Freiheitsbrief von 1428 bestätigt.

Die direkte aragonesische und später vereinigte spanische Herrschaft dauerte von 1427 bis 1530, als König *Karl V.* die maltesischen Inseln dem Johanniterorden als neuen Sitz zur Verfügung stellte.

1429 Piraten greifen die Insel an und richten große Zerstörungen an.

1469 Durch die Heirat von *Ferdinand von Aragon* mit *Isabella von Kastilien* wird der Grundstein zum spanischen Weltreich gelegt. Malta dient dem expandierenden Spanien als Stützpunkt, um die stets schwelende Gefahr durch die Türken abzuwehren.

spanisches Weltreich

1516 Vereinigung des spanischen und des habsburgischen Reiches. *Karl I.* aus dem Hause Habsburg wird spanischer König. 1519 wird er als *Karl V.* deutscher König und später Kaiser des Hl. Römischen Reiches. Das osmanische Reich beherrscht zeitgleich das gesamte östliche Mittelmeer. Seit der Eroberung von Konstantinopel (1453) nimmt die Bedrohung Südwest- und Mitteleuropas zu.

1524 Eine Kommission des Johanniterordens besucht Malta auf der Suche nach einer neuen Heimat. Die Johanniter waren 1522 von den Türken von der Insel Rhodos vertrieben worden. Ihnen gefielen die natürlichen Häfen, aber ansonsten erschien ihnen die Insel verwahrlost: Piratenüberfälle, Dürreperioden und hohe Steuerlasten hatten zu einem wirtschaftlichen und kulturellen Niedergang geführt. Bei Ankunft der Ritter zählte die Insel etwa 20.000 Einwohner.

Die Ritter

Zwischen 1530 und 1798 residierte der Johanniterorden auf Malta. Nachdem die Megalithkultur einen ersten Höhepunkt in der kulturellen Entwicklung der Insel dargestellt hatte, kam es weder unter den Phöniziern, Karthagern, Griechen, Römern oder Arabern zu einer nennenswerten eigenständigen Kultur. Erst unter den Rittern entstand eine zweite eigenständige Hochkultur des Landes.

zweite Hochkultur

INFO Der Johanniterorden/Malteserorden

1050 Jerusalem

Der Orden entstand etwa um das Jahr 1050. Es sollen Kaufleute aus der alten Seerepublik Amalfi gewesen sein, die vom Kalifen von Ägypten die Genehmigung erhielten, in Jerusalem eine Kirche, ein Konvent und ein Hospital zu errichten, in dem den Pilgern ohne Unterschied des Glaubens und der Rasse Schutz und Obdach gewährt werden sollte. 1099 wurde Jerusalem im Zuge des Ersten Kreuzzuges erobert. Verwundete Ritter wurden im Hospiz gepflegt und später spendeten sie dem Orden große Ländereien. Die Krankenpflege konnte dadurch weiter ausgebaut und die Organisation des Ordens verbessert werden.

Der Orden vom hl. Johannes zu Jerusalem – die Klostergemeinschaft, die mit der Leitung des Hospitals betraut wurde, – erlangt unter der Leitung des Seligen Bruders *Gerhard Sasso* die Unabhängigkeit. Mit der Bulle vom 15. Februar 1113 erkennt Papst *Paschalis II.* das Hospital als kirchlichen Orden an und stellt ihn unter den Schutz des Hl. Stuhles. Diese Bulle ist die Grundlage der rechtlichen Eigenständigkeit des Ordens. Der Orden erhält den Titel „Hospitaliter des hl. Johannes von Jerusalem". Er ist nur dem Papst unterstellt, braucht keine Abgaben an die Kirche zu zahlen und wählt sein Oberhaupt selbst.

Mit der Gründung des Köngreiches von Jerusalem durch die Kreuzritter wächst dem Orden die Aufgabe des militärischen Schutzes der Kranken, der Pilger und der eroberten muselmanischen Gebiete zu.

So erwarb der Orden den Charakter eines zugleich religiösen und militärischen Ritterordens. Die drei monastischen Gelübde Armut, Keuschheit und Gehorsam waren die obersten Verpflichtungen des Ordens. Als Zeichen wird das achtspitzige schwarz-weiße Johanneskreuz angenommen.
Zum Hospitaldienst kommt der militärische Auftrag zum Schutz des Christentums hinzu. Bald wurden weitere Hospize errichtet, so z.B. in Marseille, Bari und Messina. Die ursprünglichen Ordenspflichten waren die Nächstenliebe, die Verpflichtung gegenüber den Armen und die Pflege der Verwundeten und der Kranken der Kreuzzüge. Hinzu kamen militärische Aufgaben, die dem Schutz der Pilger nach Jerusalem dienten sowie dem Kampf gegen die „Ungläubigen".

Das Johanniter-/Malteserkreuz

1137 wurde die Ordensregel geändert, und die Brüder verstehen sich fortan als **„Milites Christi"** (Soldatenmönche). Von ihren Besitzungen und Burgen aus nehmen sie den Kampf gegen die muslimischen Herrscher auf. Bis 1187 gelang es ihnen, Jerusalem erfolgreich zu verteidigen, bis sie von *Sultan Saladin* von Ägypten und Syrien vertrieben wurden. Die Ordensritter wich nach Akko an die Küste aus, wo sie für die nächsten hundert Jahre blieben. 1291 verloren sie Akko und zogen daraufhin endgültig aus dem Heiligen Land ab.

1310 Rhodos

Nach dem Verlust der letzten Bastion im Heiligen Land, zieht sich der Orden zunächst nach Zypern und dann, im Jahre 1310, unter der Leitung des Großmeisters *Fra Foulques de Villaret* auf die Insel **Rhodos** zurück, das ihnen vom Papst als offizieller Besitz bestätigt wird. Sie bauen die Insel zu einer großen Festung aus mit einem Großmeisterpalast, „Auberges" (Herbergen) für die Landsmannschaften und einem Krankenhaus. Zur Verteidigung der christlichen Welt bauen sie eine mächtige Flotte auf, mit der sie das östliche Mittelmeer kontrollieren. Es kommt zu zahlreichen ruhmreichen Seeschlachten. Von Rhodos aus unternahmen die Ritter, nun auch zu einer potenten Seestreitmacht aufgestiegen, Beutezüge (vornehm „Karawanen" genannt) durch das ganze Mittelmeer. Diese dienten einerseits als Finanzspritze für den Orden, andererseits um den christlichen Anspruch auf die Stätten im Heiligen Land aufrecht zu erhalten. Aus Europa erhielten die Ritter dabei reiche Unterstützung.

Möglicherweise als Folge der außerordentlich strengen Ordensregeln, galten die Ritter als kriegslustig und gewalttätig. Überfälle auf die umgebenen muslimischen Gebiete waren an der Tagesordnung. Die dadurch provozierten Gegenmaßnahmen der Türken konnten sie jedoch bis zum Anfang des 16. Jh. stets abwenden. Die von Anfang an durch päpstliche Dekrete garantierte Unabhängigkeit von anderen Staaten sowie das allgemein anerkannte Recht, bewaffnete Streikräfte zu unterhalten, bilden die Grundlage für die internationale Anerkennung der Souveränität des Ordens.

Die Verwaltung des Ordens

Nur Adlige konnten Ordensritter werden. Sie mußten zunächst eine zweijährige Probezeit als Novizen absolvieren, die je zur Hälfte in der Krankenpflege und als Kämpfer auf einer Galeere zu leisten war. Im Alter von 20-23 Jahren wurden sie nach erfolgreich bestandener Probezeit zum „Rechtsritter". Die vornehmsten Ritter aus fast allen großen Adelsgeschlechtern Europas gehörten dem exklusiven Orden an, der nie mehr als 500 bis 600 Mitglieder zählte.

Dem Orden stand ein **Großmeister** vor: Vom Generalkapitel (der Versammlung sämtlicher Ritter, die in Europa oder im Heiligen Land leben) gewählt, hatte er bis zu seinem Lebensende absolute Stimmgewalt über den Orden. Ihm schuldeten alle Ritter unbedingten Gehorsam. Zugleich war der Großmeister Vorsitzender des Konvents, oberster Richter und oberster Feldherr. Der Großmeister hatte das Recht, Münzen zu prägen, und wie ein Landesfürst unterhielt er diplomatische Beziehungen zu anderen Staaten.

Die Ordensmitglieder, die aus allen Teilen Europas nach Rhodos kamen, gliederte sich mit Beginn des 14. Jh. in „langues" (= **Zungen**). Die „Zungen" bildeten sich aufgrund der verschiedenen Sprachen und Nationalitäten. Zunächst waren es die sieben „Zungen": Provence, Auvergne, Frankreich, Italien, Aragon (Navarra), Schottland, Irland und Deutschland. Im Jahre 1492 trennen sich Kastilien und Portugal von Aragon und bilden eine eigene „Zunge". Jede „Zunge" wurde von einem sogenannten Pilier geführt, der mit einzelnen Führungsposi-tionen betraut und Mitglied des Konventes war. So hatte beispielsweise der Pilier der französischen „Zunge" die Leitung über den Krankenpflegedienst, der Pilier der italienischen Zunge war der Admiral der Ordensflotte.

Der Pilier der deutschen „Zunge" war mit der Oberaufsicht über alle Festungsbauten betraut. Jede „Zunge" besaß ihre eigene Herberge (Auberge) mit eigenen Wohnquartieren. Die Piliers mussten die Herbergen aus eigenen Mitteln finanzieren. Unter den „Zungen" herrschte oft Rivalität. So wurde beispielsweise um die Errichtung der prächtigsten Gebäude gewetteifert. Das Weltgeschehen hingegen hatte nur geringen Einfluss auf das Einvernehmen untereinander, selbst wenn die Heimatländer der einzelnen „Zungen" miteinander im Krieg lagen. Die englische „Zunge" wurde 1534 von *Heinrich VIII.* verboten, bestand aber „theoretisch" weiter. Ihr wurden später die polnische und die bayrische „Zunge " angeschlossen.

1530 Malta

Suleiman (der Prächtige) wurde 1521 zum Sultan gekrönt. Er verlangte von den Rittern, seine Herrschaft über Rhodos anzuerkennen. *Philippe Villiers de L'Isle Adam*, der 1522 zum Großmeister gewählt wird, lehnt dies ab. Es kommt zum Krieg. Nach sechs Monaten Belagerung und schweren Kämpfen mit dem mächtigen und überlegenen Heer von Sultan Suleiman müssen die Ordensritter im Jahr 1523 die Insel Rhodos räumen. Während der folgenden Jahre gebietet der Orden über kein eigenes Territorium. Ohne festen Wohnsitz siedeln die Johanniter übergangsweise in Messina, Viterbo, Marseille und in Nizza. Im Jahr 1530 nimmt Großmeister *Fra Philippe de Villiers de L'Isle Adam* die Insel Malta (zusammen mit Tripolis in Nordafrika) in Besitz, die Kaiser *Karl V.* mit Zustimmung von Papst *Clemens VII.* dem Orden als Lehen übergibt. Für *Karl V.*, der in diesem Jahr zum Kaiser gekrönt wurde, stellte Malta einen wichtigen militärischen Stützpunkt zur Verteidigung seiner Besitzungen in Sizilien dar. Bei der Übergabe wird vereinbart, dass der Orden bei kriegerischen Auseinandersetzungen zwischen christlichen Nationen neutral zu bleiben hat.

Großmeister L'Isle Adam

Die Ritter fanden eine verarmte, kahle und vertrocknete Insel und feindselige Einheimische vor. Die Adligen der Insel lebten vorwiegend in Mdina. In den 200 Jahren zuvor hatten sie ihre Selbstverwaltung erheblich erweitert und waren deshalb von der Ankunft der Ritter wenig begeistert. Die Bevölkerung, an Fremdherrschaft und Ausbeutung durch andere Völker gewöhnt, stand den neuen Herrschern ebenfalls kritisch gegenüber. Die Ritter ihrerseits waren beim Anblick Maltas geradezu entsetzt. Anfänglich sahen sie die Insel nur als eine Art Übergangsquartier an, da sie noch immer hofften, nach Rhodos zurückkehren zu können.

Die ersten zwei Jahre ließen sie sich in Mdina nieder, schlugen dann aber ihr Hauptquartier unweit des Großen Hafens auf. Auf der Höhe der Halbinsel Birgu stand bereits ein kleines Fort, das sie zum Fort St. Angelo ausbauten. Auf der Landseite gegenüber entstand Fort St. Michael. An der Spitze der Halbinsel Sciberras wird Fort St. Elmo gebaut, welches die bedeutendste militärische Anlage werden sollte. Die Ritter brachten den Handel auf Malta wieder in Gang, sie bauten Hospitäler und errichteten vor allem Befestigungsanlagen. Dieses brachte Arbeit und Brot für die einheimische Bevölkerung. Spenden aus ganz Europa, Einkünfte aus den eigenen großen Besitzungen und die Beute aus den Kaperfahrten erbrachten die notwendigen finanziellen Mittel. Die großen Verteidigungsanlagen waren wegen der wiederkehrenden Angriffe der Türken und der Piraten äußerst wichtig. 1565 kam es zur letzten großen Entscheidungsschlacht, als die Türken unter Suleiman dem Prächtigen versuchten, den Orden auch aus Malta zu vertreiben. Dieses Ereignis ging unter der Bezeichnung die **Große Belagerung** (siehe Info-Kasten S. 24) in die Geschichte ein. Große Teile Südosteuropas und die gesamte nordafrikanische Küste befanden sich bereits in türkischer Hand. Nach knapp viermonatiger Belagerung und heftigen Kämpfen zogen die Osmanen wieder ab. Die Ritter hatten nicht nur Malta erfolgreich verteidigt, sondern sich damit auch als „**Schild Europas**" erwiesen, der das Vordringen des Islam nach Italien und Spanien verhinderte.

Nach erfolgreichem Abschluss der „Großen Belagerung" wurde mit dem Bau einer neuen Hauptstadt auf der Halbinsel Sciberras begonnen. Dem Großmeister **Jean Parisot de la Valette** zu Ehren nannte man sie später Valletta. In der Folgezeit kam es zu einer Blüte der Architektur und des kulturellen Lebens auf Malta. Ein starker Zustrom von Menschen setzte ein, Handwerk, Handel, Kunst und Wissenschaft erblühten stärker noch als vor der Türkeninvasion. Paläste und Kirchen entstanden, Künstler, Techniker, Wissenschaftler und Kaufleute aus allen Herren Länder kamen nach Malta. Auch der Hafen und seine Einrichtungen wurden kräftig ausgebaut.
1571 kam es zur Seeschlacht von Lepanto. Die Flotte des Ordens, die als eine der mächtigsten des Mittelmeeres gilt, hat einen wesentlichen Anteil an dem endgültigen vernichtenden Sieg über die osmanische Seemacht. Mit steigendem Wohlstand schwand jedoch die Sicht für die ursprünglichen Aufgaben des Ordens. Im Verlauf der nächsten Jahrhunderte gerieten die moralischen Leitlinien allmählich in Vergessenheit, Hochmut, Disziplinlosigkeit und Ausschweifungen setzten ein.

1798 Exil
Im Jahr 1798 besetzt *Napoleon Bonaparte*, auf dem Weg nach Ägypten, Malta und zwingt die Ritter, die durch die Zusage, die Waffen nicht gegen Christen zu erheben, gebunden waren, die Insel zu verlassen. 1798 gingen einige Ritter nach Russland. Zar *Paul I.* übernahm dort bis zu seinem Tod 1801 vorübergehend (und ohne Zustimmung des Papstes) die Rolle des Großmeisters. Im Jahr 1800 besetzen die Engländer die Insel.

Trotz der Anerkennung der souveränen Rechte des Ordens über Malta durch die Vereinbarung von Amiens (1802) kann der Orden die Insel nie mehr in Besitz nehmen. Die Restitution des Ordens scheiterte an britisch-französischen Gegensätzen. Dies bedeutete das **Ende der Ordensherrschaft auf Malta**. 1805 stirbt der seit 1803 auf Sizilien residierenden vorerst letzte Großmeister *Giovanni Battista Tommasi.*

1834 Rom
Nachdem der Orden sich vorübergehend nach Messina, Catania und Ferrara zurückgezogen hatte, lässt er sich im Jahr 1834 endgültig in Rom nieder. Hier besitz er das unter dem Schutz der Exterritorialität stehende Großmeisterpalais in der Via Condotti 68 und eine Villa auf

dem Aventin. Obwohl der Orden über kein eigenes Land mehr verfügt und die Aufgaben rein humanitärer und karitativer Art sind, besteht der *„Sovereign Military Hospitaller Order of St John of Jerusalem, Rhodes and Malta"* bis auf den heutigen Tag fort. Erst 1879 ließ Papst *Leo XIII.* das Großmeisteramt wieder neu besetzen.

20. und 21. Jahrhundert

Die ursprüngliche Mission, der Hospitaldienst, ist nun wieder Hauptaufgabe des Ordens geworden. Er hat im Laufe des vergangenen Jahrhunderts durch die Aktivitäten der Großpriorate und der Assoziationen in aller Welt eine beachtliche Ausweitung erfahren. Der Orden betreibt Waisenhäuser, Krankenhäuser, Lepra-Stationen und Notfall- und Unfall-Hilfe (durch die bekannten abgeleiteten Organisationen wie dem Malteser-Hilfsdienst und die Johanniter-Unfall-Hilfe).

Derzeitig wird der *„Sovereign Military Hospitaller Order of St John of Jerusalem, Rhodes and Malta"* von dem Fürsten und Großmeister *Fra Andrew Bertie* geleitet.

Hinweis
Die Ausführungen beruhen auf dem Artikel über die Geschichte des Ordens, siehe www.orderofmalta.org

1530 Kaiser *Karl V.* bietet dem aus Rhodos vertriebenen Johanniterorden die maltesische Insel in Form eines „ewigen Lehens" und mit sämtlichen Herrschergewalten als Ordenssitz an. Die einzige Bedingung ist die jährliche symbolische Abgabe eines Falken. Damaliger Großmeister ist *Philippe Villiers de L'Isle Adam*. Der Orden nennt sich nun Malteserorden. Malta wird wieder christlich geprägt.

1540 Es kommt zu wiederholten Piratenangriffen, wobei die unzulänglichen Verteidigungsmöglichkeiten Maltas deutlich werden.

1551 Die kleine Nachbarinsel Gozo wird bei einem Piratenangriff verwüstet und über tausend Menschen werden in die Sklaverei verschleppt. Daraufhin entschließen sich die Ritter, die Verteidigungsanlagen im Grand Harbour von Malta zu erneuern und auszubauen. Verwüstung Gozos

1565 The Great Siege: Die türkische Flotte belagert vergeblich von Mai bis September den neuen Sitz der Ordensritter.

INFO Die Große Belagerung

Als **Great Siege**, die Große Belagerung, bezeichnet man die Belagerung der Insel durch die Türken (1565), eines der dramatischsten Kapitel der maltesischen Geschichte. Die Stadt Valletta gab es damals noch nicht, die Ritter lebten in Birgu, dem heutigen Vittoriosa. Die Großmeister, bereits fest mit einem osmanischen Angriff rechnend, hatten sich bald nach ihrer Ankunft um die Befestigung der Insel bemüht. Im Mai 1565 rückte eine gewaltige Streitmacht von über 30.000 Soldaten auf 200 Kriegsschiffen an. Ihnen standen nur etwa 540 Ritter und 18.000 Mann schlecht ausgebildeter Hilfstruppen gegenüber.

Die Türken rückten von der Marsaxlokk Bay aus gegen die Festung St. Elmo vor, um sich von dort Zugang in den Großen Hafen zu verschaffen. Ein fürchterliches Bombardement und unerbittliche, verlustreiche Anstürme gegen das Fort begannen. Nach vier Wochen mussten die Belagerten kapitulieren, keiner überlebte den Angriff. Danach bauten die Türken ihre Kanonen auf dem Mont Sciberras auf und beschossen von dort aus die Forts St. Angelo und St. Michael, wobei sie bis zu 200 kg schwere Steinkugeln verwendeten.

Am Dockyard Creek lag zu dieser Zeit der Haupthafen der Galeerenflotte der Ritter. Um die Einfahrt zu versperren, hatten sie eine mächtige geschmiedete Eisenkette quer über die Bucht gezogen. An den äußersten Uferfelsen sind noch Spuren dieser Barriere erkennbar. Alle Versuche der Türken, in den Großen Hafen zu gelangen, schlugen fehl. Fast drei Monate lang währte der Kampf. Zahlenmäßig waren die Ritter und ihre Hilfstruppen weit unterlegen. Im September, als die Johanniter bereits kapitulieren wollten, erreichte die Türken die Nachricht von der Landung eines Hilfskorps in der Mellieha-Bucht im Norden des Landes. Selbst geschwächt, überschätzten sie dessen Stärke und beschlossen den Rückzug.

Malta war gerettet und somit der Angriff der Türken auf das übrige Europa abgeschlagen. Die Ritter wurden als Helden Europas gefeiert und erhielten von allen Seiten Rat, Tat und finanzielle Hilfe, um Malta wieder aufzubauen. Man beschloss, auf der Halbinsel Sciberras eine ganz neue und rundum besser befestigte, absolut uneinnehmbare Stadt zu bauen, die, prächtiger und großzügiger als Birgu, zum neuen Sitz des Ordens werden sollte – eine Stadt „von Herren für Herren". Zu Ehren des Verteidigers von Birgu (fortan „Vittoriosa", „die Siegreiche" genannt) und Gründers der neuen Stadt, des Großmeisters *Jean de la Valette*, gab man ihr den Namen Valletta.Die Originalunterlagen der strategischen und taktischen Überlegungen und Maßnahmen während der Großen Belagerung findet man in der Nationalbibliothek in Valletta. Auch im Buchhandel gibt es eine reichhaltige Auswahl von Chroniken und Betrachtungen zum Thema.

1566 *Jean de la Vallette*, damaliger Großmeister des Ordens, gründet das nach ihm benannte Valletta. Dankbar für die erfolgreiche Abwehr der Türken, unterstützen europäische Großmächte Malta finanziell, um die Festungen zu einem militärischen Bollwerk auszubauen. Es entsteht eine befestigte Ordensstadt nach den Plänen des italienischen Architekten *Francesco Laparelli*. Bis zum Zweiten Weltkrieg bleibt die Stadt uneinnehmbar.

1571 Valletta wird Hauptstadt des Inselstaates und löst die alte Hauptstadt Mdina ab.

1572-1577 Die St. John's Co-Cathedral wird als Konventskirche des Ordens gebaut. Weiterhin entstehen der Großmeisterpalast, die Gebäude der Ordenszungen, das Ordenshospital, Pfarrkirchen und zahlreiche Privathäuser.

vorbildliche Krankenpflege

1574 Gründung der **Sacra Infermeria**. Durch seine vorbildliche Krankenbehandlung erlangt das Ordenshospital Weltruhm. Der Papst schickt Inquisitoren nach Malta, die bis 1798 in Vittoriosa leben. Ihre Aufgabe liegt in der Überwachung der Glaubenslehre und der Bestrafung von Ketzern. Vielfach richtet sich die Inquisation gegen Menschen, die z.B. in moslemischer Gefangenschaft zum Islam konvertierten.

1601-1622 Großmeister *Alof de Wignacourt* fördert Kunst und Wissenschaft.

1641 Ein Einfall türkischer Truppen kann abgewendet werden.
1643 Auf der Manoel Island im Marsamxett Harbour wird eine Isolierstation eingerichtet. Zurückkehrende Schiffsbesatzungen verbringen dort 40 Tage in Quarantäne. Die Gefahr der Ausbreitung von Seuchen soll dadurch verhindert werden.
1663-1680 Auf Veranlassung des Großmeisters *Nicolas Cotoner* werden die „Three Cities" (Cospicua, Senglea und Vittoriosa) durch eine Befestigungsmauer miteinander verbunden. Die sogenannten **Cottonera Lines** sind 4,5 km lang.
1676 Eine Pestepidemie tötet fast 10.000 Malteser. *Pestepidemie*
Um **1683** Viele der schönsten Barock-Gebäude entstehen.
1693 Bei einem schweren Erdbeben wird die normannische Bischofskirche aus dem 12. Jh. in Mdina zerstört.
1741-1773 Unter Großmeister *Manuel de Pinto de Fonseca* kommt es aufgrund fehlender militärischer Aufgaben zu einer zunehmenden Verweltlichung des Ordens und zu einer Vernachlässigung der strengen moralischen Sitten. *Pinto de Fonseca* regiert wie ein absolutistischer Herrscher. Die maltesische Selbstverwaltung wird aufgehoben. Zudem wird die Bevölkerung durch hohe Steuern belastet.
1769 Vertreibung der Jesuiten von der Insel. Großmeister *Pinto* konfisziert deren Besitztümer. Das 1592 gegründete Jesuitenkolleg wird zur öffentlichen Universität erklärt. Angegliedert werden die medizinischen Institute des Ordenshospitals.
1782 Großmeister *Emanuel de Rohan-Polduc* gibt ein neues Gesetzbuch, den Code Rohan, heraus. Damit werden die politischen und sozialen Verhältnisse des Ordensstaates neu geregelt.

INFO Die Großmeister des St. John-Ordens auf Malta

Philippe Villiers de L'Isle Adam (Franzose) 1530-1534
Pierino de Ponte (Italiener) 1534-1535
Didier de Saint Jaille (Franzose) 1535-1536
Juan de Homedes (Spanier) 1536-1553
Claude de la Sengle (Franzose) 1553-1557
Jean Parisot de la Valette (Franzose) 1557-1568
Pietro del Monte (Italiener) 1568-1572
Jean L'Evèque de la Cassière (Franzose) 1572-1581
Hugues Loubenx de Verdala (Franzose) 1581-1595
Martino Garzes (Spanier) 1595-1601
Alof de Wignacourt (Franzose) 1601-1622
Luis Mendez de Vasconcellos (Portugiese) 1622-1623
Antoine de Paule (Franzose) 1623-1636
Jean Paul de Lascaris Castellar (Franzose) 1636-1657
Martin de Redin (Spanier) 1657-1660
Annet de Clermont Gessant (Franzose) -1660
Rafael Cotoner (Spanier) 1660-1663
Nicolas Cotoner (Spanier) 1663-1680
Gregorio Carafą (Italiener) 1680-1690
Adrien de Wignacourt (Franzose) 1690-1697

Ramon Perellos y Roccaful (Spanier) 1697-1720
Marc Antonio Zondadari (Italiener) 1720-1722
Antonio Manoel de Vilhena (Portugiese) 1722-1736
Ramon Despuig (Spanier) 1736-1741
Manoel Pinto de Fonseca (Portugiese) 1741-1773
Francesco Ximenes de Texada (Spanier) 1773-1775
Emanuel de Rohan-Polduc (Franzose) 1775-1797
Ferdinand von Hompesch (Deutscher) 1797-1798

Philippe Villiers de L'Isle Adam (1521-1534)
L'Isle Adam, aus einer der vornehmsten Familien Frankreichs stammend, war einer der bedeutendsten Großmeister in der Geschichte des Ritterordens, unerschrocken, charakterfest und von herausragendem diplomatischen Geschick.

1521 wurde er 57-jährig zum Großmeister gewählt. Während der Belagerung von Rhodos 1522, die zu Gunsten der Türken entschieden wurde, hatte er stets in vorderster Linie gekämpft und dabei Führungsqualitäten bewiesen. Nachdem die Ritter zur Aufgabe von Rhodos gezwungen worden waren, verhandelte er mit verschiedenen europäischen Höfen, bis es ihm 1530 gelang, von Kaiser *Karl V.* die Insel Malta als Lehen zu bekommen. Sieben Jahre waren die Ritter durch Europa gezogen, wobei viel ihrer ursprünglichen Disziplin verlorengegangen war. L'Isle Adams Aufgabe war es nicht nur, gegen die erschwerten Bedingungen in ihrer neuen Heimat Malta (eine karge unfruchtbare Insel mit einer feindseligen Bevölkerung, unzureichenden Befestigungen und finanziellen Nöten) anzukämpfen, sondern auch den Orden neu zu strukturieren. Im Jahre 1534 starb er im Alter von 75 Jahren.

Jean Parisot de la Valette (1557-1568)
La Valette wurde 1494 in der Provence geboren und trat 20-jährig dem Orden bei. Als junger Mann kämpfte er während der Belagerung von Rhodos und bewies dabei herausragende militärische Fähigkeiten. Ungewöhnlicherweise – da traditionell nur Mitglieder der italienischen Zunge diesen Posten bekleiden können – zum Admiral der Ordensflotte ernannt, zeigt la Valette großes Führungsgeschick und Tapferkeit. Neben seiner Muttersprache Französisch beherrscht er auch Spanisch, Italienisch, Griechisch, Arabisch und Türkisch.

Jean Parisot de la Valette

63-jährig wird la Valette 1557 zum Großmeister gewählt, um den Orden gegen die drohenden Angriffe der Türken zu beschützen. 1565 kommt es zur „Großen Belagerung", nach deren erfolgreichen Ende die Ritter großzügige Hilfe aus ganz Europa erhalten. Am 28. März 1566 legt Jean de la Valette den Grundstein für die nach ihm benannte Festungsstadt Valletta. 1568 wird la Valette in der Ordenskirche von Birgu (heute St. Laurence in Vittoriosa) beigesetzt, 1577 jedoch in die neue St. John's Co-Cathedral in Valletta umgebettet.

Alof de Wignacourt (1601-1622)
Zu Beginn des 17. Jh. ging es dem Orden finanziell ausgesprochen gut. Dafür hatten großzügige Schenkungen und reichlich fließende Gelder aus den Besitzungen in Europa gesorgt. Alof de Wignacourt wurde von Kaiser *Ferdinand II.* mit dem Titel „Allerdurchlauchtigste Hoheit" ausgezeichnet. Intensiv bemühte sich Wignacourt um die Förderung der Kunst, aber auch um den Ausbau der Verteidigung der Insel. An den Küsten entstanden Warn- und Signaltürme, beispielsweise der St. Lucian's Tower (1610), der St. Thomas Tower (1614) und der St. Marija Tower auf Comino (1618). Zwischen 1610 und 1615 entsteht auf Veranlassung Wignacourts ein Aquädukt, um die Wasserversorgung Vallettas zu gewährleisten.
21 Jahre lang hält Alof de Wignacourt das Amt des Großmeisters inne. Er stirbt 1622 und wird in der St. John's Co-Cathedral beigesetzt. Im Großmeisterpalast und im Kunstmuseum kann man seine Portraits bestaunen, in der Waffenkammer wird seine reichlich verzierte Rüstung aufbewahrt, seine kostbare Kutsche im Museum von Zabbar.

Manoel Pinto de Fonseca (1741-1773)
Großmeister Manoel Pinto de Fonseca stammte aus der portugiesischen Zunge. Von allen Großmeistern regierte er am längsten und unter ihm erlebte der Orden einen politischen Höhepunkt: er unterhielt gute diplomatische Beziehungen zu den europäischen Herrscherhäusern und brachte er auch den maltesischen Adel auf seine Seite.

Auf Veranlassung Manoels wurden die Jesuiten von der Insel vertrieben, das traditionelle Jesuitenkolleg aufgelöst und 1769 in eine öffentliche Universität umgewandelt. Daneben hatte er aber auch Sinn für Kunst und Architektur. So gab er beispielsweise den Bau der Auberge de Castille, Léon et Portugal (1744), heutiger Sitz des Premierministers, in Auftrag.

Wolfgang Philipp von Guttenberg (1647-1733)
Die Guttenbergs waren eine alteingesessene Adelsfamilie aus Franken. 23-jährig legte Baron Guttenberg das Ordensgelübde ab. Er lebte 63 Jahre auf Malta. Als Großbailiff der deutschen Zunge stiftete Guttenberg zahlreiche soziale Einrichtungen und erwies sich auch in anderer Hinsicht als wohltätig, so dass er allgemein als der „gute Ritter Guttenberg" bezeichnet wird. „*Er ist gewesen, auch du wirst nicht sein. Wir sind Rauch und Erde, und Asche ist unsere letzte Bestimmung*", so lautet die Inschrift seiner Grabplatte in der deutschen Kapelle der St. John's Co-Cathedral in Valletta.

Ramon Perellos y Roccaful (1697-1720)
Perellos y Roccaful stammte aus einer sehr wohlhabenden Familie. 1697 wurde er als Vertreter der Zunge von Aragon, Navarra und Katalonien zum Großmeister gewählt. Sein Einstiegsgeschenk waren 28 kostbare flämische Wandteppiche, auf denen Glaubensallegorien abgebildet sind. Auch die wunderbaren Wandbehänge im Großmeisterpalast sind Gaben von ihm. Sie entstanden um 1700 in der königlichen Gobelinmanufaktur *Ludwig XIV.*

Aus eigenen Mitteln finanzierte Perellos die Neugestaltung der Pfarrkirche seiner Zunge, „Our Lady of Victories", in Valletta. Das Ordenshospital erhielt eine Abteilung für Augenheilkunde und eine gynäkologische Station. Darüber hinaus verstärkte er die Ordensflotte und die Verteidigungsanlagen.

Freiherr Ferdinand von Hompesch (1743/44-1806)
Deutsche Ritter gehörten dem Johanniterorden schon immer an, wovon es jedoch nur einer zum Großmeister brachte: Freiherrr Ferdinand von Hompesch, ein gebürtiger Düsseldorfer.

Bereits als 12-jähriger Knabe kam er auf die Insel, wo er im Sinne des Ordens erzogen wurde. Im Gegensatz zu anderen Großmeistern war von Hompesch beim Volk sehr beliebt, vielleicht auch, weil er fließend Maltesisch sprach. Seine Regentschaft endete bereits nach einem Jahr, als Napoleon die Übergabe der Insel an Frankreich forderte. Im Alter von 53 Jahren wurde er 1797 zum 71. Großmeister des Ordens gewählt. Bereits ein Jahr später, am 12. Juni 1798, landete Napoleon auf Malta und beendete die Zeit der Ordensherrschaft auf der Insel. Hompesch begab sich nach Triest und starb 1805, 60-jährig, in Montpellier. Während seiner Regentschaft wurden keine großen Bauten mehr errichtet. Nur ein Triumphbogen in Zabbar, der Hompesch Arch, zeugt von dem einzigen deutschen Großmeister auf der Insel.

Napoleons Gastspiel und die Briten

1798 Die Ritter kapitulieren vor den Truppen *Napoleons*. Napoleon nimmt die maltesischen Inseln ein. Ende der Ordensherrschaft.

„Lieber den Montmarte hergeben als Malta verlieren!" (Napoleon, 1798)

General *Napoleon Bonaparte* befand sich auf seinem Eroberungszug nach Ägypten und kam am 9. Juni mit einer Flotte von 400 Schiffen und 58.000 Mann in Valletta an. Sein Vorwand war, neuen Proviant aufzunehmen, doch in Wirklichkeit wollte er Malta erobern, da die Insel als Mittelmeerstützpunkt für Frankreich ideal war. Großmeister *Ferdinand von Hompesch* erlaubte nur vier französische Kriegsschiffe gleichzeitig im Hafen. Da Valletta mit seinen gigantischen Mauern als stärkste Festung der Welt galt, setzte *Napoleon* seine Truppen an den Küsten ab. Bei Nacht begaben sie sich vor die Stadtmauern Vallettas. Ohne dass ein einziger Schuss fiel, übergaben die Ritter den Franzosen die Stadt. *„Es ist ein Glück, dass wenigstens jemand da war, um uns die Tore zu öffnen"*, kommentierte Napoleon in Anbetracht der wenigen Menschen, die die Stadt zu verteidigen suchten. Alle Ritter, die sich nicht auf die Seite Napoleons schlagen wollten, wurden der Insel verwiesen. Der Großmeister unterstützt den französischen König *Ludwig XVI.*, woraufhin die bürgerliche Regierung des revolutionären Frankreich sämtliche Ländereien der maltesischen Adligen enteignet. Der Orden, größtenteils aus Franzosen bestehend, ist damit von seinen feudalen Einkünften abgeschnitten. Während seines kurzen Aufenthaltes im Palazzo Parisio in Valletta, versucht *Napoleon* einige Reformen durchzusetzen. Beispielsweise soll die alte Universität durch ein allgemeines Schulsystem ersetzt werden, und alle Religionen sollen ihre Religion frei ausüben dürfen. Die Privilegien des Adels schafft er ab. Die katholische Kirche, die für alle inneren Angelegenheiten der maltesischen Insel zuständig ist, wird in ihrer Machtausübung beschnitten. Wie schon in Italien, beschlagnahmt *Napoleon* auch in Malta die Kunstschätze des Ordens und der Klöster. Im Nachhinein erweist sich die strenge Behandlung der Kirche zu seinem Nachteil. Bereits drei Monate nach dem Abzug *Napoleons*, am 2. September 1798, lehnen sich

kurzer Aufenthalt in Valletta

die Malteser gegen die französischen Truppen auf und wenden sich hilfesuchend an den englischen Admiral *Lord Nelson*. Die Franzosen verschanzen sich in Valletta. Kapitän *Alexander Ball*, der spätere erste britische Gouverneur auf Malta, unternimmt eine Seeblockade, die Malteser belagern die Hauptstadt von der Landseite her.

Der Aufstand gegen die Franzosen endet blutig.

1799 Beim Aufstand gegen die Franzosen werden der Priester *Dun Mikiel Xerri* und 33 seiner Gefolgsleute erschossen.

1800 Nachdem die Franzosen fast zwei Jahre lang den Angriffen der Engländer standgehalten haben, müssen sie am 5. September 1800 kapitulieren. Im Frieden von Amiens soll die Herrschaft des Ordens wieder hergestellt werden. Die Briten wollen die strategisch günstig gelegene Insel nicht abgeben, sondern Malta zu ihrem Flottenstützpunkt im Mittelmeer ausbauen.

1814 Nach der **Völkerschlacht von Leipzig** fällt Malta als Kolonie an das Britische Kaiserreich und erhält einen britischen Gouverneur. Englisch wird als Amtssprache eingeführt. Unter der britischen Kolonialherrschaft werden verschiedene Reformen durchgeführt und auch die angelsächsische Rechtsprechung eingeführt. In die Privilegien der Oberschicht und vor allem der Kirche mischen sich die Briten aber bewusst nicht ein, und noch bis weit in das 20. Jh. hinein behält die maltesische Kirche ihre weltliche Macht. Großbritanniens Kronkolonie zu sein, ist für das Malta des 19. Jh. von Vorteil. Der Grand Harbour wird zum bedeutenden Umschlaghafen ausgebaut. Die vielen Schiffe, die Malta anlaufen, brauchen Hafenanlagen und Werften, wodurch Arbeitsplätze für die zu jener Zeit rasch wachsende Bevölkerung geschaffen werden. Im Laufe der britischen Kolonialherrschaft kommt es zu mehreren Verfassungsänderungen, die der maltesischen Bevölkerung verschiedene Grade von Autonomie übertragen.

1849 Malta erhält seine erste Verfassung. Allerdings erhalten die Malteser nur geringes Mitspracherecht.

Um **1850** wird Malta zu einem Flottenstützpunkt der britischen Marine und erfährt während des Krimkrieges (1853-1856) strategische Bedeutung. Im Grand Harbour wird ein Trockendock errichtet.

Flottenstützpunkt

1858 Malta wird Erzbistum mit einem gemeinsamen Erzbischofssitz in Mdina und Valletta.

1869 Die Eröffnung des Suez-Kanals kurbelt den Handel in Malta an. Viele Malteser finden Arbeit im Hafen und auf den Werften der britischen Marine.

1887 Eine neue Verfassung mit mehr Selbstverwaltung für die Malteser wird verkündet (1903 wieder aufgehoben).

Bevölkerungswachstum

1903 Als erster britischer König kommt *Edward VII.* nach Malta. Zu dieser Zeit leben rund 185.000 Menschen auf dem maltesischen Archipel. 60 Jahre vorher waren es noch 70.000 Menschen. Die Gründe für das Bevölkerungswachstum waren der wirtschaftliche Aufschwung aufgrund britischer Investitionen und eine Verbesserung des Lebensstandards.

1914-1918 Während des Ersten Weltkrieges wird Malta zur „Krankenschwester" des Mittelmeeres.

7. Juni 1919 Blutiger Aufstand gegen die britische Militärverwaltung, insbesondere gegen die Preispolitik bei Getreideimporten (sogenannter „Brotaufstand"). Vier Malteser werden dabei erschossen.

1921 Wahlen zum ersten Parlament von Malta. Gründung von politischen Parteien. Das neue Dyarchie-Prinzip (Doppelherrschaft) tritt in Kraft. Malta erhält eine eigene Regierung mit beschränkten Entscheidungsbefugnissen. Zu den „Reserved Matters" der Briten zählen die Außen-, Verteidigungs- und Währungspolitik.

1930 Aufhebung der Verfassung aufgrund nationalistischer Unruhen.

1932 Die Verfassung wird wieder hergestellt.

1933 Die Verfassung erneut aufgehoben und Malta wird fortan wieder als Kronkolonie wie 1814 geführt.

1936 Die Verfassung wird wieder eingeführt.

1939 Gewährung einer beschränkten inneren Selbstverwaltung.

zweite große Belagerung

1940-1942 Während der „Zweiten Großen Belagerung" kämpfen Alliierte und Achsenmächte um Malta. Bei italienischen und deutschen Luftangriffe werden 85 Prozent des Stadtgebietes Vallettas zerstört, 1.500 Menschen verlieren ihr Leben. Obwohl viele Malteser vor dem Krieg italienfreundlich gesinnt sind, kommt es in den Kriegsjahren nie zu Bewegungen, die die Kapitulation oder den Anschluss an Italien fordern (siehe Info-Kasten weiter unten).

1942 Die Malteser erhalten von Großbritannien als Auszeichnung für ihre Tapferkeit das George Cross (G.C.) verliehen.

1943 Italien unterwirft sich. Die Blockade Maltas ist zu Ende.

Nach **1945** Wiederaufbau Vallettas.

INFO Malta im Zweiten Weltkrieg

Zwischen 1940 bis 1943 erlebt Malta 3.000 Luftangriffe – das sind mehr als Berlin, Hamburg oder Dresden erdulden mussten. Durch die Kriegshandlungen werden 35.000 Häuser zerstört. Nur in manchen deutschen Städten gibt es höhere Zahlen an Ausgebombten. Bei den Bombenangriffen verlieren über 11.250 Briten und Malteser ihr Leben.

Am 11. Juni 1940 tritt Italien dem Zweiten Weltkrieg bei. Die ersten Angriffe treffen die Bevölkerung ohne Warnung. Maltas einzige Verteidigung stellen Luftabwehrgeschütze und drei „Abwehrjäger" des Typs Sea Gladiator dar. Letzteren werden bald die Spitznamen „*Hope*", „*Faith*" und „*Charity*" verliehen. Vergleichbar mit der Situation 400 Jahre zuvor, gilt die Insel als nicht verteidigungsfähig. Malta wird in den Kampf um Nordafrika verwickelt, bei dem es hauptsächlich um Versorgungslinien geht. Alliierte wie auch Achsenmächte, greifen jedes Schiff im Mittelmeer an.

Der Herbst 1941 bringt eine kurze Entlastung, als die Alliierten nach Abzug der Deutschen die Lufthoheit zurückgewinnen. Das Jahr 1942 wird jedoch zur Katastrophe. Der Erfolg Rommels in Nordafrika im Januar 1942 führt zu erneuten Luftangriffe auf die strategisch wichtige Insel.Die gesamte Bevölkerung muss evakuiert oder in Luftschutzbunker umquartiert werden. In den ersten Kriegsmonaten werden etliche Bunker in die Felsenküste des Hafengebietes getrieben.Zu den furchtbaren Bombenangriffen und den Zerstörungen kommt noch der Hunger. Konvois werden entweder versenkt oder sie müssen umkehren. Die Nachschubprobleme führen dazu, dass Lebensmittel und Brennstoff sehr knapp werden. In „*Victory Kitchens*" werden die knapp bemessenen täglichen Rationen an Nahrung ausgegeben. Im Sommer 1942 kommt das erste Versorgungsschiff nach sechsmonatiger Blockade durch die Straße von Gibraltar nach Malta. Die Insel, die kurz vor der Kapitulation steht, ist gerettet. Als Tapferkeitsauszeichnung erhält die maltesische Bevölkerung im April 1942 vom britischen König *Georg VI.* das **„George Cross"** sowie 30 Millionen Pfund als Entschädigung für die Kriegsschäden. Der Wiederaufbau Vallettas dauert bis weit in die 1950er Jahre.

Es gibt vier Kriegsgräber auf Malta, die von der *Commonwealth War Graves Commission* betreut werden: den Naval Cemetery in Kalkara, den Pembroke Military Cemetery in St. Andrews, den Mtarfa Military Cemetery und den Pietà Military Cemetery. Die Anzahl der im Zweiten Weltkrieg gefallenen, auf Malta begrabenen Soldaten beträgt 1.447, davon sind 181 Malteser. 20 Malteser sind auf anderen Friedhöfen bestattet.

Buchtipp

- *The National War Museum Association Malta (Hrsg.):* ***The National War Museum Official Guide. With an account of Malta in World War Two,*** *Malta 1994.*

1947 Malta erhält innere Selbstverwaltung (Verhältniswahlrecht, Ministerkabinett). Nachdem Malta seit 1933 und während des Zweiten Weltkrieges unter direkter Verwaltung des Gouverneurs stand, wird jetzt eine neue Verfassung in Kraft gesetzt. Wie schon die früheren Verfassungen beruht sie auf dem Prinzip der **Dyarchie**, einer Kompetenzaufteilung, die britische Vorrechte in speziellen Angelegenheiten, den „Reserved Matters", sichert. Unter Kontrolle des Gouverneurs bleiben die Verteidigung, die auswärtigen Beziehungen und die Währungsangelegenheiten.

1950 Erste auf Wahlen beruhende gesetzgebende Versammlung.

Auswanderung

1954 Innerhalb eines Jahres wandern fast 11.000 Malteser aufgrund von Überbevölkerung und Arbeitslosigkeit aus.

1955-1958 Der wichtigste Arbeitsgeber Maltas war die britische Armee. Der maltesische Außenhandel fiel zu 50 Prozent an Großbritannien. Die regierende Labour Party (unter Premierminister *Dom Mintoff*) verhandelte mit London über eine Integration der Inseln in das Vereinigte Königreich. Angedacht wurde ein sogenanntes überseeisches Territorium. Die Nationalisten widersetzten sich diesen Vorschlägen. 1955 sprechen sich bei einer Volksabstimmung unter der Regierung Mintoff 74 Prozent der maltesischen Bevölkerung für die Eingliederung der Insel in den britischen Staatsverband aus. Großbritannien lehnt dies ab.

Aufgrund von Verfassungskonflikten mit London tritt *Mintoff* 1958 zurück. Der Gouverneur hebt die Verfassung auf.

1958-1962 Rückkehr zum Kolonialregime.

1959 Bei einem Regierungswechsel werden die Sozialisten von den Konservativen abgelöst.

Autonomie

1962 Der „**State of Malta**" erhält eine neue Verfassung mit voller innerer Autonomie und eine vollverantwortliche Regierung. *George Borg Olivier* (*Nationalist Party* bzw. *Partit Nazzjonalista*) wird Ministerpräsident.

Relikt der britischen Besatzung

Ein unabhängiges Malta

1964 Nach einer Parteieneinigung über die Verfassung ist Malta seit dem 21.9.1964 von Großbritannien vollständig unabhängig, bleibt allerdings Mitglied im Commonwealth. Königin *Elizabeth II.* ist daher Staatsoberhaupt. 1967 besucht sie den Inselstaat. Auch durch ein Verteidigungsabkommen bleibt der neue Staat mit Großbritannien weiterhin verbunden. Die britischen Stützpunkte bleiben auf Malta.

1966 Wahlsieg der konservativen PN, *George Borg Olivier* bleibt Ministerpräsident.

1967 Die Nahostkrise führt zur Schließung des Suez-Kanals. Durch den rapide nachlassenden Schiffsverkehr im Mittelmeer kommt es zu wirtschaftlichen Problemen auf Malta. Beginn des britischen Truppenabzuges.

innenpolitische Konflikte

1971 Die konservative Regierung unter *G. Borg Olivier* wird von der sozialistischen Malta Labour Party abgelöst. Neuer Vorsitzender ist *Dominic Mintoff*. Verschiedene Reformen in der Sozial- und Wirtschaftspolitik (Verstaatlichung, Planwirtschaft) führen zu Konflikten mit der traditionellen Führungsschicht und der katholischen Kirche. In der Außenpolitik wird eine Blockfreiheit angestrebt. Der NATO-Stab Europa-Süd wird nach Neapel verlegt, der Verteidigungsvertrag mit Großbritannien gekündigt und der endgültige Abzug der britischen Truppen auf das Jahr 1979 festgelegt.

INFO **Dom Mintoff**

Dominic Mintoff wurde am 6.8.1916 als Sohn eines Kochs in Cospicua geboren. Schon früh interessiert er sich für Politik, insbesondere für sozialistische Ideen. Zwanzigjährig wird er Generalsekretär der Malta Labour Party (MLP), der maltesischen Arbeiterpartei. Dom, wie er auch genannt wird, studiert in Oxford Architektur und lernt während seiner Studienjahre die Fabian Society kennen, einen sozialistischen Zusammenschluss, der sich um Reformen im Sinne von Marx' und Lasalle bemüht. Nach Abschluß des Studiums als Militäringenieur tätig, kehrt er nach dem Krieg nach Malta zurück. 1947 gewinnt die MLP unter ihrem Vorsitzenden Paul Boffa die Neuwahlen. Dom Mintoff wird stellvertretender Premierminister und später Parteivorsitzender der MLP. Er sucht den Anschluss Maltas an Großbritannien, was jedoch vom Vereinigten Königreiches nicht begrüßt wird. Seine anschließenden Bestrebungen um die Unabhängigkeit Maltas bleiben ebenfalls erfolglos. In dieser Zeit entwickelt sich auch der Jahrzehnte andauernde Konflikt mit der katholischen Kirche. Fortan tritt Mintoff radikal für die Entmachtung des Klerus ein.

1971 erfährt die MLP einen erneuten Wahlsieg, und Mintoff wird zum Premierminister ernannt. Zu dieser Zeit herrscht in der Bevölkerung aufgrund außen- und wirtschaftspolitischer Unsicherheiten eine anti-britische Haltung vor.

Selbstbewusst ändert Mintoff während seiner 13-jährigen Regierungszeit das soziale und politische Klima Maltas. Das Land erhält eine republikanische Verfassung, und eine Reihe von Reformen im Sozial- und Wirtschaftsbereich werden durchgeführt.Die Innenpolitik ist vom Kampf gegen die Kirche und gegen die politische Opposition geprägt. Sein Regierungsstil wird als autokratisch bezeichnet. Die Zeitungen der Gegenpartei werden zensiert und kritische Auslandsjournalisten des Landes verwiesen.
Seine launische und uneinheitliche Außenpolitik löst weltweit Unverständnis aus. Um sich aus der westlichen Allianz zu lösen, werden die Truppenstationierungsverträge gekündigt. Nach dem Abzug der Briten sah Mintoff eine Überlebenshilfe darin, anderen Ländern die Nutzung der strategischen Lage Maltas anzubieten. Er hoffte auf westliche Unterstützung (insbesondere Industriehilfe), verbündete sich aber auch gleichzeitig mit Russland, China und der arabischen Welt. Er schließt einen Freundschaftsvertrag mit Libyen, sympatisiert mit der PLO in ihrer Forderung nach einem eigenen Staat und wiegt sich jedoch gleichzeitig in der Blockfreiheit seines Landes. Malta sollte sowohl ein Verbindungsglied zwischen Europa und der arabischen Welt als auch zwischen Ost-und Westeuropa darstellen.

Wirtschaftliche Schwierigkeiten und die steigende Arbeitslosigkeit führen zu innenpolitischen Krisen. 1984 tritt Mintoff als Premierminister zurück.

13.12.1974 Malta wird zur selbstständigen, neutralen und demokratischen parlamentarischen Republik mit Sir *Anthony Mamo* als erstem Präsidenten erklärt, verbleibt jedoch im Commonwealth. Der Truppenabzug und die Schließung von Militäranlagen führen zu erheblichen wirtschaftlichen Einbußen. Malta ist zum ersten Mal in der langen Geschichte verantwortlich für das eigene Schicksal. Die unsicheren Jahre einer nachkolonialen Gesellschaft folgen. Um der großen Arbeitslosigkeit zu begegnen, wird der Massentourismus gefördert.

1976 Die Labour Party unter *Mintoff* gewinnt die Parlamentswahlen. *Anton Buttigieg* wird Staatspräsident.

1979 Am 31.3. verlassen die letzten britischen Truppen die Insel. Dieser Tag wird daraufhin zum Nationalfeiertag der Inselrepublik erklärt.

1981 Labour gewinnt (wohl aufgrund von Wahlkreismanipulationen) die Parlamentswahlen, obwohl die PN mehr Wählerstimmen verzeichnen kann. Trotz innenpolitischer Spannungen bleibt Mintoff Ministerpräsident. Boykott der Parlamentsarbeit durch die PN (bis 1983).

erste Staatspräsidentin

1982 *Agatha Barbara* wird als erste Frau Staatspräsidentin von Malta. Schwere Konflikte zwischen Regierung und katholischer Kirche. Inbetriebnahme der Meerwasserentsalzungsanlage bei Ghar Lapsi, die täglich 20 Millionen Liter Trinkwasser produziert.

1983 Nationalisierung der Kirchengüter.

1984 Der Verfassungsgerichtshof erklärt die Nationalisierung der Kirchengüter für verfassungswidrig. Eine Verschärfung der innenpolitischen Krise führt im Dezember 1984 zum Rücktritt von Premierminister *Dom Mintoff*. Sein Nachfolger wird *Mifsud Bonnici*. Staatsbesuch *Agatha Barbaras* in der DDR.

1985 Es kommt zu einem Kompromiss zwischen Kirche und Staat im Streit um katholische Privatschulen: Der Besuch der höheren Schulen ist fortan kostenfrei. Staatsbesuch Agatha Barbaras in der VR China.

1987 Verfassungsrechtlich wird der blockfreie Status der Republik verankert. Auflösung des Parlaments im Februar, Rücktritt von Präsidentin Barbara, amtierender Präsident wird *Paul Xuereb*. Nach einem blutig verlaufenden Wahlkampf siegt die PN bei den Parlamentswahlen knapp und beendet die 16 Jahre währende Amtszeit der Arbeiterpartei. Dr. *Fenech-Adami* (seit 1977 Vorsitzender der PN) wird neuer Premierminister. Die Regierung definiert ihr Programm als militärisch neutral und ideologisch dem Westen zugehörig. In seiner Regierungserklärung vom Juni 1987 macht Fenech-Adami die innere Versöhnung zwischen Nationalisten und der Labour Party zu einem Hauptziel. Zweites Hauptziel ist die Vollmitgliedschaft Maltas in der Europäischen Gemeinschaft (EG). Im Parteiprogramm heißt es dazu: „*Auf internationalem Gebiet strebt die Nationalisten-Partei die Einheit Europas an, von dem Malta einen integrierenden Bestandteil darstellt.*" Schon unter *George Borg Olivier* hatte Malta mit Brüssel ein Assoziierungsabkommen geschlossen, das schrittweise zur vollen Mitgliedschaft ausgebaut werden sollte. Während der sozialistischen Ära unter *Mintoff* wurden diese Bemühungen eingestellt. Dies hatte schwere wirtschaftliche Folgen, besonders für die maltesischen Textilexporte. Im Wahlkampf 1987 war die EG ein vorrangiges Thema. Die Argumente der Sozialisten blieben ungehört.

Ein Denkmal erinnert an das wichtige Treffen zwischen Bush und Gorbatschow.

2./3.12.1989 Amtsantritt von Staatspräsident *Vincent Tabone*. Als weltpolitisches Ereignis kommt es beim Malta-Gipfel zum Treffen zwischen dem amerikanischen Präsidenten *Bush sen.* und dem sowjetischen Generalsekretär *Gorbatschow* in der Bucht von Marsaxlokk auf dem Kreuzfahrschiff „*Maxim Gorki*". Der maltesische Seegipfel endet in entspannter Atmosphäre und wird als der Beginn vom Ende des kalten Krieges bezeichnet.

historisches Treffen

Malta und die EU

1990 Im Jahre 1990 stellt Malta den Antrag auf Vollmitgliedschaft in der EG und sucht vermehrt Anschluss an den europäischen Binnenmarkt. *Richard von Weizsäcker* stattet Malta einen offiziellen Staatsbesuch ab. Die Verbundenheit Maltas mit dem westlichen Europa wird bekräftigt. Maßnahmen, wie die Einführung von Mehrwertsteuer und der Wegfall von staatlicher Unterstützung bei vielen Produkten sollen den Boden für die Mitgliedschaft in der EG ebnen. Besuch des Papstes *Johannes Paul II.*

1992 Erneuter Wahlsieg der regierenden PN bei den Parlamentswahlen im Februar. *Edward Fenech-Adami* bleibt Premierminister. Einweihung des neuen Flughafens in Valletta. Queen *Elizabeth II.* enthüllt während der Feierlichkeiten anlässlich des 50. Jahrestages der Verleihung des George Cross das Siege Bell Denkmal.

1993 Im Juni spricht sich die EG-Kommission zunächst gegen eine Aufnahme Maltas aus, da ein längerer wirtschaftlicher Anpassungsprozess dafür notwendig sei. Nach der Unterzeichnung der Assoziationsverträge mit der Tschechischen Republik und der Slowakei im Oktober stellen die Außenminister der EG mittelfristig auch Malta den Beitritt in die EG in Aussicht.

April 1994 Dr. *Ugo Mifsud Bonnici* wird Staatspräsident Maltas.

Okt. 1996 *Alfred Sant* (Labour Party) wird Premierminister. Die neue Regierung lehnt die Vollmitgliedschaft in der EG und die Mitgliedschaft Maltas im Nato-Programm „Partnerschaft für den Frieden" ab.

September 1998 Bei den vorgezogenen Parlamentswahlen kommen die Nationalisten wieder an die Regierung (Stimmenverteilung: PN 51,8 Prozent, Labour 46,9 Prozent, Alternattiva 1,2 Prozent). Die EU-Mitgliedschaft wird erneut beantragt. Der während *Mintoffs* Amtszeit unterzeichnete Freundschaftsvertrag mit Libyen wird geändert, d.h. die Klausel um das Sicherheitsabkommen beider Länder gestrichen. Ziele Maltas sind, die bilateralen und multilateralen Beziehungen zu Europa weiter zu entwickeln und ein Vollmitglied der EU zu werden. Das

Malta und die EU

Gozitaner feiern die Mitliedschaft in der EU.

Thema EU und die Vor- bzw. Nachteile einer Mitgliedschaft werden von der maltesischen Bevölkerung in jeder Berufssparte heftig diskutiert.

2000 Die EU-Kommission diskutiert mit Malta über eine zukünftige Mitgliedschaft.

2001 Ministerpräsident Fenech-Adami kündigt für 2003 ein Referendum über den Beitritt Maltas zur EU an. Die Befürworter erhoffen sich mehr Stabilität und Sicherheit sowie eine Steigerung des wirtschaftlichen Wohlstandes. Die Opposition lehnt den Beitritt ab, weil sie die maltesische Volkswirtschaft für nicht konkurrenzfähig hält. Außerdem hätte sich Malta als neutral erklärt und könne sich dementsprechend nicht an militarischen Aktionen beteiligen oder Truppen auf der Insel stationieren. (Der Oppositionsführer *Sant* hatte bereits 1999 erklärt, dass – falls Labour wieder an die Regierung kommen sollte – er dafür sorgen werde, dass Malta den Antrag auf Mitgliedschaft erneut zurückzieht bzw. aus der EU wieder austritt.)

Winter 2003 Offizieller Staatsbesuch von Dr. *Fenech-Adami* in England

8. März 2003 Bei einer Volksabstimmung spricht sich die Bevölkerung für den Beitritt in die EU aus. Malta ist damit das erste von zehn Ländern, die sich um die Mitgliedschaft beworben und eine Volksabstimmung durchgeführt haben. 53,6 Prozent sprechen sich dafür und 46,4 Prozent dagegen aus, d.h. es gibt 19.000 Stimmen mehr für den Beitritt zur EU. Die Wahlbeteiligung beträgt 92 Prozent. Premierminister Fenech-Adami ruft für den 12. April allgemeine Wahlen aus, um das Ergebnis des Referendums auch politisch zu bestätigen.

13. April 2003 Klarer Wahlsieg der Nationalisten. Stimmenverteilung: PN 51,7 Prozent (1998 51,8 Prozent), Labour 47,6 Prozent (1998: 46,9 Prozent), Alternattiva Democratika (pro EU) 0,7 Prozent (1998: 1,2 Prozent, 1996 1,4 Prozent, 1990 1,7 Prozent). Die EU-Mitgliedschaft ist damit beschlossen.

historischer Moment

16. April 2003 *Fenech-Adami* unterschreibt in Athen den EU-Mitgliedsvertrag zusammen mit neun anderen Ländern. Für Malta, so *Fenech-Adami*, sei dies ein historischer Moment: zukünftig werde es an einem Tisch sitzen können mit all jenen Ländern, die Malta einst beherrschten.

2004 *Lawrence Gonzi* löst *Fenech-Adami* als Parteivorsitzender und als Premierminister ab.

2004 *Fenech-Adami* wird Staatspräsident.

1.1.2008 Maltas offizielle Währung ist der Euro.

2008 *Gonzi* gewinnt mit einem knappen Wahlsieg eine zweite Amtsperiode als Premierminister.

Kunst- und kulturgeschichtlicher Überblick

Abgesehen von der Megalithkultur gab es fast keine eigenständigen Kulturleistungen auf Malta. Über Tausende von Jahren hinweg haben jedoch fremde Kulturen ihre Spuren auf der Insel hinterlassen: Die Menschen der Bronzezeit, die Punier, die Römer, die Araber, die Normannen, die Johanniter und zuletzt die Briten. Sie alle haben sich auf der Insel verewigt und nahmen Einfluss auf die Kunst der Insel.

Weltarchitektur

3600 v. Chr.	**Ggantija, Gozo**
2530	**Pyramiden**
2000	**Stonehenge**
1700	**Palast von Knossos, Kreta**
600	**Akropolis**
214	**Große Mauer, China**
70 n.Chr.	**Kollosseum**
563	**Hagia Sophia**
725	**City of Copan, Honduras**
1100	**Ahu Statuen, Osterinseln**
1163	**Notre Dame**
1300	**Great Zimbabwe**
1506	**St. Peter, Rom**
1632	**Taj Mahal**

Ur- und Frühgeschichte

Die Megalithkultur

Der Archipel wurde um 5200 v. Chr. von Sizilien aus besiedelt. Zwischen 4000 und 2500 v. Chr. entstand eine Steinzeitkultur, wie sie nirgends sonst in Europa zu finden ist. Die steinernen Kultstätten waren zunächst einzellig, im weiteren Verlauf wurden sie in Form eines Kleeblattes gebaut. Auch entstanden Tempel mit nierenförmigen Räumen und eine sogar mehrgeschossige unterirdische Anlage, das berühmte Hypogäum. Experten sehen in den maltesischen Megalithtempeln eine bodenständig gewachsene und einzigartige Kultur. Die Tempelanlagen gelten als die älteste Großsteinarchitektur der Welt.

INFO **Die Megalithkultur**

Der Begriff leitet sich von den griechischen Wörtern megas (groß) und lithos (Stein) ab. Die sogenannte Megalithkultur bezeichnet eine jungsteinzeitliche Epoche (zwischen 4000 und 2500 v.Chr.), in der kultische Großsteinbauten, beispielsweise Dolmen, Tempel und Gräber aus riesigen, meist unbehauenen Steinen errichtet wurden. Ein einzelner großer Stein wird als Monolith bezeichnet. Anordnungen aus zwei senkrecht stehenden Steinen, über denen ein dritter Stein waagerecht liegt, nennt man Trilithen. Die Megalithkultur war über das westliche Mittelmeer und in West- und Nordeuropa verbreitet. Bekannte Beispiele aus Nordeuropa sind der Steinkreis von Stonehenge und die Steinreihen in der Bretagne. Außer auf Malta gibt es jedoch nirgends Tempelbauten von vergleichbarer Anzahl und Größe.

• Ursprünge

Man nimmt an, dass die Felsgräber der frühen Siedler in den folgenden Jahrhunderten überirdisch zunächst in kleine einzellige Steinbauten übersetzt wurden. Später wurde ihre „heilige" Form für die Tempelbauten übernommen. Die ersten datierbaren Tempel sind einzellige ovale Bauten, deren Form sich mit der Zeit über den Grundriss eines Kleeblattes zu dem einer doppelovalen Anlage entwickelt: zwei ovale Kammern hintereinander, die mit einem kurzen Gang verbunden sind. Insbesondere die Ausgrabungen von Skorba und Xemxija waren für Datierung und Interpretation ausschlaggebend. Vermutlich entstanden sie zwischen 4500 und 3800 v. Chr. In Skorba fand man auch die frühesten Siedlungsspuren: Auf einem Steinfundament ruhende Ziegelmauern, die von einem Reisgeflecht bedeckt waren. Es gibt einen ovalen Hauptraum und einen Nebenraum in Form eines Hufeisens. Beide sind von steinernen Grundmauern umgeben. In dieser Anlage vermuten Experten eine Vorstufe für spätere Steintempel. In Xemxija fand man Grabkammern mit einer oder zwei nierenförmigen Zellen. Einige sind mehrfach ausgebuchtet und haben unregelmäßige, rundliche Formen.

früheste Siedlungsspuren

• Tempelanlagen

Bislang wurden auf Malta und Gozo 40 Tempelanlagen gefunden. Sie stammen aus neolithischer Zeit, stehen frei in der Landschaft und sind nicht geostet. Besonders interessant sind: Ggantija auf Gozo (3600-3000 v. Chr.), auf Malta Mnajdra (3500-2800 v. Chr.), Hagar Qim (um 3000 v. Chr.) und Tarxien (3800 und 3000-2500 v. Chr.). Ein Besuch von Ta' Hagrat bei Mgarr/Malta (3600/3500 v. Chr.) und Skorba (3600-3000 v. Chr.) ist nur für Experten interessant. Ein besonderes Highlight ist das sogenannte Hypogäum von Hal Saflieni, eine unterirdische Grabanlage, deren Entstehung auf die Zeit zwischen 3800 und 2500 v. Chr. geschätzt wird. Hinsichtlich Bauweise und Schmuck der Innenausstattung ist das Hypogäum mit oberirdischen Tempeln vergleichbar und bietet wichtige Einblicke in die Megalithkultur Maltas. Es ist über mehrere Jahrhunderte hinweg aus dem Fels herausgehauen worden.

Transportkugeln

• Tempelbauformen

Die über mehrere Hundert Jahre hinweg entstandenen Tempel bestehen aus mehreren Einzeltempeln. Entweder liegen sie nebeneinander oder sind miteinander verbunden. Die Bauweise ist überall ähnlich. Die Innenräume sind rund oder oval, die Wände niemals gerade und die Fassade leicht geschwungen. Viereckige Formen oder harte Kanten gibt es nicht. Die älteren Heiligtümer haben als Grundriss die Kleeblattform. Die Ausbuchtungen werden als Apsiden bezeichnet und sind durch einen Mittelgang verbunden, wobei die mittlere Apsis das **Allerheiligste** darstellt. Die ab etwa 3500 v. Chr. entstandenen Tempel haben zwei ovale oder nierenförmige Räume. Auch sie sind durch einen Gang miteinan-

keine harten Kanten

der verbunden. Das Allerheiligste befindet sich jetzt am oberen Ende des zweiten ovalen Raumes und ist kleiner als die seitlichen Apsiden. An den ersten ovalen Sakralraum sind bei den meisten Heiligtümern Orakelkammern angebaut. Die Priesterinnen, so die Experten, kamen von außen an diese Kammern heran und sprachen durch ein Loch in der Wand zu den Menschen, die im Tempelinneren auf die Weisungen der Gottheit warteten. Die Normalsterblichen durften wohl nur die vorderen Räume betreten. Die hinteren Teile waren ausschließlich der Priesterschaft vorbehalten. Eine mächtige Außenmauer umschloss das Heiligtum. Diese Mauer (unten längs und quer aneinandergereihte Steine, oben waagerecht liegende, flache Steinblöcke) war hufeisenförmig. Die Steinblöcke wurden auf Kugelwalzen aus Stein transportiert, vor Ort bearbeitet und dann aufgestellt. Man kann sich kaum vorstellen, wie bis zu 50 Tonnen schwere Steinplatten zu einer Höhe von 10 bis 12 m übereinander aufgeschichtet werden konnten.

Orakelkammern

Die Außenmauern bestehen aus großen korallinen Kalksteinplatten, die Innenwände aus dem leichter zu bearbeitenden Globigerinenkalk. Den Eingang zu den Tempeln bildeten meist zwei senkrechte Steinblöcke und ein waagerecht darauf ruhender Stein, eine sogenannte **Trilithkonstruktion**. Die Fassade ist konkav geschwungen. Hier befanden sich Bankaltäre für Opferungen. Bei einigen Tempeln weist eine Bodenplatte vor dem Eingang Löcher auf. Diese dienten dazu, Opfertiere anzubinden. Vor der Fassade befindet sich ein Vorhof. Auch dieser ist von einer Mauer umgeben und mit Steinplatten oder mit Torbaboden (einer verschlämmten Masse aus zerstampftem Gestein) versehen. Der fünf cm große Miniaturtempel, den man in Mgarr gefunden hat (heute im Archäologischen Museum in Valletta) belegt, dass die Tempel überdacht waren. Man nimmt an, dass die Dächer aus lehmverschmiertem Astgeflecht und Holzbalken bestanden.

Opfergaben

• Tempelinnenräume

Das Innere der Tempel war wie eine Höhle. Licht gab es nicht, und die Wände waren rötlich-ockerfarben bemalt– ein Symbol für Tod und Wiedergeburt. Die Seitenabsiden waren durch massive Steine vom Mittelraum getrennt. Fenstersteine (Steinplatten mit rechteckiger Öffnung) dienten als Durchgänge. Wie man anhand von Bohrlöchern vermuten kann, waren diese Öffnungen einst verschlossen, vermutlich mit Holz oder einem Vorhang aus Leder.

Der Bodenbelag bestand entweder aus nacktem Fels oder war aus Steinplatten oder Torba gefertigt. Die Böden, sowohl im Inneren des Tempels als auch im Vorhof, weisen verschiedenartige Löcher auf. Es gibt beispielsweise V-förmig zulaufende Löcher, die durch einen liegenden Stein führen und im Erdreich münden. Sie wurden vermutlich für Trankopfer verwendet: das Blut der Opfertiere floss durch das Loch ab und wurde so der Erde übergeben.

Die Eingänge konnten verschlossen werden.

• Altäre

Die früheste und schlichteste Form ist der sogenannte Schwellenaltar. Wie der Name schon sagt, handelt es sich lediglich um eine niedrige Schwelle. Etwas höher sind Bankaltäre. Trilith- und Pfeileraltäre sind spätere Formen, ebenso die bis zu 2 m hohen Doppeltrilithaltäre, zwei übereinander angeordnete Trilithkonstruktionen. Die Löcher, die man vielfach in den Altären sehen kann, dienten Trankopfern. Die Altäre befinden sich gegenüber den Eingängen oder in den seitlichen Apsiden. Besonders jene der Spätzeit weisen zum Teil sehr kunstvolle Oberflächenbearbeitungen auf. Entweder sind sie mit eingebohrten oder herausgeschlagenen Punkten überzogen oder bemalt oder sie haben Reliefs mit Tierzeichnungen oder Verzierungen in Spiral-, Wellen- oder Rankenform. Wie im Archäologischen Museum in Valletta dargestellt ist, können vier verschiedene Verzierungen unterschieden werden: 1. Spirale und Variationen, 2. Tiere, Fische und pflanzliche Darstellungen, 3. abstraktes Dekor, 4. gepunktete Darstellungen.

kunstvolle Oberflächen

In Tarxien ist die Darstellung einer Sau mit 13 Ferkeln und das Relief einer Opferprozession mit Schafen, Ziegen und einem Schwein zu erkennen. Außerdem fand man dort auf den hohen Schwellensteinen Spiralformen, die Augenpaare bilden, und in Ggantija eine etwa 1 m hohe Stele mit einem Schlangenrelief, das als Fruchtbarkeitssymbol gedeutet wird. Auch die Verzierungen des Pfeileraltar aus Hagar Qim werden als Fruchtbarkeitssymbole gedeutet: Wie ein Lebensbaum wachsen an allen vier Seiten Stauden aus einem Gefäß heraus. Im ganzen Mittelmeerraum gibt es keine Vorbilder für diese Altäre.

• Fundstücke

Um 5200 v.Chr. kamen Einwanderer aus Sizilien und siedelten bei Ghar Dalam. Bei Ausgrabungen wurden Schüsseln und Krüge aus Ton mit gerundeten Böden gefunden. Die Impresso-Keramik ähnelt der von **Stentinello** auf Sizilien (Stentinello ist ein Ort nördlich von Syrakus). Nur in dieser allerfrühesten Phase können Experten Ähnlichkeiten mit Funden aus Sizilien feststellen, für die Funde in den Tempeln dagegen gibt es keine Vergleiche.

Neben zahlreichen Steinfiguren und Statuetten, die die Muttergottheit darstellen, wurden kunstvoll bearbeitete Schmuckstücke, Basreliefs mit Tierdarstellungen, Vasen, Tongefäße und Werkzeuge aus Stein gefunden. Die wertvollsten archäologischen Fundstücke Maltas befinden sich im Archäologischen Nationalmuseum von Valletta. In Skorba fand man grau und rot inkrustierte kugelförmige oder knickwandige Gefäße, die mit schönen Griffen verziert sind. Die Ausgrabungen in Tarxien brachten sehr feine und reich ornamentierte Tongefäße zu Tage. Diese Stücke werden als eigenständige Arbeiten Maltas angesehen. Besonders faszinierend sind die vielen Magna-Mater-Darstellungen oder Skulpturen von Priesterinnen, die meist in sitzender Haltung mit auswechelbaren Köpfen und überproportionierten Unterleibspartien dargestellt sind.

Magna Mater

Aus Hagar Qim stammt die sogenannte „**Venus von Malta**", eine etwa 50 cm große nackte weibliche Skulptur mit modelliertem Körper, aus Tarxien hingegen der monumentale Torso einer fast 3 m hohen Kolossalstatue mit keulenartigen Beinen und gefaltetem, breitem Rock. Andere weibliche Statuen zeigen gewisse Krankheiten oder sind liegend dargestellt. Sie wurden überwiegend als Grabbeigaben im Hypogäum gefunden. Diese Funde trugen dazu bei, das Hypogäum als Heilschlaf-, Orakel- und Begräbnisstätte und als das Zentrum des Fruchtbarkeits- und Mysterienkultus unter einer weiblichen Priesterschaft zu interpretieren.

„Schlafende" um 3000 v.Chr., Archäologisches Museum, Valletta

• Untergang der Kultur

Untergang des friedlichen Volkes

Um das Jahr 2000 v. Chr. – mitten in der Blütezeit seiner Kultur – enden die Spuren dieses friedlichen Volkes, das keinerlei Waffen besaß und offensichtlich auch auf Metall verzichtete. Die Gründe dafür können nur vermutet werden: Haben fremde Eroberer sie vernichtet oder war es eine plötzliche, verheerende Epidemie, die die Inseln entvölkerte? Die Siedler, die sich 500 Jahre später auf Malta niederließen, gehörten einem anderen Kulturkreis an. Sie verehrten eine andere Gottheit, verbrannten ihre Toten und arbeiteten mit Metall.

INFO **Das Matriarchat**

Experten vermuten, ohne auf schriftliche Quellen zurückgreifen zu können, dass die im Mittelmeerraum lebenden Menschen während des Neolithikums matriarchalisch organisiert waren. Dass auf Malta die Frauen größere Rechte besaßen als die Männer, leitet man aus der Tatsache ab, dass in den Tempeln (neben mehreren Statuetten ohne eindeutige Geschlechtsmerkmale) zwar viele weibliche, aber nur eine einzige unzweifelhaft männliche Figur gefunden wurde. Schlussfolgernd nimmt man an, dass eine weibliche Muttergottheit verehrt wurde und dass in den Tempeln Priesterinnen, nicht Priester, die kultischen Handlungen ausübten. Möglicherweise waren sie gleichzeitig auch die weltlichen Oberhäupter der Bevölkerung.

Die Bronzezeit

Siedler aus Italien

Die Siedler der Bronzezeit (ab ca. 2000 v.Chr.) führten Werkzeuge aus Metall, Schmuck aus Silber oder Gold und Tonwaren auf Malta ein. Sie kamen aus Sizilien und Süditalien. An strategisch geschickten Plätzen richteten sie sich Burgen her, wie zum Beispiel Borg in-Nadur. Aus dieser Zeit sind auch einige Dolmen erhalten: Grabkammern, die

Schleifspuren

aus Trag- und Decksteinen bestehen. Rätselhaft wie die Tempel, sind auch die bronzezeitlichen Schleifspuren, die man an verschiedenen Stellen Maltas und Gozos im Fels entdecken kann. Die wahrscheinlichste aller Theorien ist, dass es sich um Abkratzungen durch primitive prähistorische Gleitkarren handelt (siehe Info-Kasten S. 271).

Phönizisch-punische Zeit

Zeugnisse dieser Epoche, die in etwa von 700 bis 218 v. Chr. währte, sind überwiegend Grabfunde, wie zum Beispiel Keramik und Schmuckstücke. Auch Tafeln, die mit Inschriften versehen sind, wurden entdeckt. Besonders interessant ist das aus dem 5. Jh. v.Chr. stammende Holzbild, das den kleinasiatischen Fruchtbarkeitsgott *Baal Hammon* darstellt.
Faszinierend ist auch der als „**Cippus**" bezeichnete Gebetsstein aus Marmor. In phönizischer und in griechischer Schrift steht auf dem Sockel ein Gebet an *Melkart*, den Stadtgott von Tyros und Karthago. Der Stein wurde Mitte des 17. Jh. gefunden und war ausschlaggebend für die Erforschung der Sprache der Phönizier. Von den Tempelbauten der Punier sind kaum Überreste erhalten (abgesehen von den Grundmauern eines der Astarte geweihten Tempels bei Tas-Silg in der Nähe von Marsaxlokk, Ende des 6. Jh.).

Die Römerzeit

Der maltesische Archipel wurde zu Beginn des **Zweiten Punischen Krieges** (218 v. Chr.) von den Römern erobert. Der Tempel der Astarte (siehe oben) wurde nun für die Verehrung der römischen Göttin Juno genutzt. Bruchstücke von Säulen im Bereich der Zitadelle in Victoria beweisen, dass auch Gozo einen Juno-Tempel hatte.

Fußboden einer römischen Villa

Weitere Relikte der Römerzeit auf Malta sind die Reste eines Stadthauses in Rabat und die Reste einer römischen Therme bei Ghajn Tuffieha. Die Übergangszeit zwischen Heiden- und Christentum hat den Forschern viele Rätsel aufgegeben. Die Überreste eines Baptisteriums, das bei Tas-Silg gefunden wurde, gilt als frühestes christliches Zeugnis. Es wird auf das 4. Jh. n.

Chr. datiert. Beeindruckender jedoch sind die unterirdischen Grabanlagen in Rabat, in denen zwischen dem 4.-6. Jh. Bestattungen abgehalten wurden. *Katakomben*

Zur Chronologie der prähistorischen Epochen

Viele Jahre lang bestanden unter den Wissenschaftlern Zweifel über die Datierung der einzelnen Phasen der prähistorischen Kulturen. Im Folgenden werden die Zeitspannen so angegeben, wie sie heute als gültig akzeptiert werden. Die Tempel von Zebbug, Mgarr, Ggantija, Hal Saflieni und Tarxien werden, im Einklang mit D.H. Trump, nun dem Kupferzeitalter zugerechnet. Sie sind damit in die allgemeine Zeitbestimmung prähistorischer Bauten eingeordnet, obwohl Malta damals kein Metall besaß. Die Tabelle zeigt die zeitliche Abfolge, vom frühesten Auftauchen der Menschen auf der Insel bis zum Ende der Römerzeit.

Übersicht **Archäologische Perioden in Malta**

Zeitalter	Abschnitte	Mit Radiokarbonmessung ermittelte wahrscheinliche Daten v.Chr.
Neolithikum	Ghar Dalam Graue Skorba Rote Skorba	5200-4600 4600-4400 4400-4100
Tempelperiode	Zebbug Mgarr Ggantija Saflieni Tarxien	4100-3800 3800-3600 3600-3300/3000 3300-3000 3300/3000-2500
Bronze- und Eisenzeit	Friedhof von Tarxien Borg in-Nadur Bahrija	2500-1500 1500-700 900-700
Phönizisch Phönizio-Punisch Punisch Römisch		700-550 550-218 218 v.Chr.-535 n.Chr

Zwischen Römern und Rittern

Die Araber

Die islamisch-arabische Kultur auf Malta umfasst die Zeit zwischen 870 bis 1091 n. Chr. Zeugnisse aus dieser Zeit sind allerdings kaum erhalten, abgesehen von einigen

erheblicher Einfluss der Araber

Mauern und den Namen Mdina und Rabat. Dennoch hat die Zeit der Araber erheblichen Einfluss auf die maltesische Bauweise gehabt. Auf sie gehen nämlich die Erker aus Holz zurück, die für die Stadtarchitektur so typisch sind. Interessant ist der Grabstein eines Mädchens, der im 12. Jh. angefertigt wurde (ⓘ S. 305/306). Die kufische Inschrift beweist, dass auch noch zu christlich-normannischer Zeit Einfluss aus islamisch-arabischer Zeit bestand.

Das Mittelalter

Zackenleiste als Fassadenschmuck

Die normannische Kathedrale in Mdina aus dem 12. Jh. wurde leider beim Erdbeben von 1693 weitgehend zerstört. Es muss das mächtigste Bauwerk aus dieser Zeit auf Malta gewesen sein. Aus dem 12./13. Jh. stammt das hölzerne Portal, das heute als Sakristeitür in der Kathedrale dient. Es wurde außerhalb von Malta angefertigt, worauf die aus dem nordischen Kulturkreis stammenden Schnitzereien hinweisen. Zwei Adelspaläste in Mdina stammen ebenfalls aus der sizilo-normannischen Zeit: der Palazzo Falzon, auch Norman House genannt, von 1095 und Palazzo Santa Sophia von 1233. Das auffälligste Kennzeichen des normannischen Stils ist die Zackenleiste als Fassadenschmuck. Aus dem Mittelalter stammen auch die drei Fresken in den St. Agatha-Katakomben in Rabat sowie ein silbernes Vortragekreuz (spätes 11. Jh.), das im Kathedralmuseum zu bestaunen ist. Auch das sogenannte Normannenhaus in Vittoriosa hat ein schönes Fenster im sizilo-normannischen Stil.

Die Baukunst unter den Rittern: Renaissance und Barock

Renaissance

Mit dem Eintreffen der Johanniter 1530 begann eine Zeit der regen Bautätigkeit auf Malta. Vor allem waren die Ritter am Ausbau der Verteidigungsanlagen interessiert. In Birgu (heute Vittoriosa) wurde an der Spitze der Halbinsel das bereits bestehende Kastell zum Fort St. Angelo ausgebaut. Zur Sicherung des Großen Hafens entstand nach einem schweren Angriff der Türken 1552 das Fort St. Michael, und das weitgehend zerstörte Fort St. Elmo an der Spitze der Sciberras-Halbinsel wurde erneuert. Auch die Verteidigungsanlagen in Mdina wurden verstärkt.

militärische Bauweise

1565 kam es zu der Großen Belagerung durch die Türken und nach dessen Ende verstärkten die Ritter ihre Bemühungen im Festungsbau erneut. Der Italiener **Francesco Laparelli di Corona** (1519-1570), der als der beste Militärarchitekt seiner Zeit galt, wurde mit der Planung und dem Bau der neuen Festungsstadt Valletta beauftragt. *Francesco Laparelli di Corona* hatte bei *Serbelloni* und *Michelangelo* gelernt und war außerdem mit den theoretischen Schriften der Baukunst der Renaissance vertraut. Mit diesen Erfahrungen gelang es ihm, den besonderen Anforderungen der militärisch denkenden Ritter zu entsprechen. In nur fünf Jahren, zwischen 1566 und 1571, entstand eine beeindruckende Festungsstadt, die allen militärischen Anforderungen gerecht wurde. Laparellis Nachfolger wurde der maltesische Architekt **Gerolamo Cassar** (1520-1586). *Gerolamo Cassar*, 1520 in Birgu geboren, war einer der bedeutendsten Baumeister in der maltesischen Geschichte. Nach der Großen Belagerung zunächst als Gehilfe *Laparellis* bei den Entwürfen zum Bau der neuen Stadt Valletta tätig, gelangte er mit Hilfe der italienischen Ordenszunge, die ihn als dienenden Bruder aufgenommen hatte, zum Studium der Baukunst nach Italien. In Rom lernte er die Werke *Michelangelos* und die Architektur *Vignolas* kennen und begeisterte sich für den Stil des Manierismus. Nach Malta zurückgekehrt, errichtete *Cassar* ab 1569 alle wichtigen öffentlichen Bauten für den Orden und prägte dadurch das Bild der Stadt erheblich: den Großmeisterpalast (1568-1572), die St. John's Co-Cathedral als Konventskirche (1573-1577), die Herbergen der einzelnen Landsmannschaften, die Bäckereien und die Windmühlen Vallettas sowie den Verdala Palace. *Cassars* Stadtarchitektur war überwiegend schmucklos und konservativ, was im krassen Gegensatz zu dem überschwenglichem manieristischen Stil stand, der zu dieser Zeit in Europa vorherrschte. So ist beispielsweise der Großmeisterpalast in Valletta so schlicht, dass man von außen nur schwer die Wichtigkeit dieses Gebäudes erkennen kann. Die Ordensherbergen hingegen sind etwas aufwändiger gestaltet. Kennzeichnend für seine streng-funktionale Bauweise ist beispielsweise die festungsartige Rustika-Eckquaderung der Fassaden. Von *Cassars* Sakralbauten hat lediglich die St. John's Co-Cathedral noch den ursprünglichen Stil bewahrt, fast alle anderen Kirchenbauten wurden stark verändert. Die St. Augustine-Kirche in Rabat, 1571 von *Cassar* begonnen, zeigt einen klassischen Innenraum der Renaissance mit Pilastern, Arkaden mit eingestellten Halbsäulen und kassettiertem Tonnengewölbe.

Studium in Italien

Gerolamo Cassar starb 1586 und wurde in der St. Augustine-Kirche in Rabat beigesetzt. *Gerolamo Cassars* Sohn **Vittorio Cassar** (ca. 1550-1610) wurde sein Nachfolger. Die über lateinischem Kreuz errichtete Pfarrkirche St. Philip in Zebbug hat eine schöne Doppelturmfassade und eine beeindruckende Vierungskuppel auf einem achteckigen Tambour. Als sein schönstes Werk gilt die alte Pfarrkirche von Birkirkara, die Church of Assumption.

Cassars schönste Kirche

Weiterhin ist der maltesische Architekt **Giovanni Attard** zu nennen, der zwischen 1610 und 1614 im Auftrag des Großmeisters *Alof de Wignacourt* einen Aquädukt von der Landesmitte nach Valletta baute. Mehrere Male hatten ausländische Architekten zuvor bei dieser Aufgabe versagt. Mit dem Aquädukt war die Wasserversorgung der Inselhauptstadt sichergestellt. **Tommaso Dingli** (1591-1661), Schüler und Gehilfe *Attards*, entwarf zahlreiche Gemeindekirchen. Die St. Marija-Kirche in Attard gilt als das Meisterwerk des damals erst 22-jährigen Architekten. Sie ist nicht verändert worden und zeigt einen letzten Höhepunkt in der Sakralbaukunst der Renaissance auf Malta. Dingli vollendete auch die von Vittorio Cassar begonnene Pfarrkirche von Birkirkara. Die alte Porta Reale (King's bzw. City Gate in Valletta) wurde ebenfalls nach einem Entwurf von Dingli erbaut.

Barock

Im 17. Jh. wurden die Befestigungen Vallettas weiter verstärkt. **Pietro Paolo Floriani**, ein italienischer Festungsbaumeister, lieferte die Pläne für einen Festungsgürtel rund um die Stadt, mit dessen Bau nach 1632 begonnen wurde. *Florianis* Nachfolger war

Festungsbaumeister

Vincenzo Masculano de Firenzuola (geb. 1578), der ab 1638 mit dem Bau der sogenannten „Margerita Lines", der Umwallung von Cospicua von der Landseite her, begann. **Antonio Maurizio Valperga**, ebenfalls aus Italien stammend, ist für die noch mächtigeren 4,6 km langen „Cottonera Lines" verantwortlich, die ab 1670 zum Schutz der „Three Cities" errichtet wurden. Zeitgleich wurden entlang der gesamten Küste zahlreiche Wachtürme errichtet, um einen Angriff rechtzeitig erkennen und melden zu können. Von städtebaulicher Bedeutung ist während dieser Zeit vor allem die Errichtung von Vallettas Vorstadt Floriana auf der westlichen Landseite der Hauptstadt.

zahlreiche Wachtürme

Die wichtigsten Architekten auf Malta während des Barock waren **Lorenzo Gafà, Giovanni Barbara**, **Giuseppe Bonnici** und **Domenico Cachia**. Unter ihnen erhielt ein prachtvoller, auf Repräsentation ausgerichteter Stil Einzug auf der Insel. Neben einigen wichtigen Profanbauten, schufen sie vor allem Sakralbauten im römischen und süditalienisch-sizilianischen Stil. Dieser zeichnet sich durch Kolossalordnung, konkav und konvex gestaltete Fassaden sowie Zentralbauten mit Kuppeln aus.

Lorenzo Gafà (1630-1704) war Maltas bedeutendster Baumeister des 17. Jh. Gebürtig aus Mdina, prägte er ein halbes Jahrhundert lang die Architektur der Inselstädte und -dörfer. Nach dem Architekturstudium in Rom, wo sein Bruder *Melchiore Gafà* als Maler und Bildhauer wirkte und wo er vor allem vom Kirchenbau *Francesco Borrominis* angetan war, gelingt es ihm, den komplizierten römischen Formenschatz vereinfachend auf die maltesischen Kirchenbauten zu übertragen. Die St. Lawrence-Kirche in Vittoriosa wird durch eine feine Pilasterordnung und Volutenschmuck an der Fassade gegliedert. St. Katharina (1692) in Zetjun ist ein ausgewogener, eleganter Barockbau mit eindrucksvoller Kuppel und sicherlich eine der schönsten Kirchen der Insel überhaupt. 1693 zerstörte ein schweres Erdbeben die normannische Kirche in Mdina und Gafà erhielt den Auftrag für ihren Neubau. Kennzeichnend für sein zwischen 1697 und 1702 entstandenes Alterswerk sind die mächtige Doppelturmfassade und die imposante Kuppel. Auch die Kathedrale von Victoria auf Gozo geht auf Pläne Gafàs zurück. Weitere Kirchenbauten Gafàs sind in Valletta, Floriana, Zetjun, Rabat und Siggiewi zu bewundern.

eleganter Barockbau

Giovanni Barbara (1670-1730) war Festungsbaumeister und Architekt verschiedener Sakralbauten. Seine St. Saviour-Kirche in Lija, ein Bau von 1694, präsentiert sich als schlichter Sakralbau: eine hohe Fassade, die von Türmen flankiert und von einer kleinen Kuppel gekrönt wird. Seine Profanbauten zeigen einen Hang zur floralen Dekoration, beispielsweise der Vilhena Palast in Mdina (einem Bau von 1730, heute Naturkundliches Museum) oder das ab 1733 errichtete Priesterseminar, das heutige Kathedralmuseum Mdinas, das erst nach seinem Tode vollendet wurde.

Giuseppe Bonnici (1707-1778) war ein Schüler *Barbaras* und am Bau der Festungsanlagen von Floriana beteiligt. Seine St. Publius-Kirche in Floriana (1733) ist die letzte große Pfarrkirche, die während der Zeit der Ordensritter auf Malta entstand. Daneben schuf *Bonici* weitere Sakral- und Profanbauten in Valletta. St. Barbara wurde 1739 als Kirche der Zunge der Provence errichtet, 1747 entstand das Zollhaus, ein massiger Bau mit ansehnlicher Fassade und 1748 der Gerichtshof, die *Castellania*. Auch die

Kirche in Nadur auf Gozo ist ein Werk *Bonicis*. **Domenico Cachia** (ca. 1700-1790) gilt als der letzte und bedeutendste Barockarchitekt seiner Zeit. Die Pfarrkirche St. Helena in Birkirkara, nach seinen Entwürfen zwischen 1735 und 1745 erbaut, gilt als eine der schönsten Kirchen des Landes. Weiterhin erbaute er den Selmun Palace (heute Teil eines Hotels), der – obwohl als Sommerresidenz gedacht – einen wehrhaften Charakter aufweist. Es entstand ein aus der Tradition des Wehrbaus entwickelter, mit Ecktürmen versehener Sommersitz. Sein Meisterstück ist die Vollendung der bereits von Gerolamo Cassar 1574 entworfenen Auberge de Castille, Léon et Portugal in Valletta (1744), in der heute der Premierminister amtiert. Die Prefettura in Lecce (Apulien) hat wohl bei diesem Bau Pate gestanden.

die schönste Kirche Maltas

Architektur im 19. und 20. Jahrhundert

Unter der britischen Herrschaft (1814-1964) wurde Malta zum Flottenstützpunkt ausgebaut. Es entstanden hauptsächlich Befestigungsanlagen sowie Werften und Hafengebäude. In der Sakralarchitektur wurde der Baustil des Barock auch von der kleinsten Gemeinde als bevorzugter Stil für ihre Gotteshäuser übernommen. Als im 19. Jh. die Bevölkerungszahlen und der allgemeine Lebensstandard stiegen, schossen in den neugegründeten Gemeinden neobarocke Kirchen, die zum Teil in Eigenarbeit errichtet wurden, wie Pilze aus dem Boden. Der größte Sakralbau des 19. Jh. ist die Kuppelkirche in Mosta, mit deren Bau 1833 begonnen wurde.

Moderner Kirchenbau - hier in Manikata

Neoklassizistisch hingegen sind die St. Paul's Anglican Cathedral in Valletta (ab 1839), die Main Guard und das prunkvolle Opernhaus, das 1866 eingeweiht wurde (1873 abgebrannt, wieder aufgebaut, nach Bombenschäden im 2. Weltkrieg endgültig abgerissen). Die maltesische Architektur hat eine spezielle Vorliebe für den Historismus, wobei neobarocke, neoromanische, neoklassizistische oder sogar neogotische Elemente scheinbar wahllos nebeneinander gestellt werden. Architekturströmungen des 20. Jh., wie etwa Bauten des Jugendstils oder des Funktionalismus, gibt es auf Malta nicht. Seit den 1980er Jahren werden Bauten im postmodernen Stil errichtet, die von den Maltesern positiv aufgenommen werden. Das Bild der Städte ist von meist einförmigen, im gelben Kalkstein errichteten Flachdachbauten geprägt, die von den prachtvollen

Vorliebe für Historismus

riesigen Kirchen überragt werden. Die Gleichförmigkeit des Wohnungsbaus geht auf die Bauvorschriften der britischen Besatzer zurück, die damit die Wohnsituation in den im 19. Jh. rapide anwachsenden Städten zu verbessern suchten. Ein besonderes Kennzeichen dieser schmalen, einstöckigen Häuser sind die **Haustüren**. Die Innentür ist meist kunstvoll mit Glas versehen. Davor befindet sich ein schweres Holztor mit zwei Flügeln, vor welchem ein halbhohes Gitter angebracht ist. Es diente früher dazu, herumlaufende Tiere aus dem Haus zu halten und trotzdem – zwecks nachbarschaftlichem Informationsaustausch – die Haustür offen zu lassen.

Typische Wohnhäuser in Zetjun

Ein weiteres typisches Element sind die arabisch wirkenden **Erker** aus Holz, die meist grün angestrichen sind. (Siehe dazu Info-Kasten S. 186) Wenn man über Land fährt, sieht man vereinzelt alte (heute meist leerstehende) Bauernhäuser. Mit ihrer kastenförmigen Form und dem flachen Dach sehen sie wie Wehrtürme aus. Bei Angriffen konnten sich die Bewohner hier verschanzen. Nur ein großes Eingangstor und schmale Fenster unterbrechen die Fassade. Bei den heutigen Neubauten greifen die Malteser gerne auf verspielte Bauformen zurück. Vorbild scheint wiederum Italien zu sein. Mit den kleinen Putti und Girlanden aus Stein, die die Hausfassaden zieren, wirkt der Stil auf den nordeuropäischen Besucher leicht kitschig. Ein wichtiges Element, das man an fast jedem Haus findet, sind die kleinen Tafeln aus Keramik, die statt Hausnummern neben der Tür angebracht sind. Sie verweisen auf den Schutzpatron des Bewohners, erinnern an ein besonderes Ereignis oder beziehen sich auf den Auswanderungsort der Söhne, die diesen Neubau finanziell ermöglichten.

verspielte Bauformen

Malerei

Die Malerei auf Malta, vorwiegend die Ausmalung von Kapellen und Kirchen, war bis zum Ende des 16. Jh. vor allem durch italienische Künstler geprägt. **Matteo Perez d'Aleccio** (1547-ca. 1629) schuf 1576-1581 im Großmeisterpalast zwölf großformatige Szenen mit Ereignissen der Türkenbelagerung von 1565 zur Verherrlichung des Sieges der Johanniter. Diese Gemälde stellen gleichzeitig ein militärgeschichtliches Dokument dar. Der wichtigste „ausländische" Künstler, der auf Malta gewirkt hat, jedoch ohne jeden Einfluss auf maltesische Künstler blieb, war **Michelangelo Caravaggio**, der zwei bedeutende Werke auf Malta hinterließ (siehe Info-Kasten S. 181).

militärgeschichtliches Dokument

Auch im 17. Jh. hielt der italienische Einfluss an. Entweder kamen italienische Künstler nach Malta oder die maltesischen Maler studierten in Italien und brachten ihre Ergebnisse mit in die Heimat. Der Künstler, der den Malstil auf Malta am nachhaltigsten geprägt hat, war der Italiener **Mattia Preti** (1613-1699). *Preti* stammte aus Taverna in Kalabrien, lebte aber über 30 Jahre auf Malta. Fast alle größeren Gotteshäuser haben zumindest ein Gemälde von ihm. In seiner Jugend bereiste er Italien und nahm er Anregungen verschiedener Malschulen auf: die Malerei *Caravaggios* in Neapel und Rom, *Corregios* in Parma, *Veroneses* und *Tintorettos* in Venedig sowie von *Rubens* in Antwerpen. Zunächst in Rom arbeitete er, ab 1656 in Neapel, als Maler und Kunstsammler. In Neapel kam er mit den Ordensrittern von Malta in Kontakt. 1661 erhielt er den Auftrag zur Ausmalung der Ordenskirche in Valletta, der heutigen St. John's Co-Cathedral. In fünfjähriger Arbeit malte er 18 eindrucksvolle Szenen aus dem Leben *Johannes des Täufers* auf das Deckengewölbe. Im Oratorium der Kathedrale hängen drei wichtige Gemälde: die „Dornenkrönung", „Ecce Homo" und die „Kreuzigung Christi". Auch die Wände und Säulen der Kathedrale verzierte er mit floralen Motiven, Malteserkreuzen und Wappen. Kennzeichnend für *Preti* ist die Kombination der Hell-Dunkel-Technik eines *Caravaggio* mit einem ausgeprägten Naturalismus. Seine Kompositionen sind in der Regel groß und in kräftigen Farben gemalt. Von seinen Werken so angetan, nahmen ihn die Ritter schließlich in ihrem Bund auf und nannten ihn „*Il Cavalier Calabrese*" – den Ritter aus Kalabrien. In etlichen Kirchen auf Malta, z.B. in der Kathedrale in Mdina sowie im Museum of Fine Arts in Valletta befinden sich Werke von ihm. Mattia Preti starb 1699 auf Malta.

Preti prägte den Malstil Maltas

der Ritter aus Kalabrien

Auch der Maler **Fillipo Palladini** (1544-1614) muss erwähnt werden. Bekannte Werke von ihm sind der „Schiffbruch des heiligen Paulus" in der St. Paul's Kirche in Valletta und die „Madonna mit dem Kind und Heiligen" im Erzbischofspalast, ebenfalls in Valletta. **Stefano Erardi** (1650-1733) machte sich vor allem als Portraitmaler einen Namen. Für die deutsche Kapelle in der St. John's Co-Cathedral in Valletta schuf er z.B. die „Anbetung der Könige" und für die St. Pauls-Kirche in Rabat das Altarbild „Paulus schleudert eine Schlange ins Feuer". 48 Jahre lang lebte der Franzose **Antoine de Favray** (1706-1798) auf Malta, wo er auch starb. Bekannt wurde er durch Portraits, Landschafts- und Genrebildern. Im Museum of Fine Arts in Valletta sowie im Kathedral-Museum von Mdina kann man zahlreiche seiner Werken – meist Ritter- und Großmeisterportraits – bestaunen. Maltesische Künstler sind auch der klassizistische Maler **Giuseppe Grech** (1757-1789) sowie **Giorgio Bonavia**. Für das Ende des 19. Jh. ist **Giuseppe Cali** (1846-1930) zu nennen, der über 600 Werke (Landschafts- und Altarbilder, Portraits und Stillleben) für die Kirchen und Paläste Maltas geschaffen hat. Cali ist ein typischer Vertreter der Romantik, der zunächst von Delacroix, später auch vom Impressionismus beeinflusst war. Zu Beginn des 20. Jh. entstand der große Zyklus aus dem Leben Christi in der Kuppelkirche von Mosta. Das Gemälde „*Tod des Dragut*" (Museum of Fine Arts) ist eine eindrucksvolle Sterbeszene des gefürchteten Korsaren, der bei der „Großen Belagerung" 1565 ums Leben kam. Stimmungsvolle Naturbilder hingegen sind die Gemälde „*Sonnenuntergang*" und „*Mädchen am Bach*". Internationale Anerkennung fand der maltesische Bildhauer **Antonio Sciortino** (1883-1947). Die bekanntesten Werke Sciortinos sind in Valletta zu sehen, „*König Christus*", die „*Arabischen Pferde*" und das „*Mahnmal des Sieges von 1565*" (siehe Info-Kasten S. 172). Seine lebendigen und eindrucksvollen

international anerkannt

Skulpturen machten ihn zum führenden maltesischen Künstler des 20. Jh. Mit nennenswerter zeitgenössischer Malerei oder zeitgenössische Skulptur ist Malta auf internationaler Ebene bisher (noch) nicht hervorgetreten. Ein neues Forum hat die moderne Kunst jedoch im **National Arts Centre** gefunden, das im St. James Cavalier in Valletta eingerichtet wurde und Ausstellungsfläche für alle Arten künstlerischen Schaffens bietet.

neues Ausstellungszentrum

Musik und Dichtung

Musik

Die maltesischen Volksweisen haben Anklänge an sizilianische Tarantellas, spanische Balladen und Rhythmen, Melodien des Balkan oder an arabisch-orientalische Weisen. Die jahrhundertelangen Einflüsse anderer Kulturen kommen hierbei zum Ausdruck. Tamburin, Kesselpauke, Rührtrommel und Sackpfeife sowie die spanische Gitarre sind traditionelle Instrumente der Insel. Der Chorgesang spielt eine große Rolle auf Malta, und die *Malta Choral Society* und der Chor aus St. Julians sind für ihr hohes Niveau berühmt. Bekannte maltesische Komponisten sind **Nicolo Isouard** (1775-1818) und **Robert Samut** (1870-1934). Samut hat die Musik für die maltesische Nationalhymne komponiert. Traditionelle Tänze sind „*Il Parata*", ein Schwerttanz, der anlässlich des Karnevals von Kindern aufgeführt wird und „*Il Maltija*", ein Bauerntanz, der Elemente höfischer Tanzfiguren des 18. Jh. beinhaltet. Jedes Dorf und jede Stadt hat ihren eigenen „*Band Club*", der bei besonderen Anlässen, z.B. Festas, spielt. Die Auftritte dieser Kapellen, die überweigend aus Blechblasinstrumenten, Trommeln und Flöten bestehen, sind außerordentlich beliebt, dienen sie doch gleichsam als sozialer Treffpunkt. Zwischen den einzelnen Band Clubs besteht heftige Konkurrenz, besonders wenn es zwei an einem Ort gibt. Die traditionellen Folkloresänger werden „*ghannej*" oder „*ghannejja*" genannt. 2002 wurde das „*Gukulari Ensemble*" gegründet, ein Zusammenschluss, der sich um die lange in Vergessenheit geratene maltesische Musik bemüht. „*A Musical Legacy: Malta-related music found in foreign libraries*" bietet einen Querschnitt an maltesischer Musik, von ritterlichen Tänzen des 16. Jh., über Kastanettentänze der Stadtbevölkerung bis zu Karnevalstänzen. Überwiegend wird auf alten Instrumenten, wie z.B. der Rauschpfeife, musiziert. Der Name *Gukulari* stammt von dem ersten bekannten maltesischen Musiker ab, der sich als „*juculari*" einen Namen machte. (ⓘ 💻 www.musicallegacy.com)

maltesische Nationalhymne

Literatur

Eine eigenständige Literatur gibt es auf Malta erst seit dem 17. Jh., doch gab es bereits vorher eine Fülle an mündlich tradierten Legenden, Volksmärchen und -liedern sowie zahlreichen Sprichwörtern. Das bekannte Sprichwort „*Verunreinige nicht die Quelle, aus der zu trinken du einmal froh sein könntest*" ist beispielsweise maltesischen Ursprunges. **Pietro Caxaro** „*Cantilena*", ein episches Gedicht von 1533, ist das erste literarische Werk in maltesischer Sprache, doch blieb Italienisch die Literatursprache bis ins 19. Jahrhundert hinein. Im 17. Jh. schrieb **C. F. Bonamico** (1639-1680)

Italienisch zunächst Literatursprache

INFO Wer war der Malteser Falke?

In *Dashiell Hammetts* Roman „*Der Malteser Falke*" geht es um einem Kunstsammler und um eine junge hübsche Frau, die versuchen, die Figur eines goldenen Falken in ihren Besitz zu bekommen. Der Falke ist über und über mit kostbaren Edelsteinen besetzt. Wie im Verlauf des Romans deutlich wird, handelt es sich bei der Figur um ein Geschenk, das 1531 im Auftrag des Großmeisters Villiers de L'Isle Adam für den spanischen König gefertigt wurde. Durch den Lehnsvertrag waren die Ritter verpflichtet, dem König einen lebendigen Falken zu schenken. Aus Dankbarkeit für ihre neue Wohnstätte auf Malta, hatten sie dem König ein besonderes Geschenk machen wollen. Auf dem Weg nach Spanien wurde das Schiff jedoch von dem Piraten *Chaireddin* gekapert und der wertvolle Falke gelangte nach Algerien. Die Hoffnung, die Skulptur jemals wiederzufinden, hatte man bereits aufgegeben. Schließlich landete der Falke in den 1920er Jahren in Amerika. Im Verlauf des spannenden Krimis begehen der Kunsthändler und seine anfängliche Komplizin drei Morde. Schließlich gelingt es Privatdetektiv *Sam Spade*, den Falken ausfindig zu machen, doch dann erlebte er eine böse Überraschung …
Dashiell Hammet begründete mit dem „Malteser Faken" seinen Ruhm, und mit dem Film „*The Maltese Falcon*", 1941, begann der „*Film noir*" des amerikanischen Kinos. Dies war der erste Film von *John Huston*. Die Hauptrolle spielte *Humphrey Bogart*.

Buchtipp

- *Hammet, Dashiell:* ***Der Malteser Falke, Zürich*** *1974 (Malta 1992).*

Der Dichter Guzè Muscatt Azzopardi (1853-1927)

Gedichte für den Großmeister *Cotoner* und im 18. Jh. wurden einige geistliche und weltliche Liedtexte sowie einige Wörterbücher veröffentlicht. Von **Agius de Soldanis** (1712-1770) stammt die in italienischer Sprache verfasste maltesische Grammatik „*Nuova scuola di grammatca per agevolmente apprendere la lingua maltese*" (1750) sowie das vierbändige Wörterbuch „*Damma Tal-kliem Kartaginiz*". Von 1791 stammt die lateinische Grammatik des maltesischen Lexikographen **Mikiel Anton Vasalli** (1764-1829) und von 1796 sein „*Lexicon Melitense Latino-Italiano*". Der erste „dichtende" Schriftsteller ist der Geschichtsforscher und Italienisch-Professor **Gan Anton Vassallo** (1817-1867). Bekannt wurde das Epos „*Il-gifen tork*" (Die türkische Galeere). Auch **Guzè Muscatt Azzopardi** (1853-1927) verfasste Gedichte sowie einige Prosastücke in Maltesisch. *Azzopardi* wird als „der Vater der maltesischen Literatur" bezeichnet, da durch ihn das Maltesische zur Dichtersprache wurde. Der erste (bürgerliche) Roman ist **Anton Manuel Caruanas** „*Inez Farrug*" (1889). Anhand einer Familiengeschichte schildert *Caruanas* die Probleme zwischen

Vater der maltesischen Literatur

Einheimischen und Fremden. Weitere Autoren, die insbesondere als Lyriker bekannt geworden sind, sind **Carmelo Psaila** (1871-1961, siehe Info-Kasten unten), **Anastasio Cuschieri** und **N. Cremona**. Im Prosawerk von **Guze Aquilina** hingegen finden sich sozialreformerische Gedanken, insbesondere sein Werk „*Under three Reigns*" (Unter drei Regimen, 1938) wurde als Sozialkritik der maltesischen Verhältnisse viel diskutiert. Auch die neueren Prosaschriftsteller sind ähnlich gesellschaftskritisch. Zu nennen sind beispielsweise **J. J. Camilleri**, **Lino Spiteri** (geb. 1938) und **Frans Sammut**. Romantischer hingegen sind die Gedichte **Anton Buttigiegs** (geb. 1912), in denen er die maltesische Landschaft und das Verhältnis Mensch – Natur beschreibt. **Mario Azzopardi** (geb. 1944) ist für seine modernen Theaterstücke bekannt geworden.

Sozialkritik

Seit der Unabhängigkeit Maltas wurde die maltesische Literatur stark gefördert. Zu den Hauptexponenten zählt der Roman- und Stückeschreiber **Francis Ebejer** (1925-1993). Da er sowohl in Maltesisch als auch in Englisch schreibt, wurde Ebejer (geb. 1924) zum international bekanntesten Schriftsteller aus Malta. In seinen Büchern „*The Evil of King Cockroach*" und „*The Wreath of the Innocents*" schildert er das maltesische Leben zwischen Tradition und Fortschritt. Eine Sammlung von Kurzgeschichten „*For Rozina a Husband*" ist auf Englisch erhältlich. **Oliver Friggieri** (geb. 1947) ist Professor für Maltesisch an der University of Malta, Übersetzer, Literaturkritiker und Autor. Als sein wichtigstes Werk gilt „*L'istramb*" (engl.: „*The Turn of the Wheel*"). Der Roman handelt von den Schwierigkeiten eines jungen Mannes mit den starren katholischen Traditionen Maltas.

zwischen Tradition und Fortschritt

INFO Dun Karm (1871-1961)

Der aus bescheidenen Verhältnissen stammende *Carmelo Psaila* wurde 1871 in Zebbug geboren. Mit achtzehn Jahren begann er, Gedicht zu schreiben, zunächst in Italienisch, der Sprache der Bildungsschicht. Er erhält eine Ausbildung am Priesterseminar in Mdina, und wird 23-jährig zum Priester geweiht. Neben seiner Tätigkeit als Seelsorger, schreibt er Gedichte, nun auch und danach ausschließlich in Maltesisch.

Sein erster Roman, „*Il-Habib*" („Der Freund"), 1912 in maltesischer Sprache erschienen, findet große Anerkennung. Unter dem Pseudonym *Dun Karm* schreibend, werden seine Gedichte und Prosastücke schnell populär. Hauptächlich handeln seine Gedichte und Prosawerke von Liebe, Religion und Heimat und von dem Verlangen des maltesischen Volkes nach kultureller Eigenständigkeit und nationaler Identität. Als „*il poeta Malti*" wird ein Gedicht von ihm für die Nationalhymne verwendet.

„Guard O Lord, as always
Thou hast guarded, this sweet
motherland whose name we
bear, clothed by Thee in
radiance most fair:
Wisdom to her rulers,
Almighty grant to just
employer and to worker,
health: Strenghten Malta in
unity and peace.

Lil din l-art helwa,
L-omm li tatna isimha
Hares Mulej kif dejjem intharist,
Ftakar li lilha bl-ohla dawl libist.

Auszug aus der maltesischen Nationalhymne von Dun Karm Psaila

Landschaftlicher Überblick

„(Malta) ist eine geradezu biblische Landschaft. Nur vereinzelt sprenkeln Bäume das sonnengleißende Land, hier und da stehen verstreut kleine Ölbäume oder einsame uralte Johannisbrotbäume, in der Ferne scheinen die Bauernhäuser wieder mit dem Felsen zu verschmelzen, aus dessen Stein sie gebaut sind." (Ernle Bradford)

Geologie und Geographie

im Zentrum des Mittelmeeres

Malta liegt im Zentrum des Mittelmeeres zwischen Sizilien und Nordafrika, gleich weit entfernt von Gibraltar und Zypern. Die Insel umfasst 246 km², sie ist 27 km lang und 14,5 km breit. Zusammen mit der 67 km² messenden Nachbarinsel Gozo und dem winzigen Comino (knapp 3 km²) bildet dieses Archipel den Staat Malta. 137 km Küste umgeben die Insel. Im Norden und Osten bilden mehrere tief ins Land greifende Buchten ideale Naturhäfen. Im Süden und Westen fallen die Klippen steil ins Meer ab. Dazwischen erstreckt sich ein leicht hügeliges Plateau ohne Flüsse, Berge oder Wälder. Die höchste Erhebung beträgt auf Malta knapp 260 m. Hecken und Mauern aus Feldstein begrenzen die in Terrassen angelegten Felder. Die Wege werden von Feigenbäumen oder Oleanderbüschen begrenzt, die das karge Bild auflockern.

Kalkstein

Die Entstehungsgeschichte des maltesischen Archipels liegt im geologischen Zeitalter des *Tertiärs*, also vor etwa 60 Millionen Jahren. Eine erste koralline Kalkschicht lagerte sich am Meeresboden ab, auf die fünf Millionen Jahre später globigeriner Kalk und „Blauer Ton" folgten. Im *Oligozän* (vor ca. 38 Millionen Jahren) schlossen sich eine Sandsteinschicht und eine weitere koralline Kalkkruste an. Im *Pliozän* stiegen die Inseln langsam aus dem Wasser und nahmen ungefähr fünf Millionen Jahre vor unserer Zeitrechnung ihre Gestalt an. Unterschieden werden vier wesentliche Gesteinsschichten: ganz unten der untere koralline Kalkstein, darüber der globergerine Kalk, gefolgt von einer Schicht blauen Tons und darüber der obere koralline Kalkstein. Kalkstein ist reich an Fossilien, insbesondere dort, wo der koralline und der globergerine Kalk aufeinandertreffen.
Im Osten Maltas und im Westen Gozos dominiert der relativ weiche, globigerine Kalk („*franca*"). Er wird bevorzugt für den Häuserbau verwendet, denn er härtet schnell an der Luft und ist sehr wetterfest. Die goldgelbe Farbe dieses Kalksteins ist kennzeichnend für die maltesischen Siedlungen. Im Westen Maltas, an den Küsten und im Osten von Gozo gibt es vorwiegend den wesentlich härteren korallinen Kalk („*zonqor*"), der beispielsweise zum Bau der mächtigen Festungsanlagen verwendet wurde (siehe Info-Kasten S. 283).

ständiger Wind

Der ständige Wind ist ebenso maßgeblich für die Oberflächengestalt der Inseln verantwortlich. Zusammen mit den starken Regenfällen im Winter weicht er die Bodennarbe in den höher gelegenen Gebieten auf und trägt sie zu Tal. Dort bildet sich dann eine dicke Erdschicht. Die so entstandenen fruchtbaren Täler werden jedoch immer wieder von nackten Kalksteinerhöhungen unterbrochen, wie beispielsweise dem Marfa Ridge.

typische Hügellandschaft

Der Westen und Südwesten Maltas wird von dem Rabat-Dingli-Plateau bestimmt. Es besteht aus hartem Kalkstein. Im Süden fällt es an den Dingli Cliffs steil zum Meer hin ab, im Osten hingegen haben Winde und Regen Täler eingegraben und so eine für diesen Inselteil typische Hügellandschaft geformt. Nach Norden hin gleitet das Plateau sanft ab, um schließlich in einer Tieflandzone zu enden.

Gozo hat eine andere Gesteinszusammensetzung als Malta. Dort gibt es mehr **blauen Ton**. Diese wasserstauende Gesteinsschicht ist reich an Mineralstoffen und begünstigt die Fruchtbarkeit des Bodens entscheidend. Die Landschaft ist weniger schroff und karg, die Vegetation üppiger und die Felder sind reicher bestellt – daher auch der Beiname „*grünes Gozo*". Ähnlich wie auf Malta, hat aber auch auf Gozo die systematische Abholzung der Wälder nicht wiedergutzumachende Schäden angerichtet (Verkarstung).

Die maltesischen Inseln sind reich an **Höhlen**, die sich in den weichen Kalkstein gefressen haben. Oft wurden sie in der Vergangenheit auch als Wohnstätten genutzt, so z.B. in Mellieha. Die bekanntesten Höhlen sind auf Malta Ghar Dalam und Ghar Hassan, auf Gozo die Calypso Cave und die unterirdischen Tropfsteinhöhlen Xerri's und Ninu's Grotto in Xaghra.

Gewässer

Mangel an natürlichen Wasserquellen

Natürlichen Wasserquellen wie Seen, Flüsse oder Bäche fehlen auf den Inseln, so dass **Wassermangel** seit jeher eines der größten Probleme des Archipels darstellt. Das seltene Regenwasser fließt überwiegend ins Meer, denn die dünne Bodenkrume kann das Wasser nicht aufsaugen. Nur in sehr feuchten Wintern führen die **Wieds** (= ausgetrocknete Täler) für kurze Zeit Wasser. Es gibt zwei Grundwasserstockwerke: Unter der Hochebene von Mdina befindet sich eine Schicht wasserundurchlässigen blauen Tons. Über dieser Tonschicht gibt es ein Süßwasservorkommen, das bereits Großmeister Alof de Wignacourt zu nutzen wusste, als er 1610 von dort ein Aquädukt nach Valletta bauen ließ. 1845 wurde eine zweite Leitung aus dem südlichen Hochplateau eingerichtet.

Bevölkerungswachstum und Militäreinrichtungen ließen den Wasserbedarf im 19. Jh. immer mehr steigen, so dass auch tiefere Grundwasserreserven angezapft wurden. Die erste Pumpstation in Dingli entstand um 1880 und ein größeres Speicherreservoir in Ta' Qali. 1888 wurde die Wasserwirtschaft durch das „**Water Pumps Ordinance**" gesetzlich geregelt. Probleme mit dem Wasser gibt es jedoch noch immer. Obwohl die Wasserförderung immens verstärkt wurde, reichen die Mengen nicht aus. Die einzige Lösung besteht in der Entsalzung von Meerwasser. 1982 wurde die erste **Meerwasserentsalzungsanlage** bei Ghar Lapsi eröffnet. Weitere Anlagen folgten am Tigne Point in Sliema und in Cirkewwa. Bereits 1880 bestand eine Entsalzungsanlage am Tigne Point. Damals arbeitete man nach dem Verdampfungsprinzip:

Verdampfungsprinzip

Wasser wurde in riesigen Kesseln stark erhitzt, wobei der so gewonnene Dampf immer mehr an Salz verlor. Dieses Verfahren erfordete jedoch einen enorm großen Energieaufwand, der auf Dauer nicht tragbar war.

Die Lösung lag in dem Prinzip der umgekehrten Osmose. Die heutigen Anlagen, die zu den modernsten der Welt gehören, sind **Reverse Osmosis Plants**. Meerwasser wird zunächst durch einige Vorfilter gepumpt und dann unter großem Druck in sogenannte Permeatoren gepresst. Diese sind schmale Kunststoffröhren, in denen feinste Membranen das Salz aus dem Wasser filtern. Das gereinigte Wasser kommt in die Trinkwasserleitungen. Die Restlösung wird wieder dem Meer zugeführt. Fast die Hälfte des erforderlichen Trinkwassers wird durch dieses Verfahren gewonnen. Aus drei Litern Meerwasser wird ein Liter Süß-, also Trinkwasser, gewonnen. Allerdings ist auch bei diesem Verfahren der Energieaufwand recht hoch. Im Hochsommer werden für die künstliche Bewässerung der Landwirtschaft, für Bevölkerung, Touristen und die Industrie an Spitzentagen bis zu 100 Millionen Liter Wasser verbraucht.

gefiltertes Meerwasser

Klima

Das subtropische Mittelmeerklima der Inselgruppe zeichnet sich durch trockene heiße Sommer und milde, aber nicht übermäßig feuchte Winter aus. Sommerliche Temperaturen gibt es von Mitte Mai bis Oktober. Zu dieser Zeit ist der Himmel fast immer wolkenlos. Der Herbst bringt viel Nebel mit sich. Die Regenfälle beginnen gewöhnlich im Oktober, in dem es aber im Allgemeinen noch sehr warm ist (Badewetter). Die eigentlichen Wintermonate (Dezember, Januar, Februar) bringen heftigen Regen (keinen Schnee) und einen kühlen Wind aus Nordost. Doch auch zu dieser Zeit gibt es durchschnittlich bis zu sechs Stunden Sonnenschein.

Übersicht **Klimatabelle**

Monat	Durchschnittliche Höchst- und Mindesttemperatur (Luft in Celsius)	Durchschnittliche Temperatur (Wasser in Celsius)	Sonnenstunden pro Tag	Durchschnittliche Zahl der Regentage im Monat
Januar	15/10	15	6	12
Februar	15/10	14	7	7
März	17/11	15	8	6
April	19/12	15	9	4
Mai	23/16	18	10	2
Juni	28/19	21	12	0
Juli	30/21	24	13	0
August	31/22	25	12	1
September	28/21	24	10	3
Oktober	24/18	22	7	9
November	20/14	19	6	10
Dezember	17/11	17	5	12

(Ort: Luqa, Quelle: Dt. Wetterdienst, Offenbach/M.)

Winde

der „xlokk" ist ermüdend

Überwiegend herrscht der nordwestliche „*majjistral*". Im September kommt der südliche „*xlokk*" (Schirokko), der Feuchtigkeit mit sich bringt und ermüdend wirkt. Der unangenehmste Wind ist der stürmische „*grigal*" aus Nordost, der die Temperaturen zurückgehen läßt. Er dauert in der Regel drei Tage. Zu dieser Zeit fahren Boote nicht aus und Kreuzschiffe versuchen meist erst gar nicht, in den Grand Harbour zu kommen. Der Wind aus Norden, der „*tramuntana*", weht nur gelegentlich.

Fauna und Flora

Fauna

artenarme Tierwelt

Die Tierwelt der maltesischen Inseln ist ausgesprochen artenarm. Gefährliche oder giftige Tiere gibt es nicht. Die größten frei lebenden Tiere sind Kaninchen und Igel. Mittlerweile ist die Jagd auf Kaninchen gesetzlich geregelt. Häufig zu sehen sind Eidechsen, Fledermäuse und kleinere Nagetiere.
Auf der kleinen Felsinsel Filfa vor der Südküste Maltas lebt die endemische Eidechsenart *Lacarta filfonsis*. Vertreter der Insektenwelt sind Bienen, Schmetterlinge, Grillen, Libellen und die üblichen Mücken und Moskitos.
Im Frühjahr und Herbst sieht man verschiedene Zugvögel. Ständig auf Malta lebt nur etwa ein Dutzend Vogelarten. Seevögel, wie Möwen und Seeschwalben, kreisen in großer Zahl an den Küsten. Schleiereule, Dohlen und Falken sieht man dagegen nur selten. (Als symbolische Tributzahlung mussten die Johanniter einmal jährlich einen Falken an den spanischen König abliefern. In jener Zeit flogen Falken nicht frei herum, sondern wurden als kostbare Vögel gezüchtet).

Eine der einheimischen Vogelarten ist die Blaumerle, Maltas Nationalvogel, die gut an ihrem bläulichen Gefieder erkennbar ist. Kühe, Schafe und Ziegen sieht man kaum. Da es auf den Inseln nicht genügend Platz für frei laufende Tiere gibt, werden sie in Stallungen gehalten.

INFO **Vogelfang und Vogelmord als Volkssport?**

Fuchsjagd oder Stierkampf? Die maltesische Version heisst Vogelfang und ist für viele Urlauber ziemlich abschreckend. Die Vogeljagd war und ist auf Malta nicht nur ein Hobby, sondern auch ein Sport.

Statistisch soll jeder zwölfte Malteser daran interessiert sein. In der Landschaft sieht man aufgetürmte Steintische, auf denen im Frühjahr und im Herbst Lockvögel in ihren Käfigen stehen. In der Nähe gibt es Unterstände, in denen die Jäger (maltesisch „*Kaċċa*") und ihre Hunde (maltesisch „*Tal-Kaċċa*") lauern. Ein für die Tiere nicht sichtbares Netz ist zwischen die Lockvögelkäfige gespannt. Die Vögel, die sich in dem Netz verfangen, pro Jahr Hunderttausende kleiner Singvögel, z.B. Buchfinken, werden lebend verkauft. Wegen ihres besonders schönen Gesanges werden sie vor Häusern oder auf Balkonen in winzigen Käfigen gefangen gehalten. Neben dem Fangen ist auch das Schießen von Vögeln sehr beliebt, und natürlich sind seltene Vögel um so begehrter: Reiher, Falken, Feldlerchen, Turteltauben, Singdrosseln, Fischadler und selbst Pelikane werden geschossen. Die abgeschossenen Vögel werden ausgestopft und als Schmuckstücke im Wohnzimmer zum Nippes gestellt.

Hier kann man Vögel kaufen.

1980 wurde ein Gesetz verabschiedet, das Schonzeiten (22.5.-31.8.) und Jagdverbote für bedrohte Vogelarten vorsieht. In einigen Gebieten ist das Schießen und Fangen von Vögeln ganz untersagt, z.B. im Ghadira Nature Reserve, auf der Filfa Island, im Buskett Gardens, in der die Ta' Qali Gegend und an den Klippen von Ta' Cenc auf Gozo. Die Einhaltung dieser Gesetze wird nicht gar zu streng überwacht. In Bezug auf den Vogelfang pochen die Maltese gerne auf ihr Gewohnheitsrecht, denn das Jagen von Zugvögeln hat eine lange Tradition. Verbote helfen da kaum.

So sind Vogelmord und Vogelfang zu einem Politikum geworden: Die Vogeljäger durch Vogelschutzgesetze zu verärgern, kostet Wählerstimmen. Nach Schätzungen der 1962 gegründeten **Ornithologische Gesellschaft Maltas** (MOS) werden pro Jahr rund 200.000 Singdrosseln, 50.000 Lerchen und 10.000 Reiher, Falken, Fischadler und Wiedehopfe erschossen. Diese Tiere gelten in Deutschland als gefährdete Arten. Jeder Vogel, dessen Schönheit oder Größe lohnt, schwebt in ständiger Gefahr, erlegt zu werden.

Flora

Macchia

Die Pflanzenwelt ist ebenfalls artenarm. Weitgehend bestimmt Macchia den Anblick der Inseln. In ihr gedeihen Thymian und Rosmarin, der Mastix-Strauch, Heidekraut, Wolfsmilch- und Zwiebelgewächse sowie Diesteln, verschiedene Gräserarten, wilder Thymian, Narzissen, Dotterblumen, Anemonen, Iris und Orchideen.

Im Frühjahr ist das sonst karge Land von einem Teppich aus Feldblumen bedeckt, vor allem Klatschmohn, Sauerampfer und wilde Iris. In den trockenen Sommermonaten überleben nur die widerstandsfähigsten Arten, so dass die ohnehin schon spärliche Inselvegetation in dieser Zeit weitgehend zum Erliegen kommt. Interessanterweise gibt es auf Malta einige auf der Welt einmalige Pflanzen, beispielsweise das maltesische Salzkraut, eine große Strauchpflanze (malt. „*Xebb*" genannt), oder die Goldkamille, die auch Burgkamille (malt. „*Kamumilla tal-Kastel*") genannt wird, da sie ausschließlich an den Mauern von Befestigungsanlagen zu finden ist.

kultivierte Nutzpflanzen

Da der verkarstete Boden sehr schwer zu bearbeiten ist, erstaunt die relativ breite Palette der kultivierten Nutzpflanzen. Zwiebeln, Kartoffeln und Tomaten werden sogar exportiert, während andere landwirtschaftliche Erzeugnisse, wie Getreide, Oliven, Zitrusfrüchte, Melonen, Gemüse oder Wein, ausschließlich im Lande bleiben.

Wald gibt es auf Malta nicht (mehr), allerdings einige Grünanlagen, wie beispielsweise den San Anton's Gardens in Attard oder die Buskett Gardens, Maltas größte öffentliche Parkanlage in der Nähe von Rabat. Hier gibt es Palmenhaine, Orangen- und Zitronenkulturen. Die kleinen Gartenanlagen Upper Barracca und Lower Barracca in Valletta bieten schöne Ausblicke über den Grand Harbour.

Unterwasserwelt

Zwischen Sizilien und Nordafrika gelegen, ist Malta weit genug entfernt, um nicht von den Verschmutzungen größerer Städte betroffen zu werden. Die Unterwasserwelt ist daher reicher als an anderen Stellen des Mittelmeeres. Wirbellose, z.B. Korallen, Seeanemonen und Schwämme, bevölkern die Klippen rund um Malta und Gozo. Die zahlreichen Aushöhlungen im Kalkstein bieten Unterschlupf für Krabben, Krebse, Hummer und verschiedene Tintenfische.

Taucherparadies

Für Taucher sind diese Gewässer ein Paradies. Viele hoffen, ein Seepferdchen zu sehen, die bis zu 15 cm lang werden und vor allem im flachen Wasser leben. Im Spätsommer und Herbst ziehen verschiedene Fische durch die Gewässer, z.B. Sardinen, Sprotten, Makrelen und Goldmakrelen.

Ganzjährig gibt es den Schwertfisch. In flacheren Gewässern leben Brasse, Hundfisch und Barsch. In den Gewässern rund um die maltesischen Inseln gibt es das größte Vorkommen an Haien im gesamten Mittelmeer. 1987 wurde ein 5,3 m langer weißer Hai (*Carcharodon carcharias*) von dem Fischer *Alfredo Cutajar* in der Nähe von Filfa gefangen. Photografien des Hais und des Fischers, der seinen Kopf in das Maul des (toten) Fisches legt, kann man im Souvenirladen in Wied iz-Zurrieq erwerben. Taucher und Schwimmer sollten aber nicht unnötigerweise alarmiert sein, denn nur außerordentlich selten sieht man in der Nähe der Küste Haie. Die Anzahl nimmt aufgrund der abnehmenden Anzahl an Thunfischen, die den Haien als Nahrung dienen, rapide ab.

Der gewöhnliche Delphin und der Flaschennasendelphin sind häufig in den maltesischen Gewässern anzutreffen und können manchmal von den Tauchbooten aus oder von Inselrundfahrten aus gesehen werden.

Wirtschaftlicher Überblick

Allgemeines

Über 150 Jahre lang war Malta als Militärstützpunkt wirtschaftlich von der Kolonialmacht Großbritannien abhängig. Durch den Abbau der britischen Marine und dem Wegfall der dafür zuständigen Versorgungsbetriebe kam es zu großen wirtschaftlichen Einbußen.

Arbeitslosenquote	
1980	**3,3** Prozent
1985	**8,1** Prozent
1990	**3,9** Prozent
1993	**4,2** Prozent
2000	**4,5** Prozent
2005	**6,8** Prozent
2008	**5,6** Prozent

Mit dem Rückzug der Briten und der Schließung ihrer Basen im Jahre 1979 musste zwangsläufig eine **ökonomische Umstrukturierung** einsetzen. Maltas Wirtschaftsplanung erfolgte auf der Basis mehrjähriger Entwicklungspläne. Zunächst wurden sofortige Maßnahmen in den zügigen Ausbau der Industrie und des Tourismus gesetzt. Bei der Umstellung auf eine Industrie- und Dienstleistungsstruktur trugen ausländische Investitionen und technische Hilfe (u.a. der VR China) wesentlich bei. Auch Deutschland war (bis Ende 1992) mit finanzieller und technischer Zusammenarbeit daran beteiligt. Die Marinedocks wurden in eine Schiffsbau- und Reparaturwerft umgewandelt und um den Neubau eines Trockendocks und einer Werft bei Marsa ergänzt.

Aufschwung des Tourismus

Strukturdaten (2008)	
Bruttosozialprodukt/Kopf	13.610 US$
Inflationsrate	3,7 Prozent
Sektor	**Anteil am BIP**
Land-, Forstwirtschaft u. Fischerei	3 Prozent
Industrie	23 Prozent
Dienstleistungen (inkl. Handel, Tourismus)	74 Prozent

große Veränderungen

Der **Tourismus** erlebte aufgrund erheblicher Investitionen in den Ausbau der Infrastruktur seit 1985 einen Aufschwung. Malta erhielt eine eigene Handelsflotte. Zugleich bemühte man sich um die Ansiedlung europäischer Unternehmen, die heute noch in Malta Jeans und Brillengestelle, Bekleidung und Schuhe, Spielzeug und elektronische Zulieferteile produzieren.

Seit Mitte der 1980er Jahre verzeichnet das stark **außenwirtschaftlich** orientierte Malta einen Aufschwung, im Gegensatz zu den meisten Volkswirtschaften Europas. Die National Party, die von 1987-96 (und ab 1998) an der Regierung ist, bemühte sich um die Neuorientierung in Richtung Marktwirtschaft und um eine zunehmende Öffnung für westliche Investoren. Weiterhin strebte sie eine Vollmitgliedschaft in der Europäischen Gemeinschaft an, ein Wunsch der 2003 erfüllt wurde. **Strukturpläne** wurden entwickelt, um die Bebauung in geregelte Bahnen zu lenken, die Straßen- und Verkehrsverhältnisse europäischen Normen anzupassen, das öffentliche Verkehrswesen umzustrukturieren und die Umweltpolitik zu verbessern. Der Beitritt zur EU brachte für den Inselstaat große Veränderungen. Derzeit bemüht sich die Regierung um die Ansiedlung von Hightech-, Transport- und Finanzunternehmen. Auf kleinerer Ebene entwickeln sich Nischenmärkte, wie beispielsweise der Weinanbau und die Olivenproduktion. Mehr als ein Viertel des Bruttosozialproduktes wird von der Tourismusindustrie erwirtschaftet. Dieser Sektor stellt auch den größten Arbeitgeber dar. Andere Einnahmen erfolgen über den **Freihafen** sowie durch **Landwirtschaft**. Auch die **mittelständische Industrie** und die nationale Fluggesellschaft Air Malta tragen zum Staatseinkommen bei.

Handel

Investitionen deutscher Firmen

Unter den Importen (überwiegend aus Italien, Großbritannien und Deutschland) sind 58 Prozent Industriewaren, 24 Prozent Konsumgüter, ein Zehntel machen Agrarprodukte aus, der Rest entfällt auf Brennstoffe und chemische Erzeugnisse, Nahrungsmittel und Getränke sowie Konsumgüter. Beim Export handelt es sind um industrielle Fertigung: Schiffsreparaturen, Schiffbau, Autoteile, Textilien und Elektromaschinenteile, Leder- und Gummiwaren. In bescheidenem Umfang werden auch landwirtschaftliche Erzeugnisse exportiert, z.B. Kartoffeln und Zwiebelpflanzen nach Holland. Neben den Hauptabnehmerländern Italien, Deutschland und Großbritannien unterhält das Land auch wirtschaftliche Beziehungen nach Afrika und Asien. Deutschland ist mit einem hohen Investitionsvolumen deutscher Firmen auf der Insel und einem konstanten Touristenaufkommen ein wichtiger Handelspartner Maltas.

Produzieren in Malta, Exportieren über Malta

• Malta als Absatzmarkt

Die Tatsache, dass so viele Güter nach Malta eingeführt werden müssen, sowie der im Vergleich zum sonstigen Mittelmeerraum überdurchschnittlich hohe Wohlstand der Malteser und die daraus resultierende Kaufkraft machen das Land zu einem interessanten Absatzmarkt.

• Malta als Produktionsstandort

interessanter Industriestandort

Als Industriestandort ist Malta bei ausländischen Unternehmen sehr gefragt. Die Regierung bietet Investitionsförderungsgesetze, die ausländische Investoren nach wie vor mit attraktiven Steuervorteilen und anderen Vergünstigungen anzulocken versuchen. Dies gilt vor allem für Betriebe, die für den Export oder Rückexport ins Investitionsland tätig werden sowie für Hightech-Betriebe. Zwar sind Arbeitskräfte nicht so billig wie im nahen Tunesien, dafür sind sie aber besser qualifiziert, disziplinierter und arbeitswilliger. Weiterhin bemüht man sich, durch Investitionen in die Infrastruktur (z.B. Ausbau von Straßen- und Telefonnetz) die Attraktivität des Wirtschaftsstandortes Malta zu verbessern. Im Industriegebiet Luqa haben sich vorwiegend deutsche und britische Firmen angesiedelt. Die Geschäfte zwischen ausländischen und maltesischen Firmen gelten als profitabel und erfolgreich.

• Malta als Standort für internationale Handelsbeziehungen

Tagungen und Kongresse

Malta verfügt über gute Geschäfts- und Verkehrsverbindungen zur arabischen und zur afrikanischen Welt. Der Tagungs- und Kongresstourismus zum Herstellen und Abwickeln wirtschaftlicher Kontakte wird seitens der Regierung stark gefördert. Wegen der kurzen Flugzeit ist Malta ein idealer Treffpunkt. Konferenzen bringen pro Kopf im Durchschnitt fünfmal so viel Devisen wie eine Privatreise (vgl. S. 64). Im staatseigenen *Mediterranean Conference Centre* in Valletta (ⓘ 💻 www.mcc.com.mt) gibt es verschiedene Tagungsräume, die 70 bis 2200 Teilnehmern Platz bieten. Daneben verfügen alle größeren Hotels über Tagungsräume.

Die **International Fair of Malta** bietet Gelegenheit, mit Malta und seinem wirtschaftlichen Einzugsbereich ins Geschäft zu kommen. Aussteller und Einkäufer aus dem ganzen Mittelmeerraum, Nordafrika und Vorderasien nehmen daran teil. Die Messe ist aus einer 1952 erstmals abgehaltenen Leistungsschau des inländischen Handels und Gewerbes in den San Anton's Gardens hervorgegangen. 1956 fand dort die erste internationale Handelsmesse statt. Heute gibt es ein eigenes Messegelände in Naxxar. Die Messe findet alljährlich in der ersten Julihälfte statt und umfasst Gesamtausstellungen der Bereiche Industrie, Landwirtschaft, Importwaren, Dienstleistungen sowie Sonderschauen einzelner Länder und Firmen. Daneben gibt es verschiedene Spezialmessen, z.B. die Maschinenmesse, die Holzmesse oder die Kunsthandwerks- und Souvenirmesse.

Landwirtschaft und Viehzucht

Landwirtschaft

Die Agrarproduktion reicht für die Selbstversorgung der Inseln nicht aus. 84 Prozent der landwirtschaftlichen Nutzfläche sind Trockenland, d.h. bewirtschafteter Boden, der nur auf natürlichem Weg vom Regen bewässert wird. Die Felder werden nur im Winter bestellt, das bedeutet, dass nur einmal im Jahr geernet werden kann. 4 Prozent sind bewässertes Land, auf dem drei Ernten im Jahr möglich sind, und 12 Prozent sind Ödland, das als Weidegrund für Ziegen und Schafe dient. 60 Prozent der Agrarprodukte kommen aus Gozo. Auf Malta liegen die bewässerten Anbaugebiete im St. Paul's Valley und bei Ghadira. Die wichtigsten Anbauprodukte sind Weizen, Gerste, Kartoffeln, Tomaten, Zwiebeln, Bohnen, Kürbisse, Blumenkohl, Blattsalate, Weintrauben, Zitrusfrüchte und Feigen. Dieses relativ breite Nahrungsangebot mag erstaunen, dennoch reicht es für den Bedarf nicht aus, so dass ein großer Teil an Nahrungsmitteln importiert werden muss. Erstaunlicherweise werden trotzdem Agrarprodukte in bescheidenem Maße exportiert, z.B. Kartoffel- und Gemüsepflanzen.

Import von Nahrungsmitteln

Klein-bauern

Die Kirche, die größte Landbesitzerin der Insel, und einige andere Großgrundbesitzer vergeben Pachtland als landwirtschaftliche Nutzfläche, das von Kleinbauern bewirtschaftet wird. Über 50 Prozent aller landwirtschaftlichen Betriebe sind kleiner als 2 ha. Der Einsatz von Maschinen ist daher kaum rentabel. Die Probleme sind neben dem akuten Wassermangel die weitgehende Parzellierung und teilweise veraltete Anbau- und Erntemethoden. Die meisten Bauern betreiben Landwirtschaft nur als Nebenerwerb und bedienen die lokalen Märkte.

Viehwirtschaft

Nur Schaf- und Ziegenherden sieht man auf dem kargen Ödland weiden. Aufgrund von Platzmangel werden Kühe und Schweine in Ställen gehalten, Rinderzucht gibt es kaum. Auf Gozo wird aus Kuhmilch Rikotta-Käse hergestellt. Seinen – auch durch den Tourismus bedingten – großen Fleischbedarf kann Malta nicht decken. Rind- und Lammfleisch muss deshalb tiefgekühlt importiert werden.

Fischerei

Da es keine Binnengewässer gibt, ist die Fischerei überwiegend auf den küstennahen Fang ausgerichtet. 1978 wurden die Hoheitsgewässer auf 12 Seemeilen ausgedehnt und die Fischfangzone auf 25 Seemeilen erweitert. Hauptsächlich werden Goldmakrelen (*Lampuka*), Schwertfische (*Pixxispad*) und Meeraale angelandet. Erstaunlicherweise spielt der Fischfang ökonomisch eine untergeordnete Rolle. Hauptberuflich sind nur etwa 500 Malteser in der Fischerei tätig. Der Fischbestand ist in den nahen Küstengewässern relativ bescheiden. Da rund um Malta keine Süßwasserzuflüsse in das Meer gelangen, kann sich nur wenig Plankton entwickeln, so dass keine gute Nahrungsquelle für die Fische gegeben ist. Zum anderen sind die Fanggründe im Norden relativ begrenzt. Sizilien und somit die italienische Konkurrenz ist nur 90 km entfernt. Viele Fischschwärme (u.a. Schwertfisch und Lampuki) suchen die inselnahen Gewässer nur von August bis November auf. Die Fangflotte besteht aus kleinen Motor- und Ruderboote, die nicht weit hinausfahren können, und in der von Herbststürmen gebeutelten See wird das Manövrieren besonders erschwert. Daher wird eher Fischfang mittels Schwimmnetze in Küstennähe praktiziert. Obwohl Malta von Meer umgeben ist, muss die Hälfte des Fischbedarfs importiert werden. **Fischfarmen** gibt es rund um die St. Paul's Bay sowie im Südosten der Insel. Sie stellen ein großes Problem für die Unterwasserwelt dar, ebenso wie die Thunfisch-Mastfarmen. Beide belasten das Ökosystem in erheblichem Maße. In Thunfisch-Mastfarmen werden die Thunfische gemästet und in der Nebensaison für teures Geld nach Japan verkauft.

be-scheidener Fisch-bestand

Energieversorgung

Über natürliche Bodenschätze verfügt Malta nicht, abgesehen von Kalkstein und Meersalz und geringen Ölquellen. Die Fertigungsindustrie beruht daher auf dem

Import von Rohstoffen und Energie. Die reichlich vorhandenen sauberen Energieträger wie Sonne und Wind werden bislang nicht genutzt, Untersuchungen dazu sind im Gange. Heutzutage verwendet Malta vorwiegend Öl zur Energieerzeugung. Die staatliche **Ene Malta Corporation** (EMC) besitzt das Monopol zur Erzeugung, Weiterverarbeitung, Verteilung und zum An- und Verkauf von Energie. Es gibt zwei Kraftwerke auf der Insel.

Industrie

Der Anteil der Industrie beträgt 26 Prozent. Es gibt rund 1.500 kleinindustrielle Betriebe mit bis zu 5 Mitarbeitern. Die Herstellung von qualitativ wertvollen Produkten bildet neben dem Tourismus und den Hafen- und Werftbetrieben das dritte Standbein der maltesischen Wirtschaft, insbesondere Elektronik, Bekleidung, Schuhe und Textilien. Inzwischen haben sich viele ausländische Bekleidungsfirmen auf Malta niedergelassen, die von den niedrigen Arbeitslöhnen und diversen Steuererleichterungen profitieren. Auch rund 40 deutsche Betriebe gibt es auf Malta.

gute Qualität

Verkehr

Am Ende des 19. Jh. bestand eine Eisenbahnlinie zwischen Valletta und Rabat. Als unrentabel erklärt, wurde sie jedoch 1931 eingestellt. Statt dessen gibt es jetzt ein ausgedehntes Netz von öffentlichen Omnibuslinien, das es ermöglicht, jede Ortschaft zu erreichen. Vom City Gate Bus Terminal in Floriana fahren die Busse in alle Landesteile. Das Straßennetz auf Malta ist relativ gut ausgebaut, allerdings ist der Verkehr immens, wodurch es immer wieder zu Staus und Problemen durch Abgase kommt.

ausgedehntes Busnetz

Schifffahrt

Traditionell ist der Schiffsverkehr für die Insel von großer Wichtigkeit und fast der gesamte In- und Export wird über den Hafen geregelt. Zahl und Tonnage der Schiffe haben in den letzten Jahren um ein Vielfaches zugenommen. Die maltesische Handelsflotte ist relativ groß; rund 3.000 Schiffe anderer Länder fahren unter maltesischer Flagge. Sie nutzen die günstigen Registriergebühren und lasche Kontrollen. Die Kehrseite der Medaille ist, dass die in Malta registrierten Schiffe eine hohe Unfallrate aufzuweisen haben. Von 1998 bis 1999 gab es sechs fatale Unfälle, einschließlich des Tankers *Erika*, der im Dezember 1999 bei heftigem Sturm vor der Küste Frankreichs brach und 10.000 Tonnen Öl ins Meer spülte.

Die nationale Schiffahrtslinie ist **Sea Malta**, 1973 gegründet, die Malta mit allen wichtigen europäischen und nordafrikanischen Häfen verbindet. Darüber hinaus gibt es regelmäßige Fährverbindungen nach Neapel, Sizilien und Tunis. Im Inlandsschiffsverkehr sind die Inseln Malta und Gozo durch eine Autofähre und Tragflächenboote miteinander verbunden.

gute Schiffsverbindungen

Der größte Hafen Maltas ist der „**Grand Harbour**" von Valletta, ein natürlicher, gezeitenfreier Tiefwasserhafen, der von Schiffen jeder Größe angelaufen werden kann.

Maltas Freihafen

Der neue Sea Terminal im Grand Harbour bietet Platz für gigantische Kreuzschiffe. In der Marsaxlokk Bucht befindet sich Malta Freeport. Er wurde 1991 in Betrieb genommen. Er bietet mit Containerterminals und Tiefseekais ein attraktives Frachtumschlags- und Lagerzentrum im Mittelmeer.

Der Co-Operationsbetrieb **Malta Dry Docks** am French Creek bei Senglea ist mit rund 6.000 Beschäftigten der größte Industriebetrieb der Insel. Mit seinen Tochtergesellschaften zählt Malta Dry Docks zu den fünf größten Werftbetrieben Europas. Laut Lloyd's Report, der internationalen Zeitschrift für den Schiffverkehr, werden die Malta Dry Docks nach krisenreichen Jahren, wieder als leistungsstark eingestuft. Die Malta Dry Docks sind aus den alten Docks der britischen Kriegsmarine hervorgegangen und werden seit 1959 im zivilen Bereich genutzt. In insgesamt sieben Werften werden hier jährlich an die 150 große Tanker und Kreuzfahrtsschiffe überholt und repariert.

Die bedeutendste Tochtergesellschaft der Dry Docks ist die **Malta Shipbuilding Company** in Marsa. Die 1976 gegründete Gesellschaft betreibt neben dem Schiffsbau auch Stahlverarbeitung.

Luftfahrt

Der internationale Flughafen Luqa, 8 km südöstlich von Valletta, wird im Linien- und Charterflugbereich von über 20 Luftfahrtgesellschaften angeflogen. 1973 wurde die nationale Fluggesellschaft **Air Malta** gegründet. Sie fliegt regelmäßig 40 Ziele an. 1992 wurde ein neuer Terminal in Betrieb genommen, weitere Ausbauten folgten.
ⓘ www.airmalta.com

Tourismus

als Erstes kamen die Briten

Die ersten Touristen, die Ende der 50er Jahre nach Malta kamen, waren Briten. Ende der 1960er Jahre kamen auch andere Europäer, zunächst allerdings nur im Sommer. Nach Abzug der Briten war es in Malta zur Massenarbeitslosigkeit und damit verbunden zu großen sozialen Problemen gekommen. Anfang der siebziger Jahre wurde daher die gezielte Förderung des Tourismus beschlossen. Das Ziel war die Arbeitsplatzbeschaffung und die Einnahme von Devisen zum Ausgleich für den Verlust der Einnahmen aus der Truppenstationierung der britischen Marine. Investitionen in die touristische Infrastruktur und europaweite Werbekampagnen ließen die Besucherzahlen sofort in die Höhe schnellen.

Die meisten Urlauber kommen aus Großbritannien, gefolgt von Deutschland, Italien, Frankreich und Skandinavien. Laut einer Studie der TUI ist der durchschnittliche deutsche Malta-Urlauber ein Tourist mit Hochschulabschluss oder vergleichbarer Ausbildung. Die Zahl von 200.000 deutschen Urlaubern wird mit leichten Schwankungen gehalten. Die meisten Besucher kommen bis dato mit Pauschalarrangements (gleichzeitige Buchung von Flug und Unterkunft) und bleiben durchschnittlich zehn Tage, im Winter durchschnittlich sieben Tage. Während in der Vergangenheit der Schwerpunkt

ⓘ	**Besucherzahlen**
1960	20.000
1970	728.000
1980	700.000
1984	479.000
1993	erstmalig über 1.000.000
1994	1,2 Millionen, davon über 200.000 Deutsche
1995	1.12 Millionen
1997	1.1 Millionen
2002	1.12 Millionen
2008	bis September 1,05 Millionen

auf der Kombination Sonnenurlaub mit Kultur- und Aktivferien lag, nehmen in letzter Zeit der Kongress- und Incentivetourismus erheblich zu. Für Firmenreisen ist die Insel wegen der Kürze der Flugzeit das ideale Ziel. Sie bringen der Insel fünfmal soviel Geld ein wie Privatreisen. Überproportional zugelegt haben Kultur- und Studienreisen sowie Sprachkurse und Aktivurlaube (Tauchen, Klettern und Rad fahren), die vor allem auch jüngere Besucher anziehen.

Wirtschaftlich gesehen ist der Tourismus der wichtigste Beschäftigungsfaktor des gesamten Dienstleistungssektors. Ungefähr 32.000 Menschen arbeiten direkt oder indirekt in diesem Bereich. Rund 40 Prozent der gesamten Staatseinnahmen kommen aus dem Tourismus. Trotz aller wirtschaftlichen Vorteile haben die Verantwortlichen mittlerweile erkannt, dass eine jährliche Besucherzahl von über einer Million für ein Land von dieser Größe mehr als genug ist.

Die negativen Folgen des Massentourismus sind nicht zu übersehen. Planlose und blindwütige Bauwut haben ganze Küstenabschnitte verschandelt. Auf der noch vor 20 Jahren unbebauten Halbinsel Qawra steht ein Hotel am anderen. In Sliema sind die schönen alten Häuser im Kolonialstil, die die Uferpromenade säumten, den modernen Hotelbauten gewichen. Alljährlich erscheinen neue Hotelbauten, und der notwendige Ausbau einer funktionsfähigen Infrastruktur ist kaum in der Lage, dieser Entwicklung zu folgen. Zwar gibt es schon längst Überkapazitäten, doch hört die Bauwut immer noch nicht auf. Mittlerweile wurde ein Strukturplan verabschiedet, der den hemmungslosen unkontrollierten Bau eindämmen soll. Statt auf Quantität setzt man nun auf Qualität und bemüht sich, die Zielsetzungen des Ökotourismus umzusetzen.

Überkapazitäten

Ausblick

- Ausbau des 5-Sterne- bis Luxusbereichs sowie Wellness und Spa, insbesondere auch für den Individualreisenden
- Ausbau des Bereichs „Medizintourismus" (Schönheits-, Gelenkchirurgie)
- Verbesserung des Freizeitangebotes, z.B. durch den Ausbau von Freizeitanlagen sowie den Aufbau touristischer Naturparks.
- Weitere Verbesserung der Tagungs- und Kongressmöglichkeiten.
- Förderung der Kultururlaube, einschließlich Wandern und „Wellness".
- Weiterer Ausbau des Sea Terminal im Grand Harbour, wo riesige Luxuskreuzfahrtsschiffe festmachen können.
- Ausbau des historischen Cottonera-Hafengebiet. Glanzstück des ehrgeizigen Projektes ist die neugestaltete Cottenera Jacht Marina mit etwa 600 Liegeplätzen.

Kreuzfahrten

INFO Was ist Ökotourismus?

1. Ökotourismus ist eine Art von Tourismus, die sich grundsätzlich an dem zu besuchenden Land orientiert, d.h. die Besucher sind eingeladen, dieses Land, die dortigen Menschen und die dortige Natur kennen zu lernen, um somit ein besseres Verständnis für das Urlaubsziel zu bekommen.
2. Ökotourismus beeinhaltet die Verpflichtung, die Natur zu schützen. Es müssen vorsorgliche Tourismusstrategien entwickelt werden, um die Umwelt zu schützen und es muss sichergestellt werden, dass die Besucher keine negative Auswirkung auf die örtlichen Kulturen und Lebensformen haben.
3. Ökotourismus bedeutet auch, dass die Einwohner des Landes Vorteile vom Tourismus haben und an den touristischen Aktivitäten teilhaben können.

Umweltschutz

Umweltschutz wurde auf Malta bisher klein geschrieben, und er ist noch nicht im Bewusstsein der Bevölkerung verankert. Die Bevölkerungszahl, die Landnutzung und der Mangel an umweltschützenden Maßnahmen stellt eine erhebliche Belastung für die Inseln dar. Die Luftverschmutzung durch Abgase der Busse, Lastwagen und Privatautos sowie der Kraftwerke und Fabriken ist immens. Bleifreier Kraftstoff wurde erst 1990 eingeführt, Autos mit geregeltem Katalysator gibt es kaum. Eine Überwachung der Abgaswerte findet nicht statt. Auch gibt es bis dato keine technischen Überwachungen oder Kontrolle der Abgaswerte. Untersuchungen haben ergeben, dass der Bleigehalt im Blut der Malteser dreimal höher ist als der im Blut der Schweden. In Bugibba versucht man, durch verkehrsberuhigte Zonen die Luftverschmutzung und den Verkehrslärm zu reduzieren. Ähnliche Maßnahmen sind in Paceville, Marsascala und auf Gozo geplant.

Luftverschmutzung

Die **Sonnenenergie** wird selbst von privaten Haushalten weitaus weniger genutzt als beispielsweise in anderen Mittelmeerländern. Auch die **Müllentsorgung** stellt ein großes Problem dar. Bis noch vor nicht allzu langer Zeit wurde der Müll in Täler gekippt oder unter freiem Himmel verbrannt. Erst 1994 wurde ein Plan zur Modernisierung des Abfall- und Abwassersystems ratifiziert und 1995 die Abfalltrennung (Glas, Papier, Plastik) und ein Recyclingsystem eingeführt.

Die **Nitrat- und Pestizidbelastung** des ohnehin raren Grundwassers steigt durch die Überdüngung der Felder. Für die Abwässer gibt es vier Kläranlagen, doch sind nicht alle Gemeinden und Industriebetriebe daran angeschlossen. Gozo besitzt keine Kläranlage, so dass ein Großteil der Abwässer nach wie vor ins Meer geleitet wird. Die Malta Ecological Foundation (ECO) bemüht sich, das Bewusstsein der Malteser für den Umweltschutz zu schärfen und ihnen einen ökologischeren Lebenstil nahezubringen. Dabei wird auch an die Urlauber appelliert, mit gutem Beispiel voranzugehen (ⓘ Allgemeine Reisetipps S. 116, Stichwort „Organisationen“).

„grüner“ Lebensstil

Gesellschaftlicher Überblick

Allgemeines

Malteser gelten als aufgeschlossen, weltoffen, intelligent, arbeitsam, geschäftstüchtig, traditionsbewusst, sehr religiös, gastfreundlich, heiter, liebenswürdig und gelassen. Obwohl sie die Gesellschaft lieben und außerdem, wie die Italiener, sehr kinderlieb sind, gelten die Malteser insgesamt aber eher als britisch korrekt.

Malteser unter sich

Üblicherweise gründen Malteser ihren Hausstand dort, wo sie geboren sind oder zumindest in der Umgebung. Da Bauland und -material relativ preiswert sind, werden Eigenheime bevorzugt. Hierin mag man die typische britische Eigenart „*My home is my castle*" sehen. Obwohl die Insel geographisch südeuropäisch ist, spielt sich auf Malta das soziale Leben nicht in erster Linie auf der Straße und den Plätzen ab wie in anderen südlichen Ländern, sondern Malteser ziehen sich gerne in ihre eigenen vier Wände zurück. Wohnsiedlungen schießen wie Pilze aus dem Boden. Oft ist die Infrastruktur in den betreffenden Vororten noch nicht ausgebaut, und die teilweise unfertigen Gebäude stehen mit ihrem häufig seltsam überladenen Baustil etwas verloren in der Gegend.

Einheitliches Kennzeichen der fertigen Häuser ist die Fernsehantenne. Malteser sind begeisterte Fernseh-Zuschauer, und das freizügige italienische Programm ist sehr beliebt. Geheiratet wird meist relativ jung, wobei aber auch die maltesische Gesellschaft diesbezüglich zunehmend Strukturveränderungen erfährt. Viele Frauen wollen sich nicht mehr mit ihrer traditionellen Rolle „Küche, Kinder, Kirche" abfinden. Der Wunsch nach Ehepartner/in und Familie hat aber noch immer eine starke Mehrheit.

Familie als Grundpfeiler der Gesellschaft

Auch auf Malta gibt es anstelle der patriarchalischen Großfamilie nun den modernen Vier-Personen-Haushalt, wobei die Familienbande jedoch nach wie vor eng geknüpft sind und der verwandtschaftliche Kontakt rege gepflegt wird. Beispielsweise kümmern sich die Familienmitglieder um die sozial schwächer gestellte Verwandtschaft. Die Familie wird als Grundpfeiler der Gesellschaft und somit als ein Garant für die Erhaltung des sozialen Friedens angesehen. Es gibt nur wenige Länder, in denen Ehescheidungen verboten sind: Malta ist eines davon. Auch Abtreibungen sind verboten.

Der Lebensstandard ist im Vergleich zu anderen südeuropäischen Ländern relativ hoch, extreme Formen von Armut oder Bettler sieht man nicht. Obwohl Malta auf enge Wirtschaftsbeziehungen mit anderen Ländern angewiesen ist, kann keinesfalls von einem armen Land die Rede sein. Viele Familien besitzen zwei Autos. In ihrer politischen Orientierung bleiben sich die Malteser in der Regel treu und folgen gerne der politischen Richtung der Eltern. Die entsprechende Partei wird dann – ähnlich wie beim Fußball – vehement unterstützt. Zur Wahl gehen die Malteser gerne (und häufig). Normalerweise liegt die Wahlbeteiligung bei 95 Prozent. Das Thema EU und die Vor- bzw. Nachteile einer EU-Mitgliedschaft wurden in der gesamten Bevölkerung und in allen Berufssparten heftig diskutiert.

Freude nach der Wahl

Bevölkerung und Bildungswesen

Die Bevölkerung Maltas bildet eine ethnische Mischung zahlreicher „Eroberer". Trotzdem stellen die Malteser weitaus weniger ein Mischvolk dar, als man erwarten sollte. Der Grund dafür dürfte in der Tatsache liegen, dass die Insel selten besetzt, sondern immer nur von außen verwaltet wurde.

Bevölkerungsstatistik und Bevölkerungsbewegung

90.5 Prozent Stadtbevölkerung

Die Lebenserwartung beträgt durchschnittlich 76 Jahre. Der jährliche Bevölkerungszuwachs liegt bei 0,7 Prozent, die Säuglingssterblichkeit bei 1,0 Prozent. Die Bevölkerungsdichte Maltas beträgt 1.240 Einwohner/km^2 und ist damit die höchste in Europa (90,5 Prozent Stadtbevölkerung). Damit ist Malta gleichzeitig die bevölkerungsdichteste Insel Europas, die Besiedlungsstruktur entspricht etwa der des Ruhrgebietes. Viele Städte gehen ineinander über.

Die Zahl der **Auswanderer**, von denen ein großer Anteil ausgebildete Arbeitskräfte waren, ist in den letzten Jahren stark zurückgegangen. Seit 1988 übertrifft die Zahl der Rückwanderer die der Emigranten. Nach wie vor leben jedoch rund 300.000 Malteser im Ausland, vor allem in Kanada, Australien und England.

Sozialgesetzgebung

Auf Grundlage des „*Old Age Pensions Act*" von 1948 sowie des „*National Insurance Act*" und des „*National Assistance Act*" von 1956 besteht ein umfassendes Sozialversicherungsprogramm, das Altersruhegeld (ab dem 61. Lebensjahr), Arbeitslosengeld sowie Sozialfürsorge umfasst.

Das Gesundheitswesen wurde durch erhebliche Veränderungen in den letzten Jahren auf europäischen Standard gebracht. Es gibt kostenlose Impfprogramme und Betreuung während der Schwangerschaft. Auf einen Arzt kommen 890 Einwohner.

Schulsystem

Malta führte 1946 als eines der letzten europäischen Länder die allgemeine Schulpflicht ein. Das Schulsystem wurde nach britischem Vorbild aufgebaut. Wie in Großbritannien tragen auch auf Malta Schüler und Schülerinnen eine einheitliche Schuluniform. Es besteht Schulpflicht im Alter von 5 bis 16 Jahren. Der Besuch der staatlichen Schulen sowie Lehrmittel, Schulmahlzeiten und Schulgesundheitsfürsorge sind kostenfrei. Rund 75 Prozent der Schüler besuchen staatliche Schulen. Privatschulen werden vornehmlich von der katholischen Kirche unterhalten.

Schulsystem nach britischem Vorbild

Unterrichtssprachen sind Maltesisch und Englisch (an den Privatschulen meist nur Englisch). Fachbücher sind ausschließlich auf Englisch verfasst. Noch Anfang der sechziger Jahre konnten fast 25 Prozent der Bevölkerung weder lesen noch schreiben. Dank intensiver Erwachsenenbildung ist es mittlerweile gelungen, die Alphabetisierungsrate auf 91,8 Prozent anzuheben.

Nach der Vorschulerziehung folgt die sechsjährige staatliche Grundschule (*Primary School*). Daran schließt sich die „*Secondary School*" an, die mit den Prüfungen für die GCSE's (*General Certificate of Secondary Education*) abgeschlossen wird. Danach können die Schüler zwischen dem Besuch der Handelsschule oder des sogenannten *Junior Lyceums* wählen. Letzteres endet mit der Hochschulreife. Weiterhin gibt es zahlreiche Fachschulen für kaufmännische Ausbildungen und für technische Berufe sowie eine Landwirtschafts- und Hotelfachschule.

Hochschulen

Die Universität Maltas wurde 1592 als Jesuitenkolleg gegründet (Fachbereiche Theologie, Philosophie und Literatur) und erhielt 1792 Universitätsstatus. Außerhalb Großbritanniens ist sie die älteste des Commonwealth. 1978 fusionierte sie mit der im selben Jahr ins Leben gerufenen neuen Hochschule, die die Fakultäten Maschinenbau, Architektur und Kunst, medizinische Wissenschaften und ein Polytechnikum umfasst. 1969 wurde der Hauptsitz der neuen Universität nach Msida verlegt. Die theologische Fakultät ist seit 1978 selbständig und wird von der katholischen Kirche Maltas unterhalten. Die meisten im Ausland immatrikulierten Studenten studieren in Großbritannien und in Nordirland.

alte Universität

Verfassung und Verwaltung

Rechtsordnung

Das Gewohnheitsrecht Maltas wurde 1784 im *Code Rohan* zusammengefasst und später durch den *Code Napoleon* beeinflusst. Auch britische und italienische Rechtsbräuche sind wirksam. Das gegenwärtige Zivilrecht leitet sich größtenteils aus dem römischen Recht ab, während das britische Recht starken Einfluss auf das öffentliche Recht ausübt.

Verfassung

Verhältniswahlrecht

Die Unabhängigkeitsverfassung von 1964 enthält den üblichen Katalog von Grundrechten und -freiheiten. Am 13.12.1974 wurde die Verfassung geändert und eine republikanische Staatsform mit einem Präsidentenamt eingeführt. Das Parlament wird nach dem Verhältniswahlrecht gewählt. Nach einem Verfassungszusatz von 1987 erhält eine Partei, die die absolute Mehrheit der Stimmen erreicht, soviele Zusatzmandate, dass sie auch im Parlament die Mehrheit hat.

Es gibt mindestens 65 Abgeordenete, die für fünf Jahre vom Volk direkt gewählt werden. Der Staatspräsident wird auf fünf Jahre vom Parlament gewählt. Er ernennt den Führer der Parlamentsmehrheit zum Premier. Dieser bildet ein Kabinett, das exekutive Macht hat.

Zwei wichtige Verfassungsorgane sind die Kommission zur Kontrolle des öffentlichen Dienstes sowie die „*Employment Commission*", welche die politische Diskriminierung im Arbeitsbereich verhindern soll. Landes- und Gerichtssprache ist Maltesisch, aber auch Englisch ist als Amts- und Verwaltungssprache anerkannt. Die 60 Gemeinden in den sechs Bezirken der Inselrepublik werden zentral verwaltet.

Parteien

zunächst „Antireformisti" genannt

- *Nationalist Party* (*Partit Nazzjonalista*): Sie tritt für die Erhaltung der katholischen und europäischen Traditionen Maltas ein und ist Mitglied der Europäischen Union Christdemokratischer Parteien. Leitung: Dr. *Edward Fenech-Adami*, Parteiorgan: Il Poplu. Die Ursprünge der Nationalistenpartei gehen bis in die zweite Hälfte des 19. Jh. zurück. Zunächst nannten sie sich „Antireformisti" und lehnten alle von den Engländern eingeleiteten Reformen ab.
  In den 1880er Jahren gründete Fortunato Mizzi die „Partito Nazionale", später „Partito Nazionalista" genannt. 1921 gewannen die Nationalisten die ersten beiden Wahlen der zwanziger Jahre vor dem Linksrutsch von 1927. 1933 lagen sie unter Ugo Mifsud wieder an der Spitze. Mit Einführung des Maltesischen anstelle des Italienischen als Amtssprache wurde der Parteiname in „Partit Nazzjonalista" abgeändert.
  Vor dem Zweiten Weltkrieg sympathisierten nationalistische Politiker mit dem faschistischen Italien.
- *Malta Labour Party* (*Partit tal-Haddiema*), gegründet 1921: Sie vertritt die Blockfreiheit und strebt einen demokratischen Sozialismus an. Labour lehnt die starke Position der Kirche ab. Die Partei ist Mitglied der Sozialistischen Internationale. Leitung: Dr. *Alfred Sant*, Parteiorgan: *Is Sebh*.
- A*lternattive Demokratika*, gegründet 1989, Zielsetzungen sind hauptsächlich ökologischer Art. Leitung: Dr. *Harry Vassallo*
- Daneben gibt es die 1969 gegründete *Communist Party*, die eine marxistisch-leninistische Richtung vertritt.
- Die 1985 gegründete *Malta Democratic Party* (*Partit Demokratiku Malti*) setzt sich für die Dezentralisierung der Verwaltung und für eine pluralistische Gesellschaft ein.

Verbände

Gewerk-schaften

In dem 1958 gegründeten Gewerkschaftsdachverband „*Confederation of Malta Trade Unions*" (CMTU) sind verschiedene Einzelverbände, z.B. die „*Association of General Retailers&Traders*" (GRTU) und die „*Malta Union of Teachers*" zusammengeschlossen. Größte Einzelgewerkschaft ist „*The General Workers' Union*" (GWU). Insgesamt sind ca. 50 Prozent der maltesischen Arbeitnehmer gewerkschaftlich organisiert. Die Arbeitgeber sind in der 1965 entstandenen „*Malta Employers' Association*" zusammengeschlossen. 1948 wurde die „*Malta Chamber of Commerce*" gegründet.

Politik

Staatspräsident: Seit 2004 Dr. Edward Fenech-Adami (Legislaturperiode bis 2009)
Volksvertretung: Es gibt ein Abgeordnetenhaus mit 65 Sitzen.
Regierungen: Kabinett Borg Olivier (Nationalist Party): 1962-1971

- Kabinett Mintoff (Malta Labour Party): 1971-1984
- Kabinett Mifsud Bonnici (Malta Labour Party): 1984-1987
- Kabinett Fenech-Adami (Nationalist Party): 1987-1997
- Kabinett Sant (Malta Labour Party): seit 1997-1998
- Kabinett Dr. Edward Fenech-Adami (Nationalist Party) seit 1998
- Kabinett Lawrence Gonzi seit 2004

INFO Edward Fenech-Adami

Grazzi Eddie

Edward Fenech-Adami wurde am 7. Februar 1934 geboren. Nach dem Jurastudium war er zunächst als Anwalt tätig. Seit 1961 in der Nationalistischen Partei aktiv, wurde er 1969 Mitglied des Parlaments. Von 1962-1969 war er Chefredakteur des Parteiblatts „*Il Poplu*". 1975 wurde er stellvertretender Generalsekretär seiner Partei. Nach der erneuten Wahlniederlage der Nationalistischen Partei (1977) wird er als Nachfolger von *Borg Olivier* Partei- und Oppositionsführer. 1981 gewann er zwar die Mehrheit der Stimmen, aber nicht der Mandate. 1987 erhielt die Nationalistische Partei durch einen Verfassungszusatz auch die Mehrheit der Mandate und bildete 1987 und 1992 die Regierung. 1997 übernimmt die Labour Party unter *Alfred Sant* die Regierung, wird aber 1998 wieder von der Nationalist Party unter Fenech-Adami abgelöst. Im März 2003 lässt er ein Referendum durchführen, bei dem für den Beitritt zur EU gestimmt wird. Bei den allgemeinen Wahlen 2003 gewinnt *Fenech-Adami* erneut die Wahl, wodurch der Beitritt Maltas in die EU besiegelt ist. 2004 legte er das Amt als Parteivorsitzender und Premierminister nieder. Sein Nachfolger wird *Lawrence Gonzi*. Im gleichen Jahr löst *Fenech-Adami Guido de Marco* als Staatspräsident ab.

Religion

Für eine Kirche ist im kleinsten Fleckchen Platz.

Die Malteser sind von einem scheinbar unerschütterlichen Gottvertrauen geprägt. Eine Ursache dafür mag in ihren im geschichtlichen Rückblick stets schweren Lebensbedingungen liegen. Immer war ihr Leben von Kämpfen geprägt: dem Kampf gegen die kargen Felseninseln, dem Kampf gegen Besatzer und Piraten, gegen Andersgläubige oder sogar gegen die eigenen Könige und Fürsten in Spanien und Sizilien, die die Inseln durch hohe Steuern und Abgaben ausbeuteten. Auch heute noch gilt beispielsweise der Sieg über die Türken als Beweis dafür, dass gegenseitige Hilfe, Opferbereitschaft und ein unbeirrbarer Glaube die Kraft geben, hoffnungslose Situationen zu überwinden. Zahllos sind deshalb auf Malta die Zeichen, mit denen die Menschen ihre Dankbarkeit für persönlich erwiesene Gnade und ihr Vertrauen in die Hilfe Gottes zum Ausdruck bringen. Insgesamt gibt es auf Malta und Gozo 313 Kirchen. Darüber hinaus gibt es fünf ausländische Gemeinden: Englisch, Deutsch, Griechisch Katholisch, Italienisch und Französisch. Zu den großen, prachtvoll ausgestatteten Kathedralen kommen unzählige kleine Kapellen. Verbindende Elemente sind erstens, dass sie durch Gemeinschaftsarbeit und durch gemeinsame Spenden erbaut und dass zweitens meist frühere Kirchen, Kapellen oder einzelne Altäre (sogar urgeschichtliche Tempel) in den Bau integriert wurden. Hieran wird die tiefe Gläubigkeit der Inselbewohner und die Achtung der Werke ihrer Vorfahren deutlich.

die Werke der Vorfahren werden geachtet

Ein für Mitteleuropäer schwer verständlicher Brauch sind die sogenannten **Ex Voto-Stiftungen**. Es handelt sich dabei um die Erfüllung eines Gelübdes, das der Spender aus Dankbarkeit gegenüber einer von Gott erwiesenen Gnade oder der von einem Heiligen gewährten Hilfe gegeben hat. Anlässe sind zum Beispiel die Heilung von einer Krankheit oder die Rettung aus einer ausweglosen Lage. Die Gaben sind ganz unterschiedlich: ein versilbertes Ohr (nach Heilung einer Ohrkrankheit), Gipsarme oder -beine (nach Arm- oder Beinbrüchen), Babykleidung (wenn der Kinderwunsch erfüllt wurde), Gemälde oder sogar Fernseher. Ex Voto-Stiftungen werden in vielen Kirchen Maltas aufbewahrt. Besonders umfangreiche Sammlungen sind in der Höhlenkirche in Mellieha und in der Wallfahrtskirche Ta' Pinu auf Gozo zu sehen.

Religion im Alltag

Die Malteser sind zu 91 Prozent **römisch-katholisch**. Eine kleine Minderheit gehört der anglikanischen Kirche an. Prozentual gibt es mehr Priester, Mönche und Nonnen als in jedem anderen Land weltweit. Mit knapp 800 Priestern kann sich rein statistisch gesehen ein Seelsorger um das Wohl von 400 Einwohnern kümmern. Deutlich ist der maltesische Alltag mit dem religiösen Leben verbunden. Kein Bus würde ohne einen Marien- und Jesus-Aufkleber fahren, oft ist auch noch ein Rosenkranz um den Rückspiegel gewickelt, Heiligenfiguren stehen an Häuser- und Straßenecken, Kruzifixe am Wegesrand, und den ganzen Sommer über finden in jedem Dorf Feste zu Ehren der

Auch die Nonnen nehmen am Geschehen teil.

Heiligen statt. Geradezu omnipotent war die katholische Kirche in der Vergangenheit, und auch heute noch hat sie keinen geringen Einfluss auf das Leben der Insulaner. Nachdem sich *Napoleon* vergeblich bemüht hatte, die Macht der Kirche zu beschränken, kam es zu keinen weiteren Reformbemühungen. Moderne Bewegungen, wie Aufklärung oder politische Aktivitäten des Bürgertums gab es auf Malta nicht. Erst mit der Unabhängigkeit 1964 nahm die Allmachtsstellung der Kirche dramatisch ab. Zugute halten muss man der Kirche, dass sie sich während der Ritterzeit und später während der Zeit der Briten um die Bewahrung der maltesischen Interessen bemühte. Sie kümmerte sich um die Weitergabe von Traditionen und Bräuchen sowie um die Erziehung der Kinder. Der Priester war Autoritätsperson und Vermittler zwischen der Regierung oder den Landbesitzern und der Bevölkerung. 1983 beschloss die damalige Labour-Mehrheit, die sich vehement gegen den starken Einfluss der katholischen Kirche aussprach, ein Gesetz zur Nationalisierung der Kirchengüter. 1984 setzte sie die Abschaffung des an (katholischen) Privatschulen erhobenen Schulgeldes durch. Der Verfassungsgerichtshof erklärte beide Gesetze für verfassungswidrig. 1985 schlossen Kirche und Staat einen Kompromiss, dem zufolge der Besuch aller höheren Schulen kostenfrei ist. Der katholischen Kirche ist es jedoch gestattet, Spenden für erzieherischen Aufgaben zu sammeln. 67 Prozent der Bevölkerung sind regelmäßige Kirchgänger, wobei Gozitaner häufiger in die Kirche gehen als Malteser. (In Italien gehen 25 Prozent der Bevölkerung regelmäßig in die Kirche und in Österreich 40 Prozent). Ehescheidungen und Abtreibung sind auf Malta und Gozo verboten.

Sprache

arabischer Dialekt

Staatssprachen sind Maltesisch (**Malti**) und Englisch. Viele Inselbewohner beherrschen außerdem auch Italienisch. Die maltesische Sprache ist ein arabischer Dialekt, der jedoch nicht vom Schriftarabischen beeinflusst wurde. Malti wird mit lateinischen Buchstaben geschrieben. Die Sprache ist stark mit italienisch-sizilianischem sowie lateinischem und griechischem Vokabular durchsetzt, weist daneben aber auch englische Einflüsse auf. Vermutlich gehen die Sprachwurzeln des heutigen Maltesisch auf die Phönizier zurück, die ab dem 9. Jh. v. Chr. den Archipel besiedelten. Durch die Römer gelangte die lateinische Sprache auf die Insel. Während der Besatzungszeit der Araber, einige Jahrhunderte später, kam es zu einer kulturellen und damit auch sprachlichen Blüte, die als eigentlicher Ursprung des heutigen Maltesisch verstanden wird. Fast alle Ortsnamen gehen auf diese Zeit zurück (Beispiel: arab. „*Marsa*" = Hafen). Anhand der Sprachforschung lassen sich interessanterweise auch Erneuerungen im Bereich der Landwirtschaft während dieser Zeit belegen. Beispielsweise haben alle im Zusammenhang mit Bewässerungssystemen entstandenen Wörter arabischen Ursprung. Deutlich wird der arabische Einfluss auch in der Bezeichnung der

Tageszeiten oder im Bereich der Zahlen. Bei den Monatsnamen hingegen schlägt sich der christliche Jahreskalender nieder (z.B. *Settembru* = September). In anderen Bereichen erscheint das Maltesische als Gemisch verschiedener Quellen: Zwar sind „die Jahreszeiten" („*stagiuni*" = ital. „stagioni") lateinischen Ursprunges, doch Frühling, Sommer, Herbst und Winter werden arabisch bezeichnet. Ähnlich inhomogen sind manche Bezeichnungen im kirchlichen Bereich: Zwar gibt es „*Katidral*" (= Kathedrale) oder aufgrund der Architektur als „*Cupla*" (= ital. Cuppola) bezeichnete Gotteshäuser, doch lautet das maltesische Wort für Gott „*Alla*".

kulturelle Identität

Die Malteser sind sehr stolz auf ihre Sprache, die ihnen zu einer gewissen kulturellen Eigenständigkeit verhilft. Ab ca. 1880 wurde die Suche nach den maltesischen Sprachwurzeln zu einem Hauptanliegen, um dadurch die eigene kulturelle Identität gegenüber den Johannitern, den Franzosen und Engländern auszudrücken. Zu dieser Zeit entstanden die ersten literarischen Werke auf Maltesisch. In der Folgezeit kam es zu einem **Sprachenstreit** zwischen Englisch, Italienisch und Maltesisch, der bis zum Zweiten Weltkrieg andauerte. Die britische Kolonialverwaltung wollte die englische Sprache als Unterrichts- und Verkehrssprache einführen. Die einfache Bevölkerung sprach Maltesisch, Italienisch hingegen wurde von der Oberschicht, an der Universität und im Gericht gesprochen. Die Nationalisten, zumeist die gebildete Oberschicht, waren pro-italienisch eingestellt. Unterstützt wurden sie von der Kirche, da diese einen zunehmenden Einfluss der Protestanten fürchtete. Für die englische Seite sprachen sich zunächst die Liberalen und ab 1920 auch die Labour Party aus. In den 1930er Jahren standen die konservativen Befürworter des Italienisch-Maltesischen dem faschistischen Italien nahe. Die Briten unterbanden rigoros jegliche sprachlich-politischen Aktivitäten. Nach der Unabhängigkeit Maltas dominierte das Englische weiterhin das offizielle Leben auf den Inseln. Englisch setzte sich als offizielle Sprache durch, verstärkt durch die anfänglich hauptsächlich britischen Touristen, die in das Land strömten. Bis heute ist Englisch neben Malti Nationalsprache Maltas. Untereinander sprechen die Malteser jedoch nach wie vor Maltesisch.

Zur Aussprache

Nachfolgend einige Besonderheiten der Aussprache von Malti. Die Länge der Vokale hängt davon ab, ob nur ein Konsonant (Vokal lang) oder ein Doppelkonsonant oder zwei andere Konsonanten folgen (Vokal kurz). Bei mehrsilbigen Wörtern liegt die Betonung meist auf der letzten Silbe.

aj	• ai	ħ	• wie in „Haus"
c	• k	ie	• langes i, etwas nach e hin
ċ	• tsch	q	• glottaler Stimmansatz, ähnlich einem tonlosen e
ġ	• dsch	w	• u
għ	• Reibelaut im Rachen, wird fast nicht gesprochen	v	• w
għa	• langes aa	x	• sch
għi	• ei	z	• ts
għu	• ou	ż	• weiches s
h	• bleibt stumm		

Hinweis
Ungewöhnliche Buchstaben (c, g, z, h) sind im Reiseführer dem deutschen Alphabet angepasst. Bei Ortsnamen ist die Aussprache in Klammern angegeben.

Einige maltesische Begriffe

Guten Tag	**Kif int?**	**Frau**	**Mara**
Guten Morgen	**bongu**	**Junge**	**Tifel**
Auf Wiedersehen	**sahha**	**Mädchen**	**Tifla**
	(bedeutet auch	**Familie**	**familja**
	Gesundheit, Prost)	**Stadt**	**Bliet**
		Straße	**triq**
Ja	**Iva**	**Höhle**	**ghar**
Nein	**le**	**Bucht**	**bahar**
Danke sehr	**grazzi**	**Quelle**	**ghajn**
Bitte sehr	**jekk joghgbok**	**Öl**	**zejt**
Entschuldigung	**scusi**		
		eins	**wiehed**
Gott	**alla**	**zwei**	**tnejn**
Mann	**RaGel**	**drei**	**tlieta**

Medien

Zeitungen

Lokale englischsprachige Zeitungen sind die 1935 gegründete, der Nationalist Party nahestehende *Times of Malta* mit regionalen, europäischen und weltweiten Nachrichten sowie die neuere *Malta Independent* mit guter Berichterstattung über regionale Angelegenheiten. Die Wochenzeitungen sind *Malta Today*, die eine Extra-Beilage mit Veranstaltungskalender und Fernseh- und Kinoprogramme enthält, und die *Malta Business Weekly*, eine Wirtschaftszeitung. Deutsche, britische und italienische Zeitungen erhält man in den Touristenorten am Abend des Erscheinens. Die großen **Nachrichtenagenturen** sind durch Korrespondenten auf Malta vertreten.

Rundfunk und Fernsehen

Privatsender

Radio und Fernsehen stehen unter Aufsicht der 1961 gegründeten „*Malta Broadcasting Authority*". Seit 1991 sind Privatsender zugelassen. Es gibt 18 lokale Radiostationen, die überwiegend in Malti senden, aber manche auch in Englisch. Es gibt zwei staatliche Fernsehsender und sechs kleinere kommerzielle Sender. Alle italienischen Sender können ebenfalls empfangen werden. In den meisten Hotels gibt es Satelliten- und Kabelfernsehen.

Das Leben auf Malta

Malta kulinarisch

bäuerlich geprägte Küche

Die Küche Maltas ist ein Resultat der langen Beziehungen der Inseln zu ihren vielen Besatzern, die sie im Laufe der Jahrhunderte überfielen und für sich beanspruchten. Besonders prägend waren die Einflüsse aus Italien und Nordafrika. Im Kern ist die maltesische Küche bäuerlich geprägt und sehr nahrhaft. Verwendet wurden und werden vor allem die Produkte der Saison und das, was die Fischer anlandeten. Malteser behaupten von sich selbst, dass sie gerne und viel essen.

Typisch ist die große Viefalt von **gefüllten Aufläufen und Pasteten**. Die nahrhaften Füllungen bestehen aus Mischungen von Gemüse, Käse, Fisch, Fleisch oder Reis. Besonders schmackhaft ist beispielsweise eine Füllung aus Blumenkohl, Schafs- oder Ziegenkäse und gehacktem Ei, die in einen knusprigen Teig gegeben und überbacken serviert wird. Auch der pikant gewürzte Kürbis-Auflauf, bei dem Kürbisse zusammen mit Reis und frischem Basilikum in einem Teig gebacken werden, ist eine Delikatesse.

Das beliebteste Alltagsgericht der Malteser ist **Timpana**: Nudeln mit einer kräftigen, gut gewürzten Fleischsoße, die in einem Teigbett gebacken werden. Wie auf dem nur 90 km weit enfernten Sizilien, spielen auch auf Malta Teigwaren als Grundnahrungsmittel eine große Rolle. Viele Hausfrauen stellen sie vorzugsweise selbst her. Besonders beliebt sind **Ravjul** (Ravioli), die aus einem Teig aus Weizengries gemacht werden und mit Rikotta-Käse und Petersilie gefüllt werden. Als Beilage gibt es dazu Tomatensoße, die mit Sellerie und Basilikum abgeschmeckt wird.

Gleichermaßen beliebt sind, für den kleinen Hunger zwischendurch, **Pastizzi**, kleine Teigrollen aus knusprigem Blätterteig mit den verschiedensten Füllungen, z.B. Frischkäse. Wahrscheinlich türkischen Ursprunges, also im Grunde von den Erzfeinden Maltas stammend, prägen sie heute das Image der Insel. Pastizzi werden an jeder Straßenecke und in jeder Bar verkauft.

Die Vorliebe der Malteser für gefüllte Speisen gilt aber nicht nur Aufläufen, Torten und andere Teiggerichten, sondern auch **Fleisch**, **Geflügel** und **Fisch**. Gefüllter Tintenfisch, serviert in einer herzhaften Tomatensoße mit Knoblauch, ist auf jeden Fall eine Kostprobe wert. Gemüse, wie Auberginen, Artischoken, Tomaten, Paprika, Kürbisse, sogar Zwiebeln und selbst Oliven, wird ebenfalls mit leckeren Füllungen, beispielsweise aus Hackfleisch und Kräutern, versehen.

Mangel an Brennholz

Der traditionelle Mangel an Brennholz hat auf Malta über die Jahrhunderte hinweg zu sparsamen Kochmethoden geführt. Die meisten Nahrungsmittel wurden in einem irdenen Topf auf einem kleinen Steinherd, dem „**Kenur**", langsam gegart. Dieses langsame Garen wurde zu einer Besonderheit der maltesischen Küche und ist auch heute noch sehr beliebt. Da große Backöfen aus Kostengründen sehr rar waren, wurde das Sonntagsessen zum Bäcker getragen und dort gebraten oder gebacken, eine Methode, die auch aus anderen Ländern bekannt ist. Zunächst wurde das fertig vorbereitete Gericht mit dem Schildchen der Familie versehen, damit es keine

Verwechselung gab, danach übernahm der Bäcker die Verantwortung für die Speise. Wenn das Gericht fertig war, wurde das heiße Essen zur Familie getragen. In einigen Dörfern geschieht das auch immer noch, z.B. in Xaghra auf Gozo gegenüber vom Spielzeugmuseum kann man eine solche Bäckerei sehen.

Kaninchengerichte

Ganz besonders beliebt und wohl das maltesische Lieblingsgericht ist „**fenek**", Kaninchen, das entweder gebraten oder als Stew serviert wird.

Suppen gehören ebenfalls zum Merkmal der maltesischen Küche. Neben „**Minestrone**", einer kräftigen Gemüsesuppe, ist die cremige Gemüsesuppe aus „**Qarabali**", jungen Kürbissen, erwähnenswert. Sehr beliebt ist auch „**Aljotta**", eine Fischsuppe, die mit reichlich Knoblauch, Tomaten, frischem Majoran und etwas Reis zubereitet wird.

Im späten Frühling, wenn die dicken Bohnen langsam hart werden, genießt man auf Malta das herzhafte Gericht „**Kusksu**". Die Bohnen werden dabei ganz belassen, langsam in einer Soße aus Tomatenmark und Zwiebeln gegart und unter Zugabe von einigen kleinen Nudeln und frischem Ziegenkäse serviert. Im Sommer wird gerne „**Kappunata**", die maltesische Version der Ratatouille, gegessen. Die Beilage zu frischem Fisch wird aus Tomaten, grünem Pfeffer, Auberginen und Knoblauch zubereitet.

Die meisten maltesischen Gerichte werden mit Brot serviert, dem sogenannten „**hobza**". Es wird mehrmals am Tag gebacken. „**Hobz bizzejt**" ist eine Scheibe Brot, die reichlich mit Olivenöl und Tomatenmark, Kapern (die auf Malta wachsen und hier besonders groß sind), Oliven und Knoblauch belegt wird. Manche geben noch Thunfisch oder Anchovis dazu.

Zum Sommer hin nimmt das Angebot an Fischen zu. „**Spinotta**" (Brasse), „*Dott*" (Steinbrasse), „**Cerna**" (Barsch), „**Dentici**" (Zahnbrasse) sowie Krustentiere, Tintenfische und Muscheln sind Spezialitäten. Im August werden „**Pixxispad**" (Schwertfisch) und „**Fanfar**" (Pilotfisch) gefangen. Die Fangsaison des beliebten „**Lampuka**" (eine Art Goldmakrele) ist im September. Lampuki ist ein Fischauflauf mit viel Gemüse und filletiertem Lampuka.

Eintopf aus Schnecken

Im September kommen auch die Weinbergschnecken in Massen aus ihren Sommerverstecken, und überall sieht man dann auf den Feldern die Schneckensammler. Aus den Schnecken wird ein Eintopf zubereitet, der kalt mit einer grünen Soße aus frischen Kräutern, Knoblauch und mit einer Scheibe Brot serviert wird.

Malta verfügt auch über ein ausreichendes Angebot an **Obst**. Orangen, Zitronen und Weintrauben wachsen in großen Mengen. Daneben gibt es Erdbeeren, Pfirsiche, Aprikosen, Melonen, Maulbeeren, Mandarinen, Granatäpfel, Feigen und Kaktusfrüchte.

Tipp
Kaktusfrüchte pflückt man am besten am Morgen, dann sind die Stacheln noch schön weich.

„Süßschnäbel" haben es auf Malta gut.

Für „Süßschnäbel" gibt es eine ganze Reihe ungewöhnlicher Leckereien. „**Imqarets**", mit Datteln gefüllte Teigröllchen, werden in siedendem Öl frittiert und heiß gegessen. Köstlich sind auch „**Qaghaq tal Ghasel**" (Honigkringel) und „**Biskuttini tal-lewz**" (Mandelschnitten).

Über Ostern gibt es überall „**Figolli**", ein Gebäck aus Biskuitteig mit einer Füllung aus gemahlenen Mandeln. „**Kannoli tar-rikotta**" ist wahrscheinlich eine aus Sizilien stammende Spezialität, ein röhrenförmiges Gebäck mit einer Füllung aus Rikotta-Käse, Schokolade, kandierten Kirschen und gerösteten Mandeln. Im Sommer, zur Zeit der Festas, sieht man überall reich geschmückte Verkaufswagen, wo köstliches **Nougat mit Nüssen** verkauft wird.

kalorienreich

Hinsichtlich **Getränken** kann sich Malta nicht eines ausgesprochenen Nationalgetränks rühmen. Im Land produziert werden nur Milch, Fruchtsäfte und die bittere Limonade **Kinnie** aus ungeschälten Orangen, Wasser und Wermutkraut sowie Wein und Bier. Es gibt zwei Brauereien: Carlsberg und Farsons, letztere mit den Sorten Cisk Lager, Hof Feaf Ale und Stout. Auch Löwenbräu wird auf Malta hergestellt.

Die Produktion von **Wein** hat sich in den letzten Jahrzehnten erheblich verändert. Schon seit jeher stellten die maltesischen Farmer Wein her, dessen Alkoholgehalt in der Regel allerdings weit über dem sonst üblichen lag und mit wenigen Ausnahmen als umgenießbar eingestuft wurde. Die Restaurants führten hauptsächlich ausländische Weine. Diese Situation hat sich drastisch gewandelt. Zwar kann man in einigen Dörfern immer noch meist in ausgedienten Plastikflaschen abgefüllte hausgemachte Weine kaufen (zwischen 25 Cents und 1 Lm pro Liter), doch sind die maltesischen und gozitanischen Tafelweine, die man im Geschäft oder im Restaurant bekommt, mittlerweile ausnahmslos genießbar. Sie sind fruchtig, frisch und bekömmlich. Die bekanntesten Kellereien sind **Marsovin** und **Delicata** und **Meridiana** als Neueinsteiger. Sie alle produzieren qualitativ hochwertigen Wein. Während Marsovin und Delicata hauptsächlich importierte Trauben verwenden, will Meridian nur Wein aus einheimischen Reben produzieren.

hochwertige Weine

Inzwischen haben maltesische Weine schon internationale Preise gewonnen. So gewann beispielsweise Delicata Maltas die Silbermedaille beim Chardonnay de Monde in Frankreich. Neben den drei „Großen" Marsovin, Delicata und Meridiana gibt es eine Reihe von kleineren Winzern, namentlich Bacchus Winery, Velsons, Cittadella, Hal Caprat, Paradise, Master Wine Ltd., Inbid Pur Tal-Providenza und Paradise and Farmers Wine Cooperative Society Ltd.

Verwendet werden neben den einheimische Reben (die dunkle *Gellweza* und die helle *Ghirgentia*) überwiegend veredelte Reben aus Italien. Der maltesische Wein kann daher in drei Kategorien eingeteilt werden: 1. einheimische Reben, veredelt oder nicht, 2. importierte Reben und 3. eine Mischung aus beiden. Heutzutage bemühen sich die maltesischen Winzer, ihrem Wein eine typisch maltesische Note zu geben. Maltas neue professionelle Weinherstellung wird in der EU als neuer Nischenmarkt begrüßt.

ⓘ Weinproben
Meridian Wine, *The Estate, Ta' Qali BZN 09, ☎ 21 413 550.*
Marsovin, *The Winery, Wills Street, Marsa PLA 01, ☎ 21 824 918-20, 🖷 21 809 501,*
💻 www.marsovin.com.mt
Emmanuel Delicata Winemaker Ltd., *The Winery, On the Waterfront, Paola PLA 08,*
☎ 21 825 199, 21 806 638, 🖷 21 672 623, 💻 www.delicata.com

• Hier einige typische Gerichte und Speisen

leckere Gerichte

- **Aljotta** – Fischsuppe mit viel Knoblauch
- **Bigilla** – ein Brotaufstrich, bestehend aus weißen Bohnen, die mit Butter, Salz, Pfeffer, Knoblauch und Petersilie vermischt zu einer feinen Paste zerdrückt werden
- **Biskuttini tal-lewz** – Mandelschnitten
- **Bragioli** – Rinderroulade gefüllt mit Speck, Ei, Hackfleisch und Erbsen oder alternativ mit Oliven und Kräutern
- **Bzar Ahdar Mimli** – Paprikaschoten pikant gefüllt mit verschiedenen Kräutern, wie gehackter Petersilie und Minze, mit Kapern, Oliven und Ei
- **Brugiel Mimli** – gefüllte Auberginen
- **Fenek** – Kaninchen, meist in Rotwein- oder Knoblauchsoße geschmort
- **Figolla** – dieses Gebäck aus Biskuitteig mit einer Füllung aus gemahlenen Mandeln wird traditionell zu Ostern gereicht
- **Gbejniet friski** – gozitanischer Frischkäse aus Schafs- und Ziegenmilch, der mit schwarzem Pfeffer bestreut in Essig gegessen wird
- **Gbejniet moxxi** – die luftgetrocknete Variante des gozitanischen Frischkäses
- **Imqarets** – mit Datteln gefüllte Teigrollen, die fritiert werden
- **Kanolli tar-rikotta** – mit Käse, Kirschen, Mandeln, Schokolade und Zucker gefüllte Hörnchen
- **Kappunata** – Eintopf aus Auberginen, Kapern, Knoblauch, Paprika, Tomaten, Zwiebeln und Zucchini
- **Kabocci mimli** – Kohlroulade, gefüllt mit Käse oder Hackfleisch
- **Kusksu** – herzhaftes Gericht aus ganzen Bohnen, die langsam in einer Soße aus Tomatenmark und Zwiebeln gegart und unter Zugabe von einigen kleinen Nudeln und frischem Ziegenkäse serviert werden
- **Lampuka** – beliebter makrelenähnlicher Fisch mit festem weißen Fleisch. Er wird mit Zwiebeln, Tomaten und Kapern gedämpft, gegrillt, gebacken oder gebraten serviert
- **Mamurat** – sehr süßer Mandelkuchen
- **Octopus Stew** – preiswertes, volkstümliches Fischgericht, das in Rotwein gekocht wird
- **Pastizzi** – Blätterteigtaschen mit verschiedenen Füllungen (Käse, Erbsenpüree, Gemüse oder Wurst)

- **Pixxispad** – der wohlschmeckende und beliebte Schwertfisch wird ab August gefangen.
- **Prinjolata** – recht gehaltvoller Kuchen mit Nüssen und Trockenfrüchten und einer weißen Glasur. Prinjolata wird zur Karnevalszeit gegessen.
- **Qaghaq tal Ghasel** – Honigkringel
- **Qarnita** – Tintenfisch, der mit Oliven, Zwiebeln, Nüssen, Rosinen und Erbsen in einer schmackhaften Weinsoße gedünstet wird
- **Ravjul** – Ravioli, die mit dem maltesischen Käse Rikotta gefüllt sind
- **Siniza** – Gebäck mit süßer Quarkfüllung
- **Timpana** – Makkaroniauflauf mit einer Füllung aus Hackfleisch und Bechamelsoße oder alternativ aus Rindfleisch, Schweineleber, Schinken, Eiern, Parmesan und Tomatensoße
- **Torta tal Lampuki** – Auflauf aus püriertem Blumenkohl, püriertem Lampuka-Fisch, Zwiebeln, Knoblauch und Tomaten

Einige typische Rezepte • L Ikla it tajba is = Guten Appetit!

Witwensuppe • Soppa ta' l-armla

• 100 g Zwiebeln • 100 g Kartoffeln • 4 Eier • Öl zum Braten • 50 g Tomatenpaste
• 100 g geschälte Tomaten • 25 g Erbsen • 125 g Blumenkohl • 200 g Rikotta • Gewürze

Gemüse waschen und kleinschneiden. Zwiebeln anbraten, aber nicht bräunen. Gemüse, Tomatenpaste und Wasser dazugeben und zum Kochen bringen. So lange kochen, bis alles gar ist. Pochierte Eier hineinlegen. Rikotta in vier gleich große Stücke teilen und ebenfalls in die Suppe geben. Weitere fünf Minuten kochen lassen.

Gebackene Makkaroni • Imqarrun fil-Forn

• 400 g Makkaroni • 50 g Tomatenpaste • 2 hartgekochte Eier • 50 g geriebener Käse
• 600 ml Rinderbrühe • 200 g Hackfleisch • 100 g Zwiebel • 3 rohe Eier • Gewürze • Öl

Zwiebel schälen, fein hacken und in wenig Öl goldgelb braten. Fleisch dazugeben und ebenfalls anbraten. Dann Tomatenpaste und Suppe hinzufügen und weitere 20 Minuten kochen. Teigwaren weich kochen, mit der Fleischsoße, Käse, den kleingeschnittenen Eiern, rohen Eiern und Gewürzen vermengen und in eine gebutterte Auflaufform füllen. Die Makkaroni 30-40 Minuten auf mittlerer Hitze backen.

Gebackener Reis • Ross fil-Forn

• 250 g Hackfleisch • 50 g Tomatenpaste • 300 ml Rindsuppe
• 100 g geschälte Tomaten • 25 geriebener Käse • 250 g Reis • 4 Eier • Salz, Pfeffer, etwas Safran • Olivenöl

Fleisch in wenig Öl anbraten, die in Stücke geschnittenen Tomaten und die Tomatenpaste untermengen. Mit Suppe aufgießen und 30 Minuten köcheln lassen. Reis waschen und in gesalzenem Wasser nicht zu gar kochen. Den Reis abseihen, mit kaltem Wasser abspülen und mit der Sauce und den restlichen Zutaten gut vermischen. Das Ganze in eine gebutterte Auflaufform füllen und bei mittlerer Hitze zirka 45 Minuten backen.

Feste und Feiern auf Malta

Vorbereitung zum Fest

Die Malteser feiern viel und gern. Trotz des starken britischen Einflusses in manch anderer Hinsicht überwiegt beim Feiern mediterrane Fröhlichkeit. Besonders ausgelassen gibt man sich während der Karnevalszeit. Einige Feiertage sind dem Gedenken an nationale Ereignisse gewidmet, andere hingegen mit dem katholischen Glauben verbunden. Jede Gelegenheit des Kirchenkalenders wird zu aufwändigen, meist mehrtägigen Festen genutzt. Außer den insgesamt 14 gesetzlichen Feiertagen begeht jedes Dorf das Patronatsfest seines Schutzheiligen, die sogenannten **Festa** (siehe Info-Kasten weiter unten). Zwischen Mai und September vergeht kaum ein Wochenende, an dem nicht irgendwo zu Ehren des lokalen Schutzpatrons eine Festa mit feierlichen Prozessionen, lautem Feuerwerk und farbenprächtigem Festzug gefeiert wird. Die Verbindung des Heiligen und des Profanen ist fester Bestandteil der maltesischen Volkskultur. Für den Besucher ist die Teilnahme an einem maltesischen Fest ein besonderes Erlebnis.

• Gesetzliche Feiertage

- **1. Januar**: Neujahrstag (*New Years Day*): Im Großmeisterpalast in Valletta findet eine festliche Konzert- oder Ballettveranstaltung statt.
- **10. Februar**: Schiffbruch des Apostels Paulus (*Feast of St. Paul's Shipwreck*): Aufwändig gestaltete Festa in Valletta, die an den legendären Schiffbruch des hl. Paulus vor der Küste Maltas im Jahre 60 n. Chr. erinnert.
- **19. März**: St. Joseph (*St. Joseph's Day*): Feierlichkeiten zu Ehren des hl. Joseph.
- **31. März**: Freiheitstag (*Freedom Day*): Dieser Feiertag dient der Erinnerung an den Abzug des letzten britischen Soldaten von Malta im Jahre 1979.
- **März/April**: Karfreitag (*Good Friday*): Beeindruckende Prozessionen in Valletta und in zahlreichen anderen Gemeinden.
- **1. Mai**: Tag der Arbeit (*Feast of St. Joseph the Worker/Worker's Day*): Am Tag der Arbeit werden viele Kundgebungen abgehalten.
- **7. Juni**: Gedenktag an den 7. Juni 1919 (*Sette Giugno*): Mit Kundgebungen auf dem Palace Square in Valletta erinnert dieser Tag an den blutigen Aufstand gegen die britische Militärverwaltung, insbesondere gegen die Preispolitik bei Getreideimporten (sogenannter „*Brotaufstand*").
- **29. Juni**: St. Peter und St. Paul (*Mnarja*, auch *Imnarja*): Am 29. Juni findet in Mdina/Rabat das populäre „Lichterfest" Mnarja statt. Das Volksfest geht vermutlich

Volksfest mit langer Tradition

auf heidnische Fruchtbarkeitsbräuche zur Sonnenwende am 21. Juni und christliche Feiern zum Johannestag am 24. Juni (Johannesfeuer) zurück. Diese Tradition wurde schon vor der Ankunft der Johanniter auf der Insel eingeführt. Am Abend des 28. Juni beginnt das Fest in den erleuchteten Buskett Gardens. Am 29. Juni, dem St. Peter und Paul-Tag, wird in der Kathedrale von Mdina eine Messe abgehalten, gefolgt von einer aufwändigen Prozession. Weltlicher geht es bei den Pferde- und Eselrennen am Nachmittag des Festtages zu. Es wird gesungen, getanzt, gegessen und getrunken. Besuchern bietet das Fest die Möglichkeit, köstlich zubereiteten Kaninchenbraten, der an Verkaufsständen angeboten wird, zu probieren. Bis Anfang dieses Jahrhunderts war das Lichterfest der traditionelle Heiratsmarkt der Insel, zu dem die Bauern ihre heiratsfähigen Kinder mitbrachten und die Eheverträge aushandelten.

- **15. August**: Mariä Himmelfahrt (*Assumption*). Festas in Attard, Ghaxaq, Mgarr, Mosta, Mqabba, Qrendi auf Malta sowie in Victoria auf Gozo.
- **8. September**: Ende der „Großen Belagerung" (*Feast of Our Lady of Victory* = Unsere Herrin des Sieges): Dieses wichtige und traditionsreiche Fest gilt der Erinnerung an das Ende der türkischen Belagerung im Jahre 1565 und der deutsch-italienischen Blockade im Jahre 1943. Im Grand Harbour findet eine große Ruderboot-Regatta statt. Gleichzeitig finden Festas zu Ehren Our Lady in Mellieha, Senglea und Naxxar sowie in Xaghra auf Gozo statt.
- **21. September**: Unabhängigkeitstag (*Independence Day*): Der Tag erinnert an die Erlangung der Unabhängigkeit im Jahre 1964. In vielen Orten gibt es Kundgebungen und Umzüge.
- **8. Dezember**: Mariä Empfängnis (*Immaculate Conception*): Das „Fest der Unbefleckten Empfängnis" wird vor allem in Cospicua besonders prächtig gefeiert.
- **13. Dezember**: Tag der Republik (*Republic Day*): Zur Erinnerung an die Erklärung der Republik im Jahre 1974 wird in Valletta eine große Gedenkfeier mit Umzügen und Feuerwerk abgehalten.
- **25. Dezember**: Weihnachten (*Christmas*): Das Weihnachtsfest wird in der Kirche und in der Familie gefeiert. Am Abend des 24.12. findet eine Prozession mit der Statue „Baby Jesus" statt. Traditionell werden in der Weihnachtszeit Krippen in Kirchen, Geschäften und Privathäusern ausgestellt und die schönste Krippe prämiert.

Hinweis
Ostermontag, Pfingstmontag und der 2. Weihnachtsfeiertag sind auf Malta keine Feiertage. Auch Karneval ist kein offizieller Feiertag, d.h. Geschäfte und Ämter sind geöffnet.

• Sonstige Feste und Veranstaltungen

• Karneval

Karneval ist ein besonderes Ereignis

Bis in das 16. Jahrhundert lässt sich die Tradition des Karnevals auf Malta belegen. Auch heute noch ist es ein ganz besonderes Ereignis im Leben der Insulaner. Die Karnevalsvereine der einzelnen Gemeinden organisieren die Umzüge und Festlichkeiten. Die Inselhauptstadt Valletta hat die größten Feierlichkeiten. Tausende von Menschen, viel Lärm, Festwagen, Blaskapellen, Tanz- und Kostümwettbewerbe und Feuerwerke bestimmen das Bild. Wesentlicher Bestandteil des maltesischen Karnevals ist ein Schwerttanz, „*Il Parata*" genannt. Tänzerisch dargestellt wird die Schlacht zwischen Maltesern und Rittern gegen die Türken.

Eine kulinarische Spezialität der Karnevalszeit ist *Prinjolata*, ein gehaltvoller brauner Kuchen mit weißem Zuckerguß.

Prinjolata wird zur Karnevalszeit gegessen.

• Malta-Marathon

Alljährlich im Februar wird auf Malta ein internationaler Marathon veranstaltet. Die Strecke führt von Mdina nach Sliema.

• Osterwoche

Ostern wird überall auf Malta und Gozo sehr aufwändig gefeiert. Bereits eine Woche vor Karfreitag, am Festtag der Lady of Sorrows, finden in vielen Orten Maltas und Gozos Prozessionen statt. Analog zu den sieben Schmerzen Marias und zum traditionellen Besuch der sieben Hauptkirchen in Rom, besuchen die Familien am Gründonnerstag sieben Kirchen, um dort zu beten. Man kann aber auch alle sieben Gebete in nur einer Kirche sprechen.

Die Kirchen sind mit tiefrotem Damask ausgehängt, die Kruzifixe sind bedeckt und der Duft von Weihrauch erfüllt die Atmosphäre. Falls die Kirche eine Prozession hat, sind die Statuen bereits aufgebahrt, fertig zum Abmarsch am nächsten Tag, und der Bewunderung der Besucher preisgegeben.

Das ganze Dorf ist am Abend des Gründonnerstag auf den Beinen. Besonders eindrucksvoll ist es in Mdina, der „schweigenden Stadt", wenn die Gläubigen von Kirche zu Kirche ziehen. Am Karfreitag, dem wohl wichtigsten Tag des Kirchenkalenders, werden in zahlreichen Städten und Dörfern feierliche Gottesdienste abgehalten.

Ein besonderes Erlebniss sind die Prozessionen, die am späten Nachmittag oder frühen Abend stattfinden und wo als Figuren des Alten und Neuen Testaments verkleidete Einheimische lebensgroße Statuen durch die Straßen tragen. Dies ist das Ereignis schlechthin: Die Dörfer sind festlich geschmückt, Hunderte von ebenfalls festlich geschmückten Menschen sind auf den Straßen und warten bereits Stunden vor dem Abmarsch. Entlang der Straßen sind Stuhlreihen aufgestellt.

ernste Angelegenheiten

Diese höchst dramatischen Prozessionen sind ernste Angelegenheiten, denn sie dienen dazu, den Glauben der Menschen zu bestätigen und das Leiden Christi als fundamentalen Teil des christlichen Glaubens zu reflektieren. Für die Hunderte von Darstellern ist es eine große Ehre, am Prozessionszug teilzunehmen, und es gibt sogar Wartelisten für die Träger der Statuen.

Die Kapellen spielen Beerdigungsmusik.

Als Römer verkleidet

Das Tragen der Statue ist eine große Ehre.

Auch Kinder nehmen an der Prozession teil.

Zu den traditionellen Karfreitagsprozessionen gehören folgende „Bestandteile": **1**. die Beerdigungsmärsche spielenden Musikkapellen, **2**. die als biblische Gestalten gekleideten Dorfbewohner (z.B. Jungen, die, mit einem Schaffell bekleidet, Brote oder Fische tragen oder Männer, die als römische Soldaten mit Brustschild, als Propheten mit langen Bärten oder als Büßer in weißen Roben und mit Ketten an den Füßen verkleidet sind), **3**. verschiedene Statuen, die wesentliche Aspekte der Passionsgeschichte, wie z.B. die Gefangennahme, Verurteilung und Kreuzigung zeigen, **4**. kunstvoll bestickte Banner mit Bibelsprüchen und **5**. natürlich die Zuschauer. Der Prozessionszug bewegt sich sehr langsam, immer wieder bleibt er stehen, so dass man nur die Klänge der Kapellen hören kann.

In größeren Orten, wie z.B. in Senglea, wird über Lautsprecher (in mehreren Sprachen) die nächste Statue angekündigt und erklärt, denn teilweise handelt es sich um alte, sehr kostbare Kunstwerke.

Ein anderer maltesischer Brauch sind in der Zeit vor Ostern die „Last Supper Displays" (=*Wirja*). In Kirchen, Klöstern und Privathäusern im Wohnzimmer werden lebensgroße Statuen ausgestellt, die Jesus und seine Jünger beim letzten Abendmahl darstellen. Manche begnügen sich mit kunstvoll dekorierten Tellern und Schüsseln, auf denen sie die biblischen Geschichten mit gefärbten Reis oder Salz auslegen. Andere stellen Tonfiguren her oder kaufen diese in speziellen Geschäften. Selbst Kuriositäten wie gestrickte (!) Kreuzigungsgeschichten als Dekoration auf der Fensterbank bleibt nicht aus. Bei manchen dieser Ausstellungen wird für wohltätige Zwecke gesammelt. In der mittelalterlichen Santa Marija Church in Bir Miftuh in der Nähe von Gudja werden die lebensgroßen Statuen von Jesus, John, Paul und Judas Iscariot des Künstlers Aaron Camilleri Cauchi gezeigt. Sie stellen Christus bei der Fußwäsche dar.

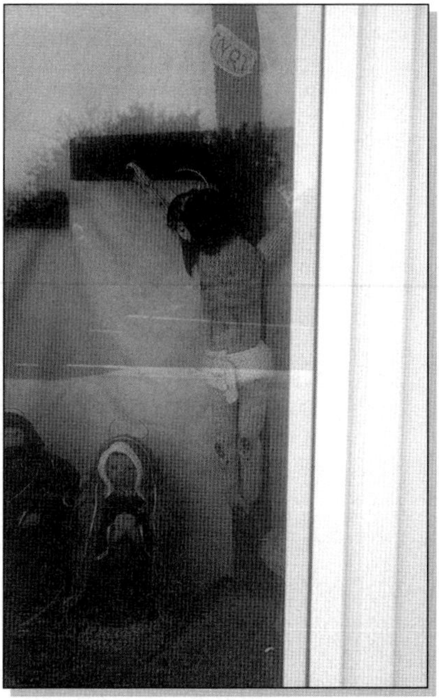

Gestrickter Jesus

Am Ostersonntag gibt es in zahlreichen Ortschaften erneute Prozessionen, wobei nun aber die Statue des auferstandenen Christus getragen wird. Die Beerdigungsstimmung vom Karfreitag ist vergessen, Ostersonntag ist das Fest der Freude. Traditionell wird zu Ostern „Figolla" gebacken, ein mit Marzipan gefüllter Bisquitteig, der reichlich verziert wird.

- **Prozessionen Karfreitag**
  Ghargur, Luqa, Naxxar, Paola, Rabat, Victoria, Zetjun, Cospicua, Haz-Zebbug, Lija, Luqa, Mosta, Qormi, Sliema, Ghaxaq, Nadur (Gozo), Senglea, Vittoriosa, Zebbug (Gozo)
- **Prozessionen Ostersonntag**
  Cospicua, Ghargur, Gzira, Haz-Zebbug, Nadur (Gozo) Naxxar, Paola, Qormi, Victoria, Zebbug, Gzira, Rabat, Senglea, St. Julian's, Valletta, Vittoriosa, Zebbug, Zetjun, Mosta, Qala (Gozo), Sliema
- **Abendmahlausstellungen**
  B'Kara, Cospicua, Dingli, Ghargur, Gudja, G'Mangia, Haz-Zebbug, Kercem, Qala (Gozo), Lija, Luqa, Masra, Mosta, Msida, Nadur (Gozo), Naxxar, Paola, Qormi, St. Paul's, Sannat (Gozo), Santa Lucija, Siggiewi, Sliema, San Pawl il-Bahar, Valletta, Victoria (Gozo), Vittoriosa, Xewkija, Zebbug (Gozo), Zetjun

• Festa-Saison Mai bis September

fest-gelegtes Programm

Die Festa zu Ehren des Schutzpatrons des eigenen Dorfes ist für die Malteser und Gozitaner neben Ostern das wichtigste Fest im Jahr (siehe Info-Kasten unten). Das Programm läuft üblicherweise folgendermaßen ab: Am Abend vor dem eigentlichen Festtag: 18 Uhr Vesper und Messe, 19 Uhr Umzug mit Musikkapelle. Am Festtag: 9 Uhr Messe, 19 Uhr Prozession mit Musikkapelle. Eine Liste, wo welche Festa stattfindet, erhält man von der Touristen-Information.

• Handelsmesse

In der ersten Julihälfte stellen Firmen aus Malta und aus aller Welt (Industrie-, Landwirtschafts- und Dienstleistungsgewerbe) auf dem Messegelände von Naxxar ihre Produkte aus.

• Malta-Fest

Jazz-Festival am Abend

Das Malta-Fest findet zwischen Mitte Juli und Mitte August statt. Es ist der Kunst und Kultur gewidmet und bietet an verschiedenen Orten der Insel kulturelle Aktivitäten. Neben Open-Air Konzerten, Theater- und Ballettaufführungen, Kunstausstellungen und Filmvorführungen gibt es als festen Bestandteil das Malta Jazz Festival, zu dem sich alljährlich internationale Stars ankündigen. Das viertägige Festival findet in den Abendstunden an der Barriera Wharf in Valletta statt. Der Blick hinüber auf die angestrahlten „Three Cities" an einer lauen Sommernacht, begleitet von den Klängen der Jazzmusik, ist ein ganz besonderes Erlebnis.

INFO Festas

Zusätzlich zu den Nationalfeiertagen feiern die Malteser zu Ehren des Schutzpatrons ihrer jeweiligen Gemeinde eine sogenannte Festa. Die Tradition der Festas, so wie sie sich heute präsentieren, begann im 19. Jahrhundert; mittlerweile findet während der Sommermonate an jedem Wochenende mindestens ein solches Fest statt.

Beste Aussicht

Die Festa zieht sich über ein langes Wochenende hin. Bereits in der Vorwoche gibt es Veranstaltungen kirchlicher Gruppen. Am Samstag wird in einer feierlichen Prozession unter Begleitung einer Blaskapelle und dem Donner eines mächtigen Feuerwerks eine Heiligenstatue durch die Straßen getragen. Das Tragen der Statue gilt als eine besondere Ehre. In Mgarr wird beispielsweise das Recht, die Statue tragen zu dürfen, auf einer Auktion an den Meistbietenden versteigert. Dabei geht es immerhin um vierstellige Summen.

Straßen, Häuser und die Pfarrkirche sind mit Girlanden, Fahnen und Lichterketten festlich geschmückt. Einige Einwohner ziehen hinter dem Zug her, andere stehen in ihren Haustüren oder an ihren Fenstern und streuen Konfetti. Jede Prozession bietet Anlass, zu zeigen, was man hat – ein wichtiger Aspekt des dörflichen Lebens. In kleinen Gruppen wird durch die Straßen flaniert, in den Bars und an denzahlreichen Ständen eingekehrt oder mit Freunden und Bekannten geschwatzt. Fliegende Händler verkaufen Hot Dogs, Pommes frites, Zuckerwatte, gebrannte Mandeln und Nougat. Zur Verehrung des Heiligen wird am Sonntag eine Messe gelesen, zu der sich sämtliche Gemeindemitglieder in der mit kostbaren Tüchern geschmückten Kirche einfinden.

Geschmückte Straßen während einer Festa

Die „**Partit**" des jeweiligen Ortes ist für den Festverlauf verantwortlich. Sie besteht aus den Honoratioren des Dorfes, aus Mitgliedern des Sportvereins, der Jugendgruppen und – ganz wichtig – aus Mitgliedern des Musikvereins. Dieser stellt nämlich die Kapelle des Ortes. Die Partit sammelt Gelder und organisiert freiwillige Helfer zum Ausbessern oder Herstellen der Dekoration.

Eine Festa ist nicht nur organisatorisch, sondern auch finanziell ein aufwändiges Vergnügen: eine Viertel Million Euro können dafür leicht zusammenkommen.

Die alljährlich wiederkehrende Festa ist für viele Malteser der Höhepunkt des Jahres. Ihr Gelingen trägt zum Ruhm einer ganzen Gemeinschaft bei. Jedes Dorf bemüht sich, das Nachbardorf an Aufwand zu überbieten und den Besuchern aus anderen Dörfern die prächtigste Festa zu präsentieren. Nicht nur die Kirche, die Straßen und Häuser werden geschmückt, auch die Menschen putzen sich zu diesem Anlass besonders heraus. In den Festi kommen nicht nur die dörflichen Traditionen zum Ausdruck, sondern auch das religiöse und soziale Gemeinschaftsgefühl und die kirchlich geprägte soziale Ordnung. Trotz zunehmender Touristenzahlen als „Zuschauer" (und dementsprechender Kommerzialisierung) ist die Festa ein fester Bestandteil des maltesischen Lebens.

Besichtigungsvorschläge

> **Mein Malta (Lil Malta)**
>
> Doch kein anderes Land liebe ich so sehr wie dich, mein Malta
> Denn nur du bist meine Mutter, nur du gabst mir einen Namen,
> Deine Knochen stützen mich, dein Blut ist in mir.
> Kein Land ist so groß wie du, mag dein Umriß auch klein sein,
> Du bist groß an Geist und an Körper,
> Um deine Schönheit beneidet dich manch' mächt'ges Land.
> (Dun Karm)

Malta ist sehr stark besiedelt, was die Orientierung zunächst erschwert. Hinzu kommt, das für den Besucher viele Orte wegen des fast ausschließlich verwendeten hellen Kalksteins fast „gleich" aussehen.

Fast die gesamte Bevölkerung konzentriert sich rund um den ausufernden Hafen, d.h. dort gehen die Ortschaften nahtlos ineinander über. Lassen Sie sich nicht aus der Ruhe bringen, wenn Sie einmal die falsche Abfahrt erwischt haben oder das Gefühle haben, im Kreis gefahren zu sein. Auch das gehört zum Erlebnis „Malta" dazu.

Hier einige Besichtigungsvorschläge

- Valletta: Stadtbesichtigung mit Hafenrundfahrt
- Mdina, Rabat und der Westen (Barija)
- Paola, Tarxien und „The Three Cities" (Cospicua, Senglea, Vittoriosa)
- Eine Rundfahrt durch Maltas Norden und Westen: Valletta – Floriana – Birkirkara – Mosta – Mgarr – Zebbieh – Ghajn Tuffieha – Xemxija – Mellieha – Anchor Bay – Marfa Ridge – Xemxija – Bugibba – St. Julian's – Sliema – Valletta.
- Eine Rundfahrt durch Maltas Mitte: Valletta – Floriana – Hamrum – Attard – Mdina und Rabat – Buskett Gardens – Clapham Junction – Dingli Cliffs – Siggiewi – Zebbug – Qormi – Valletta.
- Eine Rundfahrt durch Maltas Südosten: Marsa – Luqa – Zurrieq – Qrendi – Blaue Grotte – Hagar Qim – Mnajdra – Ghar Lapsi – Siggiewi – Zebbug – Qormi – Valletta.
- Eine Rundfahrt durch Maltas Osten: Zabbar – Marsaskala – Marsaxlokk – Borg in-Nadur – Ghar Dalam – Ghar Hassan – Zetjun – Valletta.
- Ein Ausflug auf die Insel Gozo.

Am Ende des Marfa Ridge bietet der Aussichtspunkt **Dahlet ix-Xilep** einen wunderschönen Blick auf das glitzernde Meer. Eine Madonnenfigur markiert das westliche Ende der Insel.

Die alljährlich wiederkehrende **Festa** ist für viele Malteser ein wichtiges Ereignis. Unter Begleitung einer Blaskapelle zieht die Prozession durch die Straßen.

Prinjolata ist ein recht gehaltvoller Kuchen mit Nüssen und Trockenfrüchten und einer weißen Glasur. Er wird zur Karnevalszeit gegessen.

Am Karfreitag finden in zahlreichen Städten und Dörfern **Prozessionen** statt, bei denen die als Figuren des Alten und Neuen Testaments verkleideten Einheimischen lebensgroße Statuen durch die Straßen tragen. Für die Hunderten von Darstellern ist es eine große Ehre, am Prozessionszug teilzunehmen.

Ein historischer Moment in der Geschichte des maltesischen Archipels: Im April 2003 unterschrieb Malta den **EU-Mitgliedsvertrag**. Bei einer Volksabstimmung hatten sich 53,6 % der Bevölkerung für die Mitgliedschaft ausgesprochen.

Die maltesische **Bevölkerung** gilt als aufgeschlossen und liebenswürdig. Die Blumenverkäufer am Bus-Terminal sind immer zu einem Schwätzchen bereit.

Die **Busse** auf Malta sind orange lackiert und zum Teil recht betagt. Sie bewegen sich langsam und ratternd, trotzdem funktioniert das öffentliche Verkehrsnetz überraschend gut.

Ein maltesischer Brauch sind in der Zeit vor Ostern die „**Last Supper Displays**", *Wirja* genannt. In Kirchen, Klöstern und in Wohnzimmern von Privathäusern werden lebensgroße Statuen, die Jesus und seine Jünger beim letzten Abendmahl darstellen, ausgestellt. Die Figuren werden entweder in Heimarbeit hergestellt oder in speziellen Geschäften gekauft.

Die alten Bauernhäuser, heute meist leerstehend, wirken mit ihren flachen Dächern wie abweisende **Wehrtürme**. Hier konnten sich die Bewohner bei Überfällen verschanzen.

Globigerinenkalk ist der am meisten verwendete Baustoff. Er ist leicht abzubauen und relativ einfach zu verarbeiten.

Die Church of St. Lawrence in Vittoriosa ist ein Werk von **Lorenzo Gafàs**, Maltas bedeutendstem Baumeister des 17. Jahrhunderts.

Die **Religion** bestimmt das Leben: Im Verhältnis zur Bevölkerung gibt es in Malta mehr Priester, Mönche und Nonnen als in jedem anderen Land der Welt.

Nach dem erfolgreichen Ende der „**Großen Belagerung**" 1565, wurde Valetta als neue Hauptstadt gegründet und in kürzester Zeit zu einer uneinnehmbaren Festung ausgebaut.

Valetta: Die Hauptstadt Maltas ist eine lebhafte und vielfältige Stadt. Kennzeichnend sind die steilen Treppenstraßen und die vielgeschossigen Häuser mit Erkern und Balkonen.

Enge Gassen prägen das Bild auf der Zitadelle in **Victoria** auf Gozo. Dorthin zog sich die Bevölkerung bei Angriffen zurück. Bei einem Rundgang über die Kastellmauern hat man einen herrlichen Blick über die ganze Insel.

Der Fischerort **Marsaxlokk** liegt recht malerisch am inneren Teil der gleichnamigen Bucht. Die in leuchtenden Farben gestrichenen Boote, *Dghajas* genannt, bilden die Farbtupfer in dem großen Hafenbecken.

Obwohl die Inseln vom Meer umgeben sind spielt der **Fischfang** ökonomisch nur eine untergeordnete Rolle. Hier ein frisch angelandeter Thunfisch in der Fischhalle von Valetta.

Zwischen Mai und Oktober beträgt die durchschnittliche Meerestemperatur 22,8 Grad Celsius und das Wasser ist herrlich klar. **St. Peter's Pool** im Süden wird vorwiegend von Einheimischen aufgesucht.

Die **Pretty Bay** im Süden der Insel hält nicht, was ihr schöner Name verspricht. Das Bild bestimmen die Kräne des Container-Hafens in Kalafrana. Totzdem ist der lange Sandstrand im Sommer oft überfüllt.

Bei einer Stadtbesichtigung Vallettas lädt der schattige **Republic Square** zu einer Erfrischungspause ein. Verschiedene Straßencafés, darunter auch das traditionsreiche *Cortina*, machen ihn zu einer Oase der Erholung an heißen Tagen.

Die Malteser feiern viel und gerne. An **Feiertagen** werden Straßen, Häuser und die Pfarrkirche mit Girlanden, Fahnen und Lichterketten festlich geschmückt.

In der ehemaligen **Auberge de Castille, Léon et Portugal**, erbaut an der höchsten Stelle Valettas, befindet sich heute der Amtssitz des maltesischen Ministerpräsidenten.

Landschaft im Norden der Insel: Das **Landschaftsbild** auf Malta ist überwiegend karg. Flüsse, Berge oder Wälder gibt es nicht.

Die u-förmige Felsbucht **Dwejra Bay** auf Gozo wird von einer beeindruckenden Steilküste eingefasst. Die Bucht bietet auch ein paradiesisches Tauchrevier, zum Beispiel durch einen Unterwassertunnel zum Inland Sea.

Bereits seit dem Mittelalter wird auf den maltesischen Inseln durch Verdunstung Salz aus Meerwasser gewonnen. Auch heute noch werden die **Salzpfannen** im Sommer benutzt. Im Spätsommer kann man bei der „Ernte" des Salzes zuschauen.

Für die Dreharbeiten des Films „**Popeye**" wurde 1979 als Kulisse ein Dorf aus kleinen und windschiefen Holzhäusern und Plattenwegen errichtet. Der Regisseur des Films war Robert Altman, die Rolle des Popeye spielte Robin Williams und Shelley Duvall stellte Olive Oyl dar. Die Filmkulisse wurde nach Abschluss der Dreharbeiten als Besucherattraktion entwickelt.

Experten vermuten, dass die im Mittelmeerraum lebenden Menschen während des Neolithikums matriarchalisch organisiert waren. In den Tempeln wurden unzählige weibliche Figuren gefunden, woraus man schließt, dass eine **Muttergottheit** verehrt wurde. Der monumentale Torso einer fast drei Meter hohen Kolossalstatue wurde in Tarxien gefunden.

3. MALTA ALS REISELAND

Allgemeine Reisetipps von A-Z

Benutzerhinweis

Die Gelben Seiten werden regelmäßig aktualisiert, so dass sie auf dem neuesten Stand sind. In den Allgemeinen Reisetipps (ab S. 106) finden Sie – alphabetisch geordnet – reisepraktische Hinweise für die Vorbereitung Ihrer Reise und Ihren Aufenthalt auf Malta und die zugehörigen Inseln. Die Regionalen Reisetipps (ab S. 137) geben Auskunft über Unterkünfte etc. in den ebenfalls alphabetisch geordneten Städten/Regionen.

Benutzerhinweis

*Die internationale Vorwahl nach Malta und Gozo lautet **00356**.*

A

Anreise

Anreise per Fähre
ⓘ Stichwort „Fähre“

Anreise per Flugzeug
Es gibt regelmäßige und häufige Linienflüge aus Deutschland, Österreich und der Schweiz, die auf dem Luqa International Airport von Malta landen. Von zahlreichen Flughäfen gibt es ganzjährig Charterflüge, die weitaus preiswerter als Linienflüge sind. Auch Last-Minute-Angebote gibt es nach Malta. Die Flugzeit beträgt von Frankfurt etwa 2 3/4 Stunden, von Hamburg aus etwa 3 1/4 Stunden. Der Flughafen ist 5 km von Valletta entfernt. Flughafenbusse gibt es auf Malta nicht, aber ein Linienbus verbindet den Flughafen mit der Hauptstadt. Am besten fährt man mit dem Taxi ins Hotel oder bucht den Transfer vom Flughafen zur Unterkunft gleich mit.

Telefonnummer des Flughafens: ☏ 21 249 600

Anschriften einiger Fluggesellschaften:
Air Malta Head Office, Malta International Airport, Luqa, ☏ 22 999 385, www.airmalta.com.
Lufthansa, 143 St. Christopher Street, Valletta, ☏ 21 234 026, 21 241 178.
Austrian Airlines, 33 St. Frederick Street, Valletta, ☏ 21 247 356, 21 239 182.

Gozo besitzt keinen Flughafen, doch besteht ein **Helikopterservice** zwischen Malta und Gozo. Der Flug dauert 15 Minuten. Im Sommer gibt es mehrmals täglich Flüge zwischen Malta und Gozo sowie „Sightseeing“-Flüge über die Inseln. Wenn man ein Quartier auf Gozo bucht, ist der Transfer von Luqa nach Gozo meist im Preis inbegriffen.
Verschiedene **Vergünstigungen** werden angeboten, z. B. Tagestouren mit Mietwagen auf Gozo, Wochenendtouren sowie Studenten- und Seniorenangebote. Auskunft erteilt Air Malta, siehe oben.

Arzt

Das staatliche Gesundheitswesen ist modern, und ärztliche Hilfe steht im Notfall überall zur Verfügung. An den Hotelrezeptionen können Sie Adressen von Ärzten erfragen.

Das Hauptkrankenhaus auf Malta ist das St. Luke's in Gwardamangia, ☏ 21 241 251 🖷 21 240 176; auf Gozo das Craig Hospital, ☏ 21 556 851.

Auskunft

Maltesische Fremdenverkehrsämter in Deutschland und Österreich und der Schweiz:
Fremdenverkehrsamt Malta, Schillerstraße 30-40, 60313 Frankfurt/M., ☏ 069 285 890, 🖷 069 285 479, www.urlaubmalta.de.
Opernring 1/R/5, 1010 Wien, ☏ 01 5853 770, 🖷 01 5853 771.
Sumatrastraße 25, 8025 Zürich, ☏ 1 350 3983, 🖷 1 350 3984.

Touristen-Informationen auf Malta und Gozo
Malta Airport, ☏ 23 696073.
1 City Gate Arcade, Valletta, ☏ 21 237747.
Victoria, Gozo, ☏ 21 561419.

Fremdenverkehrsämter
Malta Tourism Organisation, Auberge D'Italie, Merchants Street, Valletta CMR 02, ☏ 22 915000 🖷 22 915 893, www.visitmalta.com
Gozo Tourism Association, 5 Ta' Mliet Court, Dr. G. Borg Olivier Street, Victoria VCT 111, ☏ 21 565 171, 🖷 21 559 360, www.gozo.com/gta

Auto fahren

Auf Malta wird, der englischen Tradition entsprechend, **links** gefahren. Im Übrigen folgen die Verkehrsvorschriften und -zeichen den internationalen Regeln. Die **Höchstgeschwindigkeit** beträgt 64 km/h auf Landstraßen und 40 km/h in Ortschaften.

Die Malteser gelten als rasante Fahrer mit wenig Verkehrsdisziplin. Verkehrsregeln werden oft nicht eingehalten, das Verkehrsaufkommen ist hoch, und die Straßenverhältnisse lassen zu wünschen übrig. Diese Faktoren sollte man berücksichtigen, wenn man einen Mietwagen leiht.

Autoverleih

ⓘ Stichwort „Mietwagen"

Baden

B

Malta, Gozo und Comino sind keine ausgesprochenen Badeinseln. Insgesamt besitzen sie zwar 180 Küstenkilometer, aber es gibt nur wenige Sandstrände. Man kann sich aber auch auf den Felsplateaus sonnen und von dort aus in das wunderbar klare Wasser steigen.

An einigen Buchten warnen Schilder vor gefährlichen Strömungen, die man auf jeden Fall beachten sollte. Abgesehen davon kann man praktisch überall unbekümmert schwimmen. Gezeiten gibt es hier nicht.

Zwischen Mai und Oktober beträgt die Meerestemperatur durchschnittlich 22,8° C. Während der Hochsaison von Mai bis Oktober sind viele Badestrände mit kleinen Bars und Umkleidekabinen ausgestattet. Vielfach werden auch Sonnenschirme, Liegen und Wassersportgeräte zum Verleih angeboten. FKK und „oben ohne" ist an öffentlichen Stränden nicht erlaubt.

Warten auf Gäste

Die begehrtesten – und daher in der Hochsaison auch sehr überlaufenen – Strände sind Mellieha Bay, Armier Bay, Paradise Bay, Golden Bay, Ghajn Tuffieha Bay und Gnejna Bay, die alle im Norden der Insel liegen.

Nette Badebuchten im Süden sind der St. Peter's Pool, die Island Bay und die Pretty Bay. Auf Gozo bieten die Ramla Bay und die Xlendi Bay Sandstrände, aber auch in der Marsalforn Bay kann man gut Baden. Auf Comino befinden sich die Sandstrände in der St. Marija Bay und in der St. Niklaw Bay.

Banken

Die Banken sind Mo-Fr zwischen 8.30 Uhr und 12 Uhr und Sa von 8.30 Uhr bis 11.30 Uhr geöffnet. So und feiertags sind sie geschlossen. Mitte Juni bis Ende September öffnen die Banken bereits um 8 Uhr. **Bankautomaten** stehen in allen Geschäfts- und Touristenzentren zur Verfügung.

Busse

Die Busse auf Malta sind orange und gehören zum Image Maltas wie die prähistorischen Tempel oder die barocken Kirchen. Das öffentliche Busnetz ist sehr gut ausgebaut und funktioniert überraschend gut. Vom zentralen Busbahnhof am City Gate in Valletta werden alle Orte auf Malta mehrfach täglich bedient. Querverbindungen gibt es hingegen wenig, allerdings ein paar Direktverbindungen, z.B. von Sliema und Buggiba nach Cirkewwa und Mdina, die nicht von Valletta aus fahren. Auf den ersten Blick wirken die vielen verschiedenen Buslinien und das muntere Treiben am Busbahnhof etwas verwirrend, trotzdem werden sich auch Fremde rasch zurechtfinden.

Die Busse verkehren werktags etwa zwischen 5.30 Uhr und 23 Uhr, am Wochenende weniger oft. Es gibt auch einige Nachtbusse, z. B. vom Vergnügungsviertel Paceville. Falls Sie vorhaben, einen Nachtbus zu benutzen, erkundigen Sie sich vorher nach den genauen Abfahrtszeiten.

Auf Gozo verkehren die Busse ab der Main Gate Street in Victoria und sind auf die Fährzeiten der Schiffe abgestimmt. Bis auf die Linie Nr. 25 (Victoria – Mgarr) beginnen und enden alle Busverbindungen in Victoria. Die Busse fahren auf Gozo nicht so häufig wie auf Malta. Auch hier gilt: Erkundigen, wann der letzte Bus von Victoria zum Fährhafen fährt. Am Busbahnhof sind außerdem auf großen Tafeln die Buslinien angeschlagen.

Gedenkt man, öfter mit dem Bus zu fahren lohnt sich unbedingt die Anschaffung eines Bustickets: Sie sind am Busbahnhof, im Informationsschalter rechts vom Citygate und in Filialen der Bank of Valletta erhältlich: **Around Malta by Bus** kostet für einen Tag 3,50 €, für drei Tage 9,30 €, für fünf Tage 11,60 € und für sieben Tage 14 €.

Am Informationsschalter des Busterminals und in den Touristeninformationen gibt es **kostenlose Fahrpläne** und Faltblätter, in denen die Busrouten eingezeichnet sind.

Siehe auch www.maltabybus/com und www.atp.com.mt

Camping

Adventure Campsite, Dahlet ix-Xmajjar, limiti tal-Mellieha, ☏ 21 443386, 21 521105, www.maltacampsite.com. Schön gelegener Campingplatz. Voll ausgestattete Zelte können gemietet werden.

Diplomatische Vertretungen

Auf Malta

Botschaft der Bundesrepublik Deutschland, Il Piazetta, Entrance B, Tower Road, P.O.Box 48, Sliema SLM 16, Malta, ☏ 21 336 531.
Österreich, Whitehall Mansions, 3rd Floor, Ta Xbiex, ☏ 23 279000
Honorar-Konsulat der Schweiz, 6-7 Zachary Street, Valletta VLT 04, Malta, ☏ 21 244 159.

In Deutschland, Österreich und der Schweiz
Botschaft der Republik von Malta, Klingelhöferstraße, 10785 Berlin, ☏ 302 639110
Konsulat von Malta, Opernring 3-5, 1010 Innere Stadt, Wien, ☏ 01 5865 0100.
Consulat General of Malta, 2 Parc Chateau Banquet, CH-1202 Genf/Genève, ☏ 0041 22 9010 590, 🖷 022 7391 120.

E

Einreise

Malta ist seit April 2003 Mitglied der EU, d.h. die Einreisevorschriften fallen für Staatsbürger der Bundesrepublik Deutschland und aus Österreich weg. Schweizer Staatsbürger müssen (bei einem Aufenthalt von bis zu drei Monaten) einen gültigen Personalausweis oder Reisepass vorlegen. Wer länger als drei Monate bleiben möchte, wende sich an die Botschaft.

Die Einfuhr von Hunden und Katzen nach Malta unterliegt Quarantänebestimmungen. Auskunft über Food & Vetinary Regulations: 25 905 371.

Ermäßigungen

Ermäßigungen bietet der Buspass *Around Malta by Bus*: ein Tag 3,50 €, drei Tage 9,30 €, fünf Tage 11,60 € und sieben Tage 14 €. Studenten erhalten bei Vorlage eines gültigen internationalen Studentenausweises bei einigen Sehenswürdigkeiten Ermäßigungen. Für Kinder ist der Eintritt zu Sehenswürdigkeiten in der Regel ermäßigt.

Essen

ⓘ S. 76ff.

F

Fähren

nach Italien
Es gibt regelmäßige Fähren und Katamaranverbindungen zu verschiedenen Häfen in Italien und Sizilien und zu anderen Häfen im Mittelmeer.
Navigazione Tirrenia, Armando Farina GmbH, Schwarzwaldstr. 82, 60491 Frankfurt, ☏ 069/6668 491, 🖷 21 6668 477, www.tirrenia.it
Virtu Ferris Ltd., 3 Princess Elizabeth Terrace, Ta'Xbiex, MSD 11 Malta, www.virtuferries.com, ☏ 21 22 8777

Tagestouren nach Sizilien
Die Fahrzeit nach Catania beträgt 3 Stunden und nach Pozzallo 90 Minuten. Die Fahrzeiten sind so ausgelegt, dass auf Sizilien genügend Zeit für Besichtigungstouren bleibt. Auf dem Pro-

gramm stehen meistens Pozzallo, der Ätna – Europas größter Vulkan – und Taormina, Siziliens malerischer Hauptferienort. In der Regel gehen die Ausflüge morgens um 7 Uhr los, die Rückkehr erfolgt gegen 23 Uhr. Man kann sich (gegen eine zusätzliche Gebühr) vom Hotel abholen lassen.

Schiffsverbindungen zwischen Malta und Gozo

Zwischen Cirkewwa auf Malta und Mgarr auf Gozo besteht eine regelmäßige Fährverbindung für Personen- und Kraftwagen. Von Mai bis Oktober fahren die Fähren ca. alle halbe Stunde zwischen 5.30 Uhr und 19 Uhr, danach stündlich bis Mitternacht.

Während der Hauptsaison gibt es halbstündliche Fährverbindungen bis 20.30 Uhr, danach stündlich bis Mitternacht und zwei Fahrten in der Nacht (um 2 Uhr und 4 Uhr morgens), von November bis April ca. 14-mal täglich zwischen 6 Uhr und 22 Uhr. Die Fahrt dauert 20-30 Minuten. Die Busfahrt von Valletta zum Fähranleger in Cirkewwa dauert etwa 1 Stunde. Weiterhin besteht eine Fährverbindung (Personen- und Kraftwagenbetrieb) zwischen Sa Maison (Malta/Marsamxett Harbour) und Gozo. Die Fahrtdauer beträgt etwa 75 Minuten.

Alle Fährverbindungen zwischen Malta und Gozo werden von der **Gozo Channel Company** betrieben: Mgarr (Gozo): ☏ 21 556 114, Cirkewwa, ☏ 21 580 435, Sa Maison, ☏ 21 243 964, www.gozochannel.com. Bei schlechtem Wetter ist der Fährdienst eingestellt.

Fährverbindung zwischen Sliema und Valletta

Der **Marsamxett Ferry Service** verbindet Sliema mit Valletta. Die Überfahrt dauert fünf bis zehn Minuten. Die Fähre fährt nach Fahrplan:
Mai – Sept. tgl. 7.45-18.15,
Okt. – April 8.15 – 17.45 Uhr.

Fahrrad fahren

Mehr als auf Malta, bietet sich Rad fahren aufgrund des geringeren Verkehrsaufkommens auf Gozo an. Im Sommer kann das Radeln wegen der Hitze allerdings nicht empfohlen werden. Adressen, bei denen man Fahrräder mieten kann, erhält man von der Touristeninformation.

Feste/Feiern

ⓘ S. 81ff.

Fotografieren

Da es morgens oft diesig ist und mittags die Hitze flimmert, ist die beste Zeit zum Fotografieren der späte Nachmittag. Auf den maltesischen Inseln wird es allerdings früher dunkel als in Mitteleuropa.

Fremdenführer

Lizensierte Fremdenführer für Führungen in deutscher, englischer, französischer und italienischer Sprache können vom Fremdenverkehrsamt in Valletta angefordert werden.

Eine Reihe von örtlichen Reisebüros organisiert Ausflüge zu verschiedenen Sehenswürdigkeiten, die von Fremdenführern begleitet werden. Informationen liegen in allen Hotels aus.

ⓘ auch Stichwort „Auskunft"

G

Getränke

ⓘ S. 76ff.

Golf

Auf Malta Golf zu spielen, ist – außer im Hochsommer – sehr beliebt. Der **Royal Malta Golf Club** ist (derzeit) der einzige Golfplatz auf der Insel. Er wurde 1888 von Sir Henry Torrens gegründet, der auch die Golfclubs in Cork (Irland) und in Kapstadt (Südafrika) schuf. Es ist ein 18-Loch-Golfplatz mit Par 68 und einer Länge von 5.024 m (Herren) bzw. 4.537 m (Damen). Der Platz ist flach und in gutem Zustand. Schläger und Caddywagen können geliehen werden. Der Golfplatz liegt außerhalb der Stadt Marsa, etwa fünf Minuten vom Flughafen und etwa zehn Minuten von Valletta entfernt und ist problemlos mit den Linienbussen Nr. 1, 2, 3, 4, 5, 8, 11, 26, 27, 32 und 34 erreichbar.

Nicht-Mitglieder können zu festgesetzten Zeiten spielen: tgl. außer Do und Sa morgens. Es gibt verschiedene Wochenkurse für Anfänger und Fortgeschrittene sowie ermäßigte Gruppentarife. Die **Gebühren** umfassen (für den jeweiligen Zeitraum) eine Mitgliedschaft im Marsa Sports Club, so dass alle anderen Einrichtungen des Clubs genutzt werden können. Dazu gehören Tennisplätze, Squash Courts, eine Minigolfanlage, ein Cricketplatz, ein Polofeld, ein Fitness-Center und ein Swimmingpool. Einige Hotels bieten eine Kombination von Unterkunft/Verpflegung und Golfspielen an, z.B. das Corinthia Palace Hotel in Attard.

Auskunft erteilt:
Marsa Sports Club, ☏ 21 239302, 21 227019, www.royalmaltagolfclub.com

Gottesdienst

In der Kirche St. Barbara in Valletta wird die Messe in deutscher Sprache jeden Sonntag um 11 Uhr gelesen. Protestantische Gottesdienste in deutscher Sprache finden in der St. Andrews Scots Church (Union of Church of Scotland and Methodist Congregations) in Valletta (Ecke South Street/Old Bakery Street) jeden 1. und 3. Sonntag des Monats um 10.

Hotels

H

ⓘ Stichwort „Unterkunft"

Internetseiten

I

www.malteseislands.com –	Maltesisches Fremdenverkehrsamt
www.urlaubmalta.de –	Urlaubsangebote nach Malta
www.gozo.com –	Fremdenverkehrsamt auf Gozo
www.airmalta.com –	Maltesische Fluggesellschaft
www.captainmorgan.com.mt –	Veranstalter für Bootstouren und Sightseeing-Touren auf Malta und Gozo
www.timesofmalta.com –	Englischsprachige Tageszeitung „Times"
www.islandhotels.com –	Zusammenschluss einiger 4- und 5-Sterne-Hotels auf Malta
www.divemalta.com –	Informationen rund um den Tauchsport
www.doi.gov.mt –	Department of Information der maltesischen Regierung; hier auch Pressemitteilungen
www.heritagemalta.org –	Webseite der staatlich verwalteten Museen und Kulturstätten.
www.maltatransport.com –	Informationen über offentliche Verkehrsmittel

Klima

K

ⓘ S. 55f. und Stichwort „Reisezeit"

Mietwagen

M

Ein Pkw ist relativ günstig zu mieten, und es gibt unzählige Mietwagenagenturen, wobei die kleineren Firmen meist günstigere Konditionen als die international bekannten anbieten. Über die Hotelrezeptionen kann man problemlos einen Wagen mieten. Für einen Klein- wagen zahlt man rund 30 € pro Tag bei unbegrenzter Kilometerzahl. Wenn man den Wagen für eine ganze Woche mietet, wird es entsprechend billiger.

Um ein Auto zu mieten, muss man mindestens 25, höchstens 70 Jahre alt sein. Gegen Aufpreis für eine Vollkasko-Versicherung kann ein Wagen auch schon ab 21 Jahre gemietet werden, wenn der Fahrer oder die Fahrerin seit zwei Jahren den Führerschein besitzt. Ein nationaler Führerschein genügt, um einen Wagen zu leihen. Neben Pkws bieten viele der kleineren Agenturen auch Motorroller an.

Hier die Adressen einiger Firmen:
Europcar, www.europcar.com
Hertz, www.hertz.com.mt. Zahlreiche Vertretungen
John's Garage Limited, 38 Villambrosa Street, Hamrum HMR 6, ☎ 21 223826, www.johns-group.com
Gozo Garage, 5 Sir Luigi Camilleri Street, Victoria VCT 108, ☎ 21 551 866, 21 553 734, 🖷 21 556 866, www.vjborg.com

Museen

Viele Museen auf Malta und Gozo werden staatlich verwaltet. Diese sind in **Valletta** das National Museum of Archaeology, das National Museum of Fine Arts, das National War Museum, Palace Armoury und die State Rooms, in Vittoriosa das Maritime Museum und der Inquisitor's Palace, desweiteren das Hypogäum in Paola, Ghar Dalam Museum & Cave in Birzebbuga sowie die Tempel von Tarxien, Hagar Qim und Mnajdra sowie Ta' Hagrat und Skorba Temples. Staatliche Museen sind in **Mdina** das National Museum of Natural History, die Roman Villa und in Rabat die St. Paul's Catacombs.

Auf Gozo werden das Museum of Archaeology, das Folklore-Museum, das Natural Science Museum und das Old Prison in Victoria, die Ggantia Temples und das Ta' Kola Windmill Museum in Xaghra staatlich verwaltet.

ⓘ auch Stichwort „Öffnungszeiten“

N

Netzspannung

240 V Wechselstrom, einphasig, 50 Hertz. Die Steckdosen sind dreipolig, so dass ein Zwischenstecker (Adapter) erforderlich ist, den sollte man bereits vor Reiseantritt kaufen. Sie sind in jedem größeren Elektrogeschäft erhältlich.

Notfall

Polizei: ☎ 191
Feuerwehr: 199
Notruf: 112
Krankenwagen: 196

ⓘ Stichwort „Arzt“

Öffnungszeiten

Geschäfte

Die üblichen Öffnungszeiten sind Mo-Fr 9-13 Uhr und 15.30-19 Uhr, Sa 9-13 Uhr und 16-20 Uhr. In den stark frequentierten Touristenzentren sind die Geschäfte meistens bis 22 Uhr geöffnet. Sonntags bleiben die meisten Läden geschlossen (Ausnahmen in den Touristenorten).

Banken

Mo-Fr 8.30-12.30 Uhr, Sa 8.30-11.30 Uhr. Am Flughafen Luqa kann man Tag und Nacht das ganze Jahr hindurch Geld wechseln.

Hauptpost (Valletta)

Mo-Fr 8-18 Uhr, Sa 8-12 Uhr.

Restaurants und Bars

Die Öffnungszeiten der Restaurants variieren erheblich. Bei den in den Regionalen Reisetipps S. 137 ff. genannten Lokalen sind die Öffnungszeiten meistens angegeben. Bars sind in der Regel bis morgens um 1 Uhr geöffnet, manchmal noch länger. Die meisten Hotelbars sind zwischen 13 und 16 Uhr geschlossen, einige öffnen erst nach 18 Uhr.

Kirchen

Die Öffnungszeiten von Kirchen sind sehr unterschiedlich. Bei den größeren Kirchen sind die Öffnungszeiten in den Regionalen Reisetipps angegeben. Die Öffnungszeiten der kleineren Kirchen variiert erheblich. Am ehesten hat man Glück, einen Blick in die Kirche zu werfen, wenn man kurz vor und nach der Messe dort ist. Eine Liste mit den Messezeiten ist beim Fremdenverkehrsamt in Valletta erhältlich.

Museen

Die Öffnungszeiten der privaten Museen sind in den Regionalen Reisetipps angegeben. Die Öffnungszeiten der staatlich verwalteten Museen: täglich 9-17 Uhr, außer 24., 15., 31.12, 1.1. und Karfreitag. Letzter Einlass jeweils 30 Minuten vor Schließung. Abweichende Öffnungszeiten haben folgende staatlich verwaltete Museen:

National Museum of Archeology tgl 9-19 Uhr
Hal Saflieni Hypogäum 7 Führungen pro Tag zwischen 9 und 16 Uhr (keine Führung um 12 Uhr). Anmeldung unbedingt zu empfehlen, auch online unter www.heritagemalta.org/maltashop.html
State Rooms, Valletta Fr-Mi 10-16 Uhr
Ta' Hagrat Temple Di 9.30-11 Uhr
Skorba Temples Di 11.30-13 Uhr
Tal-Mintna Catacombs, San Pawl Milqi in Burmarrad und Borg in-Nadur in Birzebbuga nur nach Anmeldung, ☏ 22 954000.

Derzeit wegen Restaurierungsarbeiten geschlossen (Stand Oktober 2008)
National Museum of Archeology, Valletta oberes Stockwerk
Ghajn Tuffieha Roman Bath

Salina Catacombs
Tas-Silg Marsaxlokk
San Pawl Milqi, Burmarrad

ⓘ auch „Museen"

Organisationen/Verbände

► Heritage Malta

www.heritagemalta.org. Die Organisiation kümmert sich um das kulturelle Erbe der Inseln.

► Din L-Art Helwa (DLH)

☎ 21 225 952, 🖷 21 220 353, www.dinlarthelwa.org. Diese 1965 gegründete Organisation bemüht sich um den Erhalt von Baudenkmälern: Hal Millieri in Zurrieq, die mittelalterliche Kapelle von Bir Miftuh in Gudja, die dem hl. Rochus geweihte Kapelle in Zebbug, der Mamo Tower in der St. Thomas Bay, der Wignacourt Tower in der St. Paul's Bay, der Ghallis Watch Tower in Bahar ic-Caghaq und der Msida Bastion Cemetry in Floriana konnten mit Hilfe von Din L-Art Helwa instand gesetzt werden. Der Eintritt zu den von DLH verwalteten Gebäuden kostet in der Regel 50 cents pro Person, Mitglieder und Kinder unter 16 Jahren haben freien Eintritt.

► Fondazzjoni Wirt Artna

Notre Dame Gate, St. Edward's Street, Vittoriosa, Tel: 21 800992, www.wirtartna.org. *Wirt Artna* bedeutet auf Deutsch „Unser Erbe". Auf Freiwilligenbasis bemüht sich die Vereinigung um den Erhalt des kulturellen Erbes Maltas. Ein ehrgeiziges Projekt war beispielsweise die Instandsetzung der *Rinella Battery* an der Südwestküste.

► Birdlife

57/58 Triq Abate Rigord, Ta' Xbiex, ☎ 21 347646, www.birdlifemalta.org. Birdlife betreut das Ghadira Nature Reserve in Mellieha Bay. Zu weiteren Aktivitäten von Birdlife zählen organisierte Vogelbeobachtungen, Naturspaziergänge und Besuche anderer Naturreservate. Sa, So 9.30-15.30 Uhr (Jan und Dez.), 10.30-16.30 Uhr (Febr.-Mai und Nov.), Juni-Okt. Geschlossen. Bus 44, 45 von Valletta. Eintritt frei, gerne Spenden.

► Deutsch-Maltesischer Zirkel

Messina Palace, 141 St. Cristopher Street, Valletta VLT 02, ☎ 21 421 764, 🖷 21 421 765, www.german-maltese.com. Der Deutsch-Maltesische Zirkel wurde 1962 mit dem Ziel gegründet, ein besseres Verständnis zwischen Deutschland und Malta auf allen Gebieten, mit Ausnahme politischer Aktivitäten, zu fördern. Der Verband ist im Messina Palace, einem schönen Bau des späten 16. Jahrhundert mit elegantem Treppenhaus, Innenhof mit Arkaden und einem mit Fresken verzierten Hauptsaal, untergebracht. Der Deutsch-Maltesische Zirkel ist eine unabhängige, gemeinnützige Organisation. Als Erwachsenenbildungs- und Kulturzentrum bietet er eine Reihe von Veranstaltungen: Ausstellungen, Filmvorführungen, kulturelle Ausflüge, Vorträge, Seminare, Konzerte, gesellige und sportliche Ereignisse. Sehr wichtig sind die Deutsch-Sprachkurse für Erwachsene, die in Zusammenarbeit mit dem Goethe-Institut abgehalten werden. Im Messina Palace gibt es in der Circle's Bar and Coffee Shop Kleinigkeiten zum Essen und Erfrischungen, geöffnet Mo-Sa ab 9 Uhr.

► Island Sanctuary

Fort Tas Silg, Delimara, ☏ 21 659895, www.islandsanctuary.com. Das Island Sanctuary kümmert sich um abgeschobene und vernachlässigte Hunde. Am 1. Sonntag im Monat findet dort ein Bazar statt.

► The Malta Ecological Foundation (ECO)

P.O. Box 322 Valletta CMR, Tel: 21 338 780. Die Umweltorganisation ECO bemüht sich, das Bewusstsein für Umweltschutz zu schärfen. Ein „grüner" Lebensstil ist für viele Malteser relativ neu. ECO appelliert daher auch an Urlauber, mit gutem Beispiel voranzugehen. Das Erkennen der Schönheit der Insel ist der erste Schritt für umweltfreundliches Handeln, z.B. wenn möglich auf ein Fahrzeug verzichten, bei einem Picknick den Müll wieder mitnehmen und im Hotel nicht täglich nach neuen Handtüchern verlangen.

► Nature Trust (Malta)

P.O. Box 9, Valletta CMR 01, Offices, 11 Antonio Agius Street, Floriana, ☏/🖷 21 248 558, www.naturetrustmalta.org. Der Naturschutzverband Nature Trust kümmert sich um den Erhalt und Schutz von Maltas Natur.

Post/Porto

P

Eine Postkarte bzw. ein Brief kosten innerhalb von Malta 19 cents, innerhalb der EU 37 cents. Die Briefkästen auf Malta und Gozo sind rot. Lustigerweise kann man gelegentlich noch einen Briefkasten mit einem Aufdruck von George VI. sehen, ein Überbleibsel der Kolonialzeit.

Die Hauptpost in Valletta befindet sich gegenüber der Auberge de Castille, die Öffnungszeiten sind Mo-Fr 8-18 Uhr und Sa 8-12 Uhr.

Reisezeit

R

Malta ist ein **ganzjähriges Reiseziel**. Die Insel verfügt über ein ausgesprochen mildes Klima, die Niederschlagsmengen sind gering, und selbst im Winter liegt die Durchschnittstemperatur noch bei 14° Celsius mit einer durchschnittlichen Sonnenscheindauer von sechs Stunden. Studien- und Naturfreunde kommen ab März, wenn auf Malta bereits alles grünt und blüht, voll auf ihre Kosten. Die ansonsten karge Landschaft ist dann mit einem bunten Blumenteppich bedeckt: Sauerklee, Lichtnelken, Platterbsen, Taubnesssel, Klatschmohn und wilde Iris grünen und blühen. Der Badefreund findet ab April/Mai bis Ende November Sonne und ein warmes Mittelmeer vor. Malta eignet sich auch bestens für einen Kurzurlaub „zwischendurch", manche Veranstalter bieten sogar 4-tägige „Kurztrips" an.

Reiten

Es gibt auf Malta mehrere Reitschulen und Reitställe, wo man Pferde mieten bzw. Reitunterricht nehmen kann. Hier einige Adressen:
Marsa Darmanin's Riding School, Stables Lane, ☏ 21 235649.
Golden Bay Horse Riding Centre, Hal Ferth, ☏ 21 573 360.
Pandy's Riding School, Pembroke, ☏ 21 342 506.

Restaurants

Der Mehrzahl der Restaurants auf Malta und auf Gozo ist von **internationaler Küche** geprägt. Insbesondere trifft dies für die großen Hotelrestaurants zu. Die geographische Nähe zu Italien sowie der Einfluss der britischen Kolonialzeit und der Massentourismus haben klare Spuren hinterlassen. Englisches Frühstück (mit Eiern, Würstchen und Speck, alternativ zum kontinentalen Frühstück), Kartoffelchips als Beilage zu jeder Mahlzeit, Hamburger, Hot Dogs oder „Fish and Chips", Pizzen und Nudelgerichte sind feste Bestandteile des kulinarischen Angebotes.

Ebenso gibt es aber auch eine Reihe ausgezeichneter Feinschmeckerlokale mit französischer und italienischer Küche (und entsprechendem Preisniveau) sowie einige exotische Restaurants. Neben griechischen, türkischen, indonesischen, indischen, chinesischen oder japanischen Restaurants gibt es auch arabische Lokale.

Maltesische Spezialitätenrestaurants suchte man hingegen lange Zeit vergebens. Ein Grund dafür war, dass die Malteser selbst – aufgrund von Sparsamkeit oder aufgrund des Zusammengehörigkeitsgefühls innerhalb der Familie, zu dem auch die gemeinsam eingenommenen Speisen gehören – traditionell nur wenig oder gar nicht in Restaurants aßen.

Restaurants im heutigen Sinne kamen erst in den 1970er Jahren mit der Entwicklung des Tourismus auf. Heute sieht man in vielen Restaurants zumindest einige typisch maltesische Gerichte auf der Speisekarte, und manche haben sich ganz auf die einheimische Küche spezialisiert. Diese Entwicklung geht einher mit einer deutlichen Veränderung der Art der Gäste und deren Verhalten. Neuerdings kommen die Gäste nicht nur wegen der Sonne und dem Meer, sondern auch, weil sie etwas über die Geschichte und die Lebensart der Malteser ken-

nen lernen wollen, und dazu gehört eben auch die einheimische Küche.
Besonders viel Spaß machen jene Lokale, in die am Wochenende die maltesischen Familien gehen, um **Fenek** (Kaninchen) zu essen. Kaninchen ist das nationale Lieblingsgericht, und oft erscheint es gar nicht erst auf der Speisekarte. Es wird entweder gebraten oder als Stew zubereitet. Dazu gibt es Pommes frites und viel Rotwein, den die Einheimischen z.T. mit Limonade oder sogar Cola mischen (S. 76ff.).

Falls Sie zu einer „fenkata" eingeladen werden sollten, erwarten Sie einen wenig teuren, lauten Abend in einer Dorfbar, wo Sie sich mit Kaninchen satt essen können. Alle maltesischen Familien haben ihr Lieblingsrestaurant.

Für den kleinen Hunger zwischendurch lohnt sich der Besuch in einer der vielen Konditoreien, in denen eine Vielzahl von köstlichen Backwaren, darunter auch maltesische Spezialitäten, angeboten werden. Besonders lecker sind Pastizzi, mit Käse, Erbsenpüree, Gemüse oder Wurst gefüllte Blätterteigtaschen.

Die Speisekarten in den Restaurants sind auf englisch, manchmal auch auf deutsch oder italienisch verfasst. In den Restaurants der gehobenen Kategorien läßt man sich immer an den Tisch geleiten. Auch ist es üblich, zunächst an der Bar oder in der Lobby bei einem Aperitif Platz zu nehmen und derweil die Bestellung aufzugeben. Der Kellner bittet dann zu Tisch, sobald die Vorspeise servierbereit ist.

Die Essenszeiten sind auf Malta nach britischer Manier begrenzt: Das Mittagessen wird in der Regel zwischen 12 und 14 Uhr, das Abendessen zwischen 19 und 22 Uhr serviert.

Hier eine kleine **Sprachhilfe** (englisch – deutsch)

Bacon	*Schinkenspeck*	**Garlic**	*Knoblauch*
baked	*gebacken*	**Gravy**	*Bratensoße*
Beef	*Rindfleisch*	**Halibutt**	*Heilbutt*
Bream	*Brasse*	**Kidney**	*Niere*
Brussel sprouts	*Rosenkohl*	**Cabbage**	*Kohl*
Cauliflower	*Blumenkohl*	**Mince**	*Hackfleisch*
Chicken	*Hühnchen*	**Mushrooms**	*Pilze*
Chips	*Pommes frites*	**Mutton**	*Hammelfleisch*
Chop	*Kotelett*	**Peas**	*Erbsen*
Cod	*Kabeljau*	**Pork**	*Schweinefleisch*
Cooked	*gekocht*	**Quail**	*Wachtel*
Corn	*Mais*	**Rabbit**	*Kaninchen*
Duck	*Ente*	**Slice**	*Scheibe*
Gammon	*gebratener Schinken*	**Veal**	*Kalbfleisch*

Maltesisch	Englisch	Deutsch
Cerna	Grouper	Barsch
Pagru	Sea Bream	Seebrassen
Lampuka	Dolphin Fish	Goldmakrele
Fanfar	Pilot Fish	Pilotfisch
Pixxispad	Swordfish	Schwertfisch
Gamblu	Prawn	Garnele
Awwista	Lobster	Hummer
Granc	Crab	Krebs
Tamar	Mussel	Muscheln
Clamar	Squid	Tintenfisch
Qarnita	Octopus	Oktopus

Hinweis

Fisch ist ein fester Bestandteil der Speisekarten. Zwei Drittel aller auf der Insel verkauften Fische sind jedoch importiert und demnach tiefgefroren. Wer wirklich frischen Fisch essen möchte, geht am besten in ein gutes Restaurant, wo ihm die frischen Fische im Ganzen präsentiert werden. Der Preis richtet sich nach dem Gewicht der gewünschten Portion.

S Segeln

Malta ist ein wichtiges Jachtzentrum mit einer großen Marina in Msida, einer kleineren in Mgarr, auf Gozo, einem neuen Jachthafen in Portomaso in Paceville und einem brandneuem in Cottonera. Viele Jachtbesitzer lassen ihre Jacht in Malta überwintern. Wer eine Mitsegel-Gelegenheit auf einer größeren Jacht sucht, erhält Auskunft beim Royal Malta Yacht Club, Manoel Island, Marsamxett Harbour, ☏ 21 333 109 oder www.rmyc.org.

Von April bis November werden häufig Segelregatten durchgeführt. Sie starten üblicherweise am Couvre Port auf Manoel Island im Marsamxett Harbour. Alljährlicher Höhepunkt der Segelsaison auf Malta ist die vom RMYC und dem Royal Ocean Racing Club organisierte Mittelmeerregatta, die im internationalen Seglerkalender ein wichtiges Ereignis darstellt.

Qualifizierte Segler können auch größere Yachten, entweder tagweise oder für eine Woche mieten, z.B. von Captain Morgan Yacht Charter (www.yachtcharter.com.mt) oder von S&D Yachts (www.sdyachts.com).

Sightseeing

Der bekannteste und vielfältigste Anbieter von **Sightseeing-Touren** auf Malta und Gozo ist „Captain Morgan“. Angeboten werden nicht nur Bootstouren von unterschiedlicher Länge (mit oder ohne Verpflegung), sondern auch Unterwassersafaris (Abfahrt in Sliema und Buggiba) und Hafenrundfahrten sowie Rundflüge, Busfahrten in historischen Bussen und Jeep-Safaris.

Die **Rundflüge** über Malta dauern 20 Minuten, über alle drei Inseln 40 Minuten.

Die **Busfahrten** in Bussen aus den 1920er Jahren dauern 2 Stunden und führen durch die „Three Cities“.

Besonders interessant sind die **Hafenrundfahrten**, die durch den Marsamxett Harbour und Grand Harbour schippern und dabei einen beeindruckenden Blick auf die mächtigen Befestigungen der Stadt bieten (mehrmals täglich ab Sliema).

Bei den **Jeep-Safaris** geht es abwechselnd über Pistenstrecken und über asphaltierte Straßen. Die Fahrer müssen über 25 Jahre alt sein und einen gültigen Führerschein mitbringen. Informationen zu den oben genannten Touren von **Captain Morgan Cruises**, c/o Captain Morgan Leisure LTD, Dolphin Court, Tigné Seafront, Sliema, Malta, ☏ 23 463333, www.captainmorgan.com.mt.

Ein lang etablierter Anbieter von Bootstouren und Jeep Safaris auf Gozo ist „Gozo Princess“. Gozo Princess bieten ganz- oder halbtägige Bootstouren, private Chartertouren, Angelausflüge, Jeep Safaris sowie verschiedene Wassersportarten an.

Souvenirs

Begehrte Mitbringsel sind maltesische **Web**- und **Strickwaren**, die meist in Heimarbeit hergestellt werden, **Töpfer**- und **Keramikartikel** sowie **Gold**- und **Silberfiligranarbeiten**.

Schöne, wenn auch schwere Mitbringsel sind Gegenstände aus **Schmiedeeisen** und **Messing**, wie beispielsweise Türklopfer. Es gibt sie in allen Größen und vielen Formen, z.B. als Tier- oder Fabelwesen. Auch aus maltesischem Stein geschnittene Aschenbecher und Briefbeschwerer sind beliebt.

Eine Besonderheit sind **handgeklöppelte Spitzen**, die zur Zier von Tischdecken, Tüchern, Stolen oder Schals verwendet werden. Spitze wird schon seit dem 16. Jahrhundert auf Malta und Gozo hergestellt. Insbesondere im 18. Jahrhundert fanden die zierlichen Produkte an den europäischen Fürstenhöfen reichlich Absatz.

Schön in der Hand liegen **Tabakspfeifen** aus dem Holz eines einheimischen Heidekrautgewächses. Es wächst in den höheren Lagen im Westen der Insel. Die Pfeifenfabrik befindet sich in Marsa. Die bekannten Malteser-Pfeifen sind torpedoförmig und mit grotesken Mu-

Beliebte Souvenirs: Türklopfer

stern verziert. Raucher haben vielleicht Spaß daran, den maltesischen Pfeifentabak kennen zu lernen oder eine handgerollte Zigarre zu probieren.

Außerordentlich beliebt sind Glaswaren aus Malta und Gozo. Bei Mdina Glass kann man zusehen, wie sie hergestellt werden und natürlich auch die fertigen Produkte erstehen.
Mdina Glass Ltd., Crafts Village, Ta' Qali, ☏ 21 415 786, www.mdinaglass.net.
Phoenician Glassblowers, Hut 140, Crafts Village, Ta' Qali, ☏ 21 437 041, www.phoenici anglass.com.

Die Glasprodukte aus Gozo lassen sich an ihrer leicht milchigen, bunt marmorisierenden Farbe erkennen.
Gozo Glass, Gharb, San Lawrenz Crossroads, Gozo, ☏ 21 561 974, www.gozoglass.com

Einheimisches Kunsthandwerk kann man z.B. im Malta Craft Centre am St. John's Square und in den beiden Kunsthandwerkszentren Ta' Qali bei Mdina und Ta' Dbiegi bei San Lawrenz auf Gozo erstehen.

Sport

Auf Malta können viele verschiedene Sportarten betrieben werden: Tennis, Golf, Polo, Fußball (das Fußballstadium wird von internationalen Profimannschaften als Wintertrainingsplatz benutzt), Kegeln, Reiten, Rad fahren, Wandern, Abseilen, Ski Diving, Paragliding sowie sämtliche Wassersportarten, wie Tauchen, Schnorcheln (besonders schön in der Blue Lagoon oder östlich der St. Marija Bay auf Comino oder bei Dwejra auf Gozo), Segeln, Kanufahren, Wasserski oder Surfen. Surfbretter kann man praktisch an jedem Strand ausleihen, so dass man sein eigenes Brett nicht mitzunehmen braucht. Beliebte Surfstrände sind die Mellieha Bay und die St. Paul's Bay.

Das *Sicily to Malta Windsurfing Race* im Mai und die International *Open-Class Board-Sailing Championships* im September sind zwei beliebte internationale Wettbewerbe.

Im Marsa Sportclub können auch Gäste gegen eine geringe Gebühr Mitglied werden und die Anlagen nutzen. Neben dem 18-Loch-Golfplatz gibt es hier Tennisplätze, Squashhallen, ein

Kricketfeld, mehrere Fußballplätze, eine Minigolfanlage und einen Meerwasser-Swimmingpool. Auskunft erteilt der **Marsa Sports Club**: Marsa, Malta, ☏ 21 233 851, www.marsasports club.com.

Tennis und **Squash** kann man auch in zahlreichen Hotels spielen, die ihren Gästen auf dem hoteleigenen Gelände Tennis- und Squashplätze anbieten. Der beliebteste Zuschauersport auf Malta ist das **Trabrennen**. Die Rennsaison auf dem Marsa Race Track dauert von Mitte Oktober bis Anfang Juni.

ⓘ „Baden“, „Fahrrad fahren“, „Golf“, „Reiten“, „Segeln“, „Tauchen“, „Wandern“.

Sprache

Amtssprachen sind Maltesisch (Malti) und Englisch. Malti ist eine semitische Sprache, die mit romanischen und arabischen Wörtern durchsetzt ist. Englisch wird von fast allen Maltesern gesprochen. Viele Malteser sprechen auch Italienisch (S. 73ff).

Sprachkurse

Malta ist praktisch zweisprachig. Die englische Sprache wird schon im ersten Jahr der Grundschule gelehrt. Ebenso selbstverständlich werden englische Zeitungen gelesen oder Radiosendungen in englischer Sprache gesendet. Urlauber aus Großbritannien sind immer noch die stärkste Besuchergruppe auf den Inseln.

Ein Aufenthalt auf Malta bietet sich daher an, um Englisch zu lernen oder bestehende Englischkenntnisse zu vertiefen. Die meisten Sprachschulen bieten Ferienkurse sowie Kurse in Geschäfts-Englisch, die auf die individuellen Kenntnisse und Lernziele des Lernenden zugeschnitten sind, an. Der Unterricht findet in kleinen Gruppen oder auch als Einzelunterricht statt.

Die **Ferienkurse** für junge Leute beeinhalten ein kulturelles Programm sowie Freizeitaktivitäten. Je nach Wunsch erfolgt die Unterkunft in Hotels, Pensionen oder in Appartements mit Selbstversorgung. Einige Schulen vermitteln auch Wohnmöglichkeiten bei maltesischen Familien, die gegen Bezahlung einen Schüler oder eine Schülerin aufnehmen.

Das **maltesische Fremdenverkehrsbüro** gibt eine Broschüre heraus, die neben nützlichen Tipps sämtliche lizensierte Sprachschulen auf Malta auflistet. Diese sind in der *Federation of English Language Teaching Organisation of* Malta (FLTOM) zusammengeschlossen, www.feltom.com

Strände

ⓘ Stichwort „Baden“

T

Tankstellen

Tankstellen gibt es in allen größeren Ortschaften. Es gibt einige Tankstellen mit Selbstbedienung, die 24 Stunden geöffnet sind. Einige Tankstellen sind am So von 8-12 Uhr mit Tankwart besetzt. Welche jeweils Dienst hat, wird in der Tageszeitung bekannt gegeben.

Tauchen

Alle maltesischen Inseln zusammen haben eine Küstenlänge von 180 km Länge. Die ausgezeichneten Sichtverhältnisse unter Wasser (bis zu 30 m), die Topographie und die Tier- und Pflanzenwelt machen die Inseln zu einem idealen und interessanten Tauchrevier. Tauchgänge bis zu 30 oder 40 m sind keine Seltenheit und aufgrund der allgemein günstigen Bedingungen sehr beliebt. Neben Höhlen, Grotten und Felsspalten stößt man in der Umgebung von Malta auch auf Schiffs- und andere Wracks, die Zufluchtsorte für Fische, Panzerkrebse und zahlreiche andere Meeresbewohner sind und ein interessantes Ziel für Tauchexkursionen darstellen.

Das Wasser rund um die Inseln ist klar und sauber. Es gibt hier noch Fischarten, die in anderen Teilen des Mittelmeeres bereits völlig verschwunden sind. Zu den Fischarten, die der Taucher rund um die maltesischen Inseln antrifft, zählen unter anderem Amberfische, verschiedene Brassen, Barsche (auch Fahnenbarsche, worauf die Maltester besonders stolz sind, da diese aus den meisten Gebieten des Mittelmeeres verschwunden sind), diverse Lippfische, Kraken, Tintenfische, Flughähne, Stachelrochen und Meerbarben. Gelegentlich sieht man Muränen, jedoch meist nur bei nächtlichen Tauchgängen. Auch Petersfische kann man gelegentlich beobachten, meistens während der Wintersaison. In seltenen Fällen sieht man Delphine oder Blaufische (Bonitos).

Es gibt auch einige wenige Meerestiere, die zwar wunderschön anzusehen sind, jedoch gefährlich, wenn man sie berüht. Ihr Gift ist zwar nicht tödlich, jedoch können Verletzungen sehr schmerzhaft sein. Zu diesen Arten zählen beispielsweise der Seeteufel, der Drachenfisch und der Stachelrochen.

Das Tauchen in der Nacht ist ein ganz besonderes Erlebnis. Andere Tiere als am Tag sind dann zu sehen, und die Farben unter Wasser sind im Schein der Laterne faszinierend. Viele Tauchschulen bieten nächtliche Tauchgänge an.

Malta und Gozo sind ganzjährige Ziele für Taucher. Selbst in strengen Wintern – sehr selten auf Malta – sinkt die Meerestemperatur nie unter 13 °C. Das Tauchen im Winter hat den Vorteil, dass viele Fischarten sich weiter in Ufernähe in den seichteren, etwas wärmeren Gewässern tummeln, so dass man dann bessere Chancen hat, sie zu beobachten oder zu fotografieren.

In den Sommermonaten beträgt die Wassertemperatur ungefähr 23 Grad Celsius. Zum Tauchen genügt dann ein leichter 3-mm-Taucheranzug oder man verzichtet ganz darauf. Das

Meer um Malta hat praktisch keine Gezeiten. Unterwasserströmungen sind im Sommer selten, im Winter hingegen häufiger.

Die **beliebtesten Tauchgebiete** sind

Malta

HMS Maori
ein Schiffswrack aus dem Jahr 1942, das in 15 m Tiefe im Marsamxettt Harbour liegt.

Delimara Point
im Süden Maltas gelegen, bietet Abhänge und große Höhlen.

Wied iz-Zurrieq
Nahe der Blauen Grotte bietet das Unterwassertal unterschiedliche Tiefen und Höhlen.
Ghar Lapsi
Der Fischweiler an der Westküste stellt ein flaches Tauchgebiet mit typisch mediterraner Fauna dar.

Anchor Bay
Hier eröffnen sich dem Taucher unterschiedliche Tiefen und Höhlen.

Cirkewwa (Marfa Point)
Hier gibt es einen Unterwasserwall, verschiedene Durchgänge, eine Nische mit einer Madonnenstatue und einen absichtlich versenkten Schlepper in 35 m Tiefe.

Ahrax Point
Im Norden Maltas gelegen, bietet das seichte Riff spektakuläre Abgründe.

Qawra Point:
Im Süden der St. Paul's Bay eröffnen sich hier dem Taucher ein Abhang und ein Unterwassertunnel.

Gozo

Reqqa Point
Das Riff fällt bis in 60 m Tiefe ab und hat mehrere Grotten. Unter günstigen Bedingungen kann man hier große Fische (Zahnbrassen, Barsche) sehen.

Dwejra
Die Bucht bietet spektakuläre Tauchgänge, zum Beispiel durch den berühmten Unterwassertunnel zur Inland Sea.

Comino

Irqieqa Point
im Südwesten Cominos gelegene Unterwasserfelsen, an denen man oft auf größere Fische trifft.

St. Marija Caves
In den flachen Höhlen kann man zahlreiche kleine Fische beobachten.

Tauchschulen und -kurse, Prüfungen und Genehmigungen

Zahlreiche Wassersportzentren und Tauchschulen geben Unterricht und verleihen Tauchausrüstungen. Das Fremdenverkehrsamt bietet ausführliche und aktuelle Informationen rund um den Tauchsport. Die meisten maltesischen Tauchschulen haben sich in der „Association of Professional Diving Schools" organisiert. Alle Schulen verfügen über qualitativ hochwertige und moderne Ausrüstungen und bieten guten Service an. Nur qualifizierte Tauchlehrer, die im Besitz einer von der maltesischen Regierung ausgestellten Unterrichtsgenehmigung sind, dürfen Tauchunterricht erteilen, www.pdsa.org.mt

Tauchkurse und Prüfungen werden nach den Richtlinien der internationalen Tauchorganisationen, wie PADI, und den Vorschriften der Verbände, die diesen Organisationen angeschlossen sind (z.B. Verband Deutscher Sporttaucher (VDST e.V.) oder Federation of Underwater Activities Malta (FUAM)) abgehalten. Nach bestandener Prüfung erhält der Teilnehmer das betreffende Zertifikat. Tauchkurse kosten zwischen 280 und 360 €. Tauchgange für erfahrene Taucher 23-35 € und die Ausrüstung für einen Tauchgang 8-12 €.

Tauchvorschriften

Jeder Taucher sowie jeder Teilnehmer eines Tauchlehrganges muss einen Nachweis über seine körperliche Kondition erbringen. Eine medizinische Untersuchung (ca. 5 €) kann problemlos über das jeweilige Tauchzentrum vereinbart werden. Taucher, die in eigenen, unabhängigen Gruppen ohne Begleiter eines Tauchzentrums innerhalb des Hoheitsgebiets der maltesischen Inseln tauchen möchten, sollten sich in einem Tauchzentrum nach den aktuellen genehmigungen, Gesundheitsattest, Padi-Zertifikat usw. erkundigen. Der Bewerber muss ein ärztliches Gesundheitsattest, zwei Passbilder und ein Tauchbuch vorlegen. Über die Tauchschulen können sämtliche Formalitäten abgewickelt werden, deshalb ist es selbst für erfahrene Taucher einfacher, die Tauchgenehmigung über eine Schule einzuholen.

Teilnehmer von Tauchkursen, die sich unter Aufsicht eines autorisierten Tauchlehrers befinden, benötigen keine offizielle Tauchgenehmigung und müssen nur das ärztliche Attest vorweisen.

Nützliche Adressen rund um das Tauchen

VDST, Verband deutscher Sporttaucher e.V., www.vdst.de
FUAM, Federation of Underwater Activities in Malta, www.fuam.org.
PDSA, Professional Dive School Association, www.pdsa.org.mt.

Unterwasserfotografie

Die Bedingungen für **Unterwasserfotografie** sind in den Tauchrevieren rund um Malta und Gozo ideal. Die Farben der Natur (insbesondere Orange- und Rot-Töne) kommen selbst in Tiefen von 10 bis 12 m ganz natürlich zur Geltung, sogar ohne Blitzlicht.
Die „Federation of Underwater Activities Malta" (Adresse siehe oben) veranstaltet alljährlich einen internationalen Unterwasser-Fotowettbewerb, „The Blue Dolphin".

Hier die Adressen einiger Tauchschulen, die Tauchkurse (Anfänger bis Fortgeschrittene) anbieten:

Atlantis Diving Centre, Qolla Street, Marsalforn, Gozo, ☏ 21 561 826, 🖷 21 555 661, www.atlantisgozo.com. Das Atlantis Diving Centre gehört zum Atlantis Hotel (s. Regionale Reisetipps S. XXX).

Frankie's Gozo Diving Centre, Mgarr Road, Xewkija, ☏ 21 551 315, 🖷 21 560 356, www.gozodiving.com. Das Tauchzentrum bietet Tauchurlaube an, mit Unterkunft in Apartments für Selbstversorger, mit Frühstück oder mit Halbpension.

Calypso Diving Centre, The Seafront, Marsalforn Bay, ☏ 21 561 757, 🖷 21 562 020, www.calypsodivers.com.

Moby Dives, Gostra Street, Xlendi Bay, Gozo, ☏ 21 564 429, 🖷 21 554 606. Moby Dives bietet auch Wrack- und Nachttauchen an; www.mobydivesgozo.com.

St. Andrews Divers Cove, St. Simon Street, Xlendi Bay, Xlendi, ☏ 21 551 301, 🖷 21 561 548, www.gozodive.com.

Für weitere Informationen siehe Internetseiten www.divemaltaandgozo.com, www.padi.com, www.cmas.org

!!! Wichtig

Hinweise und Warnungen

Ein Dekompressionsraum befindet sich im St. Luke's Hospital in Guardamangia. Im Falle eines Tauchunfalls können Sie unter der Notrufnummer 191 Hilfe anfordern. Keinesfalls sollte ein Dekompressionsversuch „im Wasser" vorgenommen werden. Im Falle von Dekompressionskrankheit sollten Sie sich unverzüglich an den nächsten sachkundigen Tauchspezialisten wenden.

Der Verkehr von Schnellbooten (Speedboats) nimmt in der Sommersaison stark zu. Für Taucher ist es zwingend vorgeschrieben, die „Code A"-Flagge zu hissen oder eine Überwasser-Markierungs-Boje zu setzen.

Mit dem Speer auf Fischfang zu gehen ist untersagt und wird streng bestraft.

Archäologische Stätten sind gesetzlich geschützt, und Tauchern, die unter Wasser auf antike Werkzeuge oder Geräte stoßen, ist es verboten, irgendwelche Gegenstände aufzuheben oder mitzunehmen. Jegliche Funde dieser Art sind der Polizei oder der Museumsbehörde zu melden.

Taxi

Taxis sind durch ihre weiße Farbe und das rote Nummernschild mit schwarzen Buchstaben leicht erkennbar. Bestehen Sie darauf, dass der Taxameter eingeschaltet wird oder handeln Sie den Fahrpreis im Voraus aus.

Auffälligerweise gibt es auf Malta weitaus weniger Taxis als in anderen Mittelmeerländern. Am besten lässt man sich einen Wagen vom Hotel oder Restaurant bestellen. Taxistände befinden sich am City Gate in Valletta, vor dem Grand Master's Palace in Valletta und an den Bushaltestellen der größeren Touristenorte. Ein Taxi-Unternehmen mit 24-stündigen Service ist Wembleys, ☏ 21 374141, www.mol.net.mt/wembleys.

Telefonieren/Fax

► **Telefonauskunft** ☏ 1182.

Ferngespräche können von Malta aus in fast alle Teile der Welt geführt werden. Die Vorwahl nach Deutschland lautet 00 49, in die Schweiz 00 41, nach Österreich 00 43. Nach dieser Nummer wählt man die Ortsvorwahl ohne die Null und die Nummer des Teilnehmers. Die Vorwahl nach Malta lautet 00 356. Alle Gespräche innerhalb des maltesischen Archipel sind Ortsgespräche.

Telefonieren kann man von den zahlreichen Telefonzellen in den Straßen (Telefonkarten sind in Postämtern und an vielen Kiosken erhältlich) sowie in Telefonzentralen der Maltacom (dort gibt es auch Faxgeräte). Das Telefonieren vom Hotel aus ist zwar angenehm, aber, wie überall auf der Welt, extrem teuer. Erkundigen Sie sich vor Abreise bei ihrem Handy-Betreiber nach Sonderregelungen.

Trinkgeld

Trinkgeld zu geben wird wie in Deutschland gehandhabt. Für einen Gepäckträger am Fughafen sollte man vielleicht 50 cents pro Gepäckstück bereithalten, Kellner und Friseure erhalten üblicherweise 10 Prozent. Ein Taxifahrer erwartet in der Regel kein Trinkgeld.

Unterkunft

Die maltesischen Inseln bieten sämtliche Arten an Unterkünften: Hotels (1 bis 5 Sterne), Pensionen, Gasthäuser, Feriendörfer, Ferienwohnungen, Bungalows oder ehemalige Farm-häuser für Selbstverpflegung sowie Universitätsunterkünfte.

Sämtliche Unterkünfte werden dem internationalen Standard entsprechend klassifiziert. Um den Vorgaben der World Tourism Organisation zu entsprechen, haben alle Unterkünfte ihren Standard angehoben.

Alle Hotels sind nach dem 1- bis 5-Sterne-System eingeteilt:

► **bis 5 Sterne** (Deluxe) ★★★★★

Dieses sind die Spitzenhotels der Insel. Alle Zimmer haben eine Klimaanlage, privates Bad/WC, Balkon oder Terrasse, TV und Telefon. Es gibt einen 24-stündigen Zimmerdienst, eine Auswahl an Restaurants, Bars, Caféterias, meist mehrere Swimmingpools und Fitnesseinrichtungen, sowie Wäschedienst, Friseur, Schönheitssalon und Konferenzmöglichkeiten.

4 Sterne (hoher Standard) ★★★★

Alle Zimmer sind mit Klimaanlage, privatem Bad/WC, TV, Telefon und meistens mit Balkon ausgestattet. Es gibt Zimmerservice bis Mitternacht, Restaurants, Bars, Swimmingpool oder Strandeinrichtungen, Konferenzmöglichkeiten und Wäschedienst.

3 Sterne (gute Unterkunft) ★★★

Alle Zimmer haben eine Klimaanlage und ein privates Bad/WC. Die meisten 3-Sterne Unterkünfte haben ein Restaurant oder eine Bar.

2 Sterne (bescheidene Unterkunft) ★★

Einige Zimmer haben ein privates Bad/WC und Telefon. Meist gibt es in den 2-Sterne Hotels nur Frühstück.

1 Stern ★

Alle Zimmer mit Waschbecken.

Viele Hotels bieten erhebliche Vergünstigungen zu bestimmten Zeiten an. Die Nebensaison ist von Ende Januar bis Anfang März und von November bis Anfang Dezember. Die meisten Urlauber reisen „**pauschal**" nach Malta, d.h. sie buchen Flug, Unterkunft und Transfer vom Flughafen zum Hotel als **Pauschalarrangement** vom Heimatort aus. Diese Möglichkeit ist wesentlich **preisgünstiger** und erspart die Quartiersuche vor Ort. Natürlich ist es aber auch möglich, sich erst nach Ankunft eine Unterkunft zu organisieren. Falls Sie ihre Unterkunft direkt beim Hotel und nicht über einen Reiseveranstalter buchen, fragen Sie nach dem „besten Preis". In den letzten Jahren hat es auf Malta und Gozo erhebliche Erweiterungen im 5-Sterne bzw. Deluxe Bereich gegeben. Einige dieser Unterkünfte erreichen unbedingt Weltklasse.

Universitätsunterkunft

Lija University Residence, Robert Mifsud Bonnici Street, Lija, ☏ 21 436 168, 21 430 360, 🖷 21 434 963, www.universityresidence.com. Lija University Residence ist die offizielle Universitätsunterkunft für Studenten der University of Malta. Sie liegt nur 200 m nördlich der San Anton Gardens.

ⓘ Regionale Reisetipps S. 137ff.

Unterhaltung/Veranstaltungen

Über Theateraufführungen und Konzerte informieren die Tourist Information Offices, die monatlich erscheinende Veranstaltungszeitschrift „Malta & Gozo day-by-day" (liegt in allen größeren Hotels und in den Touristenbüros aus), die englischsprachige Tageszeitung „The Times“ und Aushänge in den Hotels.

Theater/Konzerte

Manoel Theatre, Old Theatre Street, Valletta, www.teatrumanoel.com.mt. Kartenreservierung: 21 246 389. Das Manoel Theater ist das einzige Theater der Insel Malta und im Rang eines Nationaltheaters. 1732 errichtet, ist es eines der ältesten erhaltenen, noch immer für Aufführungen genutzten Theater Europas.

Clubs/Diskotheken

In der St. Paul's Bay, in Sliema und in St. Julian's/Paceville gibt es eine Reihe von Clubs und Diskotheken, die bis in die frühen Morgenstunden geöffnet sind. Die bekanntesten sind das alteingessene Axis und das neuere Fuego, beide in Paceville.
Neueste Errungenschaft ist der Bay Street Tourist Complex, St. George's Bay, St. Julian's, www.baystreet.com.mt. Geboten wird alles, was das Herz der jüngeren Urlauber begehrt: Discos, MacDonald's, ein Hard Rock Café und Kinos.

Casino

Im Dragonera Casino in St. Julian's, im Casino di Venezia in Vittoriosa sowie im Oracle Casino in Bugibba kann man nach internationalen Regeln z. B. französisches und amerikanisches Roulette, Baccarra und Black Jack spielen.

Kinos

St. James Cavalier, Centre for Creativity Cinema, ☏ 21 223 200, www.sjcav.org
Empire Cinemas Bugibba, ☏ 21 581787 oder 21 581909.
Embassy Cinemas, Valletta, ☏ 21 222 225.
Eden Century Cinema, St. Julian's, ☏ 21 376401.
Tal-Lira Cinema, Galleria Shopping & Entertainment Centre, Fgura, ☏ 21 808 000.
Citadel Cinema, Victoria, Gozo, ☏ 21 559 955.

Historische Paraden

Im April findet seit Jahren das Valletta History and Elegance Festival statt, ein einwöchiges Ereignis, bei dem die ältere und jüngere Geschichte der Stadt und der Insel durch verschiedene Veranstaltungen lebendig gemacht wird.

Jeden Tag während des Festivals liest der Stadtschreier die Veranstaltungen vor, so wie früher die „Bandi“, die Proklamationen des Grandmasters, vorgelesen wurden. Es gibt Paraden der Ritter in voller Montur, Aufmärsche der Militärkapellen, Aufführungen einer maltesischen Hochzeit aus dem 19. Jahrhundert in der St. Catherine Church, einen historischen Marktplatz am Great Siege Square, eine Karnevalveranstaltung zur Zeit der Ritter und musikalische Darbietungen der Folkloresänger.

Zu festgelegten Zeiten während der Saison finden historische Militärparaden am Fort St. Elmo („In Guardia“) sowie in der Rinella Battery statt, (i) S. 81.

Verkehrsregeln

(i) Stichwort „Auto fahren“

Währung

Seit dem 1. Januar 2008 ist der Euro die offizielle Währung Maltas. Mit den international anerkannten Kreditkarten kann man in Banken, größeren Hotels und Restaurants der gehobenen Klasse sowie bei Autovermietern und in vielen Einzelhandelsgeschäften bezahlen.

Beim Verlust der Kreditkarte wendet man sich schleunigst an sein jeweiliges Kreditkarteninstitut.

Wandern

Die Touristenämter auf Malta und Gozo bemühen sich, den Wandertourismus als eine neue Alternative zum klassischen Malta-Urlaub (Sonne, Kultur) zu entwickeln. Besonders schön ist das Wandern natürlich im Frühjahr, wenn alles grünt und blüht.

Die Entwicklung des Ökotourismus, so die Verantwortlichen, bietet Urlaubern die Möglichkeit, die natürliche Umgebung zu erkundschaften und insbesondere die mediterrane Landschaft und Küste kennen zu lernen.

Die Wanderungen auf Malta sind leicht bis mittelschwer, die Wege allerdings mitunter schmal und steinig. Entsprechende Kondition, Gesundheit und Trittsicherheit sind daher erforderlich. Wanderprofis hingegen werden auf Malta angesichts der Geländeverhältnisse nur wenige Wanderwege finden, die eine ernsthafte Herausforderung darstellen.

Es gibt fünf große **Wandergebiete**:

Im Norden

Mellieha, die St. Paul's Bay, der Marfa Ridge, die Anchor Bay und das Gebiet rund um die Ghajn Tuffieha Bay, im Westen Rabat, Dingli und Siggiewi

Im Südosten

Marsaxlokk und Marsaskala

Auf Gozo

das Plateau von Ta' Cenc, die Umgebung von Marsalforn und die Dwejra Bay und Comino.

Im Zuge des „International Year of Ecotourism" wurden drei neue Wanderwege eingeweiht: in Girgenti, Bahrija und entlang der Dwejra Lines. Informationabroschüren (mit Karten) sind in Buchläden und Souvenirshops erhältlich.

Auch auf Gozo wurden fünf Wege gekennzeichnet, der Dahlet Qorrot Walk, der Saltpan Walk, der Ramla Bay Walk, der Lunzjata Valley Walk und der Ta' Gurdan Walk.

Ausrüstung

Ein Tagesrucksack, knöchelhohe Wanderschuhe mit Profilsohle, Regenschutz, zweckmäßige Kleidung (im Sommer Sonnenschutz), Verpflegung und Wasser gehören zur Ausstattung für Wanderungen. Da bei vielen Touren auch Badebuchten angelaufen werden, sollte das Badezeug im Rucksack nicht fehlen. Dornengewächse sind auf den kargen Inseln überall verbreitet, so dass nicht nur feste, sondern auch hohe Schuhe zu empfehlen sind.

Wer zu einer längeren Wanderung aufbricht, sollte Verpflegung mitnehmen: Abseits von Badestränden, Ortschaften und Sehenswürdigkeiten kann man nicht mit Lokalen rechnen. Im Sommer sind längere Wanderungen aufgrund der Hitze nicht empfehlenswert, oder man muss sehr früh aufbrechen. Schattige Wegabschnitte gibt es kaum.

Ernsthaft verirren kann man sich auf Malta und Gozo aufgrund der Größe der Inseln kaum, dennoch sollte man keine unnötigen Risiken eingehen. Nehmen Sie auf jeden Fall eine Karte oder Wegbeschreibung mit.

Bei Anfahrt mit dem Bus sollte sichergestellt werden, dass es für den Rückweg einen Busanschluss gibt. Die Dämmerung ist auf Malta sehr kurz, und es gibt **keinen Rettungsdienst**. Falls man sich verletzt, kann es lange dauern, bis man gefunden wird. Deshalb sollte nie alleine gewandert und einer verantwortlichen Person (z. B. dem Hotelportier) über das Wanderziel Bescheid gegeben werden. Bei längeren Touren gehört eine Erste-Hilfe-Ausrüstung und ausreichend Wasser ins Wandergepäck.

Die **ungeschriebenen Gesetze zum Natur- und Landschaftsschutz** gelten auch auf Malta:

kein Feuer anzünden
Tiere nicht erschrecken
Weidegatter im vorgefundenen Zustand lassen
keine Wild- oder Kulturpflanzen ausreißen
den Abfall wieder mitnehmen.

Wasser

Leitungswasser kann bedenkenlos getrunken werden. Aufgrund klimatischer Verhältnisse kann es in seltenen Fällen zu Wassermangel kommen. Die meisten Hotels sind mit Reserve-Trinkwassertanks ausgestattet.

Zeit

Malta ist zeitgleich mit Deutschland (Mitteleuropäische Zeit, MEZ), auch während der „Sommerzeit".

Zeitungen

Deutschsprachige Zeitungen sind in vielen Hotels, an größeren Kiosken und in Buchläden in der Regel am Abend des Erscheinungstages erhältlich.

Für Ihre Reisenotizen

Für Ihre Reisenotizen

Für Ihre Reisenotizen

Reisepraktische Reisetipps zu den Regionen

Regionale Reisetipps zu Valletta und Umgebung

(Seite 165)

Tourist Information

1 City Gate Arcade, Valletta, ☏ *21 237 747, geöffnet: Mo-Sa 9-18 Uhr, So 9-13 Uhr. Überall sieht man bei den einzelnen Sehenswürdigkeiten in der Stadt Fernsprecher, die sogenannten „mobilen Touristeninformationen". Wählt man die angegebene Nummer, erhält man Informationen über die jeweilige Sehenswürdigkeit.*

Parken

Ein großer Parkplatz befindet sich vor dem City Gate, unweit des Busterminals. Wenn man unbedingt mit dem Auto in die Stadt fahren möchte, kann man über die Gerolamo Cassar Avenue auf den Castille Place oder über den Lascaris Wharf (Beschilderung: Mediterranean Conference Centre) in die Stadt hineinfahren. In der Innenstadt bereitet das Parken jedoch erhebliche Probleme, insbesondere während der Bürozeiten.

Verkehrsverbindungen

Alle Busse halten am Busbahnhof westlich vor der Stadt. Hier ist der beste Ausgangspunkt für Stadtbesichtigungen. Hat man keine Lust mehr zu laufen, bietet die Fahrt mit einer Pferdekutsche, einem sogenannten **Karrozin***, eine nette Abwechslung.*

Tipp

Nett ist es, von Sliema die Fähre nach Valletta zu nehmen. Sie fährt alle 30 Minuten und die Überfahrt dauert 5-10 Minuten. In Valletta mus man dann allerdings einen steilen Berg vom Anlegekai in die Altstadt hochsteigen.

Stadtbesichtigung per Karrozin

Unterkunft

Le Meridien Phoenica *****, *The Mall, Floriana VLT 16,* ☏ *21 225 241,* · 🖷 *21 235 254; www. phoeniciamalta.com. Das renommierte und traditionsreiche 5-Sterne-Hotel liegt vor den Toren Vallettas, unweit des Busbahnhofes. Vom Hotel hat man einen schönen Blick über den Marsamxett Harbour* *und nach Sliema. Das Zentrum Vallettas ist in fünf Gehminuten erreichbar. Das Hotel hat 136 Zimmer, die meisten mit Balkon.*

Castille ***, *Castille Square, Valletta VLT 07, ☏ 21 243 677/8, 🖷 21 243 679, www.hotelcastillemalta.com. Älteres Hotel in sehr zentraler Lage, schräg hinter der Auberge de Castille, dem Amtssitz des Ministerpräsidenten. Das Hotel bietet sich für Urlauber an, die auf Strandnähe verzichten können und viel mit Linienbussen unternehmen wollen. Die Zimmer sind stilvoll und gemütlich eingerichtet, haben ein privates Bad und WC und sind mit TV und Telefon ausgestattet. Im Erdgeschoss befindet sich ein kleines Café mit Bar, im Dachrestaurant kann man französische, italienische und maltesische Spezialitäten genießen. Von dort und von der Sonnenterrasse hat man eine herrliche Aussicht auf den Grand Harbour. Im Kellergewölbe befindet sich die Weinbar La Cave.*

Hotel British **, *267 St. Ursula Street, Valletta, ☏ 21 224 730, 🖷 21 239 711, www.britishhotel.com. Das ältere Hotel liegt in idealer Lage, viele der 44 Zimmer haben Panoramablick über den Grand Harbour. Sehr nett ist es, hier zum Café einzukehren, um die schöne Aussicht zu genießen.*

Das Castille Hotel

Valletta G-House, *www.vallettahouse.com. Sehr stilvoll und mit allen modernen Annehmlichkeiten ausgestattete Wohnung für 2 Personen mitten in Vallettas Altstadt. Wochenpreise um 500 €, je nach Jahreszeit.*

Restaurants/Cafés

Giannini, *23 Windmill Street, Valletta, ☏ 21 237 121, 21 236 575, geöffnet: So-Do nur Lunch, Sa nur Dinner. Sehr beliebtes, gepflegtes Restaurant in einem alten Stadthaus mit wunderschönem Panoramablick auf den Marsamxett Harbour hinüber nach Sliema. Maltesische und italienische Küche. Das Giannini wird gerne von Geschäftsleuten aufgesucht. Gehobene Preisklasse.*

Rubino Restaurante&Dolceria, *53 Old Bakery Street, Valletta, ☏ 21 224 656, geöffnet: Mo-Fr 12.15-14.30 Uhr, Di und Fr 19.45-22.30, Sa und So und im August geschlossen. Das 1906 gegründete Lokal bietet ausgezeichnete maltesische und mediterrane Küche in gepflegter und locker-entspannter Atmosphäre. Die Speisekarte wechselt täglich und die Gerichte werden nur mit frischen Zutaten und nach traditionellen Rezepten hergestellt. Es gibt auch vegetarische Gerichte. Wohlsortierte Weinkarte. Geschäftsleute, die ihre Kunden hierher führen, lieben das Rubino ebenso wie Urlauber. Es gibt gute Beratung und einen zuvorkommenden Service. Am Sonntagmorgen von Oktober bis Mai kann man in der Dolceria frisch zubereitete Cassata Siciliana und Kannoli ta' Ricota kaufen. Mittlere bis gehobene Preisklasse.*

The Carriage, *22/5 Valletta Buildings, South Street, ☏ 21 247 828, geöffnet: Mo-Fr 12-15.30 Uhr sowie Fr-Sa 19.30-23.30 Uhr. 2 Wochen im August geschlossen. In einem unattraktiven Bürohaus versteckt sich dieses ausgezeichnete (Dachterrassen-) Restaurant mit eleganter und phantasievoller französischer Küche,* *auch vegetarisch. Mit seinem gepflegtem Ambiente ist das Carriage besonders bei Geschäftsleuten beliebt. Regelmäßig wechselndes Menü. Von der Dachterrasse (es gibt 60 Plätze draußen und 70 Plätze drinnen) hat man einen wunderschönen Blick über die Türme von Valletta. Gehobene Preisklasse.*

Da Pippo Trattoria, *136 Melitta Street, Valletta, ☎ 21 248 029, geöffnet: Mo-Sa 12-15 Uhr. Das kleine, unprätentiöse Restaurant (50 Plätze) begann vor über 20 Jahren als einfache Bar. Heute ist es mit seinen grün gestrichenen Tischen und karierten Tischdecken nicht nur bei Einheimischen beliebt, und manchmal wird es recht voll. Reservierungen sind notwendig. Bodenständige, sizilianische und maltesische Küche, auch vegetarisch. Mittlere Preisklasse.*

Sicilia Bar&Restaurant, *1a St. John Street/Battery Street, ☎ 21 240 569, geöffnet: Di-Sa 12-14.30 Uhr . Das kleine, gemütliche Lokal wird im Familienbetrieb geführt. Die Küche ist stark sizilianisch beeinflusst, die Speisen lecker und der Service freundlich. Der winzige Innenraum kann höchstens 14 Personen aufnehmen, die meisten Gäste sitzen daher draußen auf der Terrasse, von wo aus man einen herrlichen Blick über den Grand Harbour genießen kann. Günstig.*

Sacha's Bar&Restaurant, *37 South Street, Valletta, ☎ 21 241 396, www.sachas.cjb.net. Nett für den kleinen Hunger zwischendurch.*

La Valette Band Club und King's Own Band Club *(gegründet 1874), beide in der Republic Street, heißen auch Urlauber willkommen. Hier kann man günstig, gut und in Ruhe essen oder einen Drink zu sich nehmen. Die Band Clubs wurden Ende des 19. Jh. eingerichtet und dienten nicht nur als Versammlungsort der Musikkapellen, sondern auch als sozialer Treffpunkt – eine Tradition, die sich bis heute fortsetzt. So sieht man beispielsweise im La Valette Band Club an den Seiten Billiardtische, wo die Herren sicherlich schon seit x Jahren Billard spielen.*

Castille Wine Vaults, *Castille Place, Valleta, ☎ 21 23 77 07, geöffnet: Mo-Do 10.30-20 Uhr, Fr-Sa 10.30-24 Uhr. Die neue Weinbar befindet sich in den Kellergewölben unter der ehemaligen Börse bei den Upper Baracca Gardens. Es gibt eine große Auswahl an lokalen und internationalen Weinen sowie kleine Snacks und Käseplatten.*

Cordina, *Republic Street, geöffnet täglich 8.30-20.30 Uhr. In dem renommierten, alt- eingesessenen Café werden auch kleine Gerichte serviert. An warmen Tagen kann man draußen sitzen und dem Treiben auf der Republic Street zuschauen.*

Pastizzeria (Carmelo Azzopardi), *St. Paul Street. Besonders lecker sind die kleinen diamantförmigen Blätterteigtaschen mit frischem Rikotta.*

The Circle's Bar and Coffee Shop, *Messina Place, 141 St. Cristopher Street, ☎ 2124 4 863, geöffnet Mo-Fr 7-18 Uhr. Das Café ist in dem wunderschönen Messina Palace untergebracht. Es gibt Kleinigkeiten zum Essen, auch zum Mitnehmen.*

British *(siehe Unter-*

Der Republic Square lädt zur Erholungspause ein

kunft), 276 St Ursula Street. Nicht unbedingt ein kulinarisches Highlight, zeichnet sich das altmodische British jedoch durch seine phantastische Lage mit Blick über den Grand Harbour aus. Es gibt einige Tische auf dem Balkon (am besten vorher buchen). Freundlicher Service und unprätentiöse Gerichte. Günstig.

Ausgehen

Valletta ist eine Stadt für den Tag, am Abend sind die Bürgersteige hochgeklappt. Wem nach Unterhaltung und Nachtleben zumute ist, sollte sich nach **Sliema, St. Julian's** *oder* **Paceville** *–* *S. 143 ff.* *– aufmachen. Dort gibt es eine große Anzahl von Bars und Lokalen unterschiedlichster Art. Valletta hingegen ist am Abend, trotz der Bemühungen der Touristenbehörde, relativ ausgestorben.*

Über **Theateraufführungen** *und* **Konzerte** *im* **Manoel Theatre** *(☏ 21 237 396 🖷 21 247 451, www.teatrumanoel.com.mt) informieren Aushänge in den Hotels, die Tourist Information Offices, die Veranstaltungszeitschrift „Malta&Gozo day-by-day" und die Wochenendbeilage der „Times".*

KINO

Embassy Cinemas, *Valletta, ☏ 21 222 225.*

Einkaufen

In Vallettas Hauptstraße, der Republic Street und ihren kleinen Seitenstraßen gibt es zahlreiche Geschäfte: Schuhe, Schmuck (insbesondere in der Santa Lucija Street) und Souvenirs.
Das **Savoy Einkaufszentrum** *(ebenfalls in der Republic Street) vereint zahlreiche Bekleidungsgeschäfte unter einem Dach.*
Maltas größte und bestsortierte Buchhandlung ist **Sapienza** *in der Republic Street Nr. 26. Bereits 1905 gegründet, bietet sie ein gutes Sortiment an Werken zu maltesischen Themen.*
Im **Malta Crafts Centre** *am St. John's Square (gegenüber von der St. John's Co-Cathedral) kann man maltesisches Kunsthandwerk erstehen.*

Markt

Mo-Fr gibt es von 7-14 Uhr in der Merchants Street (zwischen Markthalle und St. John Street) einen **Freiluftmarkt**. *Die Textilien, Souvenirs und elektronischen Geräte sind zwar günstig, doch teilweise stammen sie aus Billigländern des Fernen Ostens. Sonntagvormittag findet dieser Markt – als Floh- und Antiquitätenmarkt – beim Busbahnhof statt. Am frühen Morgen hat man natürlich die besten Chancen, ein Schnäppchen zu erwischen.*

Feste/Feiern

„Feast of St. Paul's Shipwreck": *Am 10. Februar wird mit einer aufwändig gestalteten Festa an den legendären Schiffbruch des hl. Paulus vor der Küste Maltas im Jahre 60 n. Chr. erinnert.*

GOTTESDIENST in deutscher Sprache

Täglich um 11 Uhr wird die Messe in deutscher Sprache in der St. Barbara Church gelesen.

Besichtigungen/Attraktionen

Die Öffnungszeiten der **staatlich verwalteten Museen** *entnehmen Sie bitte den Allgemeinen Reisetipps* *S. 117**, Stichwort „Öffnungszeiten".*
Casa Rocca Piccola, *74 Republic Street, Valletta, ☏ 21 231 796, www.casarocca.net. Führungen: Mo-Sa 10-11 Uhr, 12-13 Uhr, 14-15 Uhr und 16 Uhr, So und feiertags zu besonderen Zeiten. Im Fami-*

lienbesitz befindlicher Stadtpalast aus dem 16. Jh. Bei einer Führung kann man kostbare Möbel, Gemälde und Kleider bestaunen und erhält dabei einen guten Einblick in die Wohnverhältnisse einer maltesischen Adelsfamilie.

Fort St. Elmo, *Valletta, ☏ 21 237 747. Beeindruckendes Fort aus der Ritterzeit. Historische Militärparaden 1-3 x pro Monat, So jeweils um 11 Uhr.*

Grand Master's Palace and Armoury, *☏ 21 249 349, www.heritagemalta.org, geöffnet: Palast: Mo-Mi und Fr 10-16 Uhr, Sa und So 9-17 Uhr, Armoury tgl. 9-17 Uhr. Ehemaliger Sitz der Grandmaster, heute tagt hier das maltesische Parlament, Besichtigung der State Rooms abhängig von Parlamentssitzungen.*

Karmeliterkirche, *geöffnet: 6-12 Uhr und 16-19.30 Uhr.*

The Knights Hospitallers, *☏ 21 224 135, geöffnet: Mo-Fr 9.30-16.30 Uhr, Sa-So und feiertags 9.30-16 Uhr. In der Sacra Infermeria kann man anhand der authentischen Schauplätze die ritterliche Welt des Johanniterordens kennen lernen. Von den Kreuzzügen bis hin zur Großen Belagerung wird die Geschichte des Ritterordens dargestellt.*

The Malta Experience, *Mediterranean Street, Valletta VLT 06, ☏ 21 243 776, 🖷 21 429 426, www.themaltaexperience.com. Lohnenswerte und lang etablierte Filmvorführung (45 Min.), bei der man einen guten Einblick in die Geschichte, Kunst und Kultur der maltesischen Inseln erhält. Mo-Fr 11-16 Uhr, Sa, So Okt.-Juni 11-14 Uhr, Juli-Sept. 11-13 Uhr. Jeweils zur vollen Stunde.*

Manoel Theatre, *Old Theatre Street, Valletta VLT07, ☏ 21 237 396, 🖷 21 247 451. Kartenreservierung: ☏ 21 246 389, FAX 21 237 340, Vorverkauf geöffnet: Mo-Fr 10-13 Uhr und 17-19 Uhr, Sa 10-12 Uhr. Führungen täglich 10.30, 11.30, 17.15 Uhr, Sa 11.30 und 12.30 Uhr; www.teatrumanoel.com.mt. Im überdachten Innenhof finden Kunstausstellungen statt.*

Msida Bastion, *Garden of Rest, Floriana, geöffnet: Di, Mi, Fr und Sa 9.30-12 Uhr, Do 9.30-12 Uhr und 14-16 Uhr, 1. So im Monat 9.30-12 Uhr. Mo geschlossen.*

National Library, *geöffnet: Mitte Juni bis September Mo-Sa 8.15-13.15 Uhr, Oktober bis Mitte Juni Mo-Fr 8.15-17.15 Uhr, Sa 8.15-13.15 Uhr.*

Sacred Island Multi-Media Show, *Dar L-Emigrant, Castille Square, ☏ 21 222 644, geöffnet: Mo-Fr 10 Uhr, 11.30 Uhr, 13 Uhr, 14.30 Uhr, 16 Uhr, Sa 10 Uhr, 11.30 Uhr, 13 Uhr, So und feiertags 10 Uhr und 11.30 Uhr. Die Show informiert auf unterhaltsame Weise über die Geschichte Maltas vom religiösen Standpunkt aus.*

The Saluting Battery, *Upper Barracca Gardens, tgl. Führungen um 11 und 12.15 Uhr.*

St. John's Co-Cathedral, *☏ 21 220 536, geöffnet: Mo-Fr 9.30-16.30 Uhr, Sa 9.30-13 Uhr.*

St. John's Co-Cathedral Museum, *☏ 21 220 536, geöffnet: Mo-Fr 9.30-16.30 Uhr, Sa 9.30-13 Uhr.*

St. Paul's Shipwrecked Church, *☏ 21 236 013, geöffnet: tgl. Mai-Okt 6.30-12 Uhr, 13-19 Uhr, Nov.-April 6.30-19 Uhr.*

St. James Cavalier Art Gallery, *☏ 21 223 216, 21 223 200, www.sjcav.org, geöffnet: tgl. 10-21 Uhr. Das 'Centre for Creativity' bietet Ausstellungen, Konzerte, Filme und ist Veranstaltungsort fur Festivals.*

War Museum, *St. Elmo Fort, ☏ 21 222 430, geöffnet: tgl. 9-17 Uhr.*

Wartime Experience, *St. Lucia Street, Embassy Shopping Centre, ☏ 21 222 7436, Mo-Sa 10-13 Uhr, jeweils zur vollen Stunde. Die 45min. Multimedia Show erzahlt die geschichte, warum Malta das George Cross im 2. Weltkrieg erhalten hat.*

Regionale Reisetipps zum Kapitel „Rund um den Grand Harbour" (Seite 202)

Anfahrt

Bus 1 *und* **2** *von Valletta und* **Bus 627** *von Sliema und Bugibba fahren via Senglea und Cospicua nach* **Vittoriosa**. *Bus 4 von Valletta fährt weiter nach Kalkara und Fort Rinella. Einen schönen Blick auf die Three Cities hat man vom Great Harbour aus. Vom Hafenbecken vor der St Lawrence Church in Vittoriosa fahren tgl 9-20 Uhr kleine hölzerne Booten, sogenannte* **kajjik**. *Eine Bootsfahrt kostet ca. 12 € für 30 Minuten. Die kajjiks fahren auf Wunsch auch nach Valletta in die Nähe des Custom House oder sogar nach Sliema.*

Restaurants/Cafés

Il-forn, *26/27 North Street, Birgu, ☎/🖷 21 820 379, www.birgu.com. Café geöffnet: Mi-So 11-15 Uhr und 19.30-1 Uhr. Das Il-forn besteht aus Restaurant, Weinbar und Galerie. Das Restaurant ist sehr gemütlich mit Holztischen und rund 40 verschiedenartigen Stühlen eingerichtet. An den Wänden hängen die Kunstwerke des österreichischen Besitzers Clemens Hasengschwandtner. Die Küche wird als „experimentell" bezeichnet, auf der Speisekarte findet man hauptsächlich verschiedene Pasti, Brot, Salate und Dips. Die Atmosphäre ist locker und ungezwungen, so dass man sich dort gerne länger aufhält.*

Markt

Jeden Dienstagmorgen findet in Cospicua ein bunter Markt statt, auf dem man von Kleidung, über Haushaltswaren und Lebensmittel (fast) alles bekommen kann, was das Herz begehrt.

Maltesischer Wein

Marsovin, *The Winery, Marsa PLA 01, ☎ 21 824 918.*
Delicata, *The Winery, Marsa PLA 08, ☎ 21 825 199.*

Feste/Feiern

Die **Karfreitagsprozession** *wird in Senglea besonders aufwändig gefeiert. So werden beispielsweise die einzelnen Statuen der Prozession gleich in mehreren Sprachen angekündigt und erläutert.*
Am 8. September findet im Grand Harbour die **National Regatta** *statt.*
An drei Tagen im Oktober wird in Vittoriosa das **Birgu Festival** *gefeiert – ein großes Spektakel sowohl an Land als auch auf dem Wasser: Paraden in historischen Kostümen, Stadtführungen, musikalische Darbietungen und Stände mit maltesischen Spezialitäten tragen zum Gelingen des Festes bei.*

Spielcasino

Casino di Venezia, *Birgu, ☎ 21 805 580. Das Casino liegt in der Nähe des Maritime Museum direkt am Wasser. Vom Restaurant des Casinos hat man einen schönen Aublicke über den Grand Harbour. Gespielt wird Black Jack, Roulette und Karibischer Poker.*

Besichtigungen/Attraktionen

Das **National Maritime Museum**, *der* **Inquisitor's Palace**, *die* **Tempelanlage in Tarxien** *und das* **Hypogäum** *werden staatlich verwaltet. www.heriategmalta.org.*

Vittoriosa 1565 Museum, *36 Wenzu Dyer Street, ☏ 21 891 565, www.knightsiege.com, geöffnet: Mo-Sa 9-16 Uhr (Jan.-Juli, Sept.-Dez.), 9-14 Uhr (Aug.), So 9-13 ganzjährig. Lebensecht wirkende Figuren und Schautafeln zeigen Szenen des Great Siege von 1565.*
Malta at War Museum, *Vittoriosa, ☏ 21 896 617, www.wirtartna.org, geöffnet: tgl. 10-16 Uhr, Führungen jeweils um die volle Stunde. Der Schwerpunkt der Ausstellung liegt auf der Zivilbevölkerung.*
Fort Rinella, *www.wirtartna.org, geöffnet: täglich 10-17 Uhr. Die Attraktion des viktorianischen Forts ist eine der zwei weltweit existierenden 152 Tonnen wiegenden Kanonen, eine Armstrong RML. Führungen jeweils zur vollen Stunde sowie historische Vorführung jeweils um 14.30 Uhr. Bus Nr. 4 von Valletta.*
Mediterranean Film Studios, *Fort St. Rocco, Kalkara CSP 11, ☏ 21 678 151.*
St Lorenzo-a-mare, *geöffnet: tgl. 6-9.30 und 16-18 Uhr.*

☞ Achtung

Das unter Schutz der UNESCO stehende Hypogäum kann nur nach vorheriger Anmeldung besichtigt werden. Die Besucherzahl ist auf 300 Personen pro Tag beschränkt (d.h. jeweils 10 Personen pro Gruppe). Die Lufttemperatur und Feuchtigkeit des unterirdischen Tempels werden ständig überprüft. Die Führungen dauern 50 Minuten. Tel. 21 805 019, www.heritagemalta.org. Anfahrt von Valletta mit dem Taxi oder mit den Bussen Nr. 11, 12, 13, die am Hauptplatz in Paola halten. Von dort die Main Street hochgehen und rechts in die Triq ic-Cimiterju abbiegen.

☞ Tipp

Verbringen Sie einen Abend in Cottonera! Bei einem Spaziergang entlang des Dockyard Creek hat man einen schönen Blick auf das romantisch angestrahlte Valletta.

Regionale Reisetipps zum Kapitel „Rund um den Marsamxett Harbour" (Seite 220)

Unterkunft
SLIEMA

Hotel Fortina Spa Resort **-*****,** *Tigne Seafront, Sliema SLM 15, ☏ 21 342 976/21 343 380, www.hotelfortina.com. Nett gelegenes, modernes Hotel mit Blick auf den Marsamxett Harbour. Das Spa Hotel ist mit Gartenanlage, Swimmingpool und Fitnesseinrichtungen ausgestattet. Alle Zimmer haben Klimaanlage, Telefon und TV.*
Victoria **,** *Gorg Borg Olivier Street, Sliema, ☏ 21 334 711, 🖷 21 334 771, www.victoriahotel.com; Charmantes Hotel mit 120 Zimmern in einer ruhigen Straße im Zentrum des alten Sliema gelegen. Mit Restaurant und Swimmingpool auf dem Dach.*
Astoria *, *46 Point Street, Sliema, ☏ 21 332 089. Das kinderfreundliche, kleine Hotel (nur 20 Betten) liegt nur 100 m von der Küstenstraße entfernt.*

ST. JULIAN'S

Hilton Malta *****, *Portomaso, St. Julian's PTM 01, ☏ 21 383 383, 🖷 21 386 386, www.hiltonmalta.com.mt; Luxushotel in ruhiger Lage auf einem Felsplateau direkt am Meer. Es gibt drei Pools, einen Nachtclub und Tennisplätze. Zum Ortszentrum von St. Julian's sind es fünf Gehminuten, zum Spielkasino nur 500 m. Es gibt 75 „Executive"-Zimmer, 201 Suiten und eine Präsidentschaftssuite sowie eine Auswahl an verschiedenen Restaurants und Konferenzmöglichkeiten. Das Hilton ist Teil des Portomaso-Komplexes mit Jachthafen, Büros, Luxusapartments und Tagungszentrum.*

Corinthian San George *****, *St. George's Bay, St. Julian's STJ 02, ☏ 21 37 41 14, 121 374 039, www.corinthiahotels.com. Direkt am Wasser gelegen, bietet das 1995 eröffnete Hotel wunderschöne Ausblicke über das Meer. Das Luxushotel hat ein breites Angebot an Fitness- und anderen Freizeiteinrichtungen sowie zahlreiche Wassersportarten. 190 elegant eingerichtete Zimmer sowie 60 Suiten. Ausgezeichnete Konferenzmöglichkeiten.*

Radisson SAS Bay Point Resort *****, *St. George's Bay, St. Julian's STJ 02, ☏ 21 374 894, 🖷 21 374 895, www.islandhotels.com. Direkt am Wasser gelegenes Luxushotel mit 252 Zimmern und Suiten. Alle Zimmer haben Seeblick. Zum Resort gehören verschiedene Restaurants und Bars, Swimmingpools und ein breites Angebot an Freizeit- und Fitnesseinrichtungen.*

Westin Dragonara Resort *****, *Dragonara Road, St. Julian's STJ 02, ☏ 21 381 000, 🖷 21 381 347/8, www.westinmalta.com. Das wunderschön direkt am Wasser gelegene Hotel der Luxusklasse hat 313 geräumige und modern eingerichtete Zimmer, alle mit Seeblick. Das Hotel ist von einer großen Gartenanlage umgeben. Auf dem gleichen Gelände befindet sich das Dragonara Palace Casino und der Reef Club Strand Lido, wo die Schönen und Reichen zusammentreffen. Es gibt eine Auswahl an acht Restaurants, verschiedene Bars, Einkaufsmöglichkeiten, drei Swimmingpools (eines davon Hallenbad), Fitness- und Schönheitsprogramme sowie eine Tauchschule.*

Golden Tulip ****, *Vivaldi Hotel, Dragonara Road, St. Julian's STJ, ☏ 21 378 100, 🖷 21 378 101, www.goldentuliphotels.nl/gtvivaldi. Das Konferenzhotel befindet sich direkt an der Uferpromenade, nur zwei 2 Minuten vom Casino entfernt. Es gibt 205 Zimmer, alle mit Klimaanlage und den üblichen Einrichtungen sowie ein breites Angebot an Fitnesseinrichtungen, wie Swimmingpools, Sauna und Türkischem Bad.*

Lion Court **, *9 Nursing Sisters Street, St. Julian's, ☏ 21 336 251/2. Lion Court liegt etwas landeinwärts und wird sehr familiär geführt. Es gibt 16 zweckmäßig eingerichtete Zimmer.*

Pinto Guesthouse, *Sacred Heart Avenue, St. Julian's SLM 13, ☏ 21 313 897, 🖷 21 319 852. Zentral gelegenes, schlichtes Gästehaus mit Sonnenterrasse auf dem Dach. 23 saubere, geräumige Zimmer mit schöner Aussicht.*

Restaurants/Cafés

SLIEMA

Black Pearl, *Yacht Marina, Ta' Xbiex, ☏ 21 343 970, geöffnet: Mo-Fr 12-15 Uhr, 19-23 Uhr, Sa 19-23 Uhr, So 12-15 Uhr. Das alteingesessene Restaurant befindet sich in dem auf Land gesetzten Segelschiff, das in der Verfilmung des Comics „Popeye" mitgewirkt hat. Mittlere Preisklasse.*

Ta' Kolina, *151 Tower Road, Sliema, ☏ 21 335 106, geöffnet: Mo-Sa 18-22 Uhr. Das Ta' Kolina bietet eine freundliche und gemütliche Atmosphäre, netten Service und solide Speisen – insbesondere die Fischgerichte sind zu empfehlen. Mittlere Preisklasse.*

Maroya, *Qui-si-sana, Sliema, ☏ 21 346 920. Trotz der merkwürdigen Lokalität im ersten Stock eines Apartmenthauses, erfreut sich das Maroya großer Beliebtheit. Einige Tische stehen draußen auf dem Bürgersteig. Freundlicher Service, bodenständige Küche, viel Stammpublikum. Mittlere Preisklasse.*

Blondino Restaurant, *15 Ghar il-Lembi Street, Sliema, ☏ 21 344 605, 🖷 21 420 902, geöffnet: 12-14 Uhr und 18-22 Uhr. Nettes und unkompliziertes Restaurant. Günstig.*

Die Black Pearl beherbergt ein Restaurant

ST. JULIAN'S UND PACEVILLE

Barracuda, *195 Main Street, St. Julian's SLM 05, ☏ 21 331 817, www.wgc-group.com, geöffnet: täglich 6.30-22.30 Uhr. Elegantes Restaurant mit Blick auf die Balluta Bay und den Portomaso-Komplex. Der Balkon wird als eine der romantischsten Lokalitäten auf Malta bezeichnet, besonders schön ist es, bei Mondschein die italienischen oder maltesischen Gerichte – auch vegetarisch – zu genießen. Das Barracuda ist besonders bei Geschäftsleuten und bei „VIP's" beliebt. Gehobene Preisklasse.*

Ghonella Restaurant, *Spinola Palace, Triq-il-Knisja, St. Julian's, ☏ 21 341 027, www.ghonella.com, geöffnet: täglich 19-22.30 Uhr. Das romantische Restaurant ist in den Kellergewölben des Spinola Palace untergebracht. Hier kann man italienische und internationale Küche in angenehmer, stilvoller Atmosphäre genießen. Im Sommer gibt es auch Gartenservice. Mittlere bis gehobene Preisklasse.*

San Giuliano, *4 St. Joseph Street, St. Julian's STJ 10, ☏ 21 352 000, geöffnet: täglich 12-14.30 Uhr, 18-23 Uhr. Das elegante Restaurant liegt direkt an der Uferpromenade und bietet schöne Blicke über die Bucht von St. Julian's. Internationale Schauspieler, die sich zu Dreharbeiten auf Malta aufhalten, werden hier „gesichtet". Das San Giuliano gilt als eines der besten Restaurants der Insel. Italienische Küche, auch vegetarisch. Gehobene bis obere Preisklasse.*

Peppino's, *31 St. George's Road, St. Julian's, ☏ 21 373 200, geöffnet: Mo-Sa 12-15 Uhr, 19-22.30 Uhr. Peppino's besteht aus zwei Teilen: Im Erdgeschoss befindet sich eine lebhafte Weinbar, in den beiden Stockwerken darüber das eher formale Restaurant. Vom 2. Stock hat man Zugang zur Terrasse, von wo aus man einen wunderschönen Blick über die Spinola Bucht genießen kann. Die Küche ist italienisch und französisch. Der freundliche Service und die entspannte Atmosphäre machen Peppino's zu einem beliebten Treffpunkt. Gehobene bis obere Preisklasse.*

Bouzouki II, *Spinola Road, St. Julian's, ☏21 387 127, 21 366 943, geöffnet: Mo-Sa 19-23 Uhr. Das lange etablierte griechische Restaurant bietet freundlichen Service und ausgezeichnete Küche. Besonders köstlich sind die Lammgerichte. Im Sommer kann man auch draußen sitzen und den herrlichen Blick über die Spinola Bay genießen. Mittlere bis gehobene Preisklasse.*

La Dolce Vita, *155 St. George's Road, St. Julian's, ☏ 21 378 829, geöffnet: täglich 12-15 Uhr, 18.30-23 Uhr. Das beliebte, etablierte Lokal ist eigentlich immer voll. Von den beiden Terrassen hat man einen herrlichen Blick auf die Spinola Bay. Mediterrane, italienische und maltesische Küche, auch vegetarisch. Gehobene Preisklasse.*

La Maltija, *1 Church Street, Paceville, ☏ 21 339 602, www.lamaltija.com, geöffnet: Mo-Sa 18-23 Uhr. In einem alten Stadthaus untergebrachtes maltesisches Spezialitätenrestaurant. Auch vegetarische Gerichte. Freundlicher Service und gemütliches Ambiente. Mittlere Preisklasse.*

Ausgehen

CLUBS/DISKOTHEKEN

In St. Julian's/Paceville gibt es eine Reihe von Clubs und Diskotheken, die bis in die frühen Morgenstunden geöffnet sind.

Die bekanntesten sind das alteingesessene **Axis** *und das neuere* **Fuego**, *beide in Paceville.*

Bay Street Tourist Complex, Bay Street, *www.baystreet.com.mt, ist* **der** *Treffpunkt schlechthin und bietet alles, was das moderne Urlauberherz begehrt: Discos, Clubs, MacDonalds's, einarmige Banditen, ein Hard Rock Café, Kinos, ein argentinisches Steakhouse und eine Einkaufsmeile.*

SPIELCASINO

Dragonara Casino, *Dragonara Palace, St. Julian's STJ 02, ☏ 21 382 362-4, www.dragonara.com Das erste Casino Maltas erfreut sich nach wie vor großer Beliebtheit. Es liegt direkt am Wasser.*

KINOS

Eden Century Cinema, *St. Julian's, ☏ 21 376401*

IMAX, *St. George Bay, ☏ 21 380 600.*

Einkaufen

*In Sliema in der Bisazza Street befindet sich Maltas größtes Einkaufszentrum, „***The Plaza***". Hier bekommt man alles, was das Herz begehrt: Bücher, CD's, Kleidung, Kosmetik, Elektronik, Schuhe und Blumen.*

Attraktionen

Splash&Fun Park, *Bahar ic-Caghaq, ☏ 21 374 283, www.splashandfun.com.mt, geöffnet: tgl. 9-spät.*

Mediterraneo Marine Park, *White Rocks, Bahar ic-Caghaq, ☏ 21 372 218, www.marinepark malta.com, geöffnet: Apr.-Sept. 10-17.30 Uhr, Okt.-Dez. 10-16.30 Uhr, Okt.-Dez. Mo geschlossen. Hier kann man Tiere aus nächster Nahe kennenlernen: Schwimmen mit Delphinen, Schlangen anfassen, Seelöwen küssen…*

Regionale Reisetipps zu den nördlichen Landesteilen (Seite 226)

Unterkunft

ST. PAUL'S BAY

Gillieru Harbour Hotel **,** *Church Square, St. Paul's Bay SPB 01, ☏ 21 572 720 🖷 21 572 745, wwww.gillieru.com, Das Hotel liegt sehr nett in dem alten Teil von St. Paul's. Es hat 50 modern eingerichtete Zimmer, ein nettes Restaurant und verfügt über eine eigene Tauchschule.*

New Dolmen **,** *Qawra, St. Paul's Bay SPB 05, ☏ 21 581 510, 🖷 21 581 532. Das beliebte, auf Familien eingestellte Großhotel hat ein umfangreiches Sportangebot. Es gibt zwei Pools und ein Hallenbad. Im Casino Oracle kann man sein Glück versuchen; www.dolmen.com.mt.*

Corinthian Mistra Village Clubhotel **,** *Xemxija Hill, St. Paul's Bay SPB 15, ☏ 21 580 481, 🖷 21 582 941, www.maltahotels.net. Das Urlauberdorf gehört zur erfolgreichen Corinthian Gruppe. Es liegt auf einem Hügel über der St. Paul's Bay und bietet einen wunderschönen Blick auf die Xemxija*

Bay zur einen und ins Mistra-Tal zur anderen Seite. Die Hotelzimmer und Apartments für Selbstversorger sind mit bis zu drei Schlafzimmern ausgestattet. Zur Anlage gehören Restaurants, aber man kann sich die Mahlzeiten auch selbst zubereiten. Alle Gäste haben Zugang zum Mistra Sports Centre mit Tennis- und Squashplätzen, Tauchschule, Hallenbad, Swimmingpools, Fitnessraum und Sauna. Außerdem wird ein umfangreiches Animationsprogramm auch für Kinder geboten.

MELLIEHA

Grand Hotel Mercure Coralia Selmun Palace ****, *L/O Mellieha MLH 04, ☏21 521 040, 🖷 21 521 060, www.destinationmalta.com . Das Hotel liegt auf einer Anhöhe zwischen St. Paul's Bay und Mellieha Bay. Von hier aus hat man einen schönen Blick über das Umland. Das alte Schloss Selmun aus dem 18. Jh. wurde in die moderne Hotelanlage integriert. Es gibt 138 Zimmer und 16 Suiten, alle mit Klimaanlage und TV ausgestattet sowie einen Meerwasserswimmingpool und eine Sauna. Der nächste Strand ist 5 Autominuten entfernt. Es gibt einen kostenlosen Transfer zu verschiedenen Stränden.*

Hotel Panorama ***, *Dun Balen Azzopardi Street, Mellieha MLH 06, ☏ 21 521020, 21 523 423, 🖷 21 523 400. Vom Hotel hat man einen schönen Blick über Maltas Norden. Es gibt 56 Zimmmer und ein Restaurant.*

MARFA RIDGE

Paradise Bay Resort Hotel ****, *Marfa Road, Mellieha MLH 02, ☏ 21 521 166, 🖷 21 521 153, www.paradise-bay.com. Das Hotel, ein funktionaler, moderner „Klotz", liegt zwischen der Paradise Bay und dem Fähranleger nach Gozo. Alle Zimmer (mit 2, 3 oder 4 Betten) haben einen Balkon mit Meersblick. Es gibt diverse Restaurants und Bars, ein Hallenbad, verschiedene Swimmingpools, ein Spielzimmer sowie Squash- und Tennisplätze und einen hauseigenen Strand. Die Einrichtungen sind behindertengerecht.*

Ramla Bay Resort ****, *Ramla Bay, Marfa MLH 02, ☏ 21 522 181/4oder 21 573 521/3, 🖷 21 575 93. Nett gelegenes Hotel mit Blick auf Comino. Es gibt 118 Zimmer, viele davon mit Seeblick sowie 45 Studios mit 1 oder 2 Zimmern für Selbstversorger. Zum Resort gehören verschiedene Restaurants und Bars, eine Minigolfanlage sowie Tennisplätze. Der Ocean Club bietet vielfältige Wassersportmöglichkeiten, u.a auch Tretbootverleih am hauseigenen Sandstrand.*

Restaurants

ST. PAUL'S BAY

Gillieru, *Church Street, St. Paul's Bay, ☏ 21 573 480, geöffnet: täglich 12.30-14.30 Uhr und 19.30-22.45 Uhr. Das große, beliebte und familienorientierte Fischrestaurant gilt als eines der besten auf Malta. Es gibt auch vegetarische Gerichte. Am Wochenende ist es oft sehr voll. Es liegt auf einer Terrasse, die ins Meer gebaut ist. Man kann drinnen und draußen speisen. Mittlere Preisklasse.*

Fra Ben, *Qawra Road, Qawra, ☏ 21 573 405, geöffnet: täglich 10-16 Uhr, 19-23 Uhr. Das nette Restaurant liegt am Qawra Tower an der Spitze der Landzunge. Bodenständige Küche und guter Service machen Fra Ben zu einem beliebten Treffpunkt. Mittlere Preisklasse.*

Ta' Cassia Farmhouse, *Qawra Road, St. Paul's Bay, ☏ 21 571 435 geöffnet: Mo-Sa 18-22 Uhr, S 12-15 Uhr. Das Restaurant liegt etwas abseits in Richtung Kennedy Memorial Grove. In nachgebauten Pferdeställen inmitten eines Gartens bietet das Restaurant wohlschmeckende Speisen in gemütlicher rustikaler Atmosphäre.*

Da Rosi Ristorante, *45 Church Street, St. Paul's Bay, ☏ 21 571 411, 21 577 312, geöffnet: Di-Sa 18.30-23 Uhr, So 11.30-15 Uhr, 2 Wochen im Februar geschlossen. Kleines, charmantes Familienrestaurant. Solide mediterrane Küche, auch vegetarische Gerichte. Reservierung wird empfohlen. Mittlere Preisklasse.*

Gelateria Capuccio, *St. Paul's Bay, direkt im Ortszentrum gelegene, nette Eisdiele, wo man außer leckerem Eis auch Pfannkuchen essen kann.*

MELLIEHA

The Arches, *113G. Dr. G. Borg Olivier Street, Mellieha, ☏ 21 520 533, geöffnet: Mo-Sa 7-22.30 Uhr, im Sommer So geschlossen. Das seit Jahrzehnten fest etablierte Restaurant bietet mediterrane Küche und eine ausführliche Weinkarte. Wöchentlich wechselnde Speisekarte, auch vegetarische Gerichte. Gehobene Preisklasse.*

Giuseppi's Wine Bar&Restaurant, *25 St Helen Street/Ecke Hauptstraße, Mellieha, ☏ 21 574 882, geöffnet: Di-Sa 19.30-spät, an Feiertagen geschlossen. Das etablierte Lokal bietet gute und phantasievolle maltesisch-sizilianische Küche in gemütlich rustikaler Atmosphäre. Michael Diacono, der Inhaber und Küchenchef, gilt als Maltas und Gozos experimentierfreudigster Koch, oft ist er in Kochsendungen im Fernsehen zu sehen. Monatlich wechselndes Menu und wohlsortierte Weinkarte. Auch vegetarische Gerichte. Mittlere bis gehobene Preisklasse.*

MGARR

Rechts neben der großen Kuppelkirche liegen das **Charles il-Barri** *und das* **Sunny** *gleich nebeneinander. Beide Lokale sind typische Dorfgasthäuser, wo hauptsächlich Einheimische hingehen, um fenek (Kaninchen) zu essen.*

Ausgehen

*Im Norden der Insel gibt es zahlreiche Bars und Diskotheken. Die großen Hotels (***Sol Suncrest**, **New Dolmen***) verfügen über eigene Diskotheken.*

Daneben gibt es unzählige überwiegend britisch geprägte **Bars** *und* **Kneipen**, *hauptsächlich entlang der Triq il-Turisti und rund um Misrah il-Bajja.*

Das **Oracle Casino** *beim New Dolmen Hotel ist weniger formell als das* **Dragonara Casino** *in St. Julian's.*

KINO

Das **Empire Cinemas** *in Bugibba, ☏ 21 581 787 oder 21 581 909 hat vier Leinwände und zeigt die „letzten Hits".*

Strände/Sporteinrichtungen

Die meisten größeren Hotels verfügen über Fitnessräume und Tennis- und Squashplätze. Im **Hotel Sol Suncrest** *kann man Kegeln.*

Die **Wassersportzentren** *an den Ufern von* **Qawra** *und* **Bugibba** *bieten Möglichkeit zum Tauchen, Wasserski und Windsurfen.*

Feste/Feiern

Am 8. September findet in Mellieha eine **Festa zu Ehren „Our Lady of Victory"** *statt. Auf dem Kirchplatz werden nach der Prozession traditionelle A-Capella-Lieder vorgetragen. Das Fest dauert in der Regel bis spät in die Nacht.*

Maltesischer Wein

Farmer's Wine Cooperative Society Ltd., *Burmarrad Road, Bur Marrad, ☏ 21 573 799, ist eine in den späten 1960er Jahren gegründete landwirtschaftliche Produktionsgemeinschaft verschiedener Winzer der Umgebung. Wenn man Glück hat und die Türen geöffnet sind, kann man direkt ab Lager kaufen.*

Olivenöl

Sam Cremona, *Wardija, zwischen Mosta und dem Norden gelegen,* ☏ *21 582 294. Die maltesische Olivenölproduktion war bereits eines „natürlichen Todes" gestorben, und das beliebte Öl wurde aus anderen Ländern importiert, als Sam Cremona eine Idee hatte: Es sei ein Jammer, dass auf Malta kein Olivenöl hergestellt würde, denn die Insel verfüge über das ideale Klima und die geeignete Erde, damit Olivenbäume wachsen können. Sam begann, Olivenbäume in seinem eigenen Garten zu pflanzen und kaufte eine Olivenpresse. Mit großem Aufwand machte er sich an die Vermarktung durch Fernseh- und Radiowerbung und Zeitungsanzeigen. Es dauerte nicht lange, bis auch andere Leute Olivenbäume pflanzten oder ihre Oliven bei ihm verarbeiten ließen.*

Besichtigungen/Attraktionen

Die Wachtürme *entlang der Küste werden von der Organisiation Din l-Art Helwa, dem maltesischen Denkmalschutz, betreut.* *S. 117, Stichwort „Organisationen"*

Burmarrad, San Pawl Milqi, *derzeit geschlossen (Stand 2008)*

Fort Madliena, *Führungen: Sa 14-16 Uhr. Bus Nr. 68 von Valletta und Nr. 70 von Bugibba. Fort Madliena wurde während der britischen Kolonialzeit erbaut.*

Ghadira Wetland, Mellieha Bay, ☏ *21 572 603, www.birdlifemalta.org, geöffnet: Nov.-Mai Sa, So 10-16 Uhr.*

Ghallis Tower, *Salina Bay, geöffnet: 1. So des Monats 9.30-12 Uhr. (Din L-Art Helwa)*

Mellieha, Church of our Lady, *geöffnet: Juni bis September täglich 8-12 Uhr und 17-19 Uhr, Oktober bis Mai täglich 8-12 Uhr und 16-18 Uhr, Messe 8.30 Uhr. Grotto of our Lady tgl. 8-18 Uhr.*

Mgarr Second World War Shelter, *unter dem Restaurant il Barri gelegen. Der 12 m tiefe, insgesamt 225 m lange Tunnel wurde von Hand gegraben. Zu besichtigen Di-So 9-14 Uhr, So 9-11 Uhr.*

Mgarr, Ta' Hagrat Temples Di 9.30-11 Uhr

Mgarr, Tempra Collection of Contemporary Art, *Municipal Council, Church Square,* ☏ *21 520 011, geöffnet Mo-Fr 10-16 Uhr. 203 Werke von 102 Künstlern aus 42 Ländern.*

Sweethaven Village, *Anchor Bay, Mellieha,* ☏ *21 524 782/3/4, www.popeyemalta.com, geöffnet: täglich Juni-Sept 9.30-19 Uhr, Okt., Marz-Mai 9.30-17.30 Uhr, Nov., Jan. und Febr. 9.30-16.30 Uhr, So und Feiertage 9.30-20.00. Filmkulisse des 1980 gedrehten Films „Popeye". Ein Funpark, eine Animationsshow, ein Film über die Dreharbeiten und eine 15 min. Bootsfahrt gehören zu den Attraktionen des Sweethaven Village.*

Qalet Marku Tower, *Bahar ic-Caghaq, geöffnet: 1. So des Monats 9.30-12 Uhr. (Din L-Art Helwa)*

St. Agatha's Tower (Red Tower), *Marfa Ridge,* ☏ *21 215 222, 523 844, geöffnet: Juni-Sept. Mo-Do 10-17 Uhr, Fr-So 10-16 Uhr, Okt.-Mai tgl. 10-16 Uhr.*

Wignacourt Tower, *St. Paul's Bay,* ☏ *21 215 222, geöffnet: Mo-Mi, Fr, Sa 9.30-12.30 Uhr. Bus Nr. 49 und 70 von Valletta. (Din L-Art Helwa)*

Zebbieh, Skorba Temples Di 11.30-13 Uhr

Regionale Reisetipps zur Zentralen Mitte (S. 242)

Parken in Mdina

Rechts vor dem Stadttor Mdinas befindet sich ein großer gebührenfreier Parkplatz, links davon öffentliche WCs.

Hinter der schönen Fassade verbirgt sich das Xara Palace Hotel

Unterkunft

ATTARD/BALZAN

Corinthia Palace Hotel *****, *De Paule Avenue, Balzan BZN 02, ☏ 21 440 301, 🖷 21 465 713, www.corinthia. com. Corinthia Palace bietet alle Annehmlichkeiten und den internationalen Standard eines 5-Sterne-Hotels. Es gibt 158 elegant ausgestattete Zimmer bzw. Suiten. Das Frühstücksbuffet ist großartig, besonders köstlich ist der frischgepresste Blutorangensaft. Im Innenhof des großzügig angelegten modernen Grandhotels befindet sich ein Wellnessbereich. Dazu gehören veschiedene Fitnesseinrichtungen, ein Schönheitsstudio, ein Hallenbad und ein Swimmingpool. Der Corinthia Palace liegt im Zentrum der Insel, unweit des Regierungspalastes und der San Anton Gardens. Die Busverbindungen in die Stadt sind gut, das Hotel bietet aber auch einen kostenlosen Busservice nach Sliema, Valletta und zum Golfplatz in Marsa.*

MDINA/RABAT

Xara Palace Hotel *****, *Misrah il-Kunsill, Mdina RBT 12, ☏ 21 450 560 🖷 21 452 612, www.xarapalace.com.mt. Das Xara Palace Hotel ist ein absolutes Highlight. Es gehört zur noblen Hotelkette Relais&Chateaux und ist in einem alten Palast aus dem 17. Jh. direkt an der Stadtmauer Mdinas, nur wenige Schritte vom Main Gate, untergebracht. Eleganz und Exklusivität machen den Charakter dieses schönen Hotels aus. Es bietet sich insbesondere für Individualreisende oder kleine Gruppen an. Die siebzehn individuell gestalteten Suiten sind mit Antiquitäten möbliert, bieten aber sämtliche moderne und technische Einrichtungen, die man von einem Luxushotel erwartet. Von der Dachterrasse und vom Restaurant hat man herrliche Blicke über die Insel. Zum Hotel gehört eine Trattoria, die auch Nicht-Hotelgästen zur Verfügung steht (siehe unten). Obere Preisklasse.*

Point de Vue, *5 Saqqajja, Rabat RBT 12, ☏ 21 454 117. Das schlichte, preiswerte und lang etablierte Gästehaus (eröffnet 1898) liegt unweit des Busbahnhofes. Das Haus stammt in seinen Ursprüngen aber bereits aus dem 17. Jh. Alle 12 Zimmer (mit 1-, 2-, 3-Betten) sind mit Bad und WC ausgestattet. Einige Zimmer haben einen Balkon, von dem man eine schöne Aussicht über das umliegende Land genießen kann. Ein einfaches Restaurant mit Snack Bar, Caféteria und Pizzeria ist angeschlossen.*

Restaurants

MDINA/RABAT

The Mdina, *7 Holy Cross Street, Mdina, ☏ 21 454 004, geöffnet: Mo-Sa ab 19 Uhr. Das kleine, stilvoll eingerichtete, lang etablierte Lokal ist in einem schönen Stadthaus untergebracht. Die Küche ist französisch, mediterran und maltesisch. Es gibt auch vegetarische Gerichte. Besonders schön ist es im*

Innenhof, man sollte dafür allerdings vorher reservieren, da diese Plätze sehr begehrt sind. Gehobene Preisklasse.

Bacchus, *Inguanez Street, Mdina, ☏21 454 981, www.bacchus.com.mt, geöffnet: täglich 12-15 Uhr, 18-23 Uhr. Gepflegtes, teures Restaurant der Spitzenklasse in einem alten Gewölbe. Serviert werden internationale Spezialitäten, auch vegetarisch. Die Atmosphäre ist etwas steif, doch bietet sich die Größe des Bacchus für offizielle Anlässe, wie Hochzeiten, an. Mittagessen mittlere Preisklasse, Abendessen gehobene Preisklasse.*

Ciappetti, *5 St. Agatha's Esplanade, Mdina, ☏ 21 459 987, geöffnet: Di-So 12-15 Uhr, Di-Sa 19-22 Uhr. Die Brasserie Ciappetti liegt direkt an der Stadtmauer und ist in einem wunderschönen, alten Stadthaus untergebracht. Einige Mauern stammen angeblich noch aus normannischer Zeit. Am schönsten ist es im Sommer im Innenhof. Geboten wird phantasievolle mediterrane Küche zu moderaten Preisen.*

Trattoria AD 1530, *The Xara Palace, Misrah il-Kunsill, ☏ 21 450 560, ext. 413, geöffnet: tgl. 11-22.30 Uhr. Die Trattoria gehört zum Xara Palace Hotel und bietet mediterrane, italienische und maltesische Küche in gemütlich-rustikaler Atmosphäre. Auch vegetarische Gerichte. Besonders schön ist es, an lauen Abenden draußen zu sitzen. Mittlere Preisklasse.*

Fontanella Tea Gardens *Bastion Street 1, Mdina, ☏ 21 450 208, geöffnet: tgl. 10-19 Uhr Café, 19-24 Uhr Weinbar. Das eingesessene Café liegt an und auf der Stadtmauer und bietet ein gutes Sortiment an maltesischen Backwaren und Snacks. Von hier aus hat man einen wunderschönen Blick über die Ebene bis hin nach Valletta. Günstig*

Palazzo Notabile, *Villegaignon Street, Mdina, ☏ 21 454 625, geöffnet: Mo-Sa 10-16.30 Uhr, Sa 19-23 Uhr, So unterschiedliche Öffnungszeiten. Das in den Gewölben eines alten Adelspalastes eingerichtete Restaurant mit angefügter Caféteria ist auf Urlauber eingestellt, die ein schnelles Mittagessen wünschen. Im Restaurant gibt es maltesische und italienische Gerichte, in der Caféteria Kuchen und belegte Brote. Günstig.*

Grotto Tavern, *Parish Square, Rabat, ☏ 21 455 138, www.grottotavern.com, geöffnet: Di-So 12-15 Uhr, Di-Sa 19-22.30 Uhr. Da der französische Küchencef Didier jahrelang in der Schweizer Gastronomie tätig war, gibt es hier Fondues und Raclette, aber auch maltesische Küche, die mit Raffinesse zubereitet wird. Die gemütliche Taverne in gewölbten Kellerräumen bietet eine behagliche und ungezwungene Atmosphäre, auch dank der unkomplizierten, aber sehr aufmerksamen Betreuung von Didiers maltesischer Frau Sandra und ihrem Team. In einer zweitausend Jahre alten Grotte wird der Wein gelagert, den man dort auch verkosten kann. Mittlere Preisklasse.*

Point de Vue, *5 Saqqajja, Rabat, ☏ 21 454 117, geöffnet: tgl. 8-23 Uhr. Pizzeria, Restaurant, Bar und schlichte Unter-kunft (siehe oben) in einem. Es gibt fünfzehn verschiedene Pizzen. Günstig.*

Baron's Snack Bar and Restaurant, *Triq ir Republica, Rabat. Freundliches, altmodisches Lokal mit vorwiegend einheimischen Gästen. Nett für den kleinen Hunger zwischendurch.*

Caffe Mdina, *Villegaignon Street, Mdina. Leckere Blätterteigtaschen und andere Kleinigkeiten zu moderaten Preise.*

MOSTA

The Lord Nelson, *278 Triq il-Kbira (Main Street), Mosta, ☏ 21 432 590, geöffnet: Di-Sa 19.30-22,30 Uhr, So und Mo geschlossen sowie in der ersten Januarwoche und 3 Wochen im August. Die ehemalige Dorfkneipe, nicht weit von der Kuppelkirche entfernt, wurde von den Besitzern in dieses beliebte Restaurant umgewandelt. Das Lord Nelson bietet eine gute Auswahl an französischer und mediterraner Küche und ist auch für Vegetarier geeignet. Viel Stammpublikum kommt hierher, und es empfiehlt sich, vorher zu reservieren. Mittlere bis gehobene Preisklasse.*

Ta' Marija Restaurant, *Constitution Street, Mosta, ☏ 21 43 44 44, geöffnet: Mi-So zum Lunch sowie tgl 18.30-22 Uhr. Das lang eingessene Ta' Marija liegt schräg gegenüber der Pfarrkirche. Es bietet mal-*

tesische Spezialitäten und manchmal maltesische Folkloreabende für Gruppen. Geöffnet zum Lunch und Dinner. Mittlere bis gehobene Preisklasse.
La Fragda, Dolceria&Caféteria, *Pjazza Rotunda, Mosta, ☎ 21 418 924. Gegenüber der Kuppelkirche gelegenes kleines Café im Familienbetrieb. Es gibt hausgemachte Pasti und andere köstliche Snacks. Günstig.*

DINGLI

Bobbyland Bar and Restaurant, *Panoramic Road Dingli Cliffs, Dingli RBT 11, ☎ 21 452 895, geöffnet: Di-Do zum Lunch, Fr-So Lunch und Dinner. Lang etabliertes Restaurant in herrlicher Lage hoch über den Dingli Cliffs. Die Küche ist ausgezeichnet, die Spezialität des Hauses ist fenek (Kaninchen), ein Grund, warum das Lokal bei Einheimischen so beliebt ist. Am Wochenende wird es daher oft recht voll. Für Kinder gibt es einen Kinderspielplatz. Das Bobbyland hat eine lange Geschichte. Es entstand 1983 aus der bereits 1970 eröffneten kleinen Bar, doch reichen die Ursprünge auf eine Signalstation zurück, die hier in den 1940er und 1950er Jahren stand. Bobby, der in dieser Gegend seine Schafe hütete, war ein Freund der Leute, die dort beschäftigt waren und brachte ihnen oft kleine Erfrischungen – so wurde er später zum Namensgeber dieses netten Restaurants. Günstig.*

BAHRIJA

North Country Bar, *North Country Bar and Restaurant, Bahrija, L/O Rabat, ☎ 21 456 688, 21 456 763, geöffnet: Di-Sa 18-23 Uhr, So 12-14 Uhr, So abend und Mo geschlossen. Die North Country Bar ist sicherlich eine der „ersten" Adressen, wenn man Kaninchen nach maltesischer Art essen möchte. Bahrija liegt abgeschieden, ist aber von Rabat ausgeschildert. Die Atmosphäre ist sehr nett, besonders am Wochenende, wenn viel einheimisches Stammpublikum zum Kaninchenessen kommt. Die Zubereitung der Speisen ist einfach, aber köstlich, und der Tischwein fließt reichlich. Wer kein Kaninchen mag, kann auch Pferdefleisch wählen.*

Im Dorf gibt es noch drei weitere Restaurants, die ebenfalls Kaninchen anbieten: **St. Martin**, *☎ 21 450 733, 21 456 781 (Bar, Restaurat, Pizzeria, Caféteria), die* **New Life Bar**, *☎ 21 456 730/6 und die* **Ta' Gagin Bar**, *☎ 21 450 825.*

Einkaufen

Ta' Qali Crafts Village, *☎ 415786, Mo-Fr 9.30-16.30, Sa 9.30-12.30 Uhr. In den Hangars und Kasernen des ehemaligen Flugplatzes hat die maltesische Regierung zahlreiche einheimische Handwerksbetriebe angesiedelt, die Keramik, Töpfer- und Korbwaren, Filigranarbeiten, Strickartikel und Souvenirs aller Art (selbst Ritterrüstungen) verkaufen. Das Kunsthandwerkerdorf liegt auf halber Strecke zwischen Attard und Mdina, auf Wunsch hält der Linienbus an der Straßenecke.*
Beliebt ist die Glasbläserei **Mdina Glass**. *Man kann den Glasbläsern bei ihrer Arbeit zuschauen, und auf Wunsch werden auch Führungen veranstaltet. Die Glaswaren von Mdina Glas sind für ihre ungewöhnlichen Formen und interessanten Farben bekannt.*
Mdina Glass Ltd., *Crafts Village, Ta' Qali, ☎ 21 415 786.*
Phoenizian Glassblower: *Hut 140, Crafts Village, Ta' Qali, ☎ 21 437 041, www.phoenicianglass.com.*

Wochenmarkt

In Birkirkara und Zebbug findet Mo-Sa jeweils vormittags ein **Wochenmarkt** *statt.*

Maltesischer Wein

Meridiana, *The Estate, Ta' Qali BZN 09, ☎ 21 413 550.*

Feste/Feiern

*Am 29. Juni findet in Mdina/Rabat am St. Peter und St. Paul-Tag das populäre „***Lichterfest***“* **Mnarja** *statt. Das Volksfest geht vermutlich auf heidnische Fruchtbarkeitsbräuche zur Sonnenwende am 21. Juni und christliche Feiern zum Johannestag am 24. Juni (Johannesfeuer) zurück. Diese Tradition wurde schon vor der Ankunft der Johanniter auf der Insel eingeführt. Am Abend des 28. Juni beginnt das Fest in den erleuchteten Buskett Gardens. Am 29. Juni wird in der Kathedrale von Mdina eine Messe abgehalten, gefolgt von einer aufwändigen Prozession.*

Weltlicher geht es bei den **Pferde- und Eselrennen** *am Nachmittag des Festtages zu. Es wird gesungen, getanzt, gegessen und getrunken. Besuchern bietet das Fest die Möglichkeit, fenek (Kaninchen) zu probieren. Bis Anfang dieses Jahrhunderts war das Lichterfest der traditionelle Heiratsmarkt der Insel, zu dem die Bauern ihre heiratsfähigen Kinder mitbrachten und Eheverträge aushandelten. In den San Anton Gardens werden im Sommer im Rahmen des Malta-Festes* **Theaterstücke** *auf einer Freilichtbühne aufgeführt. Regelmäßig werden (in englischer Sprache) Stücke von Shakespeare dargeboten, daneben gibt es aber auch Vorführungen in maltesischer Sprache.*

Besichtigungen/Attraktionen

ZWISCHEN VALLETTA UND MDINA

Aviation Museum, *Ta' Qali, Rabat, ☏ 21 416 095, geöffnet: täglich 9-17 Uhr, außer Karfreitag, Ostersonntag, 15. August, Weihnachten und Neujahr, Eintritt: Erwachsene 1,50 Lm, Kinder 50 cents. Links neben dem National Stadium unweit vom Craft Village gelegen. Von Valletta Bus Nr. 80 und 81, von St. Julians Nr. 65 und von Bugibba Bus Nr. 86. Das Museum dokumentiert die Geschichte der maltesischen Luftfahrt.*

Romeo Romano Garden, *frei zugänglicher, für das 18. Jahrhundert typischer formaler Garten hinter der Casa Leoni. In einem hübsch restaurierten Bauernhaus befindet sich eine kleine Sammlung alter landwirtschaftlicher Geräte und Möbel.*

Mosta Rotunda Church, *geöffnet: 5-12 Uhr und 15-20 Uhr.*

Naxxar, *„Our Lady of Victory“. Im kleinen Kirchmuseum kann man Statuen aus dem 17. Jh. sehen. Eintritt frei, um eine Spende wird gebeten.*

Palazzo Parisio, *Victory Square, Naxxar, ☏ 21 412 461, geöffnet: Mo-Fr (außer an öffentlichen Feiertagen) 9-16, Führungen finden jeweils zur vollen Stunde statt, Bus Nr. 65 von Sliema und Mosta, Nr. 55 von Valletta. In der netten lizensierten Caféteria gibt es leichte Erfischungen, und der Souvenir- und Buchladen lädt zum Stöbern ein. Palazzo Parisio ist ein wunderschöner Stadtpalast aus dem 19. Jh. mit herrlicher Gartenanlage! www.palazzoparisio.com.*

MDINA

St. Paul's Cathedral, *geöffnet: Mo-Fr 9.30-16.30 Uhr, Sa 9.30-15.30 Uhr.*

Cathedral Museum, *☏ 21 454 697, geöffnet: Mo-Fr 9-16.30 Uhr, letzter Einlass 16 Uhr, Sa 9-15.30 Uhr.*

National History Museum, *Vilhena Palace, ☏ 21 455 951, www.heritagemalta.org, geöffnet: tgl. 9-17 Uhr.*

Audiovisuelle „Zeitreisen“:

1) **The Mdina Experience**, *7 Mesquita Street, ☏ 21 454 322, geöffnet: Mo-Fr 10.30-16 Uhr.*

2) **The Knights of Malta**, *14/19 Casa Magazzini, Magazine Street, ☏ 21 451 342.*

3) **Medieval Times Experience**, *Palazzo Costanzo, Villegaignon Street, ☏ 21 454 625, geöffnet: Mo-Sa 9.30-21.30 Uhr.*

Palazzo Falson, *St. Publius Square, ☎ 21 450 267, www.palazzofalson.com, geöffnet: Di-So 10-16.30 Uhr. Wunderschöne Inneneinrichtung in einem der ältesten Paläste Maltas.*

RABAT
St. Agatha's Crypt, *Catacombs and Museum, ☎ 21 454 419, geöffnet: Mo-Fr 9-16.30 Uhr, Sa 9-12.30 Uhr.*
Museum of St. Paul's Church at Wignacourt College, *☎ 21 454 697, geöffnet: Mo-Fr 10-15 Uhr, Sa 10-13 Uhr. Ein Sammelsurium an Gemälden, Münzen, Möbeln und Erinnerungsstücken an den 2. Weltkrieg.*
St. Paul's Catacombs, *☎ 21 454 562, www.heritagemalta.com, tgl. 9-17 Uhr.*
St. Paul's Church and Grotto, *Mo-Sa 9-17 Uhr.*

Regionale Reisetipps zum Süden und Südosten

(S. 273)

Unterkunft
MARSASKALA
Corinthia Jerma Palace ****, *Dawret it-Torri, Marsaskala ZBR 10, ☎ 21 633 222, 🖷 21 639 496, www.corinthiahotels.com. Das Hotel hat 326 modern ausgestattete Zimmer und liegt direkt am Meer, etwas außerhalb vom Ort, zu Fuß jedoch problemlos von Marsaskala erreichbar. Zur Ausstattung gehören ein Pool und ein Hallenbad, ein Fitnessraum, ein Friseur sowie verschiedene Restaurants und Bars. Es gibt eine große Auwahl an Wassersportmöglichkeiten und eine hauseigene Tauchschule. Vom Panorama Restaurant hat man herrliche Blicke aufs Meer. Jerma Palace bietet auch gute Konferenzmöglichkeiten.*
Ta' Monita, *Marsaskala, ☎ 21 827 882, 🖷 21 684 036. Kleine Apartmentanlage mit Pool und Restaurant, an einem Hang über der Hafenbucht von Marsaskala gelegen. 48 Zimmer. Günstig.*

Restaurants
MARSASKALA
Fishermen's Rest, *St. Thomas Bay, ☎ 21 632 049, geöffnet: Sa zum Dinner, So zum Lunch, im Sommer häufigere Öffnungszeiten – vorher erkundigen! Das schlichte, aber urige und charmante Fischrestaurant in der St. Thomas Bay bietet wohlschmeckende Fischgerichte und freundlichen Service. Lange Zeit galt es als Geheimtipp, heute sollte man am Wochenende und im Hochsommer einen Tisch in diesem professionell geführten Familienbetrieb vorbestellen. Fisch ist natürlich die Hauptsache hier. Er von den Kellnern an den Tisch gebracht, so dass man auswählen kann. Fishermen's Rest ist bei maltesischen Familien sehr beliebt. Mittlere Preisklasse.*
Gabriel, *1 Triq Mifsud Bonnici, Marsaskala, ☎ 21 684 194, geöffnet: Mo-Sa 12-14 Uhr, 17-22 Uhr (letzte Bestellung), So und 14.-28. August geschlossen. Beliebtes, lang etabliertes Fischrestaurant in einem modernen Gebäude an der Straßenkreuzung. Man kann draußen sitzen, hat aber keinen Blick auf den Hafen. Viel Stammpublikum verkehrt hier, Tischreservierung empfiehlt sich. Mediterrane Küche. Die Gerichte werden vom Chef persönlich erklärt, hauptsächlich gibt es frischen Fisch und Meeresfrüchte. Auch vegetarische Gerichte erhältlich. Mittlere bis gehobene Preisklasse.*
Il Rey del Pesces, *Triq id-Dahla ta' San Tumas, Marsascala, ☎ 21 636 353, 21 634 178, geöffnet: Di-So ab 18.30 Uhr, So auch zum Lunch. Il Rey del Pesces gilt als eines der besten Fischrestaurants*

und freut sich über einheimisches Stammpublikum. Gute italienische Küche (auch vegetarisch) in ungezwungener Atmosphäre. Der Restaurantchef Michael erklärt gerne und ausführlich die Speisekarte. Eine besondere Attraktion ist die Fütterung der tropischen Fische im Aquarium. Do abends gibt es Live-Musik. Mittlere bis gehobene Preisklasse.

MARSAXLOKK

Ir-Rizzu, *Xatt is-Sajjieda, Marsaxlokk, ☏ 21651 569, 21 650 492, www.ir-rizzu.com, geöffnet: täglich 12-15 Uhr, 18.30-23 Uhr, geschlossen 25.12., 1.1. und Karfreitag Abend. Das beliebte Ir-Rizzu liegt an der Uferpromenade und ist sehr familienfreundlich. Viele maltesische Familien kommen hierher. Das Essen ist deftig und gut, hauptsächlich steht Fisch auf der Speisekarte, man kann aber auch Steaks, Kaninchen oder vegetarische Gerichte bekommen. Ir-Rizzu wird als Familienbetrieb geführt. Mittlere Preisklasse.*

Hunter's Tower, *Triq-il-Wilga, Marsaxlokk, ☏/🖷 21 651 792, www.hunterstower.com, geöffnet: Mitte Sept. – Mitte Juni Di-Do 11.30-15 Uhr, Mitte Juni-Mitte Sept. Di-Do 18.30-23 Uhr. Fr, Sa 11.30-15 Uhr, 18.30-23 Uhr. Bei Maltesern beliebtes Restaurant mit Fisch- und maltesischen Spezialitäten. Es liegt direkt am Hafen, eine einfache Pizzeria ist angeschlossen. Lampuka (Goldmakrele) ist die Spezialität des Hauses.*

Is-Sajjied Bar&Restaurant, *Xatt Is-Sajjieda, Marsaxlokk, ☏ 21 652 549, geöffnet: Di-Fr Lunch und Dinner, Sa nur Dinner, SO nur Lunch. Am Hafen von Marsaxlokk gelegenes, beliebtes Fischrestaurant mit moderner, luftiger Atmosphäre. Auch vegetarische Gerichte. Im Sommer kann man auch draußen sitzen. Mittlere Preisklasse.*

Matthew's Bar and Restaurant, *75 Xatt is-Sajjieda, Marsaxlokk, ☏ 21 681 714, 21 681 531. Das nette, kleine Restaurant in Familienbetrieb liegt direkt an der Uferfront. Günstig und gut.*

BIREZEBBUGIA

Lite Bite, *Coffee Shop, Bar&Restaurant, ☏ 21 650 744. Geräumige Caféteria beim Hafen. Freundlich, unkompliziert und günstig.*

GHAR LAPSI

Lapsi View Bar and Restaurant, *Ghar Lapsi, ☏ 21 460 608. In herrlicher Lage, oberhalb der beiden Badebuchten von Ghar Lapsi gelegenes, schlichtes Lokal. Günstig.*
Ebenfalls in Ghar Lapsi befindet sich **Blue Creek Bar and Restaurant**.

Wochenmarkt

Eine Attraktion für viele Besucher ist der große Markt, der täglich (Mo-Sa nur vormittags, So ganztägig) in Marsaxlokk entlang der Uferpromenade abgehalten wird. Hier werden Bekleidungsartikel, Wäsche, maltesische Handarbeiten, aber auch Importe aus asiatischen Billigländern sowie Fisch feilgeboten.

Feste/Feiern

Zurrieq: *Das stets prachtvoll ausgerichtete Patronsfest zu Ehren der hl. Katharina, alljährlich am ersten Sonntag im September, ist sehr beliebt. Bei der Prozession werden Heiligenstatuen Mariano Geradas und „Our Lady of Mount Carmel" von Salvu Psaila gezeigt.*

Die zweite Kirche des Ortes, die Karmeliterkirche, veranstaltet Mitte Juli ihr Patronatsfest. Beide Kirchen versuchen, sich in der Pracht ihres Festes zu übertrumpfen.

Besichtigungen/Attraktionen

Die folgenden Kapellen werden von Din l-Art Helwa betreut:
Bir Miftuh Chapel, *Gudja, (geöffnet: So 9.30-12 Uhr),*
Hal Millieri Chapel *in Zurrieq und die St. Roque Chapel in Zebbug (die lezten beiden sind jeweils am 1. So im Monat 9-12 Uhr geöffnet). Auskunft ☎ 21 215 222.*
Auch der **Mamo Tower** *in Marsascala steht unter der Obhut von Din l-Art Helwa. Er ist Mo, Mi, Do und So von 9.30-12 Uhr geöffnet.*
Eine **Bootsfahrt zur Blauen Grotte** *kostet in der Regel 2 Lm, doch sollte man sich vor Abfahrt des Bootes noch einmal erkundigen. Der Preis variiert je nach Auslastung der Boote.*
The **Limestone Heritage**, *Triq Mons. M. Azzopardi, Siggiewi, ☎ 21 464931. Geöffnet: Mo-Fr 9-15 Uhr, Sa 9-12 Uhr, So 8.30-11.30 Uhr. Bus Nr. 89 fährt hierher. Die sehr lohnenswerte Ausstellung informiert über die Geschichte des Steinbruchs auf Malta; www.limestone heritage.com.*
Tas-Silg *in Marsaxlokk, derzeit geschlossen (Stand 2008).*
LWS Animal Park, *The Park of Friendship, Zinzell Street, Marsascala, ☎ 21 636 526, www.razzett.org, geöffnet: Mo-Fr 9-13 Uhr, Sa 9-12 Uhr, So 9-17 Uhr. Der Tierpark beherbergt Kaninchen, Bergziegen, Emus und Rotwild. Ein kleiner Zug fährt durch die Anlage.*

Im Limestone Heritage Centre

Strände/Sporteinrichtungen

An der Delimara Halbinsel liegen die netten **Buchten Island Bay** *und* **St. Peter's Pool**. *Strandeinrichtungen gibt es dort zwar nicht, aber dafür kann man schön schwimmen.*
Zur **Delimara Bay** *muss man viele steile Stufen hinuntergehen, um zum Wasser zu gelangen.*
Die **Pretty Bay** *bietet hellen Sandstrand und ist trotz der Nähe zum großen Freihafen in Kalafrana sehr beliebt.*

Regionale Reisetipps zu Gozo (S. 295)

Information

Tourist Information, *Victoria, Gozo, ☎ 21 21 564 104*

Tigrija Palazz, *Level 1, Republic Street, Victoria, ☏ 21 561 419, geöffnet: Mo-Sa 9-17.30 Uhr, So 9-13 Uhr.*

INFORMATION IM INTERNET

www.discovergozo.com, www.gozo.gov.mt, www.guidetomalta.net

! Notfallnummer auf Gozo 191

Anreise

Zwischen Cirkewwa auf Malta und Mgarr auf Gozo besteht eine **Fährverbindung** *für den Personen- und Kraftwagenbetrieb. Die Überfahrt dauert 20-30 Minuten. Weiterhin besteht eine Fährverbindung (Personen- und Kraftwagenbetrieb) zwischen Sa Maison (Malta/Marsamxett Harbour) und Gozo. Die Fahrtdauer beträgt etwa 75 Minuten.* **Gozo Channel Company**, *☏ 22 109 001.*
Mgarr *(Gozo): ☏ 21 556 114, Cirkewwa, ☏ 21 580 435,*
Bei schlechtem Wetter wird der Fährdienst eingestellt.
Zwischen dem Flughafen und dem Fährhafen gibt es eine Busverbindung.

Fortbewegung auf Gozo

Man kann auf der Insel einen Wagen mieten, den Mietwagen von Malta mitbringen oder sich auf Gozo ein Taxi nehmen. Per Linienbus ist die Besichtigung durchaus machbar, wenn man sich vorher nach den letzten Abfahrtszeiten der Busse erkundigt. Allerdings wird man an einem Tag nicht alle Sehenswürdigkeiten sehen können, wenn man mit dem Bus fährt. Besichtigungen zu Fuß oder per Fahrrad sind zu empfehlen, wenn man einige Tage auf der Insel verbringt.

MIETWAGEN

Gozo Garage, *5 Sir Luigi Camilleri Street, Victoria, ☏ 21 551 866, 🖷 21 556 866, www.gozogarage.com*

PARKEN

In Victoria empfiehlt es sich, den Wagen auf dem großen Parkplatz in der Nähe des Busbahnhofs abzustellen. In der Innenstadt findet man in der Regel keinen Parkplatz.

BUSSE

Der Busbahnhof von Victoria liegt an der Main Gate Street zwischen der Republic Street und dem St. Francis Square. Von hier fahren Busse alle Orte der Insel an. Die Abfahrtszeiten sind an einem großen Hinweisschild angeschlagen. Die Busse sind auf die Ankunfts- bzw. Abfahrtszeiten der Fähren abgestimmt.

Unterkunft

Ta' Cenc *****, *Sannat, ☏ 21 556 819, 21 556 830, 21 561 522/5, 🖷 21 558 199, www.vjborg.com. Ein absolutes Highlight! Das Hotel liegt auf dem höchsten Punkt der Insel fast an der Küste, ist aber kaum zu sehen, denn die 83 Bungalows sind eingeschossig und fügen sich architektonisch hervorragend in die Landschaft ein. Obwohl ein Hotel der Oberliga, ist die Atmosphäre ungezwungen und entspannend. Die Zimmer sind geschmackvoll ausgestattet und haben alle eine eigene Terrasse oder Garten. Das Ta' Cenc wurde rund um einen Palast aus dem 17. Jh., den Landsitz eines Ritters, gebaut. Es gibt zwei Swimmingpools, einen davon nur für Erwachsene, sowie ein kleines Hallenbad, von dem man aber auch nach draußen schwimmen kann. Außerdem gibt es eine private*

Das Ta' Cenc Hotel

Badebucht im Meer. Das Ta' Cenc ist ein Ort, wo man es sich wirklich gut gehen lassen kann. Obere Preisklasse.

Kempinski San Lawrenz Leisure Resort *****, *Triq ir-Rokon, San Lawrenz GRB 104, ☏ 22 110 000, 🖷 22 116 373, www.kempinski-gozo.com. Das Luxushotel ist von 30.000 qm Gartenanlage umgeben. Es gibt 106 Zimmer bzw. Juniorsuiten, alle mit Balkon. Das Kempinski bietet eine breites Sport- und Fitnessprogramm, mehrere Pools und ein Hallenbad. Eine Besonderheit ist das Thalgo Zentrum, wo man Meeralgentherapie und andere Schönheitspro- gramme machen kann.*

Cornucopia ****, *10 Gnien Imrik Street, Xaghra, Gozo, ☏ 21 556 486, 🖷 21 552 910, www.vjborg.com. Das Hotel hat 48 komfortabel im Rustikalstil eingerichtete Zimmer und 5 Suiten. Es gibt zwei Swimmingpools, einen Kinderpool sowie einen Whirlpool. Vom Hotel hat man einen herrlichen Blick über das Land und auf die Bucht. Zum Hotel gehören eineige Villen, mehrere Bungalows, Apartments und ein Farmhaus für Selbstversorger. Man kann die Mahlzeiten aber auch im Hotel einnehmen.*

St. Patrick's Hotel ****, *Xlendi VCT 115, ☏ 21 562 951, 🖷 21 556 598, www.vjborg.com. Das Hotel liegt nur drei Meter vom Wasser entfernt. Die meisten der 60 Zimmer (alle mit Klimaanlage, Telefon, TV) haben Balkon und einige sogar Seeblick. Es gibt einige Familiensuiten mit zwei Schlafzimmern. Auf dem Dach befindet sich ein Sonnendeck mit Swimmingpool. Zum Hotel gehört eine Tauchschule, siehe unten.*

Calypso ****, *Marsalforn, Gozo, ☏ 21 562 000, 🖷 21 562 012. Das Hotel hat 100 Zimmer und Suiten, die mit Klimaanlage, privatem Balkon und Bad ausgestattet sind. Das Calypso liegt direkt am Hafen und bietet Tennis- und Squashplätze und eine Tauchschule (siehe unten).*

FERIENHÄUSER AUF GOZO

Eine auf Gozo beliebte Unterkunftsform sind zu Ferienhäusern ausgebaute, **historische Bauernhäuser oder Wohnhäuser** *der Gozitaner. Einige dieser Häuser sind Neubauten, die jedoch im alten Stil errichtet wurden. Die Gebäude sind aus Naturstein und gemütlich rustikal eingerichtet, die meisten verfügen über Sonnenterrassen. Sie sind auf Selbstversorger eingestellt, man kann aber auch eine gozitanische Haushaltshilfe in Anspruch nehmen, die kocht oder einkaufen geht. Landhäuser werden von verschiedenen Reiseveranstaltern angeboten, können aber auch direkt gebucht werden.*

Hier einige Anbieter:

Gozo Farmhouses Ltd, *3 Triq l'Mgarr, Ghajnsielem GSM 102, ☏ 21 561 280/1, 🖷 21 558 794, www.gozofarmhouses.com. Die 25 Farmhäuser (für 2-8 Personen) sind rustikal eingerichtet und ver-*

fügen über alle modernen Annehmlichkeiten, wie TV, Waschmaschine und Telefon. Die meisten haben einen Pool. Sie sind auch mit Koch mietbar.

Gozo Village Holidays, *11 Triq il-Kapuccini, Victoria VCT 10, ☏ 21557 255, 🖷 21 558 397, www.gozovillageholidays.com. Attraktive Ferienwohnungen und –häuser mit zwei oder drei Zimmern im Farmhausstil.*

Ir-Razzett By the Windmill, *Alley 1, Racecourse Street, Xaghra, ☏ 21 560 656, 🖷 21 563 944, www.holidays-malta.com/razzet. Großes Farmhaus mit sechs Zimmern, drei Badezimmern, Küche, Wohnzimmer mit TV, Waschmaschine, Haushaltshilfe auf Wunsch, zwei Terrassen, Swimmingpool.*

Restaurants

Oleander *10 Victory Square, Xaghra, ☏ 21 557 230, geöffnet: 12-15 Uhr und 19-22 Uhr. Das lang etablierte Oleander liegt gegenüber der Dorfkirche am Marktplatz von Xaghra. Das familiär geführte, freundliche Restaurant bietet ausgezeichnete deftige maltesische Küche: Lamm, Kaninchen, aber auch Fisch und vegetarische Gerichte. Man kann wunderschön draußen sitzen und dem Treiben auf dem Dorfplatz zuschauen. Reservierungen sind im Sommer am Wochenende empfehlenswert. Mittlere Preisklasse.*

Ta' Frenc, *Triq Ghajn Damma (von der Marsalforn Road abzweigen), Marsalforn, ☏ 21 553 888, www.tafrencrestaurant.com, geöffnet: Mi-Mo 12-14 Uhr, 19-22.30 Uhr. Das stimmungsvolle gepflegte Restaurant ist in einem restaurierten Farmhaus aus dem 14. Jahrhundert untergebracht. An warmen Abenden wird auch im Garten serviert. Die Küche ist mediterran, italienisch, maltesisch und französisch. Gehobene Preisklasse. Ta' Frenc vermietet auch Ferienwohnungen.*

Gesther Restaurant, *Vjal It-8 Ta' Settembru, Xaghra, ☏ 21 556 621, geöffnet: Mo-Sa nur zum Mittagessen. Das Gesther wird von den Schwestern Lily und Guza betrieben. Der Name Gesther setzt sich aus den Namen ihrer Tanten zusammen, Gemma und Esther, die einst dieses Lokal eröffneten. Guza ist die Köchin, Lily betreut die Gäste. Das Restaurant ist wie ein amerikanischer Diner aus den 1950er Jahren eingerichtet. Eine Speisekarte gibt es nicht. Auf den Regalen entlang der Wände sind Gläser mit selbst gemachten Marmeladen und Minzsoße aufgereiht. Traditionell wird nur eine gewisse Menge an Essen zubereitet: wenn es alle ist, wird geschlossen. Spezialität des Hauses sind „Beef Olives“: Rumpsteak mit Hack, Petersilie und Brotkrumen gefüllt, Kaninchenstew und Fisch. Günstig. Ein Geheimtipp!*

Paradise Bar&Restaurant, *Mount Carmel Street, Xlendi Bay, ☏ 21 556 878, geöffnet: Di-So 11-14.30 Uhr, 18-1 Uhr (letzte Bestellung 22 Uhr), Mo geschlossen. Überall als „Elvis“ bekannt (die Wände des Lokals sind mit Postern des Stars tapeziert), bietet das lang etablierte Paradise mediterrane und maltesische Küche. Im Sommer kann man auch draußen sitzen. Spezialität des Hauses sind die King Prawns. Auch vegetarische Gerichte. Günstig bis mittlere Preisklasse.*

Otters Bistro and Lido, *Marsalforn, ☏ 21 562 473, geöffnet: täglich 10-1 Uhr, von Januar bis März Mo-Do abends geschlossen. In dem ehemaligen Wasserpolo Club wurde ein nettes, unkompliziertes Lokal eingerichtet. Man sitzt direkt am Wasser. Es gibt kleinere Gerichte, Pizza, Meeresfrüchte und Fisch sowie vegetarische Gerichte. Günstig.*

Il Kartell Restaurant, *Marina Street, Marsalforn, ☏ 21 556 918, www.il-kartellrestaurant.com, geöffnet: tgl. 12-14.30 Uhr, 18.30-23 Uhr. Direkt am Wasser gelegen, besteht das Il Kartell aus drei miteinander verbundenen Bootshäusern. Ungezwungene Atmosphäre und solides Essen (italienisch und maltesisch) machen den Charme des Il Kartells aus. Auch vegetarische Gerichte. Mittlere Preisklasse.*

It-Tmun, *3 Mount Carmel Street, Xlendi, Gozo, ☏ 21 566 276, www.tmunvictoria.com, geöffnet: zum Lunch und Dinner. Das It-Tmun liegt in einer kleinen Seitenstraße nahe der Uferpromenade. Es wird im Familienbetrieb geführt und bietet freundlichen Service und eine interessante Küche (Mischung aus orientalisch und mediterran, auch vegetarisch). Im Sommer kann man auch draußen sitzen. Mittlere bis gehobene Preisklasse.*

Jeffrey's Restaurant, *10 Triq 'Gharb, Gharb, ☏ 21 561 006, geöffnet: Mo-Sa 18-22 Uhr, November bis Mitte März geschlossen. Das beliebte, lang etablierte Restaurant ist in einem alten Farmhaus untergebracht. Es gibt einen netten Innenhof, wo man im Sommer auch draußen essen kann. Die Speisekarte wechselt wöchentlich, die Küche ist italienisch und maltesisch geprägt, wobei nur frische Zutaten verwendet werden, viele Produkte stammen von der Farm des Besitzers. Auch vegetarische Gerichte. Mittlere Preisklasse.*

L-Iskoll, Bar&Restaurant, *26 Skerla Street, Sannat, ☏ 21 557 568, www.iskoll.com, geöffnet: tgl. mittags und abends. In einem alten Farmhaus untergebrachtes Restaurant. Im Sommer kann man auch draußen sitzen. Spezialität sind frischer Fisch und selbst gemachte Pasta. Mittlere Preisklasse.*

Stone Crap&Ta' Karolina, *Xlendi Bay, Xlendi, ☏ 21 556 400, 21 559 675, 🖷 21 559 675, geöffnet: täglich 11.30-14.45 Uhr, 18-23 Uhr, November bis Ende Februar geschlossen. An der Uferpromenade gelegenes, lebhaftes Restaurant. Bei warmen Wetter kann man auch direkt am Wasser sitzen. Fisch, Meeresfrüchte, Pasta und zwölf verschiedene Pizza sowie vegetarische Gerichte stehen auf der Speisekarte. Günstig bis mittlere Preisklasse.*

Café Jubilee, *8 Independence Square, Victoria, ☏ 21 558 921, www.cafejubilee.com, geöffnet: täglich 8-Mitternacht. Fr und Sa bis 2 Uhr, Küche 8-15 Uhr, 18-22 Uhr. Das Jubilee, direkt am Hauptplatz gelegen, ist im Stil eines französischen Bistros der 1920/30er Jahre eingerichtet und bietet sich für den zweiten Kaffee am Morgen oder für ein leichtes Mittagessen (auch vegetarisch) an. Abends verwandelt es sich in einen Pub, und am Wochenende gibt es Live Musik. Günstig.*

Tipp

Eine kulinarische Besonderheit auf Gozo ist Gbejniet, der zusammen mit Brot zu jeder guten Mahlzeit auf Gozo gehört. Es gibt den Gbejniet friski, ein Frischkäse aus Schafs- und Ziegenmilch, der mit schwarzem Pfeffer bestreut gegessen wird. Gbejniet moxxi ist die luftgetrocknete Variante. Wohlschmeckend dazu sind die trockenen gozitanischen Weine (rot, rosé, weiß).

Ausgehen

DISKOTHEKEN

1 km oberhalb von Xlendi an der Straße nach Victoria bietet **La Grotta** *eine Tanzfläche im Freien und eine in einer Grotte (von Oktober bis Mai nur Fr-So, in den übrigen Monaten täglich), und im Hotel Calypso in Marsalforn gibt es die Diskothek* **Platino**.

THEATER

Das **Astra Theatre** *(☏ 21 556 256) und das* **Aurora Opera House** *(www.leone.org.mt) liegen beide in der Republic Street in Victoria.*

KINO

Citadel Cinema, *Victoria, Gozo, ☏ 21 559 955.*

Feste/Feiern

Am 3. Wochenende im Juli, dem St. Georg Day und am Himmelfahrtstag, dem 15.8., werden entlang der alten „Racecourse Street" **Pferderennen** *veranstaltet. Das* **Himmelfahrtsfest** *ist sehr beliebt, und die Malteser kommen in hellen Scharen nach Gozo. Es ist eines der größten und wichtigsten Ereignisse im Jahreskalender Gozos. Die Straßen werden festlich geschmückt, es finden Prozessionen und ein Feuerwerk statt.*

Hier macht das Stöbern Spaß

Internet Cafés
Herbees Dine In and Take Away. *Internet Café, Xlendi Bay, ☏ 21 556 323. Außer im Internet surfen, kann man hier auch Pizza und Pasta essen. Täglich geöffnet.*

Einkaufen
In Victoria findet täglich ein **Wochenmarkt** *auf dem Main Square statt. Neben Obst und Gemüse gibt es Kleidung, Taschen und elektronische Geräte. Wer auf der Suche nach einem Souvenir ist, hat vielleicht im* **Gozo Crafts Centre** *am St. Francis Square Glück. Es bietet eine gute Auswahl an auf Gozo hergestellten kunsthandwerklichen Produkten.*

Bei **Cachet Jewellers**, *7 Sir Adrian Dingli Street, gibt es außergewöhnlichen Schmuck.*

An der Straße nach Xlendi gegenüber der alten Waschhäuser liegt das Souvenirgeschäft **Fontana Cottage Industry**. *Vor allem Web-, Strick- und Klöppelarbeiten werden verkauft, und man kann den Spitzenklöpplerinnen bei ihrer Arbeit über die Schulter schauen.*

In dem Kunstgewerbezentrum **Ta' Dbiegi**, *das in den Gebäuden einer alten Kaserne in San Lawrenz an der Straße zum Dwerja Lake untergebracht ist, werden Produkte aus Leder und Wolle, Keramik, Glas, Spitzen und Filigranschmuck hergestellt und verkauft.*

In Gharb befindet sich der Fabrikladen von **Gozo Glass** *(www.gozoglass.com), geöffnet täglich 6.30-15 Uhr. Die Glasprodukte aus Gozo zeichnen sich durch ihre leicht milchigen, bunt marmorisierenden Farben aus.*

Öffnungszeiten der Staatlichen Museen Gozo
Staatlich verwaltet werden folgende Museen:
In Victoria das **Museum of Archaeology**, *das* **Folklore Museum, The Old Prison** *und das* **Natural Science Museum** *(alle in der Zitadelle) und in Xaghra die Ggantija Temples (☏ 21 550 107) und das Ta' Kola Windmill Museum (☏ 21 561 071). Geöffnet täglich außer feiertags 9-17 Uhr. Letzter Einlass 16.30 Uhr.*

WEITERE ATTRAKTIONEN

Cathedral Museum, *Zitadelle, ☏ 21 556 087, geöffnet: Mo-Sa 10-13 Uhr, 13.30-16.30 Uhr.*
Gharb Museum, *99 Church Square, Gharb, ☏ 21 561 929, geöffnet: Mo-Sa 9-16 Uhr, So 9-13 Uhr. In dem Haus aus dem 18. Jh. wurden 28 Räume mit originalen Möbeln und anderen Gegenständen des täglichen Lebens ausgestattet, die eine Vorstellung von den alten Zeiten vermitteln.*
Gozo Heritage, *3 Mgarr Road, Ghajnsielem, ☏ 21 561 280/1, geöffnet: tgl. 8.45-16.30 Uhr. Lebensgroße Figuren und spezielle Licht und Toneffekte schicken den Besucher auf eine Zeitreise von*

über 7000 Jahren. Das Programm ist in verschiedenen Sprachen abrufbar. Die Tour endet in einem großen Souvenirladen. Auf der Insel hergestellte Produkte werden auch auf dem Gozo Heritage Harbour Market direkt am Hafen verkauft.

Gozo 360 Grad, *Citadel Theatre, Castle Hill, Victoria ☎ 21 559 955, www.gozo.com/citadel. Vorführungen: Mo-Sa ab 10.30 Uhr jede halbe Stunde bis 16 Uhr. Seit vielen Jahren etablierte Multivisionsshow, die über die Geschichte Gozos informiert. Die Filmvorführung dauert 30 Minuten.*

Kelinu Grima Maritime Museum, *Parish Priest Street, Nadur, ☎ 21 565 226, 21 551 649, geöffnet: Mo-Sa 9-16.45 Uhr (letzter Einlass 16.15 Uhr), an Feiertagen geschlossen. Liebevoll eingerichtetes maritimes Museum.*

Ninu's Grotto, *Xaghra, ☎ 21 556 863, geöffnet: tgl. 8.30-18 Uhr. Die Besichtigung der Grotte kostet kein Eintrittgesld, aber eine kleine Spende ist erwünscht.*

Pomkizillious Museum of Toys, *10 Gnien Xibla Street, Xaghra, ☎ 21 56 24 89, geöffnet: April Do, Fr und Sa 10-13 Uhr, Mai bis Mitte Oktober Mo-Sa 10-12 und 15-18 Uhr, Winter Sa und feiertags 10-13 Uhr. Kleines, aber „feines" Spielzeugmuseum.*

Strände/Sporteinrichtungen

Die beliebstesten Strände sind die **Ramla Bay**, *ein breiter rötlicher Sandstrand an der Nordküste (Busverbindungen mit Victoria) und die* **San Blas Bay**, *ein 100 m langer Sand-Kiesstrand, 2 km unterhalb von Nadur. Ansonsten kann man sich auf den Felsplattformen sonnen und von dort in das herrliche Wasser. Das Wasser hat hier ein geradezu phosphoreszierendes Blau und ist wunderschön und kristallklar. Im Sommer erwärmt es sich bis auf 26 Grad.*

In Marsalforn und Xlendi werden zahlreiche Wassersportarten angeboten, z.B. Tauchen (siehe unten), Surfen und Wasserski.

Tauchen

Gozo bietet hervorragende Tauchmöglichkeiten. Die Unterwasserlandschaft ist fantastisch. Es gibt Höhlen, Riffe, Steilwände und ein reiches maritimes Leben. Tauchgänge sind bis zu 40 Metern möglich. Die besten Tauchplätze befinden sich an der West- und Nordküste sowie rund um Comino. Alle Tauchlehrer sind qualifiziert und bieten Kurse für Anfänger und Fortgeschrittene an. Die Ausrüstung kann man entweder mieten oder kaufen. Einige Tauchschulen bieten auch komplette Tauchferien an, wobei die Unterkunft (meist in Ferienwohnungen) und auf Wunsch ein Mietwagen gleich mitgebucht wird.

*Ein „***Discover Scuba Diving Course***" (Einführungskurs) mit Theorie und zwei Übungstauchgängen im offenen Wasser kostet ca. 80 €.*

*Ein „***PADI Open Water Course***" mit Theorie im Klassenzimmer, fünf Tauchgängen im Pool und bis zu fünf Tauchgängen im offenen Wasser kostet 120 Lm.*

HIER EINIGE ANBIETER

Atlantis Diving Centre, *Qolla Street, Marsalforn, ☎ 21 554 685, www.atlantisgozo.com. Ein Tauchgang kostet 21 €, 10 x Tauchen 175 €.*

Frankie's Gozo Diving Centre, *Mgarr Road, Xewkija, ☎ 21 551 315, 🖷 21 560 356, www.gozodiving.com*

Calypso Diving Centre, *The Seafront, Marsalforn Bay, ☎ 21 561 757, 🖷 21 562 020. Das Calypso Diving Centre gehört zum Calypso Hotel, siehe oben, www.calypsodivers.com.*

Moby Dives, *Gostra Street, Xlendi Bay, Gozo, ☎ 21 564 429, 1 21 554 606; www.mobydivesgozo.com*

St. Andrews Cove, *St. Simon Street, Xlendi Bay, Xlendi, ☏ 21 551 301, 🖷 21 561 548, www.gozodive.com.*

Regionale Reisetipps zu Comino (S. 295)

Unterkunft

Comino Hotels&Bungalows ****, *Island of Comino SPB 10, ☏ 21 529 821, 🖷 21 529 826, www.cominohotel.com. Geschlossen November bis März. Das Hotel hat 95 modern ausgestattete Zimmer. Es liegt paradiesisch ruhig an der St. Niklaw Bucht mit einem hübschen (zum Hotel gehörenden) Sandstrand und Felsbadestränden. Zur Anlage gehören weiterhin ein Swimmingpool, ein Restaurant, Bars und ein breites Angebot an Freizeiteinrichtungen und Wassersportmöglichkeiten. Die 45 Bungalows für Selbstversorger liegen in der St. Marija Bay. 10 Min. Fußweg oder Mini-Bus vom Hotel.*

Fährverbindung

Das Comino Hotel hat eigene Bootsverbindung. Die Boote fahren 4x am Tag von Cirkewwa (Fahrtdauer 25 Min.) und 7x von Mgarr (20 Min.). Für die Hotelbewohner kostet die Bootsverbindung nach Malta und Gozo 4.50 €, für alle anderen 8 €.
Die Fähre fährt nicht zwischen November und März, wenn das Hotel geschlossen ist. Tagesausflüge werden auch von Bugibba und Sliema auf Malta und von Xlendi auf Gozo angeboten.

Tauchen

Für Anfanger bietet die Westküste, in der Nähe der Blue Lagoon und Ghar Ghana die besten Tauchplätze. Fortgeschrittene tauchen gerne in der Nähe von Ghemieri und „Profis" bevorzugen das südwestliche Ende der Insel bei Ras l-Irqieqa, wo es Tauchgänge von bis zu 40 Metern gibt.

IWANOWSKI'S
Das kostet Sie das Reisen auf Malta

Stand: Februar 2009

Anreise und Unterkunft

Die meisten Urlauber kommen „**pauschal**" nach Malta, d.h. sie buchen gleichzeitig den Flug, die Unterkunft und den Transfer vom Flughafen zum Hotel. Diese Variante ist auf jeden Fall preisgünstiger, als den Flug und die Übernachtung getrennt zu buchen oder sich ein Quartier erst vor Ort zu suchen. Die Preise variieren erheblich je nach Reisezeit und gebuchter Hotelkategorie.

Auch gibt es **Last Minute**-Angebote nach Malta, z.B. einwöchige Tauchurlaub auf Gozo mit Unterkunft und Flughafentransfer.

Lebenshaltungskosten

Die Kosten eines **Restaurantbesuchs** sind mit denen in Deutschland vergleichbar. Einheimische Produkte (z.B. Wein) sind relativ günstig.

Günstig	Hauptgericht	unter 7 €
Mittlere Preisklasse	Hauptgericht	7-15 €
Teuer	Hauptgericht	15-20 €
Luxus	Hauptgericht	über 20 €

Beförderungskosten

Mietwagen

Für einen Kleinwagen zahlt man rund 25 Euro pro Tag bei unbegrenzter Kilometerzahl. Wenn man den Wagen für eine ganze Woche mietet, wird es entsprechend

Das Busticket **Around Malta by Bus** ist am Busbahnhof, am Informationsschalter rechts vom Citygate und in Filialen der Bank of Valletta erhältlich. Es kostet für 1 Tag 3.50 Euro, 3 Tage 9.50, für 5 Tage 12 Euro und für 7 Tage 14 Euro.

Busfahrten kosten zwischen 50 cents und 1 Euro.

Taxi

Vom Flughafen nach Valletta ca. 14 €, nach Sliema ca. 19 €, nach Bugibba 23 € und nach Cirkewwa 30 €.Von Valletta nach Sliema ca. 12 €.

Tauchen

5-tägige Tauchkurse kosten zwischen 280 und 360 €. Schnupper-Tauchgänge ab 40 €.

Golf

Eine Runde Golf spielen kostet im Sommer ca. 60 €, Schläger könne fur 18-25 € gemietet werden.

Sonstiges

Eine **Postkarte** bzw. ein Brief ins europäische Ausland kosten 37 cents.
Surfen im **Internet** kostet in den meisten Internet-Cafes 2,50 € pro Stunde.

4. VALLETTA UND UMGEBUNG

(ⓘ S. 137)

Allgemeiner Überblick

In der Hauptstadt Valletta und deren Umgebung lebt der größte Teil der Bevölkerung. Zwischen dem Grand Harbour im Süden und der St. George's Bay im Norden ist dieser Teil der Insel lückenlos bebaut. Das Gebiet ist längst zu einer großen Stadt zusammengewachsen, obwohl die einzelnen Siedlungen unterschiedliche Namen tragen.

Valletta liegt auf dem Mont Sciberras, der Halbinsel zwischen den beiden Hafenbecken. Durch den Grand Harbour und den Marsamxett Harbour wird sie von ihren Nachbarstädten getrennt. Ein tiefer Wallgraben und eine breite Straßenschneise schaffen Abstand zur Vorstadt Floriana.

Die Trennlinie zwischen beiden Städten ist der weite runde Platz vor dem City Gate, in dessen Mitte ein markanter Brunnen steht. Der Platz ist zugleich Maltas Busbahnhof. Von hier aus fahren die Busse in alle Teile der Insel. Als historisches Zentrum bietet Valletta die meisten Sehenswürdigkeiten der Insel. Im 17. und 18. Jh. prägten die unterschiedliche Herkunft und der individuelle Geschmack der Ordensritter das Gesicht der Stadt. Auf den mächtigen, die ganze Stadt umrundenden, Bastionen kann man spazierengehen und die Aussicht auf den wunderschönen Naturhafen genießen.

Typische Straße in Valletta

Kennzeichen der Stadt sind die vielen Treppenfluchten und steilen Hänge, die von vielgeschossigen Häusern mit Erkern und Balkonen in allen Variationen gesäumt werden. Das Gesamtbild der Stadt wirkt elegant und vornehm. Die meisten Besucher kommen für einen Tagesausflug nach Valletta . Hotels gibt es nur wenige in der Stadt. Wenn die Geschäfte und Sehenswürdigkeiten abends schließen, legt sich eine eigentümliche Stille über die Straßen, manche wirken wie ausgestorben.

abends wie ausgestorben

Redaktions-Tipps

- Im **Castille Hotel** in Valletta übernachten. (S. 137)
- Im **Rubino Restaurant** zu Mittag essen. (S. 137)
- Das **Archäologische Museum** besichtigen. (S. 173 ff)
- Die **St. John's Co-Cathedral** aufsuchen. (S. 175 ff)
- Durch die **schnurgeraden kleinen Sträßchen und steilen Treppengassen** schlendern. (S. 195)
- Rund um die **Befestigungsanlagen** am Wasser entlang wandern.
- Die **Sacra Infermeria** besuchen. (S. 192 f)
- Sich in der „**Malta Experience**" über die Geschichte der Insel informieren. (S. 192)
- Den **Blick von den Upper Barracca Gardens** auf den Grand Harbour genießen. (S. 197)
- Einen **Einkaufsbummel** in der Republic Street unternehmen. (S. 173)

Viele Malteser sind aus der Hauptstadt in die Vororte gezogen. Für eine Besichtigung sollte man unbedingt einen ganzen Tag einplanen, denn es gibt sehr viel zu sehen. Valletta ist aber auch eine lebhafte Einkaufsstadt und Sitz von Regierungsstellen.

Vallettas Vorstadt Floriana ist nicht sonderlich spektakulär. Hier befinden sich viele Büros und Verwaltungsgebäude sowie Wohnungen. Mit dem weiten Vorplatz der St. Publius-Kirche grenzt Floriana an den Busbahnhof an. Von Floriana ziehen sich zwei breite Straßenzüge ins Landesinnere hinein: Die nördlich des Marsamxett Harbour gelegenen Städte werden von vielen kleinen Gewerbebetrieben geprägt. Ab Sliema herrscht der Fremdenverkehr vor. St. Julian's und Paceville sind reine Urlauberstädte. Hier spielt sich das Nachtleben Maltas ab. An der unteren Spitze des Grand Harbour liegt die Industriestadt Marsa. Die Orte im Süden sind die historischen Siedlungen Vittoriosa (malt.: *Birgu*), Senglea (malt.: *L'Isla*) und Cospicua (malt.: *Bormla*), die bereits vor der Hauptstadt gegründet wurden. Sie sind heute vom Hafen und der Werftindustrie geprägt.

historische Siedlungen

Parallel zu den Siedlungen am Wasser gibt es eine zweite Reihe von Orten: Birkirkara, Hamrum, Zabbar sowie Paola und Tarxien, die mit zwei bedeutenden Kultstätten, dem Hypogäum und einer Tempelanlage, aufwarten können.

Geschichtlicher Überblick

Bevor die Ordensritter 1530 auf Malta heimisch wurden, war die Hauptstadt der Insel Mdina. Die Keimzelle des „neuen" Malta bildete der Grand Harbour. Die Sciberras-Halbinsel, auf der heute Valletta und Floriana stehen, war zu dieser Zeit bis auf ein kleines Fort, das heutige Fort St. Elmo, noch völlig unbesiedelt. Auf der anderen Seite des großen Hafens, dem heutigen Senglea und Vittoriosa, gab es Fischersiedlungen. Die Johanniter erkannten sofort den strategischen Wert des Grand Harbour, und in nur 35 Jahren, zwischen 1530 und 1565, entstanden auf den beiden Halbinseln zwischen dem French Creek und dem Kalkara Creek gleich zwei neue Städte: Birgu, das heutige Vittoriosa, und Senglea, das nach dem Großmeister *Claude de la Sengle* benannt wurde. Aufgrund des Bevölkerungszuwachses in beiden neuen Städten wurde der Platz bald zu eng und der Bau einer dritten, etwas landeinwärts gelegenen Stadt notwendig. So entstand Bormla, das heutige Cospicua. Diese drei Städte nennt man heute zusammen die „Three Cities". Jede dieser Städte wurde einzeln befestigt. So boten sie dem Grand Harbour Schutz vor Überfällen.

„Three Cities"

Valletta ist jünger als diese drei Städte am südlichen Ufer des Grand Harbours. Den Plan zum Bau der neuen Hauptstadt fasste Großmeister *Jean Parisot de la Valette* während der Großen Belagerung im Jahre 1565 (siehe Info-Kasten S. 23). Nach dem Sieg über die Belagerer wurde die Stadt mit finanzieller Unterstützung des spanischen und des französischen Königs sowie des Papstes auf dem Felsenrücken zwischen den beiden natürlichen Hafenbecken gegründet. Papst *Pius IV.* hatte seinen Baumeister *Francesco Laparelli* (1521-1570), einen Schüler Michelangelos, nach Malta gesandt, der in wenigen Tagen den Plan einer Stadtneugründung auf dem Xebb ir-Ras, dem Mont Sciberras über dem Fort St. Elmo, vorlegte. Dieser Hügel überragt das gesamte Hafengebiet, so dass beide Hafenbecken, der Grand Harbour und der Marsamxett Harbour von dort aus kontrolliert werden konnten.

Am 28.3.1566 legte Großmeister *La Valette* den Grundstein für die neue Hauptstadt. Von Anfang an stand der Bauplan fest: Gitterartig sollten neun Straßen die Länge und zwölf die Breite der Halbinsel durchziehen. Der Konventskirche, dem Palast des Großmeisters und den sogenannten Auberges, den Herbergen der Ritter, wurde extra Platz gegeben. Aus Platzmangel wurde die Anlage von Gärten verboten.

Grundsteinlegung

Great Ditch

Die Baumeister der Stadt mussten zunächst einige Schwierigkeiten aus dem Weg räumen. Die gesamte Halbinsel wurde eingeebnet und ein 15 m tiefer Graben, der Great Ditch, wurde quer über die gesamte Halbinsel gezogen. Am besten sieht man die enormen Ausmaße von den Upper Barracca Gardens aus. Die Bastionen wurden direkt aus dem Stein geschnitten. Die der Landseite zugewandten Bastionen sind am mächtigsten und werden zusätzlich von zwei Festungen (Kavalieren) überragt, die zugleich auch als Kanonenplattformen dienten. Die leicht zurückgesetzten Verbindungsmauern zwischen den Bastionen werden Kurtinen genannt. Zum Schluß entstanden die Mauern am Grand Harbour und am Marsamxett Hafen. Die Bastionen sind dort tiefer und die Kurtinen länger. Als hochragende Kanonenplattformen waren nur die beiden Barracca-Bastionen angelegt. Bereits fünf Jahre später, 1571, konnte der Orden von Birgu, mittlerweile aufgrund des heldenhaften Sieges in „Vittoriosa" umbenannt, in die neue Stadt umsiedeln.

schachbrettartiger Stadtplan

Der schachbrettartige Stadtplan war revolutionär und fand später viele Nachfolger. So wurde beispielsweise auch New York in ähnlicher Weise bebaut. Die Straßen folgen dem natürlichen Terrain innerhalb der Mauern, d.h es geht auf und ab. Die Stufen sind deshalb so flach, damit die Ritter sie in ihren schweren Rüstungen besser erklimmen konnten.

Der Baumeister *Laparelli* verließ 1568 Malta, und sein Nachfolger wurde *Gerolamo Cassar* (1520-1586). Auf ihn gehen wesentliche Gebäude der Hauptstadt zurück. Nachdem die Verteidigungsanlagen fertig gestellt waren, ließ er sämtliche acht Herbergen der Landsmannschaften (*Auberges*), den Großmeisterpalast und die Konventskirche in dem für ihn typischen nüchtern-militärischen Stil erbauen. Eine neue Bauphase entwickelte sich zwischen 1680 und 1750, als zahlreiche bereits bestehende Gebäude mit barocken Fassaden versehen oder gänzlich durch Neubauten ersetzt wurden: barocker Überfluss statt militärischer Strenge. Der Barockstil ist auch heute noch kennzeichnend für das Gesamtbild Vallettas. Während der britischen Kolonialzeit entstanden allerdings auch viele Gebäude im klassizistischen Stil.

Wirtschaftsaufschwung

Bereits ein Vierteljahrhundert, nachdem die Ritter von Birgu nach Valletta umgesiedelt waren, setzte ein enormer Wirtschaftsaufschwung ein, der zahlreiche Künstler und Handwerker aus anderen Ländern Europas anzog. Bald reichte der vorhandene Platz nicht mehr aus, um die Menschenmassen unterzubringen. Die Erschließung der Vorstadt Floriana begann ab 1722. Die Siedlungen nördlich der Hauptstadt entwickelten sich erst im 20. Jh. Durch den ab den 1980er Jahren verstärkt einsetzenden Fremdenverkehr wurden Sliema und St. Julian's zu großen Siedlungen.

Sehenswertes in Valletta

Valletta, von Sir *Walter Scott* einmal als „wunderbarer Traum" bezeichnet, steht neben den fünf prähistorischen Tempeln und den Zitadellen auf Gozo und in Mdina, unter Denkmalschutz. Im Zweiten Weltkrieg wurden 85 Prozent der Bausubstanz zerstört. Dank hervorragender Restaurierungsmaßnahmen, im Zuge derer die meisten Gebäude wieder hergestellt wurden, stellt Valletta nun wieder ein Kleinod barocker Baukunst dar. Die mediterrane Geschäftigkeit und nicht zuletzt die vielen Besucher machen die Hauptstadt lebendig.

ein „wunderbarer Traum"

Empfehlung für die Stadtbesichtigung

*Valletta bietet sich an, sich treiben zu lassen, um dabei die Atmosphäre zu genießen und die wichtigsten Sehenswürdigkeiten aufzusuchen. Ernsthaft verlaufen kann man sich nicht, denn das schachbrettartige Stadtbild und die beiden Häfen bieten immer wieder Orientierungspunkte. Hat man genügend Zeit, bietet sich ein Rundgang um die gesamte Stadt an. Zwei Stunden sollte man dafür einplanen. Die wichtigsten Sehenswürdigkeiten in Valletta sind die **St. John's Cathedral**, das **Archäologische Nationalmuseum**, der **Palace of Grand Masters**, die **Church of St. Paul's Shipwrecked** und der Blick von den **Upper Barracca Gardens** auf den **Grand Harbour**.*

Zeitplanung

Für die Besichtigung Vallettas sollte man sich mindestens einen ganzen Tag nehmen.

In der Mitte des riesigen **Busbahnhofes** steht der um 1950 geschaffene mächtige **Tritonenbrunnen**, eine gewaltige Brunnenanlage von *Vincent Apap*, dessen Wasserfontänen besonders bei hochsommerlichen Temperaturen sowohl Touristen als auch Einheimische anziehen. Um den Brunnen herum stehen, in nur scheinbar ungeordneter Form, sämtliche maltesische Buslinien abfahrbereit aneinandergereiht.

Die altersschwachen, aber heißgeliebten orangenen Oldtimer stellen ein beliebtes Fotomotiv dar. Obwohl an diesem Platz alle Busse der Insel abfahren oder ankommen, hält sich der Trubel in Grenzen, und die Atmosphäre ist gelassen und entspannt. Große Hinweisschilder informieren über alle Ziele und Verbindungen. In den kleinen Läden, rund um den Busbahnhof, kann man Getränke, Snacks, Souvenirs und Zeitungen kaufen.

City Gate

Der Busbahnhof ist in nur wenige Schritte vom **City Gate** entfernt. Der heftig umstrittene monumentale Neubau stammt aus dem Jahre 1968. Er ersetzte das ursprüngliche,

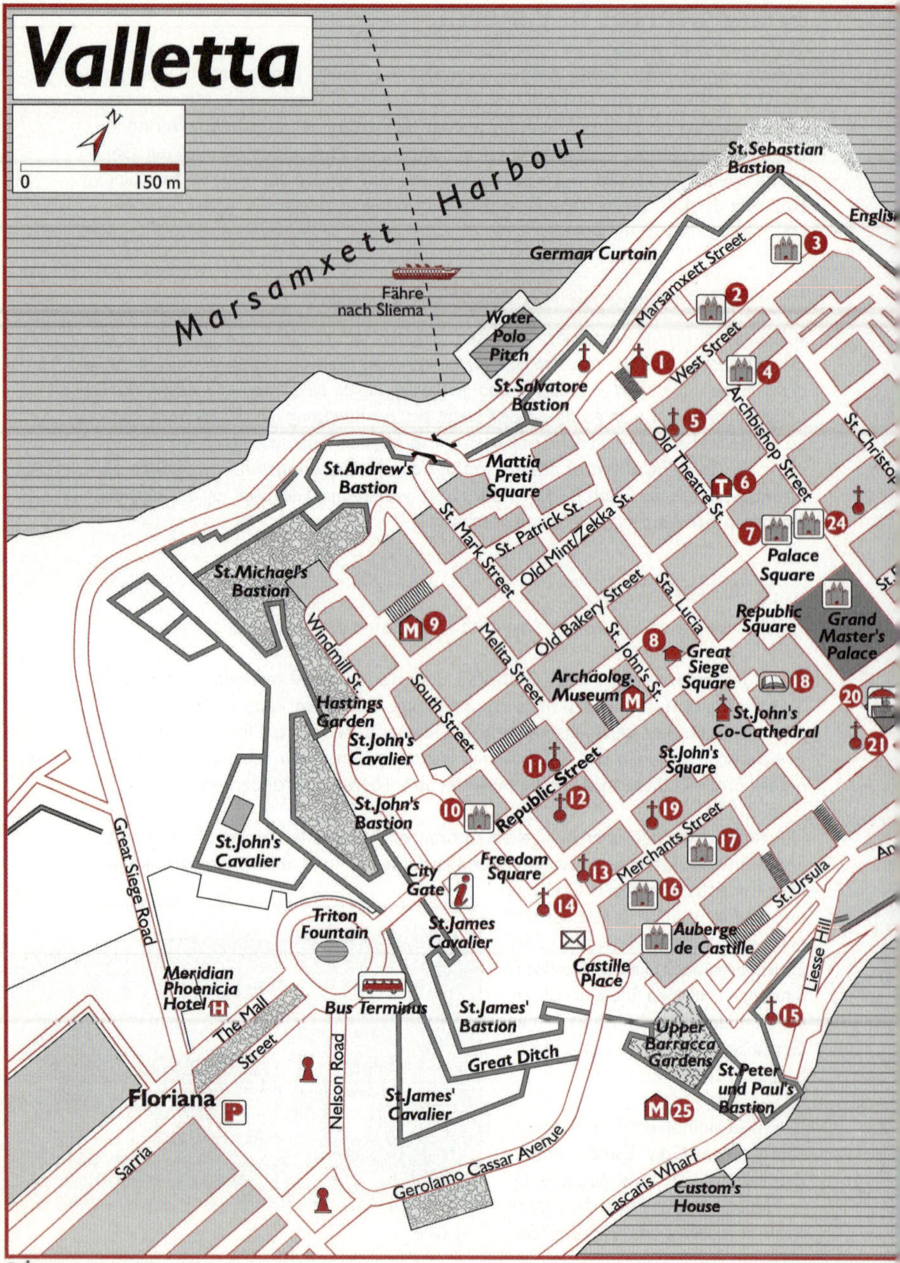
Valletta
0
150 m
N
Marsamxett Harbour
Fähre nach Sliema
St.Sebastian Bastion
English
German Curtain
Marsamxett Street
Water Polo Pitch
St.Salvatore Bastion
West Street
Archbishop Street
Old Theatre St.
St.Christop
Mattia Preti Square
St.Andrew's Bastion
St. Mark Street
St. Patrick St.
Old Mint/Zekka St.
Palace Square
St.Michael's Bastion
Windmill St.
Old Bakery Street
Sta. Lucia
Republic Square
Grand Master's Palace
Melita Street
St. John's St.
Great Siege Square
Archäolog. Museum
South Street
Hastings Garden
St.John's Cavalier
St.John's Co-Cathedral
St.John's Square
Republic Street
St.John's Bastion
Merchants Street
Great Siege Road
St.John's Cavalier
Freedom Square
City Gate
St. Ursula
Triton Fountain
St.James Cavalier
Auberge de Castille
Castille Place
Liesse Hill
Meridian Phoenicia Hotel
The Mall
Bus Terminus
St.James' Bastion
Upper Barracca Gardens
Street
Nelson Road
Great Ditch
St.Peter und Paul's Bastion
Floriana
St.James' Cavalier
Sarria
Gerolamo Cassar Avenue
Lascaris Wharf
Custom's House

aus dem 16. Jh. stammende Stadttor. Die alte, mit einer Zugbrücke versehene Porta Reale wurde abgerissen, weil sie dem Verkehr nicht mehr gewachsen war.

Das City Gate wird von zwei mächtigen Festungen flankiert, auf der linken Seite liegt **St. John's Cavalier**, in der heute die Botschaft des unabhängigen, völkerrechtlich anerkannten Malteser Ritterordens untergebracht ist, und auf der rechten Seite **St. James Cavalier**, wo das National Arts Centre eingerichtet wurde. Durch das Tor führt eine Straße auf den **Freedom Square**.

Gleich rechts im Bogengang ist die Touristeninformation untergebracht. Das lediglich als Ruine erhaltene **Opernhaus** begrenzt den Platz in nordöstliche Richtung. Seit einem Bombenangriff im Jahre 1942 steht die 1866 eingeweihte Oper (1873 abgebrannt und wieder neu aufgebaut) in Trümmern. Das neoklassizistische Gebäude (der Architekt war der Brite *Edward Barry*) wurde als einziges Gebäude Vallettas nach dem Krieg nicht wieder aufgebaut. In der Republic Street lebten ehemals die reichen und vornehmen Bürger und die Straße war der soziale Treffpunkt der Stadt.
Der **Palazzo Ferreria** (10) bzw. *Francia Palace* (1877), ein Bau des maltesischen Baumeisters Giuseppe Bonavia, linker Hand, ist ein eleganter Stadtpalast, in dem Behörden und zahlreiche Läden untergebracht sind. Früher stand hier das Arsenal des Johanniterordens *Il Ferreria* (= Schmiede/Eisenkammer). Entlang der South Street kommt man zum **National Museum of Fine Arts** (9).

Palazzo Ferreria

Zu Unrecht wird das Nationalmuseum der schönen Künste bei einem Stadtbesuch Vallettas häufig übersehen. Der das Museum beherbergende Palast wurde zwischen 1761 und 1763 errichtet und diente u.a. als Gästehaus des Ordens und als Wohnhaus des Sekretärs des Großmeisters.

Von einem Vorgängerbau, der in den 1590er Jahren errichtet wurde, sind die Loggia und der Innenhof erhalten. Ab 1821 diente das Gebäude als Residenz des britischen Admirals, daher auch die Bezeichnung „Admirality House". 1961 übernahm die maltesische Regierung das Gebäude und ließ es grundlegend restaurieren. In den 1970er Jahren wurde das Kunstmuseum eröffnet. Besonders schön ist der Innenhof mit seinen vielen verschiedenen Fensterformen.

Werke einheimischer Künstler

Ausgestellt sind im Erdgeschoss Arbeiten des französischen Portraitmaler *Antoine de Favray* (1706-1798). Favray wurde vor allem für seine Portraits von Großmeistern bekannt. Einige seiner Werke sind auch in der St. John's Co-Cathedral zu sehen. In anderen Räumen kann man Werke einheimischer Künstler des 17.-20. Jh. bestaunen. Im Kellergeschoss des Museums erläutern vielfältige Gegenstände das Alltagsleben der Johanniter. Neben medizinischen Geräten sind beispielsweise Teile des Silbergeschirrs aus dem Ordenshospital zu bewundern, von dem die Kranken, auch niederer Stände, essen durften. Weiterhin sind Kirchengewänder, Tabakdosen, Uhren, eine Glocke aus dem Besitz *Napoleons*, Fächer sowie Waffen, Schiffsmodelle und eine reichhaltige Münzsammlung ausgestellt. Im ersten Stock gibt es florentinisch-toskanische Malerei des 14. und 15. Jh. und Werke des 16. und 17. Jh. (u.a. *Jan van Scorels „Portrait einer Dame"* und *Guido Renis „Chistus mit dem Kreuz"*) zu sehen. Umfangreich sind die Exponate von *Mattia Preti*, und ein ganzer Raum ist dem wohl wichtigsten maltesischem Künstler des 20. Jh. gewidmet: *Antonio Sciortino*.

INFO Antonio Sciortino (1879-1947)

Ausgebildet in Rom, lernte Antonio Sciortino bei einem Besuch in Paris *Rodin* und dessen russischen Schüler *Paul Trubetzkoj* kennen und schätzen.
Sciortinos Erstlingswerk, die Figurengruppe *„Les Gavroches"* von 1902, weist auf die Nachfolge Rodins. Es ist sehr dynamisch, ein Stil, den Sciortino beibehalten wird. Dieser „Dynamismus", Bewegung und Geschwindigkeit anstelle von statischem Realismus, wird

dem Futurismus zugerechnet, eine um 1909 in Italien entwickelte Stilrichtung. Insbesondere Sciortinos Arbeiten aus den 1930er Jahren haben nur noch die Darstellung der Geschwindigkeit zum Thema. Im Vergleich mit dem Kubismus war der Futurismus stets subjektiv. Geistesgeschichtlich ging die Bewegung aus dem Pathos einer Kultur der Zukunft, der gesellschaftlichen wie auch kulturellen Modernisierung und Dynamisierung hervor.

International ausgezeichnet wurde Sciortino 1923 mit einem Denkmal für *Anton Tschechow* in Rostow am Don. 1929 erhielt er bei einem Wettbewerb in Paris den 2. Preis für eine Darstellung des lateinamerikanischen Befreiungshelden Simon Bolivar. Für das Denkmal des russischen Dichter *Sewtschenko* in Kiew 1941 erhielt der Bildhauer den ersten Preis. Viele seiner Büsten und Denkmäler kann man auf öffentlichen Plätzen in Vallettas sehen, zahlreiche andere Skulpturen befinden sich im Museum of Fine Arts in Valletta.

Vom Freedom Square zieht sich die **Republic Street** (*Triq ir-Republikka*) bis hinunter an die Spitze der Halbinsel und teilt die Stadt damit in zwei Hälften. Entlang der ehemals „*Kingsway*" genannten Hauptstraße, die als Fußgängerbereich ausgewiesen ist, liegen der Großmeisterpalast, mit einer Längsseite die St. John's Co-Cathedral und der Oberste Gerichtshof sowie einige schöne Plätze. Hier befinden sich außerdem die besten Läden und einige der wenigen Straßencafés der Stadt. Zahlreiche Nebenstraßen zweigen rechtwinklig von der Republic Street ab.

Kirche der Franziskaner

Kurz hinter der quer verlaufenden South Street liegt die **St. Francis Church** (11), dahinter das dazugehörende Kloster. Die Kirche des Franziskanerordens wurde 1598 errichtet und 1681 im Barockstil umgestaltet. Später folgten noch weitere Veränderungen. Besonders schön ist die Fassade. Der Innenraum wirkt etwas überladen. Das Deckengemälde ist ein Werk des Malteser Malers *Giuseppe Cali* (1846-1930) aus dem 19. Jh. Es zeigt den triumphierenden Christus im Himmel. In der einen Hand hält er ein Kreuz, mit der anderen Hand segnet er die Gemeinde. Rechts neben der St. Francis Church in der Melita Street kann man sich in der St. Francis Confectionary stärken.

Die auf ovalem Grundriss ruhende Kirche **St. Barbara** (12) gegenüber wurde 1739 als Pfarrkirche für die Ordensritter aus der Provence von *Giuseppe Bonnici* errichtet. Hier werden Messen auf Englisch, Französisch und Deutsch gelesen.

prachtvolle Fassade

Das **National Archaeological Museum** ist in der ehemaligen Auberge de Provence untergebracht, einem repräsentativen Bau *Girolamo Cassars* (1551-76). Als erster Bau, der im Zuge des „*Valletta Rehabilitation Project*", einem großen Sanierungsprojekt, renoviert wurde, erstrahlt das Gebäude heute wieder im alten Glanz. Es nimmt die ganze Front eines Straßenblocks ein. Die prachtvolle elfachsige, symmetrisch angelegte Fassade mit bossierten Eckeinfassungen entstand allerdings erst in der Mitte des 17. Jh. Die Front des Erdgeschosses besteht aus vier Ladenräumen auf jeder Seite, eine Besonderheit der Stadtpaläste des 17. Jh. Im Inneren des Gebäudes kann man im Fußboden, durch Glas geschützt, noch älteres Mauerwerk sehen. Es handelt sich um die Ruinen des ursprünglichen Palastes aus dem 16. Jh., der 1966 entdeckt wurde.

prachtvolle Kassettendecke

Im 17. Jh. wurde dieser ältere Palast teilweise zerstört und das jetzige Gebäude errichtet. Unbedingt beachten sollte man auch die prächtig bemalte Kassettendecke im ersten Stock. Das 1958 eröffnete Archäologische Museum beherbergt heute nahezu sämtliche Funde aus den megalithischen Tempeln der Inseln sowie Exponate der phönizischen, punischen und römischen Epoche. Sie sind in Schaukästen mit Erläuterungen in maltesischer und englischer Sprache ausgestellt: großformatige Architekturbruchstücke, Altäre, phallusförmige Votivfiguren sowie Werkzeug, Schmuck und Keramik. Die ältesten Funde werden auf ca. 5200-2500 v. Chr. datiert. Sie wurden in Ghar Dalam (ⓘ S. 273 ff.) entdeckt.

Der berühmte **Altar von Hagar Qim** ist ein 73 cm hoher Kalksteinblock, der über und über mit kleinen runden Vertiefungen dekoriert ist und auf allen vier Seiten Reliefs zeigt. Dargestellt sind Pflanzen, die aus einem Gefäß herauswachsen – ein Symbol der Fruchtbarkeit.
Sehr eindrucksvoll sind die großartigen **Tierreliefs** aus den Tempeln von Tarxien, die vor Ort als Kopien zu sehen sind. Sie zeigen Prozessionen von Opfertieren, wobei Schafe, Ziegen und Schweine klar zu erkennen sind. Bemerkenswert ist die abstrahierte Darstellung einer Sau, die 13 Ferkel säugt – auch hierbei handelt es sich um ein Symbol der Fruchtbarkeit.

erstaunlich kleine Köpfe

Das Museum verfügt weiterhin über eine stattliche Anzahl an **Magna Mater-Figuren**. Sie sind vollleibig, haben aber alle einen erstaunlich kleinen Kopf. Obwohl eindeutig weiblich, gibt es keine expliziten Geschlechtsmerkmale. Ein besonderes „Highlight" ist die untere Hälfte des Originals der größten auf Malta gefundenen Magna Mater-Statue, deren Kopie im Tempel von Tarxien ausgestellt ist. Aus der massigen Größe der nur bis zur Hüfthöhe erhaltenen Skultptur kann man schließen, dass sie einst rund 3 m hoch gewesen sein muss. Möglicherweise ist dies die älteste Kolossalstatue der Welt.

Ein herausragendes Exponat der steinzeitlichen Kleinplastiken ist die berühmte Darstellung der „**Schlafenden**", auch „schlafende Venus" oder „schlafende Frau" genannt (siehe Abbildung S. 41). Die kleine Figur hat breite Schultern, mächtige Oberarme, ausladende Brüste und ein gewaltiges Becken und liegt ruhend auf einer Art Liege. Sie ist nur sieben cm hoch und zwölf cm lang und wurde im Hypogäum gefunden. Ob hier der Tod oder ein „ewiger Schlaf" dargestellt wird, ist Interpretationssache.

zweisprachiger Gebetstein

Eindrucksvoll ist neben Schriftdenkmälern und Grabbeigaben, etruskischen Urnen und römischen Kleinplastiken ein **punischer Sarkophag** aus dem 5. h., der in der Nähe von Rabat gefunden wurde. Interessant ist auch die aus Holz geschnitzte Figur des **Baal Hammon**, einer punischen Gottheit, die auf das 4./5. Jh. v. Chr. datiert wird. Ein interessantes Detail ist, dass die Figur bärtig dargestellt ist. Bedeutsam ist der zweisprachige **Gebetstein „Cippus"**. Der Doppelgebetstein ist dem Gott Melkart geweiht und trägt eine phönizische und eine griechische Inschrift. Die andere Hälfte des Steins befindet sich im Louvre. Durch den Vergleich mit dem Griechischen war es möglich, die phönizische Sprache zu entziffern. Der Stein wurde in der Mitte des 17. Jh. bei Marsaxlokk entdeckt.

Von der Republic Street, bei dem Blumenladen rechts in die St. John Street abbiegend, gelangt man rasch zur **St. John's Co-Cathedral** am St. John's Square. Die imposante Kirche ist die Hauptkirche des Johanniterordens und dem Schutzpatron des Ordens, Johannes dem Täufer, geweiht. Nach dem Niedergang der Ordensritterschaft fiel sie an das Erzbistum Malta und wurde 1816 von Papst Pius VII. in den Rang einer Bischofskirche erhoben, den bis dahin allein die Kathedrale von Mdina innehatte – daher der eigenartige Name Co-Cathedral.

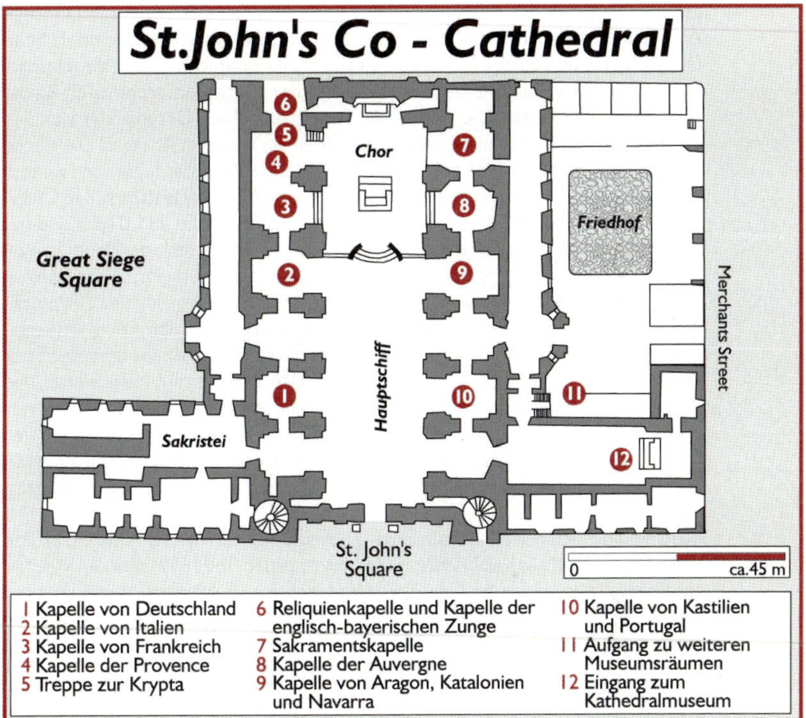

© graphic

Die Johanneskirche wurde zwischen 1573-1577 nach den Plänen von *Girolamo Cassar* errichtet und 1578 geweiht. Auftraggeber war der französische Großmeister *Jean L'Evêque de la Cassière*. Cassar, als Militäringenieur ausgebildet und bis dato hauptsächlich als Militärarchitekt tätig, gestaltete das Äußere sehr streng und schlicht. Als Grundriss wählte er ein einfaches Rechteck mit den Maßen 58 bzw. 39 m. Ebenso schlicht ist die **Renaissancefassade** mit Säulenportal, Balkon und Dreiecksgiebel, die von zwei kantigen Türmen flankiert wird. Über dem Hauptportal befindet sich ein Balkon. Von hier begrüßten die Ordensgroßmeister nach ihrer Wahl ihre Ritter.

schlichte Fassade

Das kleine Fenster über dem Balkon spendet Licht für das Deckengemälde im Inneren. Im Pediment sieht man eine Bronzebüste des Erlösers von *Alessandro Algardi*. Ursprünglich war die Kirche als Kuppelbau geplant. Dieser Plan wurde allerdings nicht ausgeführt, da die militärisch denkenden Ritter darin eine Behinderung der Schusslinie der Kanonen von den Kavalieren auf der Landseite zum Fort St. Elmo an der Seeseite sahen. Im Laufe der Zeit erfuhr die Kirche mehrfach Erweiterungen: 1598 wurde die Sakristei angebaut, das Oratorium kam 1603 hinzu. Die zweigeschossigen Seitenflügel beidseits des Langschiffes wurden um 1736 hinzugefügt. Zum Kirchenkomplex gehören weiterhin das Museum und der Friedhof. Im Gegensatz zum spartanischen Äußeren steht das Innere der Kathedrale, das mit seinem Reichtum und der Fülle an Dekorationen und kostbaren Kunstgegenständen beeindruckt. „*This is the most magnificent place I saw in my life*", äußerste sich Sir *Walter Scott* begeistert, als er die Kirche zum ersten Mal betrat. Die prachtvolle Ausstattung ihrer Ordenkirche war den Ordensrittern der einzelnen Landsmannschaften ein wichtiges Anliegen. Die Kirche war das wichtigste Gebäude des Ordens und jeder Großmeister fügte noch weitere Verschönerungen hinzu. Auch die einzelnen Rtter mussten bei Eintritt in den Orden ein Geschenk abliefern, das sogenannte „*gioja*". Wände, Boden und Decke sind mit prachtvollem Dekor versehen und durch das viele Gold erstrahlt der Raum in warmen Licht. *Napoleons* Truppen plünderten die Kirche erbarmunsglos, so dass zahlreiche Kunstschätze verloren gingen. Nur ein kleiner Teil der Gemälde und Skulpturen wurde später zurückerworben. Aber auch das wenige, was übrigblieb, ist beeindruckend. Bis auf zwei Ausnahmen sind alle Großmeister in der Kirche bestattet: Einer wurde im 16. Jh. in Abwesenheit gewählt und starb, bevor er auf Malta eintraf, und der letzte Großmeister auf Malta, *Ferdinand von Hompesch*, wurde von *Napoleon* verbannt. Seit dem 17. Jh. erhielten die Großmeister prachtvolle Sarkophage in den Seitenkapellen. Die Grabstätten der früheren Großmeister befinden sich in der Krypta. Nur das Grabmal von *Marc Antonio Zondadari* (1720-22) steht gleich links am Eingang.

prachtvolle Ausstattung

Beim ersten Stützpfeiler links vom Eingang befindet sich auch die schlichte Grabstätte von **Mattia Preti** aus Kalabrien. Von 1661 bis zu seinem Tod 1699 lebte der Künstler auf Malta. Zuvor hatten ihn Lehr- und Wanderjahre nach Norditalien und Flandern geführt. Als Dank für seine Aufnahme in den Orden schuf Preti zwischen 1662 und 1667 die **Deckenmalereien** im Auftrag der Großmeister Raphael und Nicolas Cotoner: Die Felder des sechsjochigen Tonnengewölbes sind mit 18 Szenen aus dem Leben des hl. Johannes ausgemalt. *Preti* benutzte eine spezielle Technik, wobei er direkt mit Öl auf den zuvor mit Leinöl eingeriebenen Kalkstein malte. Dadurch glänzen die Farben stärker als die Freskomalerei an Wänden und Pfeilern. Der Kalkstein des Gewölbes zeichnet sich dadurch aus, dass er nach dem Schnitt im Steinbruch durch die Verbindung mit der Luft hart wird. Eine weitere Bearbeitung ist dann nicht mehr möglich. Meisterhaft gelang es *Preti*, den Anforderungen seiner Auftraggeber gerecht zu werden, wobei sich zahlreiche Details aus den speziellen Wünschen der Ordensritter ergaben: Helme, Wappen und Malteserkreuze, aber auch Stillleben, pflanzliche Ornamente und Haus- und Fabeltiere. Der Gemäldezyklus gilt als Hauptwerk *Pretis*. Leider wurden die Gemälde im 19. Jh. unsachgemäß übermalt. Auch die Vorzeichnungen für zahllose Skulpturreliefs, mit denen Pfeiler und Wandflächen bedeckt sind, stammen von Preti. Der etwas erhöhte Chorraum wird durch eine Balustrade aus farbigem Marmor (17. Jh.) vom übrigen Kirchenschiff abgegrenzt.

das Hauptwerk Mattia Pretis

Der **Hochaltar** stammt von 1688 und ist aus Marmor, Lapislazuli und Gold gefertigt. Dahinter sieht man eine sehr große weiße Marmorgruppe, die die Taufe Christi darstellt, gestiftet vom Großmeister *Gregorio Carafà*. Ursprünglich war sie in Bronze geplant, doch da der Bildhauer *Melchiore Gafà* bald nach der Annahme des Auftrages starb, wurde die Gruppe durch *Giuseppe Mazzuoli* fortgeführt und zwar in Marmor. Das mit vergoldetem Schnitzwerk verzierte Chorgestühl wurde im ausgehenden 16. Jh. der Kirche gestiftet.

Den Fußboden der Kirche bedecken 375 **Grabplatten**, die mit verschiedenfarbigen Marmorintarsien geschmückt sind. Diese Technik der farbigen Einlegearbeiten wurde bereits in der Grabkirche der spanischen Könige im Kloster Escorial verwendet. Von dort hat es sich auch in Sizilien verbreitet. Die Platten, unter denen die Ordensritter beigesetzt sind, sind mit Inschriften und Heraldik, aber auch – etwas makaber – mit Totenschädeln und Skeletten, versehen. Darüberhinaus werden vielfach auch die besonderen Daten der Ritter erwähnt, so dass die Platten eine unvergleichliche biographische Quelle darstellen. Da der Marmor im Laufe der Zeit durch den starken Besucherandrang arg in Mitleidenschaft gezogen wurde, schützt nun eine Plexiglasplatte den gesamten Fußboden.

Fußboden der Kirche

Die **Seitenschiffe** wurden 1604 in Kapellen für die acht Landsmannschaften, die sogenannten Zungen (siehe Info-Kasten S. 19) des Ordens, eingeteilt. Die britische Zunge war nicht vertreten, da sie zu dieser Zeit inaktiv war. Gegen Ende der Regierung des Großmeisters *Pinto de Fonseca* lebte sie wieder auf und wurde mit dem Priorat von Bayern verschmolzen. Zur gemeinsamen Nutzung erhielten sie die Reliquienkapelle.

Die Kapellen sind folgendermaßen angeordnet: Auf der linken Seite von vorne nach hinten: Deutschland, Italien, Frankreich, Provence, Bayern und Großbritannien, auf der rechten Seite von hinten nach vorne: Auvergne, Aragon, Katalonien und Navarra sowie Kastilien und Portugal. Die einzelnen Zungen versuchten, sich mit der prachtvollen Ausstattung ihrer Kapelle zu überbieten. Die Wände sind mit heraldischem, figürlichem und floralem Dekor verziert, und die Altäre und Grabdenkmäler kostbar gestaltet.

Der erste Raum links bildet den Durchgang zur Sakristei. Es ist die schmuckloseste der Seitenkapellen, sie enthält aber wichtige Kunstwerke. Die meisten Malereien einschließlich der beiden sich gegenüber liegenden Lünetten und der „*Bewirtung des hl. Sebastian durch die Frauen*" sind Werke von *Giulio Cassarino* (1582-1637), einem maltesischen Gefolgsmann *Caravaggios*. Die Lünette über dem Eingang zur Sakristei stellt die „*Geburt Mariens*" dar, ein Werk *Mattia Pretis*. Ebenfalls bemerkenswert ist die Kreuzigungsgruppe. Die Gestalt des gekreuzigten Christus stammt von *Alessandro Alardi* (1608-1653).

wichtige Kunstwerke

In der **Sakristei** sind Gemälde und Kirchengerät ausgestellt. Die Sakristei wurde 1598 errichtet. Das schönste Stück ist das Portrait des Großmeisers *Pinto de Fonseca* von *Antoine de Favray* (1706-1798). Ebenfalls beachtenswert ist die „*Geißelung Christi*" von *Stefano Pieri*, um 1571 nach einer Zeichnung von *Michelangelo* gefertigt.

spätbarocke Ausstattung

Die **Kapelle von Deutschland** (1) ist der Anbetung der Könige aus dem Morgenland geweiht. Während des Zweiten Weltkrieges wurde sie nicht allzu stark zerstört, so dass die spätbarocke Ausstattung noch gut erhalten ist. Der Altar der Kapelle, errichtet 1680, ist der einzige erhaltene Barockaltar der Kirche. Der Altar sowie die beiden Lünetten, die die Geburt Christi und den Bethlehemitischen Kindermord darstellen, stammen von *Stefano Erardi* (1630-1716). Die Grabplatte ist *Wolfgang Philipp Baron von Guttenberg* (1733) gewidmet. 63 Jahre lebte er auf Malta. Als Großbailiff der deutschen Zunge setzte er sich während der großen Pest (1676) für die maltesische Bevölkerung ein. Auf der Grabplatte ist ein Skelett zu sehen und die Aufschrift: „*Fuit et tu non eris. Fumus, humus, sumus, et cinis est nostra ultima finis*": Er ist gewesen, und auch du wirst nicht sein. Wir sind Rauch und Erde und Asche ist unsere letzte Bestimmung.

Im nächsten Raum ist der Aufgang zur Kanzel und der Durchgang zum nördlichen Anbau. Die **Kanzel** ist eine neapolitanische Schnitzarbeit vom Ende des 16. Jh. Ursprünglich führte der Durchgang direkt zum Seiteneingang der Kirche, eine Anordnung, die 1736 geändert wurde, als der Anbau hinzugefügt wurde. Das Monogramm R.C. an den Wänden steht für den Namen des Großmeisters *Rafael Cottoner*.

schöne Steinmetzarbeiten

Die **Kapelle von Italien** (2) ist vielleicht die schönste der ganzen Kirche. Der monumentale Altaraufbau, der die mystische „*Vermählung der hl. Katherina mit Christus*" darstellt, gilt als eines der gelungensten Werke *Pretis*. Die beiden Lünetten sind ebenfalls von *Preti* unter Mitarbeit seiner Werkstatt. Die Kapelle enthält den Sarkophag des Großmeisters *Gregorio Carafà* (1680-1690) mit schönen Steinmetzarbeiten beim Faltenwurf. Hinter seiner Büste sieht man eine Keramikdarstellung der Seeschlacht bei den Dardanellen von 1656, in der Admiral *Carafà* das Geschwader als Verbündeter der Venezianer führte.

Die **Kapelle von Frankreich** (3) ist der Bekehrung des hl. Paulus geweiht. Die Malereien des Altaraufbaus und der Lünetten sind Werke Mattia Pretis und seiner Werkstatt. Hier befinden sich neben dem Sarkophag des Großmeisters de Rohan der Sarkophag der Familie Wignacourt sowie der Sarkophag des *Vicomte de Beaujolais*, des Bruders König *Louis Philippes*, der 1808 in Malta starb. Die Wandgestaltung mit den Symbolen der französischen Monarchie wurde von König Louis Philippe gestiftet. Die **Kapelle der Provence** (4) ist dem Erzengel Michael geweiht. Eindrucksvoll ist der Altaraufsatz. Die für Maltas Kirchen typischen Spiralsäulen umrahmen das Altarbild. Die reich verzierten Sarkophage sind die der Großmeister Antoine de Paule und Jean Paul de Lascaris Castellar.

Von der Kapelle der Zunge der Provence führt eine Treppe zur **Krypta**. In der Krypta befinden sich die Sarkophage von zwölf Großmeistern, die Malta bis 1623 regiert haben, unter anderen das Grabmal von *Philippe Villiers de L'Isle Adam*. L'Isle Adam hatte die Vertreibung des Ordens aus Rhodos miterlebt und war Maltas erster Großmeister. Der Sarkophag ist ein Werk des sizilianischen Bildhauers *Antonelle Gagini*. Der dekorative Sarkophag des Großmeisters *Jean Parisot de la Valette*, gleich daneben, ist ein Werk von *Martino Garzes*. La Valette verteidigte Malta gegen die Türken 1565 und veranlasste den Bau der nach ihm benannten neuen Hauptstadt. Auch der französische Großmeister *Jean L'Evêque de la Cassière* wurde in der Krypta bestattet. Der einfache Sarkophag aus einheimischem Kalkstein befindet sich direkt unter dem Hochaltar der Kirche.

Als einziger Nicht-Großmeister wurde hier der Sekretär des Großmeisters La Valette, der Engländer Sir *Oliver Starkey*, beigesetzt. Eine andere Krypta, als **Bartolett Krypta** bekannt, liegt unter dem Oratorium. In ihr wurden die meisten Ordensmitglieder begraben, die auf Malta starben.

Die **Reliquienkapelle**, dem hl. Karl Borromäus geweiht, ist die Kapelle von England und Bayern (6). Das während der Herrschaft des Großmeisters *Alof de Wignacourt* entstandene Bronzeportal wurde 1752 aus der Kapelle „*Unserer Lieben Frau von Philermos*" hierher gebracht, als diese mit dem schönen Silberportal ausgestattet wurde. Rechts vom Altar kann man eine große Holzfigur des Johannes des Täufers bewundern, die als Galionsfigur des Flaggschiffes *Gran Caracca* diente. Die *Gran Caracca* brachte die Ritter von Rhodos nach Malta. Die Gemälde stammen von *Agostino Masucci* (1691-1758).

Galionsfigur

Die **Sakramentskapelle** (7) war ursprünglich als „Kapelle unserer Lieben Frau von Philermos" bekannt, da dort eine byzantinische Ikone stand, die 1530 unter diesem Namen aus Rhodos mitgebracht worden war und die von den Rittern hochverehrt wurde. Als der letzte regierende Großmeister von Malta die Insel verließ (1798), nahm er die Ikone mit sich nach Triest. Von dort gelangte sie nach Russland, wo sie bis 1917 blieb, dann wurde sie offensichtlich außer Landes gebracht und der serbischen Königsfamilie übergeben. Danach verwischt sich ihre Spur. Anstelle der Ikone befindet sich hier heute ein Madonnenbild von 1671. Vergleichbar einer griechischen Ikone ist sie mit Goldoklat bedeckt. Sehr eindrucksvoll ist das wertvolle, prächtig gearbeitete Silbergitter. Dass das reinsilberne Kunstwerk den plündernden Franzosen nur entgangen ist, weil es mit schwarzer Farbe übermalt worden war, ist aber wohl nur Legende.

Die **Kapelle der Auvergne** (8) ist dem hl. Sebastian geweiht und hat einen der ältesten Altäre der Kirche, erbaut um 1620. Schöne Spiralsäulen flankieren das Altarbild. In dieser Kapelle gibt es nur ein Mausoleum mit den Überresten des Großmeisters *Annet de Clermont Gessant*, der nur sehr kurz vom 9. Februar bis zum 2. Juni 1660 regierte.

schöne Spiralsäulen

Die Kapelle von **Aragon, Katalonien und Navarra** (9) ist dem hl. Georg geweiht und besonders reich an Kunstwerken. Das Altarbild „*Der hl. Georg auf dem Pferd*" stammt von *Mattia Preti*. Der Maler schuf es kurz vor seiner Ankunft in Malta und schickte es offensichtlich seiner eigenen Ankunft voraus. Die beiden Lünetten – ebenfalls von Mattia Preti – beschreiben Szenen aus dem Leben und Martyrium des hl. Laurentius. Die Kapelle enthält die Mausoleen der Großmeister *Martin de Redin, Rafael Cotoner, Nicolas Cotoner* und *Ramon Perellos y Roccaful*.

Die beiden letztgenannten sind besonders bemerkenswert: Ein Farbiger und ein Türke in Fesseln tragen als Atlanten den Sarkophag des Großmeisters Cotoner, ihm gegenüber zeigt das Grab des Großmeisters *Ramon Perellos y Roccaful* kriegerische Symbole. Das Grabmal des Großmeisters *Nicolas Cotoner* wird *Giovanni Battista Foggini* (gest. 1737) zugeschrieben, während das Grab Perellos von *Guiseppe Mazzuoli* (gest. 1725) stammt.

Mosaikportrait des Großmeisters

In der Kapelle von **Kastilien und Portugal** (10) kann man die beiden großartigen Grabmäler für *Manoel Pinto de Fonseca* und für *Antonio Manoel de Vilhena* bewundern. Das Grabmal für Großmeister de Vilhena wurde hauptsächlich in Bronze von dem Florentiner Bildhauer *Massimiliana Benzi* (1658-1740) geschaffen. Das Grab des Großmeisters Pinto wird dem römischen Bildhauer *Vincenzo Pacetti* zugeschrieben. Es enthält ein Mosaikportait des Großmeisters von *Antoine de Favray*. Die Kapelle ist dem hl. Jakobus geweiht, und sowohl das Altarbild mit der Darstellung des Heiligen wie auch die beiden Lünetten sind typische Alterswerke *Mattia Pretis*. Der Altar mit seinem Marmoraufbau ist der jüngste der Kapellenaltäre – er wurde erst 1792 fertig gestellt.

Das **Oratorium** wurde 1603 der Kirche angefügt und ebenfalls von *Mattia Preti* gestaltet. Es diente als Ort privater Andacht, insbesondere für die Gebete der Novizen des Ordens. Der ursprünglich einfache Rechtecksplan wurde im Laufe der 1680er Jahre verändert, als *Mattia Preti* das Gewölbe auf der Ostseite des Oratoriums hinzufügte und den Altar an die gegenwärtige Stelle setzte. Die Darstellungen der verschiedenen Ordensheiligen an den Seitenschiffsseiten des Oratoriums stammen aus Pretis Werkstatt. Das Meisterwerk ist *Caravaggios* „**Enthauptung des hl. Johannes**" (siehe Info Kasten S.181).

Durch das Oratorium gelangt man zum **Kathedralmuseum** (12). Die Exponate beziehen sich auf die Geschichte der St. Johns Co-Cathedral, besonders auf den Zeitraum, als sie Konventskirche des Ordens war.

kostbare Wandteppiche

Eine besondere Attraktion sind 28 (bzw. 29) flämische **Wandteppiche**, die zwischen 1697 und 1700 nach Vorlagen von *Peter Paul Rubens* und *Nicolas Poussins* entstanden. Sie sind eine Schenkung des Großmeisters *Ramon Perellos* und kamen wahrscheinlich 1702 in die Kirche. Die Folge der Teppiche besteht aus 29 Einzelstücken: 14 der Wandbilder (6 x 6 m) stellen sieben erzählende Szenen aus dem Leben Jesu und sieben Allegorien dar, weitere 14 (1,8 x 6 m) zeigen Christus den Erlöser, die Jungfrau Maria und die zwölf Apostel. Ein weiteres Bild trägt das Portrait des Großmeisters Pinto. Alljährlich im Juni, zum Fest Johannes des Täufers, werden sie im Kirchenraum aufgehängt. Der Kirchenschatz wurde 1798 von den Truppen Napoleons geplündert, so dass nur ein kleiner Teil des ursprünglichen Bestandes erhalten blieb. Zum Museumsbestand gehören neben einer Anzahl wunderschöner und mit kostbaren Miniaturen ausgemalten Antiphonarien, weiterhin eine stattliche Kollektion geistlicher Gewänder, darunter eines aus dem 15. Jh. und eines aus dem 16. Jh. mit Renaissance-Stickereien. Beeindruckend ist auch das Silbergeschirr, Schenkungen der wohlhabenden Ordensritter. Durch das Museum gelangt man in dem ehemaligen Friedhof der Kirche, der auch durch den Südanbau erreicht werden kann. Ursprünglich war er viel größer. Hier liegen die Gebeine der Ordensmitglieder, die während der Großen Belagerung starben und ursprünglich in der St. Lorenz Kirche in Vittoriosa bestattet waren. Nach der Errichtung der Johanneskirche wurden ihre sterblichen Überreste an diesen Platz gebracht. Sie sind im Beinhaus in der Mitte des Friedhofes aufgeschichtet. Auf einer Marmorplatte sind die Namen der Ritter und anderer Ordensmitglieder verewigt.

INFO Caravaggio

Caravaggio, eigentlich *Michelangelo Merisi* (1571/3-1610), hinterließ zwei bedeutende Werke auf Malta, den „*Heiligen Hieronymus*" und die „*Enthauptung des hl. Johannes*". Caravaggio wurde 1571 oder 1573 in dem kleinen Dorf Caravaggio bei Bergamo in Oberitalien geboren. Nach einer Lehrzeit bei dem Tizian-Schüler Simone Peterzano in Mailand ging er 1592 nach Rom. Der einflussreiche Kardinal del Monte erteilte ihm verschiedene Aufträge für Altarbilder.

In diesen frühen Bildern übt der Maler bereits den für ihn später charakteristischen Malstil mit starken Licht- und Schattenkontrasten, dem sogenannten Chiaroscuro (hell-dunkel). Die intensiven und realistischen Darstellungen müssen für die damalige Zeit fast revolutionär gewesen sein. Durch die Tiefenperspektive wird der Blick des Betrachters direkt in die Handlung des Bildes einbezogen.

Eine Neuerung der Kunst Caravaggios war, dass er religiöse Szenen in zeitgenössischer Umgebung darstellte. Beispielsweise wählte er seine Modelle aus den ärmeren Bevölkerungsschichten, wodurch sie noch realistischer wirkten – sehr zur Empörung seiner Auftraggeber, die sakrale Malerei mit idealisierten Gestalten und pittoresken Szenen sehen wollten.

Caravaggio hatte ein lebhaftes Wesen, auch galt er als hochmütig und gewalttätig. Wegen Messerstechereien geriet er zwischen 1603 und 1607 mehrfach mit der Polizei in Schwierigkeiten. Im Mai 1607 musste er von Rom nach Neapel fliehen, da er einen Mann erschlagen hatte. Großmeister *Alof de Wignacourt* ließ ihn von Neapel nach Malta kommen. Dort wurde er als dienender Bruder im Ritterorden aufgenommen. 1608 wurde Caravaggio zum Obedienzritter ernannt – eine höchst seltene Auszeichnung. Nach erneuten Problemen mit den Ordnungshütern wurde er im Fort St. Angelo eingesperrt, von wo ihm jedoch die Flucht nach Sizilien gelang. 1610 sollte er vom Papst begnadigt werden. Auf der Fahrt nach Rom wurde er jedoch in Porto Ercole verhaftet. Der Freispruch erreichte ihn nie. Er starb im Gefängnis am 18. Juli 1610 an Malaria im Alter von 37 Jahren.

Aus seiner maltesischen Zeit gibt es im Louvre in Paris ein Portrait seines Mäzens Wignacort und im Palazzo Pitti in Florenz ein weiteres Portrait des Großmeisters sowie ein Gemälde des „*Schlafenden Cupido*".

Caravaggios wichtigstes Werk – und eines der eindrucksvollsten Gemälde der europäischen Malerei überhaupt – ist die „Enthauptung des hl. Johannes". In kräftigen Farben und mit ungewöhnlicher Ausdruckskraft, effektvollen Licht- und Schattenkontrasten und krassem Realismus wird die Enthauptung Johannes des Täufers dargestellt. Der Kopf ist noch nicht ganz abgetrennt. Der Täufer liegt blutend auf dem Boden, während der halbnackte Henker seinen Kopf ergreift, um sein Werk zu beenden. Der Gefängniswärter deutet auf die goldene Schale, die Salome bereithält, um das Haupt desTäufers in Empfang zu nehmen. Flehend erhebt eine alte Frau ihre Hände, während von rechts zwei Neugierige hinter einem vergitterten Fenster versuchen, das Geschehen zu verfolgen.

Erstaunlicherweise hatte Caravaggios Malerei keinen nachhaltigen Einfluss auf italienische Künstler, vielleicht weil die Mehrzahl seiner Gemälde nicht in Kirchen, sondern in Privatpalästen zu sehen waren.

die Ideale der Ritter

In der Mitte des arkadengesäumten **St. John's Square** steht die Büste von **Enrico Mizzi** (1885-1950), dem Führers der National Party in den 1930er Jahren. Im **Malta Crafts Centre** in der Ecke des der Kathedrale gegenüberliegenden Arkadenganges kann man maltesische Keramik, Webwaren, Töpfergut und Glaskunst erwerben. Die Republic Street führt nun auf den **Great Siege Square** (Siegesplatz). Das Denkmal „**Monument of the Great Siege**" von *Antonio Sciortino* stellt die Ideale der Ritter dar: Tapferkeit, Freiheit und Glauben. Am 8. September, der als Nationalfeiertag an den Tag des Abzuges der Türken 1565 erinnert, werden hier alljährlich Kränze niedergelegt. Am Nordende des Platzes, an der Sta. Lucia Street, stehen sogenannte **Karrozzin** bereit, Pferdekutschen, mit denen sich die Besucher durch die Stadt fahren lassen können. Dominiert wird der Platz von der klassizistischen Tempelfassade des **Law Court** (8). Der 1967 (!) im neoklassizistischen Stil erbaute Oberste Gerichtshof des Landes mit seinen sechs imposanten dorischen Säulen ersetzte die im Zweiten Weltkrieg weitgehend zerstörte Auberge d'Auvergne aus dem 16. Jh. Eine Innenbesichtigung ist nicht möglich.

Queen Victoria

Plünderung durch Napoleons Truppen

Zur Erfrischungspause lädt der nächste Platz, der **Republic Square**, ein. Verschiedene Staßencafés, darunter auch das traditionsreiche Cortina, machen ihn zu einer Oase der Erholung an heißen Tagen. Einst hieß der Platz „Queen's Square". An die britische Kolonialherrschaft erinnert das Queen Victoria-Denkmal von 1891. Den Platz beherrscht die Fassade der Bibliothek, der **National Library** (18). Es ist das letzte Bauwerk, das unter dem Johanniterorden entstand. 1796 fertig gestellt, wurde es 1812 eröffnet. Die Bibliotheksbestände gehen auf das 1555 gegründete Archiv der Ritter zurück. Anfänglich waren die Bücher in der St. John's Co-Cathedral untergebracht. Da die Bibliothek seit 1750 der Öffentlichkeit zugänglich war, vergrößerte sich der Bestand durch Schenkungen rasch. Ende des 18. Jh. verfügte die Bibliothek bereits über 80.000 Bände. Ein neues Gebäude musste her. Trotz der Plünderung durch Napoleons Truppen, 1798, umfasst die Sammlung noch immer einzigartige Schätze. Das gesamte Archiv des Johanniterordens seit dem frühen 12. Jh. mit einem Bestand an über 300.000 Büchern und etwa 10.000 wertvollen Handschriften und Urkunden aus der Geschichte der Insel und des Ordens wird hier aufbewahrt. Einige Dokumente sind Teil einer ständigen Ausstellung in dem fast original erhaltenen Lesesaal (41 m lang, 12,5 m breit) im Obergeschoss. Dazu gehören die päpstliche Bulle *Pia Postulatio Voluntatis* aus dem Jahre 1113, mit der Papst *Paschalis II.* die Gründung des Johanniterordens genehmigte, sowie die Urkunde, mit der Kaiser *Karl V.* am 23. Mai 1530 dem Orden Malta und die Grafschaft Tripolis als Lehen übergibt. Weiterhin bedeutsam ist das Statut des Großmeisters *L'Isle Adam* von 1533, das bestimmte, dass die Ritter bei ihrer Aufnahme in den Orden mindestens 18 Jahre alt sein mussten. Eine andere Urkunde, die des Großmeisters *Hugues de Revel* (1258-1277) von 1262, besagt, dass die Ritter ihre adlige Herkunft belegen mussten.

wertvolle Handschriften

Ein Torbogen verbindet die National Library mit Vallettas Parlamentssitz, dem **Grand Master's Palace** am Palace Square. Es ist der größte Profanbau der Hauptstadt. Ursprünglich war geplant, den Palast an der Stelle der heutigen Auberge de Castille, also an der höchsten Stelle Vallettas, zu errichten. Später entschied man sich jedoch für diesen Platz mitten in der Stadt. Bis 1798 war hier der Sitz des jeweiligen Grandmasters. Während der britischen Herrschaft Sitz der Gouverneure, dient er heute als Tagungsort des maltesischen Parlaments und als offizieller Amtssitz des maltesischen Staatspräsidenten. Wenn nicht gerade Staatsereignisse stattfinden, können Teile des prunkvoll ausgestatteten Palastes besichtigt werden. Der Bau wurde 1571 nach Plänen von *Gerolamo Cassar* begonnen. Der auftraggebende Großmeister war *Pietro del Monte*. Ein bereits bestehendes Gebäude wurde in den Neubau miteinbezogen. 1574 war das Gebäude bezugsfertig. Die ältesten Bauteile sieht man rechts an den kurzen Fensterabschnitten. In der Mitte des 18. Jh. erhielt der Großmeisterpalast unter Großmeister *Pinto* (1741-1773) sein heutiges Aussehen mit den um die Ecken verlaufenden Holzbalkonen sowie den beiden Barockportalen an der Hauptfassade. Die zweigeschossige Fassade spiegelt mit ihrer Strenge und Schlichtheit den Ernst des 16. Jh. wider.

Amtssitz des Präsidenten

Der Palastkomplex gruppiert sich um zwei große Innenhöfe, die im Gegensatz zu dem strengen Äußeren fast spielerisch erscheinen. Durch das linke Tor gelangt man in den **Neptune's Court** (Neptunshof), benannt nach einer Bronzestatue Neptuns, die einem Original von *Giambologna* (1529-1608) nachempfunden ist. Möglicherweise handelt es sich bei der Statue um

Neptune's Court

den Admiral *Andrea Doria*, einen Freund *La Valettes*, der als Neptun posierte. In diesem Fall könnte es eine Arbeit von *Leone Leoni* sein, dem privaten Bildhauer des Admirals. Großmeister Wignacourt hatte sie zunächst am Fischmarkt aufstellen lassen. 1861 wurde sie an ihren heutigen Standort in dem länglichen Innenhof gebracht. Der Brunnen an der Wand mit dem Wappen des Großmeisters Perellos war einst eine Pferdetränke. Im Gebäude gegenüber, dem heutigen Waffenmuseum (Palace Armoury) befanden sich nämlich bis Ende des 19. Jh. die Pferdeställe.

importierte Gewächse

Eine Treppe führt vom Neptunshof nach rechts in den etwas höher gelegenenen **Prince Alfred's Court**. Er wurde zur Erinnerung an den ersten Besuch des zweiten Sohnes von Queen *Victoria* im Jahre 1858 auf Malta benannt. Hier wachsen aus britischen Kolonien importierte Gewächse, unter anderem eine schlanke Palme und eine besonders schöne Araukarie. Auf dem bronzenen Uhrwerk auf dem Giebel des Traktes – eine Stiftung des Großmeisters Pinto – läuten vier dunkelhäutige Gestalten in türkischen Uniformen jede Viertel Stunde. Nicht nur die Zeit, sondern auch der Tag, der Monat und die Mondphase werden angezeigt. In der linken Ecke des Prince Alfred's Court führt eine Treppe die Besucher hinauf in das Obergeschoss.

Zunächst gelangt man in den **Armoury Corridor**, in dessen Boden die Wappen des Ordens, der Zungen sowie das der Republik Malta eingelassen sind. Die Portraits zeigen die Großmeister des Ordens auf Malta. Am Ende des Korridors befindet sich der Eingang zum einstigen Arsenal, dem heutigen Tagungsraum des Parlaments.

„Wunderwerke der Teppichweberei"

Die Council Chamber, der kleine Ratssaal, auch als **Tapestry Chamber** (Gobelinsaal) bekannt, wurde lange Zeit als Ratssaal des Ordens benutzt. An den Wänden hängen zehn einzigartige Gobelins aus Seide und Baumwolle. Es handelt sich dabei um den Zyklus „*Les tentures des Indes*", der um 1700 in der Manufacture Royale des Goblins, der königlichen Gobelinmanufaktur *Ludwig XIV.*, in Paris gewebt wurde. Sie sind mit Le Blondel signiert. Die Wandteppiche sind sehr phantasievoll, unbeschädigt und unverblasst erhalten. Dargestellt sind Flora und Fauna sowie Szenen aus Afrika, der Karibik und aus Südamerika. Als Vorlage dienten Gemälde zweier Maler, die um 1640 mehrere Jahre in Brasilien gelebt hatten. Großmeister Perellos gab die Gobelins in Auftrag und machte sie dem Orden zum Geschenk. Sie gelten als ältester vollständig erhaltener Satz ihrer Art und werden nicht zu Unrecht als „Wunderwerke der Teppichweberei" bezeichnet. Die Fresken über den Gobelins stellen Kaperfahrten der Ordensritter dar.

In der **Hall of the Supreme Court** (Saal des Großen Rates), dem heutigen Empfangssaal des Staatspräsidenten, wird in zwölf Fresken des umlaufenden Frieses die Große Belagerung von 1565 chronologisch dargestellt. Sie wurden von dem spanischen Künstler *Matteo Perez d'Aleccio* (1576-1581), einem Schüler Michelangelos, geschaffen. Die Galerie stammt angeblich aus dem Admiralitätsschiff der Johanniter aus ihrer Zeit auf Rhodos.

Eine Tür führt vom Großen Ratssaal in den Botschaftersaal, den **Ambassador's Room**, in dessen Sesseln bereits Papst *Johannes XXIII.* und *Michail Gorbatschow* saßen. Wegen des roten Damastes an den Wänden, heißt der Raum auch „Roter Saal" (*Red*

Room). Acht weitere Fresken berichten von der Geschichte der Ordensritter. So sieht man unter anderem die Ankunft der Ritter auf Rhodos im Jahre 1309/1310 und ihren Abzug von dort im Jahre 1522. Des Weiteren hängen hier mehrere Portraits europäischer Monarchen: *Louis X.* von Frankreich, *Katharina II.* von Russland und ein Portrait des Großmeisters *Alof de Wignacourt*.

Auch im **Yellow Room** (Gelber Saal) stellen Fresken die Geschichte der Ordensritter dar. Außerdem kann man hier *José de Ribeiras „Jakob bei den Schafen"* sowie *„Der Traum Jakobs"* bewundern. Im **Estate Dining Room** (Speisesaal) zieren Portraits britischer Könige und Königinnen und maltesischer Präsidenten die Wände. Durch Bombenangriffe im Zweiten Weltkrieg schwer beschädigt, blieb nur die lange Speisetafel erhalten. Der Rest musste neu aufgebaut werden.

Ritter in voller Montur

Die **Waffenkammer** (*Armoury*) ist in den einstigen Pferdeställen des Großmeisters untergebracht und vom Neptunshof aus (rechts hinten) zu erreichen. Waffen und Ausrüstung gingen beim Tod eines Ritter an den Orden über. Zeitweilig besaß der Orden daher mehr als 25.000 Rüstungen . Prachtvoll ist die mit Goldeinlagen verzierte, in Mailand hergestellte Paraderüstung des Großmeisters *Alof de Wignacourt* (1601-1622) und die nicht minder prächtige Prunkrüstung seines Vorgängers *Martino Garzes* (1595-1601). Zu sehen sind auch die aus dem 18. Jh. stammende Kutsche der Großmeister. Interessant sind die Gegenstände, die die Ritter von ihren Beutefahrten mitbrachten, wie beispielsweise türkische Waffen und Schilde. Die Waffenkammer sollte 1827 (und noch einmal 1846) komplett nach London in den Tower gebracht werden, ein Plan, den die Malteser jedoch abwenden konnten.

Der Platz zwischen dem Großmeisterpalast und der Old Main Guard gegenüber wird als Parkplatz genutzt. In der Vergangenheit fanden hier alle nationalen Ereignisse statt, beispielsweise die Verleihung des „**George Cross**". Das **Sette Giugno Denkmal** erinnert an den 7. Juni 1919, als sich die maltesische Bevölkerung gegen die britische Militärverwaltung auflehnte.

nationale Ereignisse

Die **Old Main Guard** (7), war die Hauptwache der Großmeister. Das Gebäude stammt aus dem Jahre 1602, der klassizistische Portikus wurde allerdings erst im 19. Jh. hinzugefügt.

INFO Balkone auf Malta

Ein typisches Kennzeichen der maltesischen Baukunst sind die Balkone. Sie sind in der Regel recht groß und vor allem in den Städten grün angestrichen. Während in den Städten hölzerne Balkone vorherrschen, sieht man in den kleineren Dörfern überwiegend Steinbalkone. Da Holz auf Malta rar ist, wird heutzutage für die Balkone Aluminium verwendet. Balkone sind Relikte aus der arabischen Zeit. Vom Balkon aus konnten die Frauen, die alleine das Haus nicht verlassen durften, unbemerkt das Treiben auf den Gassen beobachten, wurden ihrerseits aber nicht gesehen. Darüber hinaus dienten Balkone der besseren Belüftung in den Häusern. Die Konsolen der Balkone sind oft aufwendig gestaltet und floral oder sogar figural geschmückt.

Balkone – Markenzeichen Maltas

Ein besonders schönes Beispiel ist der Balkon des Großmeisterpalastes in Valletta. Ein anderer Typus sind balkonähnliche Vorrichtungen, sogenannte *„Machiolations"*, die ihren Ursprung im 16. Jh. haben. Diese Wehrbalkone bestehen unten lediglich aus einem schmalen Rand und sind wie Schachteln, die aber unten offen sind, an Häusern oder Türmen angebracht. Angreifer konnten von hier aus z.B. mit heißem Öl abgewehrt werden. Ein gutes Beispiel kann man in San Pawl Tat-Targa in Naxxar am Gauci's Tower und am Captain's Tower sehen.

Lesetipp

- *Joseph Azzopardi: „**Traditional Maltese Balconies**" in: Vigilo, April 2002, Nr. 21, Seite 34 ff*

Das eingeschossige Gebäude der Old Main Guard, das ebenso lang ist wie die gegenüberliegende Palastfront, ist lediglich durch die Säulenhalle in der Fassadenmitte sowie durch zwei Eckbrunnen betont. Die Briten benutzten das Gebäude bis 1974 als Commonwealth Office, danach hatten die Libyer (bis 1988) hier ihr Kulturinstitut (1988), derzeit beherbergt es Verwaltungsbüros.

Die nun abfallende Republic Street ein Stückchen weiter in Richtung Fort St. Elmo gehend, gelangt man zur **Casa Rocca Piccola** (23), Republic Street Nr. 74. Das Gebäude befindet sich in Privatbesitz der Familie des *Marquis de Piro* (die auch hier lebt), es kann jedoch besichtigt werden. Das Haus stammt aus dem 16. Jh. Der Ahnherr der Familie ist *Gio' Pio de Piro*, der 1716 vom Großmeister *Perellos* geadelt wurde und den Titel eines Barons erhielt. 1742 wurde er von *Philip V.* von Spanien zum ersten *Marquis de Piro* ernannt. Das Haus wirkt nicht überladen, sondern eher bescheiden.

Adelsfamilie

Trotzdem birgt es einige sehr schöne und erlesene Kunstgegenstände: Gemälde, Möbelstücke, wertvolle Bücher, Siegel, Orden und verschiedene Kleinodien. Auf zwei zueinander passenden Stühlen saßen die Eltern des jetzigen Besitzers anlässlich der Krönungsfeierlichkeiten ihrer Majestät der Königin *Elizabeth II.* in der Westminster Abbey in London. In der Bibliothek beeindruckt ein Satz von zehn Ölgemälden aus dem 17. Jh., die angeblich zur Ausstattung der Barkasse des Großmeisters gehörten. Während die Szenen rein dekorativ und fiktiv sind, wurden die Schiffe sehr sorgfältig gemalt. Ein besonders schöner Raum ist das lichtdurchflutete Esszimmer im Stil der Belle Epoque. Mit seiner Eisenkonstruktion und den Fensterstäben handelt es sich offensichtlich um einen Anbau an das Haus. Die Anregung zur Dekoration dieses Zimmers stammt von einem Wandgemälde *Giovanni Domenico Tiepolos*, „*La Passeggiata d'Estate*", das sich in der Villa Valmerana in Vicenza befindet.

erlesene Kunstgegenstände

In unmittelbarer Nachbarschaft beherbergt der schöne **Messina Palace** den Deutsch-Maltesischen Zirkel (ⓘ Allgemeine Reisetipps S. 116, Stichwort „Organisationen"), wo es auch ein nettes Café gibt.

Wieder zurück zum Großmeisterpalast gehend, biegt man nun in die Archbishop Street ein und gelangt zum Palast der Familie Verdelin. **Palazzo Verdelin** (24) wurde 1672 von *Francesco Buonamici* errichtet und stellt mit seinen verspielten Fensterumrahmungen und der asymmetrischen Baugliederung ein stilistisches Gegenstück zum eher schlichten Großmeisterpalast dar. Heute ist hier der Civil Service Sport Club untergebracht, der auch ein kleines Café unterhält. Die Old Theatre Street führt rechtwinklig vom Palace Square weg. Man überquert die schmale Strait Street, eine Gasse, in der sich einst die zwielichtigen Etablissements der Hafenstadt befanden. Auch als „*The Gut*" bekannt, hatte die Straße schon zu Zeiten der Ritter einen gewissen Ruf. Duelle waren den Rittern verboten, deshalb kamen sie hierher, um ihre Duelle als Streitigkeiten zu tarnen, die entstanden, wenn sie in der engen Straße aufeinander trafen. Während und nach dem Kriege florierten in der Strait Street die Bars, Tanzhallen und billigen Gästehäuser. In der nächsten Querstraße, der Old Bakery Street, befand sich, wie der Name schon sagt, die Bäckerei der Ritter. Mit ihren alten Häusern und den typischen Balkonen ist die Straße recht pittoresk.

Typische Straßenecke in Valletta

Das äußerlich unscheinbare **Manoel Theatre** (6) in der Old Theatre Street, dem einzigen Theater der Insel Malta und im Rang eines Nationaltheaters, stammt aus dem Jahre 1732.

Es ist somit eines der ältesten erhaltenen, noch immer für Aufführungen genutzten Theater Europas. Zu Recht wird es als Kleinod barocker Baukunst bezeichnet. Das Manoel Theatre geht auf eine Schenkung des Großmeisters *Antonio Manoel de Vilhena* zurück. 1731 entschloss er sich zum Bau eines Theaters, das er zum großen Teil aus eigener Tasche finanzierte. Wie man in einer lateinischen Inschrift über dem Haupteingang des Theaters lesen kann, wollte er damit eine sinnvolle Freizeitbeschäftigung für die Bevölkerung schaffen. Die den Rittern auferlegten Gelübde der Keuschheit verboten ihnen nicht den Besuch von Theatervorstellungen, und es gibt Belege, das in verschiedenen Herbergen und im Freien Opern und Dramen aufgeführt wurden. Durch das Vorbild der Ritter wuchs auch in der übrigen Bevölkerung rasch die Liebe zum Theater. Das Theater wurde nach dem Vorbild des ältesten europäischen Theaters überhaupt, dem Protetore von Palermo, erbaut. Wie dieses, hat auch das Manoel Theatre eine ovale Form. Die ursprüngliche Innendekoration war, ebenso wie die des Theaters in Palermo, ganz aus Holz.

Liebe zum Theater

Anfänglich wurde das Theater nüchtern „Volkstheater" bzw. „Öffentliches Theater" genannt, später „Königliches Theater". Im Jahre 1866 erhielt es, als Tribut an den Gründer, den Namen „Manoel Theatre". Am 9. Januar 1732 fand die erste Aufführung statt. Gespielt wurde *„Meropa"*, ein Trauerspiel von *Francesco Maffei* (1675-1755). Das Bühnenbild wurde von *Francois Moudin*, der auch Architekt der Johanniter war, entworfen, und als Schauspieler fungierten – die Ordensritter! Als die Franzosen Malta besetzten, machte das Theater zunächst tapfer mit der Arbeit weiter, schließlich mussten die Vorführungen jedoch eingestellt werden. Mit dem Einzug der Briten erlebte es einen neuen Aufschwung, und während der ersten Hälfte des 19. Jh. wurden regelmäßig Vorführungen abgehalten. 1861 wurde das Haus verkauft und mit dem Erlös des Verkaufspreises ein neues Opernhaus am City Gate gebaut. Als im Jahre 1873 das Königliche Opernhaus von einem Feuer zerstört wurde, griff man wieder auf das Manoel Theatre zurück, doch nach der Wiederherstellung der Oper verkam das alte Manoel Theatre zum Kino und Tanzsaal. Im Zweiten Weltkrieg wurde das Opernhaus völlig zerstört und nicht wieder aufgebaut – eine neue Chance für das Manoel war gegeben. Aufgrund von Drängen aus der Bevölkerung kaufte der Staat den mittlerweile recht verwahrlosten Bau zurück.

Anfang der 1950er Jahre begann die Restaurierung. Der Zuschauerraum wurde vom hässlichen Putz befreit, so dass die mit wunderschönen Malereien dekorierten Holzverschalungen der Logen und die mit Blattgold überzogene Decke wieder zum Vorschein kamen. Der Innenraum ist heute in seiner prunkvollen Ausstattung ein wahres Schmuckstück. Vier Ränge mit 45 symmetrisch angeordneteten Logen bieten Platz für über 600 Personen. Gegenüber der Bühne befindet sich die Ehrenloge, in der sich die Großmeister und später die britischen Gouverneure niederließen.

ein wahres Schmuckstück

Im Dezember 1960 konnte das Theater der Öffentlichkeit wieder übergeben werden. Neben den einheimischen Ensembles gibt es regelmäßig Gastspiele aus der ganzen Welt. Die Aufführungen sind wichtige Ereignisse im gesellschaftlichen Leben Maltas. Im Theaterfoyer finden während der Theatersaison Kammerkonzerte, Dichterlesungen oder Kunstausstellungen statt. Eine Besonderheit des Manoel Theatre ist seine ausgezeichnete Akustik. Das Gebäude steht auf einem meerwasserumspülten

Grundwasserdom, den eine feste Kalksteinschicht abdeckt. Dadurch kommt der angenehme Halleffekt zustande und fördert die gleichmäßig intensive Ausbreitung der Tonwellen.

Our Lady of Mount Carmel

Wenige Meter weiter nordwestlich erhebt sich die erst nach dem Zweiten Weltkrieg errichtete Kirche „**Our Lady of Mount Carmel**" (5), deren Kuppel die Silhouette der Stadt prägt. Hier stand früher eine 1570 von *Cassar* errichtete Kirche. Diese war die erste verfügbare Kirche in Valletta. Durch Bombenangriffe stark zerstört, entschloss man sich 1958 zu einem Neubau. Die Kuppel kam erst später dazu, angeblich um die benachbarte anglikanische Kirche auszustechen. Die markante Kuppel ruht auf einer ellipsenförmigen Basis, die durch Pilaster gegliedert ist. Im Inneren sind Gemälde von *Mattia Preti* und *Giuseppe Cali* zu sehen.

Ursprünglich befanden sich am Independence Square zwei Ritterherbergen. An der Stelle der Herberge der deutschen Zunge (*Auberge d'Allemagne*) befindet sich nun die **St. Paul's Cathedral** (1). Die anglikanische Hauptkirche Vallettas ist eine Stiftung der britischen Königin *Adelaide*, Witwe von *William IV*. *Adelaide* war bei ihrem Maltabesuch 1839 enttäuscht, dass es auf der Insel keine anglikanische Kirche gab, und stiftete deshalb diesen Bau. 1844 wurde die Kirche eingeweiht. Im Zweiten Weltkrieg nur wenig zerstört, musste das Gotteshaus 1963 und erneut im Jahre 2000 restauriert werden, da ein hartnäckiger Käfer große Schäden am Dach angerichtet hatte. Der 61 m hohe spitze Kirchturm ist eines der Wahrzeichen der Stadt, der Bau selbst ist neoklassizistisch gestaltet.

Gegenüber liegt die **Auberge d'Aragon** (2). Sie ist die erste und damit älteste der sieben von *Cassar* entworfenen Ritterherbergen. Das schlichte, eingeschossige Gebäude wurde 1570 erbaut. Es ist weitgehend unverändert, nur der dorische Portikus des Haupteinganges ist eine spätere Zutat. Damit ist sie neben der Auberge de Provence die einzige weitgehend im ursprünglichen Zustand erhaltene Herberge. Heute sind hier Regierungsbehörden untergebracht, Besichtigungen sind daher nur von außen möglich. Mit etwas Glück erlaubt der Wachmann einen Blick in den schönen Innenhof, um den sich die Räume gruppieren. *schöner Innenhof*

Das Denkmal auf dem Independence Square ehrt **Dun Mikiel Xerri**. Als Führer des Aufstandes gegen die Franzosen 1799 wurde der Priester und 33 Gefolgsleute erschossen.

gekränkter Bischof

In der Archbishop's Street beeindruckt der repräsentative Bau des **Archbishop's Palace** (4), der 1622 von *Tommaso Dingli* entworfen wurde. Das Erdgeschoss entstand 1624 im frühen Barockstil. Aufgrund eines Disputs zwischen den Johannitern und der Kirche verzichtete der Bischof auf die Vollendung des Palastes und verlegte seinen Verwaltungssitz nach Mdina (er sollte in der Stadt der Ordensritter zwar das Recht zu residieren haben, aber ansonsten keine weiteren Privilegien). Das Obergeschoss und die heutige prunkvolle und säulenflankierte Fassade kamen erst 1952 hinzu. Allerdings wurde dafür ein anderes Material verwendet, so dass der Bau etwas unharmonisch wirkt.

schöner Blick über den Hafen

Der West Street nach Nordosten folgend, gelangt man zur **Auberge d'Angleterre et de Bavière** (3). Die Fassade ist auf den English Curtain und die St. Elmo Bay ausgerichtet. Der schlichte und dennoch monumental wirkende Bau entstand 1696. Die Fassade ist mit ihren zwölf Achsen und einer betonten Mittelzone klar gegliedert. 1784 erwarb die englisch-bayrische Zunge das Gebäude. Die Ordensritter aus Bayern, Großbritannien und Polen teilten sich eine Herberge, da sie zahlenmäßig nur schwach vertreten waren. Heute ist hier das Wohnungsamt untergebracht, Besichtigungen von innen sind daher nicht möglich. Der English Curtain wird vom French Curtain abgelöst. Von hier aus hat man einen guten Blick über die St. Elmo Bay und das auf der anderen Seite des Marsamxett Harbour liegende Fort Tigne.

Die Wehrmauern gehen in das **Fort St. Elmo** am St. Elmo Place über. Die strategisch gelegene Festung mit ihren ausladenden Bastionen überwacht die Einfahrt zu beiden Häfen Vallettas, dem Grand Harbour und dem Marsamxett Harbour. An dieser wichtigen Stelle an der Spitze der Sciberras-Halbinsel befand sich bereits zur Zeit der Phönizier eine Festung. Später übernahmen die Römer die Anlage. Als die Ordensritter nach Malta kamen, befand sich hier ein kleines Fort mit einer dem hl. Elmo (Schutzpatron der Seefahrer) geweihten Kapelle. Die Johanniter bauten dieses kleine Fort zwischen 1552 und 1553 zu einer großen Befestigungsanlage aus. Es hat die Form eines vierzackigen Sternes mit einem Kavalier als Schutz zum Meer hin und einem Ravelin zum Schutz gegen Angriffe von der Landseite. Weitere Verstärkung erfolgte im 17. Jh., als das Fort seine heutige Gestalt erhielt. Von 1789 bis 1800 gehörte es den Franzosen und ab 1800 wurde es von den Briten als Kaserne genutzt. Im Zweiten Weltkrieg erhielt St. Elmo erneut strategische Bedeutung. Von den betonverstärkten Ausguckposten und den Geschützstellungen der vorgelagerten Bastionen wurden alle U-Boot- und Schnellbootangriffe der deutschen und italienischen Marine auf die im Hafen liegenden Schiffe erfolgreich abgewehrt. Die Zeiten, da das Fort als Wachposten diente, sind jetzt vorbei.

schlecht erhalten

An festgelegten Tagen können bestimmte Teile des Forts besichtigt werden. Der untere Teil (links vom National War Museum) wird manchem Besucher bekannt vorkommen, denn hier wurden Teile des Films „*Midnight Express*" gedreht. Obwohl noch immer eindrucksvoll, befindet sich das Fort durch jahrzehntelange Vernachlässigung in einem beklagenswerten Zustand und ist – wenn nicht bald gehandelt wird – dem Verfall preisgegeben. Es wurde vom „*International Council of Monuments and Sites*" als eines der zehn Monumente eingestuft, die am dringendsten restauriert werden müssen. Es bleibt zu hoffen, dass rasch gehandelt wird, um dieses wichtige historische Denkmal zu retten.

Hier befanden sich einst Getreidespeicher.

Vor den Mauern des Forts sieht man runde, erhöhte Steinplatten. Es handelt sich um Verschlusssteine zu unterirdischen **Getreidespeichern**. Diese flaschenförmigen Schächte waren bis zu 7 m tief in den Fels geschlagen. Sie wurden im Hinblick auf Hungersnöte während und nach Kriegszeiten bei der Errichtung Vallettas angelegt, um so im Verteidigungsfall ausreichend Nahrung für Soldaten und Bevölkerung bereitzuhalten. Jährlich wurden hier die Kornimporte aus Sizilien eingelagert. Wegen seiner Haltbarkeit wurde Hartweizen bevorzugt. Die mächtigen Steinplatten dienten dazu, Ratten und Feuchtigkeit von den Aushöhlungen fernzuhalten. Weitere sogenannte „*granaries*" (ital.: *grano* = Getreide) gibt es in Floriana und in Vittoriosa.

Hinweis

*„**In Guardia**" heißen die militärischen Vorführungen, die in historischen Kostümen aus der Ritterzeit abgehalten werden. Insgesamt sind 90 „Ritter" an den historischen Paraden beteiligt. Das Spektakel findet im Sommer ein- bis zweimal im Monat statt. Zur Vorführung gehört auch ein zeremonielles Kanonensalutieren. Die Vorführungen dauern 90 Minuten.*

Kriegs- und Militärgeschichte

Linkerhand der Bastion befindet sich das **National War Museum** (27), das – analog zur Ausstellung in den Palace Armoury, das die Zeit der Ritterherrschaft auf Malta zum Thema hat – die Kriegs- und Militärgeschichte Maltas seit der Franzosenbelagerung und dem Ende der Ritterherrschaft thematisiert.

Den Schwerpunkt bildet die Geschiche Maltas während des Zweiten Weltkrieges. Das Museum wurde 1974 gegründet und seitdem ständig erweitert. Neben britischen, italienischen und deutschen Kriegsutensilien, wie Torpedobooten, Maschinengewehren und Uniformen, beherbergt das Museum ein Gladiator-Flugzeug, das einzige erhaltene von drei derartigen Maschinen, die während der italienischen Luftangriffe im Jahre 1940 Maltas einzige Luftverteidigung darstellten. Eine Fotoausstellung dokumentiert die Bombardierung des Grand Harbour durch die deutsche Luftwaffe und das Leid und Elend der Bevölkerung während der Zerstörung ihrer Stadt. Die Fotos zeigen auch den überlebenswichtigen legendären Konvoi von 27 Schiffen, von denen ganze sechs Schiffe in den Grand Harbour einlaufen konnten, jedoch vier vor dem Löschen der Ladung durch Bombenangriffe versenkt wurden. Bei der ganzen Operation fanden Tausende von Soldaten den Tod. Zu bestaunen sind zahlreiche Orden, darunter das George Cross, das die gesamte Bevölkerung am 15. April 1942 vom britischen König *Georg VI.* als Anerkennung für ihre Treue und ihr tapferes Erdulden der deutschen und italienischen Fliegerangriffe erhielt. Der April 1942, in dem 6.728 Tonnen Bomben auf Malta abgeworfen wurden, war der grausamste Monat während des ganzen Krieges für die Insel.

tapferes Erdulden

Nur wenige Schritte südlich des Forts gelangt man zur **Sacra Infermeria St. Spirito**, die mit ihrer Längsseite parallel zur Mediterranean Street liegt. Das um 1575 unter Großmeister *Jean L'Evêque de la Cassière* erbaute Hospital galt als eines der modernsten Krankenhäuser jener Zeit. Der Architekt ist unbekannt, doch ähnelt das Gebäude dem Santo Spirito Hospital in Rom. Hundert Jahre später entwickelte sich aus dem Krankenhaus unter Großmeister *Cotoner* die Universität für Anatomie und Chirurgie. Von den Franzosen, später von den Briten, wurde das Gebäude als Militärhospital genutzt, danach als Polizei-Hauptquartier. Im Zweiten Weltkrieg wurde es schwer beschädigt. 1979 richtete man hier ein Kongresszentrum ein. Leider wurde durch einen Brand (1987) die Haupthalle zerstört, doch konnte das Zentrum in erweiterter Form 1989 wieder eröffnet werden. Der Lange Saal dient als Ausstellungsraum für moderne internationale Kunst oder als Messehalle, in der bis zu 100 Stände untergebracht werden können.

heute Kongresszentrum

Der Lange Saal (*Long Ward*) war der ehemalige Krankentrakt. Unter den Großmeistern *Raphael Cotoner* (1660-63) und *Nicholas Cotoner* (1663-80) wurde der Saal auf 155 m erweitert – er war damit der längste Saal Europas in jener Zeit. Er ist 11 m breit und 11 m hoch. An beiden Seiten waren die Hospitalbetten aufgereiht. Zwischen den Betten befand sich eine kleine Nische, die als Latrine oder als Schrank für die Patienten diente. Im Winter hingen an der Wand 131 große Wandteppiche aus Baumwolle, während des Sommers wurden die Wände mit Gemälden von *Mattia Preti* ausgeschmückt. Wo sich diese Wandteppiche und Gemälde heute befinden, ist nicht bekannt. In der Mitte des Raumes befindet sich die 1712 erbaute Sakramentskapelle, von der aus die Sterbesakramente an Patienten ausgeteilt wurden. Am Ende des Langen Saals, unmittelbar unter der originalen dunklen Holzdecke (der Rest ist neu), kann man die Wappen des Johanniterordens und des Großmeisters *Gregorio Carafà* (1680-90) sehen. Die ausgemeißelte ovale Öffnung rechts ist original, während die linke neueren Datums ist.

Die Haupttreppe – maltesische Architektur aus dem 16. Jh. – führt zu dem ehemaligen Magazinsaal (*Great Magazine Ward*), jetzt „*La Valletta Hall*" genannt, und zum Innenhof. Das von einem unbekannten Künstler geschaffene Ölgemälde stellt *Fra Geraldus*, den ersten Vorstand des Johanniterordens von Jerusalem, dar, wie er die Kranken zur Zeit der frühen Kreuzzüge betreut. Zwischen den beiden Weltkriegen diente ein Teil des Saals als Stall der berittenen maltesischen Polizeitruppe – heute ist hier die permanente Ausstellung „*The Knights Hospitallers*" zu sehen. Die Republic Hall war einst der untere Innenhof, der von den Patienten als Erholungsraum genutzt wurde. Heute überdacht und mit modernster Technik ausgestattet, befindet sich hier seit 1979 das Mediterranean Conference Centre. Die Konferenzhalle, manchmal auch als Theater genutzt, hat eine Kapazität von bis zu 1.400 Plätzen.

einst ein Stall

Gegenüber der ehemaligen Sacra Infermeria, auf der anderen Straßenseite, befindet sich der Eingang zur **Malta Experience** (26). Die Multivisionsshow vermittelt einen guten Einblick in die Geschichte und die Kultur der Insel. Die Show, bei der zu Musikuntermalung und eindrucksvollen Toneffekten 21 Projektoren über 1.100 Dias auf eine Leinwand werfen, dauert 45 Minuten, wobei die Erläuterungen über Kopfhörer in zehn verschiedenen Sprachen gegeben werden.

INFO Die Sacra Infermeria

Der *Grand Hospitalier*, traditionell Mitglied der französischen Zunge, hatte die Leitung der Sacra Infermeria. Oberste Pflicht der Ritter war der Krankendienst, und der Orden bildete selber Ärzte, Apotheker und Pfleger aus. Auch die hochadligen Ordensritter mussten regelmäßig in Demut Kranke versorgen, die gesellschaftlich oft weit unter ihnen standen.

Es gab eine Isolierstation, eine Station für Frauenleiden und in einem besonderen Trakt wurden geistig Gestörte untergebracht, die ansonsten in Gefängnissen landeten.

Aus ganz Europa kamen Reisende, um sich vom Standard des berühmten Ordenshospitals zu überzeugen. Jeder Kranke hatte sein eigenes, mit Leinen bezogenes Bett – was in jener Zeit keineswegs üblich war – und speiste, aus hygienischen Gründen, von Silbergeschirr.

Das Krankenhaus stand Menschen aller Konfessionen und Nationen offen. Auch das war für damalige Zeit sehr ungewöhnlich. Es gab beispielsweise einen kleinen Krankensaal für „Ungläubige", wie zum Bespiel gefangene Moslems. Allerdings durften Angehörige anderer Religionen nur drei Tage im Krankenhaus bleiben, es sei denn, sie unterzogen sich einer religiösen Unterweisung.

Tipp
Direkt vor dem Eingang der Malta Experience befindet sich ein kleines Café, wo man, nett draußen sitzend, sich von den Besichtigungen erholen kann.

Mausoleum für Sir Alexander Ball

Südlich des Hospitals gelangt man zu den **Lower Barracca Gardens**, einer kleinen hübschen Gartenanlage, wo sich früher die Ritter körperlich ertüchtigten. Vom Garten hat man einen schönen Blick über den Grand Harbour und auf Fort St. Elmo. Der Tempel im dorischen Stil erinnert an Sir *Alexander Ball* (1799-1810). Unter Bells Kommandantur führten die Briten zwischen 1798-1800 die Blockade gegen die Franzosen durch. Für seine Dienste wurde Bell zum ersten britischen Hochkommissar von Malta ernannt. Er verstarb 1809 auf Malta. Der Garten ist jederzeit frei zugänglich.

Kriegsdenkmal

Unterhalb der Lower Barracca Gardens wurde im Mai 1992 von Königin *Elizabeth II.* und dem damaligen maltesischen Staatspräsidenten Tabone das **Siege Bell Memorial** enthüllt. Es ehrt die Opfer des Zweiten Weltkrieges und den 50. Jahrestag der Verleihung des George Cross. Unter einer neoklassizistischen Kopula befindet sich eine Glocke und eine auf einem Sockel liegende Figur. Die Figur steht stellvertretend für die Opfer des Krieges. Das Denkmal wurde von Professor *Michael*

Sandle geschaffen. Es ist 14 m hoch, 10 m breit und 19 m lang. Die Bronzeglocke ist über 2,13 m hoch, 2,64 m im Durchmesser und wiegt 12 Tonnen. Sie wird jeden Sonntag um 12 Uhr geschlagen. Von den Lower Barracca Gardens in nordwestlicher Richtung der Dominic Street folgend, kommt man zur **St. Dominic Church**. Die Fassadengestaltung erinnert mit ihrem Hauptportal und zwei Seitenportalen an sizilianischen Barock. Eine konkave Außenwand verbindet die seitlichen Turmaufsätze.

Jesuitenkolleg von 1592

Linker Hand geht es nun in die Merchants Street, der südlichen Parallele zur Republic Street. Mit der nächsten Querstraße, der St. Christopher Street, beginnt das alte **Universitätsviertel** (22) Vallettas. Mit Segen von Papst *Clement VIII.* etablierten die *Jesuiten* 1592 Maltas erstes College, das „*Collegium Melitensia Societatis Jesu*" mit den Fachbereichen Theologie, Philosophie und Literatur. 1792 ernannte Großmeister Pinto das Jesuitenkolleg zusammmen mit der 1676 am Ordenshospital gegründeten anatomischen Fakultät zur Universität. 1769 wurden die Jesuiten von der Insel vertrieben. Sie konnten erst während der britischen Kolonialherrschaft zurückkehren. In dem alten Bau befinden sich nach wie vor einige Universitätseinrichtungen, wie z.B. die „*Stiftung für Internationale Studien*". Die meisten Universitätsgebäude sind allerdings 1969 nach Msida umgesiedelt.

Integriert in den Baukomplex ist die **Church of the Gesu**, ein Werk des Baumeister sFrancesco Buonamici. Als Vorlage für diesen Bau diente die römische Kirche Gesu. Die Grundsteinlegung war 1595, doch sollten sich die Bauarbeiten Hundert Jahre hinziehen. In der Mitte des 18. Jh. entstand die heutige Fassade. Im dreischiffigen überkuppelten Innenraum fallen die vielen Spiralsäulen auf. Am Hauptaltar kann man *Mattia Pretis „Die Befreiung des hl. Petrus"* bewundern. Nicht weit davon entfernt befindet sich die griechisch-orthodoxe Kirche „**Our Lady of Damascus**". Im Inneren wird eine Ikone aus dem 12. Jh. verwahrt. Kurz vor oder nach der Messe hat man die Möglichkeit, einen Blick in das Gotteshaus zu werfen.

Nicht weit entfernt liegt der **Market** (20), der während der Woche am Vormittag stattfindet. Neben Kleidungsstücken, Haushaltswaren und elektronischen Geräten kann man Obst und Gemüse kaufen.

dem Schiffbruch des Apostels geweiht

Nicht versäumen sollte man einen Besuch der Kirche **St. Paul's Shipwrecked** (21) in der St. Paul's Street. Die nach Plänen *Cassars* erbaute und 1629 nach den Vorstellungen *Lorenzo Gafàs* veränderte Kirche ist dem Schiffbruch des Apostels *Paulus* geweiht. Die mit reichem Dekor versehene Fassade entstand am Ende des 19. Jh. nach Entwürfen von *Nicola Zammit*. Das Gotteshaus beherbergt zwei bedeutende Reliquien: den rechten Handgelenksknochen des hl. Paulus und in einer Kapelle rechts vom Altar ein Stück von der Säule, an der er in Rom enthauptet wurde. Die andere Hälfte der Säule befindet sich in Tre Fontane in Rom. Das Gemälde

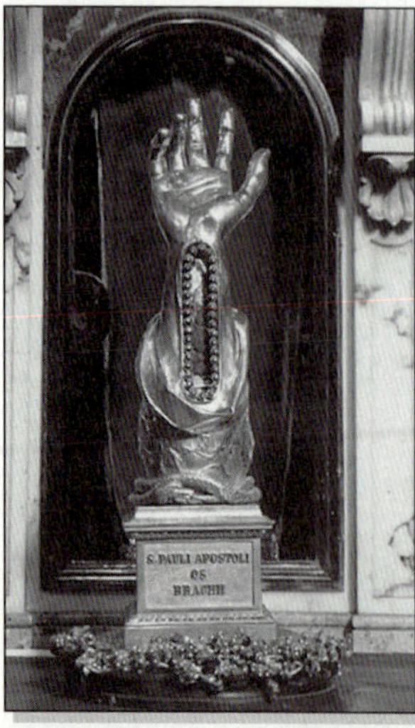

Ein Knochen aus dem Handgelenk des hl. Paulus

über dem Hauptaltar (1580) zeigt den Schiffbruch des Apostels an den Gestaden Maltas zusammen mit dem Evangelisten Lukas. Es stammt von *Matteo Perez d'Aleccio*. Die meisten Fresken, die Hauptschiff, Chor und Apsis schmücken, sind Werke von Attilio Palimbi und erzählen aus dem Leben des *Paulus*. Die holzgeschnitzte Heiligenfigur ist vermutlich ein Werk von *Melchiore Gafà* (1659). Bei den Prozession am St. Paul's Day wird sie stets mitgeführt, wie auch der Handgelenksknochen. Die Orgel stammt von 1693 und ist eine der ältesten auf Malta. Ähnlich der St. John's Co-Cathedral hat auch die St. Paul's Shipwreck Church einen mit 40 Grabplatten versehenen Fußbodenbelag.

Fußboden aus Grabplatten

Die St. Paul's Street ist eine schmale, eng bebaute Straßenschlucht mit einer Vielfalt an verschiedenen Balkonen – eine typische Stadtansicht Vallettas. Hier gibt es einige nette kleine Konditoreien, in denen man die leckeren maltesischen Backwaren probieren sollte. Auch die St. Ursula Street ist eine typische Treppenstraße.

Victoria Gate

Bei der Kirche **St. Ursula** in Richtung Wasser hinabgehend, gelangt man zum **Victoria Gate** von 1884, das sich zum Hafen hin öffnet. Von dort hat man Zugang zum Great Ditch.

Weiter entlang der Merchants Street gelangt man nach Überqueren der St. John Street auf der linken Straßenseite (Nr. 15) zum **Castellania Palace** (17). Auftraggeber war der Großmeister *Manoel Pinto de Fonseca*, ausführender Architekt *Giuseppe Bonnici*. Die Bauzeit des Gerichtsgebäudes mit darunterliegenden Gefängniszellen dauerte von 1748 bis ca. 1760. Heute ist hier das Gesundheitsministerium untergebracht. Wunderschön ist der schattige Innenhof. Der Bau hat eine symmetrisch angelegte Fassade mit neun Achsen, wobei die Portalzone besonders betont ist. Der Skulpturendekor darüber zeigt zwei allegorischen Figuren: die Gerechtigkeit (mit dem Schwert) und die Wahrheit (mit dem Spiegel). Sie wurden von *Maestro Gian*, einem sizilianischen Künstler, geschaffen. Auch am Justizpalast in Mdina finden wir vergleichbare Skulpturen. Die Halbmonde auf den Türen (auch in der Fensterdekoration der Auberge de Castille) – sind Teil des kastillanischen Wappens: Seit *Ferdinand II.* und *Isabella I. im Jahre* 1492 Spanien von den Arabern befreiten, führten sie den Halbmond in ihrem Wappen. Nach dem Aufstand gegen die Franzosen wurden etliche Aufständische hier umgebracht und ihre Köpfe vor dem Gebäude auf Spießen der Öffentlichkeit präsentiert, um damit die Macht des Ordens und der Kirche zu demonstrieren. An der Ecke des Gebäudes sieht man einen Pfeilerstein und ein Stockwerk darüber etwas weiter einen Haken. Man nimmt an, dass entlang der Hauswand ein Käfig gezogen wurde, in dem die Verurteilten gezeigt wurden.

Halbmond im Wappen

An der Kreuzung der Melite Street und der Merchants Street sieht man die **St. James Church** (19). Anstelle eines Vorgängerbaus (von 1612) wurde sie 1710 als Kapelle der kastillanischen Zunge errichtet. Die Darstellung des hl. Jakobus ist ein Werk *Palladinis* (16. Jh.). Leider befindet sich die Kirche in schlechtem baulichen Zustand. Auf der gleichen Straßenseite liegt die **Auberge d'Italie**. Einst die Herberge der italienischen Ordensritter, danach Gerichtsgebäude der Briten, ist hier nun das Fremdenverkehrsamt (*Maltese Tourist Authority*) untergebracht. Das Gebäude entstand 1574 nach Plänen von Cassar als eineinhalbstöckiger Bau, wurde aber später mehrfach verändert. Das Obergeschoss wurde wohl erst Ende des 17. Jh. auf Veranlassung des Großmeisters *Gregorio Carafà* hinzugefügt. Am Portal kann man eine Bronzebüste des Großmeisters sehen. Die barocken Stilelemente an der Fassade stammen demnach ebenfalls erst aus dem 17. Jh. Gegenüber, praktisch hinter der Auberge de Castille, sieht man den **Palazzo Parisio** (16). Der Adelspalast stammt aus der Mitte des 18. Jh. und wurde um einen Innenhof herum gebaut. Als Napoleon vom 12. bis 18. Juni 1798 auf Malta weilte, residierte er hier. Heute sitzt in diesem Gebäude das maltesische Außenministerium. Innenbesichtigungen sind daher nicht möglich.

Herberge der italienischen Ritter

Fassadenschmuck an der ehemaligen Auberge d'Italie

Auf der Seite der Hauptpost folgt nun die Kirche **St. Catherine** (13), deren Hauptfassade auf den Victory Square weist. Der kleine oktagonale Kuppelbau wurde 1576 nach den Plänen von Cassar errichtet. St. Catherine ist das Gotteshaus der italienischen Zunge auf Malta. 1713 erhielt der Bau die heutige Fassade und die kleine, reizende Vorhalle mit den gebrochenen Zierbögen. Die Darstellung des Leidensweg der hl. Katharina über dem Hauptaltar ist ein Werk Mattia Pretis. Die Messe wird hier in Italienisch gelesen.

St. Catherine

Auf der anderen Seite des Platzes steht die Kirche **Our Lady of Victories** (14). Sie wurde 1567 zum Dank für die glücklich überstandene Belagerung vollendet, und zwar direkt über dem Grundstein, mit dem 1566 der Bau der neuen Hauptstadt begann. Es handelt sich damit um das älteste Gotteshaus Vallettas. Die Fassade im Stil des römischen Barock wurde jedoch erst später hinzugefügt. 1690 ließ Großmeister Ramon Perellos die Büste des Papstes *Innocent XI.* über dem zentralen Fenster anbringen. Die Kirche befindet sich in schlechtem Zustand. Derzeit wird das Deckengemälde restauriert.

Die Bronzestatue linker Hand der Kirche zeigt **Sir Paul Boffa** (gest. 1966, Regierungszeit 1947-50). Er war der erste sozialistische Ministerpräsident der Labour Party nach dem Zweiten Weltkrieg.

Auberge de Castille, Léon et Portugal

Südlich der beiden Kirchen beherrscht die ehemalige **Auberge de Castille, Léon et Portugal** den Castille Square. *Gerolamo Cassar* entwickelte die Pläne für das Gebäude.
Auf Veranlassung des Großmeisters *Pinto de Fonseca* wurde der Bau 1744 von *Domenico Cachia* barockisierend verändert. Das Gebäude ist um einen Innenhof herum angelegt. Während der Kolonialherrschaft hatten die Briten hier ihr Hauptquartier, heute beherbergt es den Amtssitz des maltesischen Präsidenten. Innenbesichtigungen sind nicht möglich. Die Fassade des elfachsigen, zweigeschossigen Baus mit ihren regelmäßig angeordneten grünen Fensterläden beeindruckt durch ihre Harmonie. Das Portal in der Mitte mit der breiten Freitreppe wird durch zwei Säulenpaare und von alten Kanonen flankiert. Der plastische Dekor zeigt kriegerische Symbole. Darüber befindet sich eine Büste von Pinto und über dem Mittelfenster sein Wappen.

Sozialist Dimech

Am Castille Place, einem Verkehrsknotenpunkt der Stadt, endet die Merchants Street. In der kleinen Grünanlage steht die Statue von **Manwell Dimech** (1860-1921), der als Pionier der sozialistischen Bewegung Maltas gilt. Das Denkmal wurde 1975 hier aufgestellt.

Auf der St. Peter and Paul Bastion ein kleines Stückchen weiter in südöstliche Richtung, einst verteidigt von den Rittern der italienischen Zunge, wurden im 18. Jh. die **Upper Barracca Gardens** angelegt. Früher befand sich hier, wie auch in den Lower Barracca Gardens, ein Exerzierplatz. Einst waren Teile der umlaufenden Arkaden überdacht, wovon eine Inschrift in einem der Bögen berichtet. Auf Veranlassung des Großmeisters Ximenes de Texada (1773-1775) nahm man die Dächer ab. Die Briten begannen, die Gartenanlage für Monumente, Denkmäler und Erinnerungsplaketten zu nutzen. Auch Konzerte und Blumenshows wurden hier veranstaltet. Die Schäden, die der Zweite Weltkrieg verursachte, konnten weitgehend behoben werden. Die Überdachung jedoch, die bereits viel früher verschwunden war, wurde nie wieder errichtet.

erster britischer Gouverneur

Im Zentrum des Gartens befindet sich der Sarkophag von Sir *Thomas Maitland* (gest. 1824), dem ersten britischen Gouverneur auf Malta. Unweit entfernt steht das Memorial für Lord *Gerald Strickland* (1861-1940), der zwischen 1927 und 1932 Maltas

Premierminister war. Die Bronzestatue (1945) ist ein Werk von *Antonio Sciortino*, sie wurde 1947 hier aufgestellt. Die Bronzebüste von Winston Churchill ist ein Werk von *Vincent Apap*, einem maltesischen Bildhauer, der auch den Tritonenbrunnen am Bus Terminal geschaffen hat. 1955 wurde es auf Wunsch *Churchills* in den Upper Barracca Gardens aufgestellt. Ein anderes Denkmal ehrt den maltesischen Dichter *Ruzar Briffa* (1906-1963). Neben vielen weiteren Denkmälern und Statuen ist besonders *„Die Straßenjungen"* von Antonio Sciortino erwähnenswert, die Plastik ist von *Victor Hugos „Les Misérables"* beeinflusst.

Winston Churchill

Die Upper Barracca Gardens liegen auf dem höchsten Punkt der Stadt und bieten einen wunderschönen Ausblick: Rechts sieht man den „Great Ditch", den Festungsgraben, der sich quer über die ganze Halbinsel zieht. Dahinter liegt der Lascaris Kai. Einige Warenhäusern stammen noch aus der Mitte des 17. Jh.

Die rote Kuppel linker Hand gehört zu der Kirche **Our Lady of Liesse** (15) außerhalb der Stadttores. Sie wurde im ersten Viertel des 18. Jh. errichtet und 1740 von der französischen Zunge erneuert. Es folgt die **St. Barbara Bastion** – deren Häuser aufgrund ihrer fantastischen Lage die begehrtesten in ganz Valletta sind – und schließlich die Lower Barracca Gardens. Über den Great Harbour hinweg liegt an der Spitze der Halbinsel von Vittoriosa das Fort St. Angelo. Senglea liegt recht daneben. Das Fort Ricasoli, ganz links im Bild, diente zusammen mit Fort St. Elmo der Kontrolle des Hafens. Der Blick von den Upper Barracca Gardens ist ein beliebtes Fotomotiv.

beliebtes Fotomotiv

Eine 1996 eröffnete Besucherattraktion ist die Multivisionsshow **Sacred Island**, die in der Upper Barracca Hall, linker Hand (bevor man die Gartenanlage betritt) untergebracht ist. Ein mit Musik und Toneffekten unterlegter Film und ein in verschiedenen Sprachen abrufbarer Begleittext erzählen die Geschichte Maltas vom religiösen Standpunkt aus.

Wer mit dem National War Museum noch nicht genügend Details über den Zweiten Weltkrieg auf Malta erfahren hat, kann sich in den **Lascaris War Rooms** (25), die von den Upper Barracca Gardens aus leicht zu erreichen sind, weiter informieren. Die unterirdischen Räume wurden 1940 in den Kalkfels gehauen und dienten als Munitionsdepot und Befehlsstände. Von dieser Operationsbasis aus wurden im Zweiten Weltkrieg die Aktivitäten der Alliierten geleitet, wie beispielsweise die Vorbereitung der Invasion Siziliens. Die Räume sind vollständig restauriert und mit Karten, Modellen, lebensgroßen Puppen und einem Diorama ausgestattet. Das Leben und die Arbeit der Generäle und Soldaten wird dadurch sehr anschaulich.

Unweit der Lacaris War Rooms steht das **Custom's House**. Das Zollhaus wurde 1774 von Giuseppe Bonnici errichtet und wird noch immer als Zollhaus benutzt. Früher gab es am Bastionswall einen Lift, der Passagiere von hier hoch zu den Upper Barrakka Gardens brachte. Da er dem erforderlichen technischen Standard nicht entsprechend, wurde der Betrieb eingestellt.

Betrieb eingestellt

Gegenüber der Auberge de Castille, Léon et Portugal beeindruckt der schlichte **St. James Cavalier**. Zusammen mit dem St. Johns Cavalier an der anderen Seite der

Republic Street Teil des Verteidigungssystems der Stadt darstellte. Im St. James Cavalier ist heute das **National Arts Centre** untergebracht, mit Ausstellungshallen, Theater und einem Café. Obwohl es als Forum für jegliche Art künstlerischen Schaffens gedacht ist, liegt der Schwerpunkt auf zeitgenössischer Kunst.

Zentrum für zeitgenössische Kunst

Zum Abschluss eines Rundganges durch Valletta könnte man den **Hastings Gardens** in der Pope Pius VI. Street einen Besuch abstatten. Von dem nach dem britischen Gouverneur General Marquess of Hastings (1824-1826) benannten kleinen Garten auf der St. John's Bastion, die dem Sovereign Military Order of Malta gehört, hat man einen schönen Blick über Floriana, den Marsamxett Harbour mit der Manoel Island und die Bastionen St. Andrews und St. Michael. Das Mausoleum in Form eines kleinen Tempels wurde von der Hastings-Familie für den Gouverneur errichtet. Von dort ist schnell wieder das City Gate und der Busbahnhof erreicht.

Sehenswertes in der Umgebung

Floriana

Floriana liegt auf dem unteren Teil der Sciberras-Halbinsel. Die Stadt hat 2.800 Einwohner und erstreckt sich vom City Gate Vallettas aus in westliche Richtung. Zwischen 1638 und 1640 wurde auf Veranlassung des Großmeisters *Antoine de Paule* nach den Plänen des päpstlichen Bauingenieurs *Pietro Paolo Floriani* (daher der Name) ein zweiter Bastionsgürtel am Anfang der Halbinsel angelegt, um Valletta von der Landseite her zu sichern. Erst 1722 begann die Erschließung der Stadt. Aus militärischen Gründen blieb das Gebiet zwischen dem Stadttor und den Wohnhäusern Florianas zunächst unbebaut. Heute befinden sich hier ein riesiger Parkplatz und Grünanlagen.

zweiter Bastionsgürtel

In der Regel wird Floriana bei einer Besichtigungstour links liegen gelassen, und in der Tat kommen Urlauber auch höchstens hierher, wenn sie ein Strafticket im Polizeihauptquartier bezahlen müssen. Über besondere Sehenswürdigkeiten verfügt die Stadt nicht, bildet aber den Ausgangspunkt für mehrere wichtige Straßen über die Insel: die Straße über Msida und Gzira nach Sliema, über Hamrum nach Mdina und Rabat, über Marsa zum Flughafen Luqa und für die Verbindung über Paola nach Birzebugga sowie zu den „Three Cities" Senglea, Cospicua und Vittoriosa.

Die **Porte de Bombes** am Ortsausgang wurde als Teil der äußeren Verteidigungsmauer der Stadt zwischen 1697 und 1721 zunächst als einbogiges Tor errichtet. 1868 kam ein zweites Tor hinzu. Um eine Durchfahrt für den Verkehr zu schaffen, wurden 1930 die Verbindungsmauern zu den Bastionen entfernt. Links hinter dem Tor geht es hinunter zum Pietà Creek und nach Sa Maison. Heute bildet „*Bombi*", durch breite Straßen von den Stadtmauern getrennt, eine Verkehrsinsel, durch die der Verkehr in und aus der Stadt hinausfließt.

„Bombi"

Südlich des Tritonenbrunnens erstrecken sich auf einer Terrasse die **Kalkara Gardens**, von wo sich wunderschöne Blicke über den Grand Harbour nach Senglea

Das Denkmal erinnert an den Tag der Unabhängigkeit.

ergeben. Unterhalb befindet sich der **Pinto Wharf**, wo die Kreuzfahrtschiffe anlanden. Auf der anderen Seite, schräg hinter dem Busbahnhof, liegt, ein wenig hinter Bäumen versteckt, das traditionsreiche Luxushotel **Meridian Phoenizian Hotel**.

Gegenüber vom Eingang erinnert seit 1989 das Denkmal **Indipenza** an den Jahrestag der Unabhängigkeit Maltas, den 21.9.1964.

Das auffallendste Bauwerk Florianas ist die **St. Publius Church**. Die Kirche entstand zwischen 1733 und 1768, wurde später jedoch verändert. Sie ist dem hl. Publius geweiht, der angeblich vom Apostel *Paulus* persönlich im Jahre 60 getauft und später Maltas erster Bischof wurde. Die St. Publius Church ist der letzte bedeutende Kirchenbau der Johanniter. Im Zweiten Weltkrieg zerstört, konnte das Gotteshaus jedoch wieder originalgetreu aufgebaut werden. Vor der Kirche befindet sich ein riesiger Platz. Wie vor dem Fort St. Elmo (siehe S. 190) sieht man auch hier runde Steinplatten, unter denen sich früher Getreidespeicher, sogenannte Granaries, befanden.

Westlich des Kirchplatzes und der Straßen The Mall und Sarria Street schließen sich die **Maglio Gardens** an. Der Name rührt von einem Ballspiel her (Pallamaglio), dem die jungen Ritter hier frönten. Großmeister Lascaris ließ die schmale Promenade angelegen, um dadurch die Novizen von „Wein, Weib und Glückspiel" abzuhalten.

Christusstatue

Im Park stehen einige Denkmäler wichtiger Personen, auch befindet sich hier eine Christusstatue von *Antonio Sciortino*. Sie wurde in Erinnerung an den Internationalen Eucharistie Kongress 1913 geschaffen. Bei ihrer Einweihung, 1917, kamen angeblich 40.00 Menschen hierher.

Die **Sarria Church**, auch als Pestkapelle bekannt, ist ein bescheidener Rundbau am südlichen Ende der Maglio Gardens. 1585 ließ *Fra Martino de Sarria* einen Kirchenbau in Auftrag geben, der 1678 unter Lorenzo Gafà grundlegend verändert wurde. Im Inneren gibt es sieben Bilder von *Mattia Preti* zu sehen, darunter eine Darstellung des Pestheiligen Sankt Rochus.

Der **Wasserturm** gegenüber stammt von 1615. Er war Teil des Aquäduktes, das Wasser aus der Landesmitte nach Valletta brachte. Das neugotische Gebäude gegenüber war einst eine Methodistenkirche, heute dient es kulturellen Zwecken.

Die St. Publius Church in Floriana

Rechter Hand liegen die **Argotti Botanical Gardens**. Der Botanische Garten der Universität Maltas wurde im 18. Jh. angelegt und beherbergt eine umfangreiche Kakteensammlung, Tropenpflanzen und -bäume und eine Sammlung der gesamten Flora Maltas. Bevor *Pinto de Fonseca* Großmeister wurde, hatte er seinen eigenen privaten Garten an der St. James Bastion in Floriana.

Der Dolphinbrunnen, den man heute noch bewundern kann, stammt aus diesem frühen Garten. In der Nähe hatte auch Bailiff *Ignatius Argote et Guzmann* einen eigenen Garten. Als *Pinto* 1741 zum Großmeister gewählt wurde, kaufte Argote Pintos Garten und fügte diesen seinem eigenen an. Dort ließ Argoti ein Haus bauen (heute ist hier ein kleines gartengeschichtliches Museum untergebracht). Auch Ställe (heute Verwaltungsgebäude), ein neues Tor und 1774 eine „Grotte" wurden gebaut.

Seit 1894 sind die Gärten offiziell als die Argotti Botanic Gardens (vereinfachend „*Il Gotti*") bekannt. Während der britischen Kolonialzeit überantwortete Sir *Alexander John Ball* die Gärten der Universität (1800) für botanische Experimente. Zwischen 1952 und 1973 wurden die Gärten von der Regierung übernommen.

„Il Gotti"

Hamrum

Die 11.400 Einwohner zählende Stadt schließt sich unmittelbar an Floriana an. Neben Qormi (siehe S. 248) ist Hamrum Maltas wichtigste Versorgungs-, Markt- und Wohnstadt. Zahlreiche kleine Dienstleistungsbetriebe und Textilunternehmen haben sich hier niedergelassen. In Hamrum befindet sich auch die Technische Hochschule Maltas. Entlang der stets mit Autos vollgestopften Hauptstraße reihen sich die Geschäfte und Wohnhäuser aneinander.

Die typischen Holzerker an den Häusern stellen schöne Fotomotive dar, und trotz des Verkehrs macht es Spaß, einmal hier entlangzuschlendern. Genügend Busse fahren in Richtung Stadt, so dass man jederzeit den Spaziergang abbrechen kann. In Hamrum gibt es zwei Kirchen: Die Kirche der Unbefleckten Empfängnis und die große, aus dem frühen 20. Jh. stammende Pfarrkirche St. Gaejtan. Gegenüber der Kirche befindet sich an der Hauptstraße das Café *Elia*, das für seine sehr süßen Backwaren berühmt ist. Am Sonntag stehen die Leute hier Schlange.

typische Holzerker

5. RUND UM DEN GRAND HARBOUR (ⓘ S. 137)

INFO Der Grand Harbour

Über Millionen von Jahren hat sich das Meer durch die Enge am St. Elmo Point in den Kalkstein des Inselsockels gefressen und so den größten Naturhafen des Mittelmeeres gebildet. Mit dem Kalkara Creek, dem Dockyard Creek, dem French Creek und dem Marsa Creek entstanden lang gezogene natürliche Hafenbecken.

1848 nahm die Royal Navy am Ende des Dockyard Creek das erste Reparaturdock in Betrieb. Südlich des French Creek (der Name geht auf die französische Flotte Napoleons zurück, die dort geankert haben soll) erhebt sich der Corradino oder Kordin Hügel. Nach dem Zweiten Weltkrieg entstand dort ein riesiges Industriegebiet, und in der Bucht wurden fünf weitere Trockendocks angelegt, darunter das Malta-China-Freundschaftsdock am Kordin Ufer.

In der Nachkriegszeit breiteten sich weitere Hafenanlagen am Ende des Hauptbeckens bei Marsa und rund um den Marsa Creek aus. Hier befinden sich heute ein Kraftwerk, Kohlelager, Containerterminals und Anlegekais. Der Anblick wird von den riesigen Kränen der Docks bestimmt. Die mächtigen Trockendocks rund um den Marsa Creek waren und sind die Grundlage und der Motor von Maltas wirtschaftlicher Entwicklung. Schiffe von bis zu 300.000 BRT können hier überholt oder abgewrackt werden.

Die **Malta Dry Docks Corporation** und ihre Tochtergesellschaft, die **Malta Shipbuilding Company**, sind mit über 5.000 Beschäftigten der größte Arbeitgeber der Insel. Schiffbau und Schiffsüberholung sind bis heute das Hauptgeschäft und die wichtigste Einnahmequelle Maltas.

Seit der Mitte des vorigen Jahrhunderts haben sich die Städte rund um das Hafengebiet zu Wohnorten der Arbeiter entwickelt. Hier bildete sich auch die Keimzelle der 1916 gegründeten Gewerkschaft GWU (General Workers Union) heraus.

Versorgungsschwierigkeiten und Preissteigerungen während des Ersten Weltkrieges verursachten eine Welle von Streiks. 1919 gipfelten sie in der **Sette Giugno-Revolte** gegen die britische Militärverwaltung. Während des Zweiten Weltkrieges wurden die Hafen- und Industrieanlagen von der italienischen und deutschen Luftwaffe stark bombardiert, wodurch die drei historischen Städte fast vollständig zerstört wurden. Obwohl die meisten Bauten nach dem Krieg wieder hergestellt wurden, befinden sich viele in vernachlässigtem Zustand.

Am besten kann man den gesamten Grand Harbour von der Aussichtsplattform der Upper Barracca Gardens in Valletta überblicken.

Marsa

Marsa (5.900 Einwohner) liegt am inneren Ende des Grand Harbour und ist die wichtigste Industriestadt Maltas. Große Werften, Kais, das Kohlekraftwerk, das Gaswerk sowie zahlreiche Fabriken prägen das Bild. Auch die **Pfeifenfabrik** in der Carrick Street, wo die beliebten Malteserpfeifen in Torpedoform mit grotesken Mustern hergestellt werden, befindet sich in Marsa. Die Fabrik wurde 1930 gegründet und ist somit eines der ältesten Unternehmen in Malta.

Redaktions-Tipps

- Das **Hypogäum** in Paola und die **Tempelanlage** in Tarxien besichtigen. (S. 215 ff)
- Einen **Spaziergang** durch eine der „Three Cities" machen. (S. 204 ff)
- Den **Inquisitorenpalast** in Vittoriosa besichtigen. (Seite 207 ff)
- Im **Il-forn** in Vittoriosa zu Abend essen. (S. 137)
- Die **Abendstunden in Cottonera** verbringen und dabei die Sicht auf das angestrahlte Valletta genießen. (S. 203)

Weinliebhaber kommen bei einem Besuch der Weinhersteller **Marsovin** oder **Delicata** auf ihre Kosten. Südlich von Marsa schließt sich das Gelände des Marsa Sports Club an. Neben einem 18-Loch-Golfplatz gibt es dort Tennis- und Squashplätze. Der **Adollorata-Friedhof** liegt am großen Kreisverkehr in Richtung Flughafen und ist mit der neugotischen Kirchturmspitze seiner Begräbniskapelle unübersehbar. Der größte Friedhof Maltas liegt an einem Hang und ist von einer Wallanlage umgeben. Die Gruften ähneln mit ihrem Schmuck italienischen Vorbildern, zum Teil sind sie mit Fotografien der Verstorbenen geschmückt. *L'Adollorata* ist die maltesische Bezeichnung für „*Our Lady of Sorrows*". Fährt man von Marsa nach Qormi, sieht man kurz hinter dem Kreisverkehr auf der linken Seite zwei weitere Friedhöfe. Es handelt sich dabei um einen moslemischen und einen jüdischen Friedhof (auf Malta leben rund 40 jüdische Familien), die in friedlicher Ko-Existenz nebeneinander liegen. Beide wurden im späten 19. Jh. angelegt.

friedliche Ko-Existenz

Cottonera

Jenseits des Grand Harbour liegen die drei Städte Vittoriosa, Cospicua und Senglea, zusammen auch Cottonera genannt. Der Name Cottonera geht auf den Großmeister Nicolas Cotoner zurück, der einen aufwendigen Befestigungsring um die drei Städte bauen ließ – die sogenannten **Cottonera Lines**. Das Gebiet innerhalb der Cottonera Lines wird deshalb „Cottonera" genannt.

Die Römer und später auch die Araber nutzten – wie die Phönizier vor ihnen – das Gebiet um den heutigen Grand Harbour als sicheren Ankerplatz für ihre Flotten und Handelsschiffe. Als die Ritter auf Malta ankamen, fanden sie nur das Gebiet rund um den *Borgo del Castello* besiedelt vor. Die Malteser nannten das Dorf Birgu (sprich: birdschu). Nachdem die Johanniter ihre Konventstadt dort hinter dem bereits vorhandenem Fort errichteten, wuchs der Ort rasch an. Auch die Johanniter, in erster Linie Seefahrer, hatten gleich die besondere Eignung des heutigen Dockyard Creeks für ihre Zwecke erkannt. Die Großmeister begannen sofort, Birgu auszubauen und zu

sicherer Ankerplatz

befestigen. Das Fort St. Angelo wurde zum ersten Sitz der Großmeister auf Malta. Auch auf der Halbinsel Izola wurde eine neue Stadt mit mächtigen Schutzwällen und Sicherungsgräben gebaut. Nach ihrem Erbauer, dem Großmeister Claude de la Sengle, erhielt sie den Namen Senglea. Auf der Spitze der Halbinsel entstand Fort St. Michael.

Der reiche Orden bot vielen Maltesern Beschäftigung, so dass auch diese Landzunge bald hoffnungslos überbevölkert war. Das zwischen den beiden Städten liegende Gebiet wuchs zu einer weiteren Stadt heran und wurde Cospicua genannt.

Bauwut

Nach erfolgreichem Abschluss der Großen Belagerung von 1565 (siehe Info-Kasten S. 23) profitierten nicht nur die neu gebaute Hauptstadt Valletta, sondern auch Birgu (fortan Vittoriosa) und Senglea von der Bauwut der Ritter. Nicht nur deren innere Befestigungsanlagen wurden verstärkt, sondern zusätzlich ein ganz neuer Befestigungsring westlich angelegt. Die 4,6 km langen Cottonera Lines sollten das gesamte Gebiet der drei Städte Vittoriosa, Senglea und Bormla schützen und zu einer uneinnehmbaren Festung machen.

Die beeindruckenden Mauern ziehen sich bogenformig von French Curtain bis zum Kalkara Creek. Fort Ricosali entstand um 1670 auf der vorspringenden Landzunge an der nördlichsten Hafeneinfahrt. Damit war der Befestigungsring rund um den großen Hafen geschlossen. Entlang der Cottonera Lines gab es acht Bastionen und zwei Halbbastionen, und innerhalb der Befestigungsmauer konnten 40.000 Menschen und ihre Tiere geschützt werden.

Bei einem Besuch von Senglea und Cospicua lernt der Besucher maltesisches Alltagsleben kennen. Vittoriosa hingegen ist darüber hinaus auch historisch und kunsthistorisch interessant. Leider ist durch Bombenangriffe im Zweiten Weltkrieg viel der alten Bausubstanz zerstört worden. Im April 1942 fielen über 3000 Bomben auf Cottonera.

neuer Jachthafen

Dem langsamen Verfall preisgegeben, wurde das Hafengebiet schließlich zu einem Anliegen der Regierung. Große Restaurierungs- und Revitalisierungsprojekte in Millionenhöhe wurden in Angriff genommen. Glanzstück des ehrgeizigen Projektes ist der neue Jachthafen mit etwa 600 Liegeplätzen. Mit dem Hafen und Hotels, Geschäften und Restaurants, die sich entlang des Dockyard Creek ansiedeln sollen, hoffen die Verantwortlichen, neues Leben in das Gebiet zu bringen.

Senglea

Das lebhafte Senglea (malt. *L'Isla*, 3.500 Einwohner) erstreckt sich auf der Halbinsel zwischen French Creek und Dockyard Creek.

1554 ließ der Namensgeber des heutigen Senglea, Großmeister *Claude de la Sengle*, das **Fort St. Michael** errichten und vergab freies Bauland an Familien, die bereit waren, sich hier anzusiedeln. Nach der Großen Belagerung durch die Türken folgte die Stadterweiterung nach schachbrettartigem Plan. Die während des Zweiten

Weltkriegs zerstörten, danach weitgehend wieder aufgebauten, einfachen Häuser (hier wohnen vor allem Werft-, Hafen- und Industriearbeiter), Treppenstraßen und Balkone prägen das Bild der Stadt. Ein Bummel durch Senglea ist gerade aufgrund der fehlenden „Highlights" interessant. Fort St. Michael wurde 1922 von den Briten abgerissen, um mehr Platz für die Werften im French Creek zu schaffen. Heute befindet sich am French Creek das China Dock, das mit Hilfe der chinesischen Regierung gebaut wurde. Es kann Schiffe mit einer Kapazität von 300.000 Tonnen aufnehmen.

Der ehemalige Wachposten bietet ein schönes Fotomotiv.

Eine kleine Besonderheit hat Senglea aufzuweisen: der von einer kleinen Gartenanlage umgebene **Wachposten** an der äußersten Spitze der Halbinsel. Von hier hat man einen schönen Blick auf den Hafen und hinüber nach Valletta. Der Posten war einst Teil des Fort St. Michael. Die am Wachturm angebrachten Halbreliefs zweier Augen und zweier Ohren sollen die Wachsamkeit der Verteidiger Maltas symbolisieren. Der Pelikan gilt als Zeichen der aufopfernden Christenliebe.

Am Main Square erhebt sich die 1743 erbaute Kirche **Our Lady of Victory**, die 1921 den Status einer Basilika erhielt. Nachdem sie im Zweiten Weltkrieg zerstört worden war, wurde sie nach dem Krieg vollständig wieder aufgebaut und 1957 geweiht. Vor der Kirche erinnert ein Denkmal an die Kriegsgefallenen. Sehr schön, besonders am Abend, ist ein Bummel entlang der Wasserkante – auch ein beliebter Treffpunkt der Einheimischen – wobei man einen einzigartigen Blick über den Grand Harbour, Vittoriosa und Fort St. Angelo hat.

Treffpunkt der Einheimischen

Cospicua

Cospicua (malt. *Bormla*, 6.300 Einwohner) wurde als letzte der „Three Cities" errichtet und grenzt an Senglea und Vittoriosa. Cospicua ist die Geburtsstadt von *Dom Mintoff*, Maltas wohl berühmtesten Politiker (siehe Info-Kasten S. 32). Mit ihrem Gewirr an engen Gassen, die sich vom Creek den Hügel hinaufziehen, bietet sich die Stadt für eine Erkundigung an.

Cospicua wird von zwei Mauerringen umgeben. Der innere Ring (Baubeginn 1638) wird *Margerita Lines* genannt, der äußere Mauerring sind die Cottonera Lines. Im Zweiten Weltkrieg wurde Cospicua weitgehend zerstört. Das 1848 errichtete Dock Nr. 1 wurde durch Bombenangriffe vollständig dem Erdboden gleichgemacht. Nach Kriegsende baute man die Stadt schnell wieder auf. Die große, reich verzierte barocke Kirche der **Unbefleckten Empfängnis** stammt von 1584 und wurde 1637 erweitert. Jeden Dienstagmorgen findet in Cospicua ein bunter Markt statt, auf dem man von Kleidung, über Haushaltswaren, Lebensmittel (fast) alles bekommen kann, was das Herz begehrt.

Margerita Lines

Vittoriosa

Vittoriosa (malt. *Birgu*, knapp 3.100 Einwohner) erstreckt sich auf der Halbinsel zwischen dem Kalkara Creek und dem Dockyard Creek. Hier residierten die Ordensritter, bevor sie Valletta gründeten. An der äußersten Spitze der Landzunge steht das Fort St. Angelo, das schon vor der Großen Belagerung befestigt worden war.

Die Ritter machten aus dem kleinen Ort Birgu eine prächtige Stadt mit Palästen, Kirchen und Hospitälern. Viele dieser Bauwerke sind noch heute zu sehen. Sie sind nicht nur älter, sondern zum Teil auch eindrucksvoller als selbst die schönsten Paläste in Valletta. Die Wälle, Forts und Wachtürme der Stadt sind die ältesten und stärksten der Insel. Als Haupthafen musste Vittoriosa gegen jeden Angriff besonders gut geschützt werden. Die Halbinsel wurde deshalb durch einen tiefen Wassergraben vom Festland getrennt. Später wurde dieser in eine Parkanlage umgewandelt, die heutigen **Coronation Gardens**. Vittoriosa ist praktisch rundum von Befestigungsanlagen geschützt, wobei die Ritter der verschiedenen Zungen einzelne Abschnitte zu verteidigen hatten.

besonders gut befestigt

Als Lohn für die Tapferkeit ihrer Bewohner während der Großen Belagerung erhielt Birgu den neuen Namen Vittoriosa – die Siegreiche. Allerdings konnten die traditionsbewussten Maltester an dieser Geste der Ritter offenbar keinen Gefallen finden – bei ihnen heißt Vittorisa auch heute noch Birgu. (Auch Senglea und Cospicua heißen bei den Maltesern nach wie vor *Bormla* und *L'Isla*. Nur bei Adressen werden meist die offiziellen Namen verwendet. Aber auch die Straßennamen sind in Maltesisch angegeben. Valletta ist für die Einheimischen auch nicht Valletta, sondern einfach nur *Il-Belt* = die Stadt.)

Von der einstigen Wichtigkeit Birgus ist heute nicht mehr viel zu spüren. Die Bewohner sind hauptsächlich als Dockarbeiter im Hafen tätig. Vittoriosa ist eine typische, oft süditialienisch anmutende Wohnstadt mit engen Gassen, in denen sich normaler Alltag abspielt. Aus der Zeit der Johanniter sind einige wenige Häuser erhalten. Allerdings befinden sie sich in Privatbesitz und können nicht besichtigt werden. Nur die Kirchen und der Inquisitorenpalast sind für die Öffentlichkeit zugänglich.

typische Wohnstadt

Zeitplanung

Für einen ausführlichen Stadtrundgang in Vittoriosa sollte man zwei bis drei Stunden einplanen.

Das **Malta at War Museum**, Triq Boffa, nicht weit vom kleinen Busbahnhof entfernt, befasst sich hauptsächlich mit der Zivilbevölkerung während des Zweiten Weltkrieges.

Durch das Main Gate gelangt man in die Hauptstraße, die Main Gate Street, bzw. *Triq il-Mina L-Kbira*. Schon nach wenigen Metern liegt rechts der **Inquisitorenpalast**, das bedeutendste Bauwerk Vittoriosas, schräg gegenüber der Verkündigungskirche Annunciation Church, Kirche der Dominikanermönche. Die wurde im Jahre 1528 er-

baut, 1635 ausgebaut und verschönert, während des Zweiten Weltkrieges zerstört und schließlich im neuen Stil wieder aufgebaut.

Der Palast der Inquisitoren ist einzigartig in Europa. Das Gebäude wurde um 1535 errichtet und diente bis 1571 als Gerichtsgebäude. Im Erdgeschoss kann man das älteste Kreuzrippengewölbe Maltas bewundern. Zum Sitz des Inquisitors wurde der Palast 1574. Mehrfach verändert erhielt der Bau 1767 seine heutige Gestalt. 62 vom Papst ernannte Inquisitoren residierten hier zwischen 1574 bis 1798. Zwei von diesen avancierten später zu Päpsten, 22 wurden zu Kardinälen ernannt. Da es keine Belege über Grausamkeiten gibt, nimmt man an, dass es auf Malta nie zu Ketzerhinrichtungen kam. Die Inquisition wurde während der Regierungszeit von Großmeister *Cassière* auf Malta eingeführt. Er hatte nämlich Angst, dass sein Orden Reformen wün- einzigartig schen könnte. Die Inquisition war nicht nur für Glaubensdinge zuständig, sondern hatte ein eigenes Gericht, Gefängnisse und Henker. Ihr unterlag auch die Vergabe der kirchlichen Druckerlaubnis. Die Inquisitoren stellten einen einflussreichen politisch-religiösen Gegenpol zum Ritterorden dar. Auf der einen Seite standen die Ritter, die sich bislang in weltlichen Angelegenheiten unabhängig wussten, auf der anderen Seite die Inquisitoren als Kontrolleure und Interessensvertretung des Papstes. Und schließlich gab es noch den Bischof von Mdina, der den sizilianischen Vizekönigs repräsentierte. Machtstreitigkeiten waren unvermeidbar.

Inquisition

Der Inquisitorenpalast beherbergt eine kleine volkskundliche Sammlung und wird auch für Sonderausstellungen genutzt. Eine Besichtigung lohnt jedoch vor allem, um die öffentlichen und privaten Räume des Inquisitors zu sehen. Die schlichte Fassade des Palastes verrät nicht, dass sich dahinter ein ausgeklügeltes System an Räumen und Gängen befindet, die um drei Innenhöfe herum angelegt sind. Im Obergeschoss befindet sich der mit den Wappen der Inquisitoren verzierte Große Ratssaal und der Gerichtssaal. Achten Sie auf die extrem niedrige Tür, die in den Gerichtssaal führt. Wenn Angeklagte hereingeführt wurden, mussten sie sich demütig bücken. Außerdem sieht man den Gefängnishof, Gefängniszellen (mit Inschriften und Strichkalender unglücklicher Gefangener) und den Galgenhof. Kleine Öffnungen in der Mauer geben den Blick auf den Hof frei.

alte Gemeindekirche

Einer der schmalen Gassen vom Inquisitorenpalast abwärts folgend, kommt man zum Dockyard Creek. Hier sieht man die dem hl. Lorenz geweihte Kirche. Sie ist eine der ältesten Gemeindekirchen aus dem späten Mittelalter und bestand bereits vor dem Eintreffen der Ritter. Legenden zufolge soll dieser Vorgängerbau auf die Gründung von *Roger dem Normannen*, dem Cousin von *William the Conqueror*, 1090 zurückgehen.

Als **San Lorenzo-a-mare** (St. Lawrenz an der See) bezeichnet, wurde das frühe Gotteshaus zerstört und 1508 durch eine größere Kirche, vermutlich im sizilo-normannischen Stil, ersetzt. Diese übernahmen die Ritter bei ihrer Ankunft 1530 als Konventskirche und benutzten sie bis 1571, als der Regierungssitz von Vittoriosa nach Valletta verlegt wurde. Nach einem Brand wurde die Kirche 1532 wieder aufgebaut und erweitert. 1681 erhielt *Lorenzo Gafà* den Auftrag für einen Neubau. Geweiht wurde der im römischen Barockstil gehaltene Bau 1697. Die Fassade erhielt ihre endgültige Form 1913, als auch der zweite Turm angefügt wurde. Während des Zweiten Weltkrieges wurden die Kuppel, die Sakramentskapelle und die Sakristei zerstört. Das Innere überrascht durch seine kostbare Ausstattung. Die sechs großen Deckengemälde, Werke u.a. von Joseph Caldi, zeigen Episoden aus dem Leben des hl. Lorenz. Das berühmteste Gemälde ist *Mattia Pretis* Altarstück *„Martyrium des hl. Laurentius"* von 1689. Die Kanzel wurde um 1889/90 errichtet und ist aus Walnussholz.

prachtvolle Statue

Die vier Bronzestatuen zeigen den hl. Gregor, den hl. Jeremias, den hl. Augustin und den hl. Johannes Chrysostomus. In den Zwischenräumen sieht man Symbole der christlichen Tugenden, u.a. die Lilie der Reinheit, den Anker der Hoffnung und das Kreuz des Glaubens. Auf dem Sockel sind die Symbole der vier Evangelisten zu erkennen. Die prachtvolle, reich verzierte Statue des hl. Lorenz wird bei der alljährlichen Festa am 10. August durch die Straßen Vittoriosas getragen.

Nordöstlich der Kirche lohnt der Besuch der **St. Joseph-Kapelle** (2). Mittels deutscher Finanzhilfe wurde 1990 das Dach restauriert und die Kapelle, einst das Gotteshaus der orthodoxen Griechen, als Museum eingerichtet. Zu den Exponaten gehören alte Gesangbücher und eine lateinische Bibel, die 1598 in Venedig gedruckt wurde. Zu bestaunen sind auch der Hut und das Kampfschwert des Großmeisters *Jean de la Valette*. Um allerdings das Paradeschwert des Großmeisters zu sehen, muss man den Louvre aufsuchen, denn es wurde von *Napoleon* konfisziert. Weiterhin sind zahlreiche Erinnerungsstücke an den Zweiten Weltkrieg zu sehen. Auch der Besuch des Papstes anlässlich des 900-jährigen Jubiläums der Gemeinde San Lawrenz ist ausreichend dokumentiert. Die prächtige Statue des hl. Joseph aus dem 17. Jh. ist ein Werk Melchiore Gafàs.

heute ein Museum

Auf dem Platz vor der Kirche, nahe dem Ufer, erinnert das **Freedom Monument** (1) an den Abzug der letzten britischen Streitkräfte von Malta am 31.3.1979. Die Soldaten verließen von hier aus die Insel. Entlang des Ufers sind Bänke aufgestellt. Ein schöner Blick ergibt sich auf das gegenüberliegende Senglea und hinüber nach Valletta. Dieser Abschnitt ist Teil der neuen Jachtmarina, in der die teuersten und größten Jachten lagern können.

Ein Stückchen weiter am Vittoriosa Wharf in Richtung Fort St. Angelo gehend, kommt man zur ehemaligen **British Navel Bakery**, der Marine-Bäckerei. Sie wurde zwischen 1842 und 1845 auf dem Gelände des 1806 explodierten Waffenarsenal der Ordensflotte erbaut und diente bis 1979 der Versorgung der Marine. Der Baumeister war der britische Architekt und Ingenieur William Scamp.

National Maritime Museum

1991 richtete man hier ein Marinemuseum ein, das **National Maritime Museum** (3). Hell und freundlich gestaltet, gibt das Museum einen guten Überblick über die Entwicklung der maltesischen Schiffahrt von den Anfängen bis zum heutigen Tag. Unter den zahlreichen Exponaten befinden sich die Modelle von zwei Repräsentationsbarken der Großmeister *Wignacourt* und *de Vilhena*. Weiterhin gibt es zahlreiche Geschütze und Handfeuerwaffen aus der Zeit der Ritter. Eine kleine Gemäldeausstellung zeigt maritime Werke des 18., 19. und 20. Jh. Auch römische Anker sind ausgestellt, die in maltesischen Gewässern gefunden wurden.

Entlang der Uferpromenade erreicht man am Ende der Landzunge das **Fort St. Angelo**. Seit phönizischer Zeit befand sich auf der hochgelegenen Spitze der mittleren Landzunge ein Heiligtum, das im Verlauf der Jahrhunderte befestigt wurde. Ausgrabungen brachten Reste eines phönizischen Astarte-Tempels zu Tage.

einst ein phönizischer Tempel

Später errichten die Römer darüber einen der Juno geweihten Tempel. Im Jahre 670 bauten die Araber hier eine Festung. Das von den Johannitern 1535 vorgefundene Bollwerk wurde umgehend ausgebaut und verstärkt. St. Angelo wurde zum ersten Sitz der Großmeister. Die Bastionen der Halbinsel sind durch einen acht Meter breiten Landstreifen mit den Burgmauern verbunden. Rechts neben der heutigen Zufahrt sieht man eine schmale Brücke aus der Ritterzeit und die Relikte des alten Tores.

dramatische Kämpfe

Architektonisch an Kreuzfahrerburgen auf Rhodos erinnernd, wurde es zum Schauplatz dramatischer Kämpfe während der Türkenbelagerung. Die künstliche Wasserfläche zwischen dem Fort und der Stadt entstand kurz vor dem Angriff der Türken 1565. Sie diente als Galeeren-Hafen. Ehemals *Porto delle Galere* genannt, befand sich hier das Versorgungs- und Ausrüstungszentrum der Ordensflotte, die das stärkste militärischen Machtinstrument der Ritter war. Als *HMS St. Angelo* wurde das Fort von 1912 bis 1979 als Hauptquartier der britischen Mittelmeerstreitmacht genutzt. 1984 versuchte man einen neuen Start als Hotel, seit 1988 steht es leer. In Zusammenarbeit mit dem Malteser Ritterorden versucht die maltesische Regierung, eine neue Nutzung für das Fort St. Angelo zu finden. Im oberen Teil des Forts, einschließlich des Magistral Palace und der Kapelle von St. Anne residiert der *„Sovereign Military Hospitaller Order of St. John"*. Dieser Bereich des Fort ist für die Öffentlichkeit nicht zugänglich. Der Leasing-Vertrag über 99 Jahre beeinhaltet, dass das Fort extraterritorial ist, d.h., dass es nicht dem maltesischen Steuer- oder Rechtswesen unterliegt. Im übrigen Teil des Forts kann man herumgehen. Der Zustand ist durch jahrelange Vernachlässigung äußerst beklagenswert. In einem der Räume hat sich der maltesische Taubenzüchterverein einquartiert.

Schlechter Erhaltungszustand

Der Rückweg vom Fort St. Angelo führt durch die St. Philip Street. Die **St. Philips Kirche**, ein Bau aus dem Jahre 1651, 1779 vergrößert und verschönert, wurde 1940 stark beschädigt und 1949 neu aufgebaut. Der Erhaltungszustand ist nicht sehr gut.

Der „Siegesplatz"

Am Ende der St. Philips Street gelangt man zum **Victory Square** (maltesisch Misrah Ir-Rebha). Das Victory Monument stammt aus dem 18. Jh. und erinnert an den Sieg über die Türken im Jahre 1565. Weiterhin gibt es eine Statue des hl. Lorenz auf einer weißen Säule. Sie stammt aus dem Jahre 1880. Bis zum Zweiten Weltkrieg wurde der Victory Square von einem alten Glockenturm beherrscht, der 1942 einem Luftangriff zum Opfer gefallen war. Der Turm hatte bereits während der Türkenschlacht als Ausguck gedient, in der St. Josefs Kapelle gibt es ein altes Foto davon.

In dem kleinen Café *„Café du Brasil"* kann man nett draußen sitzen. Ebenfalls am Platz ist in einem Haus mit einem schönen Balkon der San Lawrenz Band Club untergebracht.

Bevor man den Stadtrundgang durch die Hilda Tabone Sreet fortsetzt, sollte man dem **Ordenskrankenhaus** (Hospital of the Order, Sacra Infermeria) (12) in der St. Scholastica Street, nördlich des Victory Square, Beachtung schenken. Schon 1530 ließen die Johanniter das Krankenhaus erbauen, das für die damalige Zeit außerordentlich großzügig angelegt und vorbildlich geführt wurde. Nachdem die neue Sacra Infermeria in Valletta errichtet worden war, überließen die Ritter das Gebäude 1604 Benediktinerinnen, in deren Besitz es sich auch heute noch befindet. An der Ostseite des Victory Square markiert eine Marmortafel die ehemalige **Auberge d'Allemagne** (4), die erste Herberge der deutschen Ritter auf Malta. 1942 bei einem Bombenangriff zerstört, wurde das Haus jedoch ohne den Wachturm mit seiner alten, noch aus der Ritterzeit stammenden Uhr, wiederaufgebaut. Wie die meisten anderen Auberges ist die Auberge d'Allemagne in Privatbesitz, Besichtigungen sind daher nur von außen möglich. Die Hilda Tabone Street (*Hilda Tabone* war eine bekannte Sopransängerin, sie lebte von 1933-1978) beginnt am nordöstlichen Ende des Victory Square. Hier befinden sich die meisten Auberges: die **Auberge de France** (Hausnr. 24/27) (7) und die **Auberge d'Auvergne et de Provence** (Nr. 17/23) (6), die beide 1555 errichtet wurden. In letzterer befindet sich im Erdgeschoß heute eine Schlachterei, und ein Stückchen weiter steht die **Auberge de Castille et de Portugal** (Nr. 57/59) (8).

Die hübsche North Street

Die **Auberge d'Angleterre** befand sich in der Mistral Street (Triq il-Majjistral) Nr. 39/40 (5). Hier war ursprünglich auch die Auberge d'Aragon, deren genaue Lage aber nicht mehr bekannt ist. Nach rechts geht die hübsche North Street (Triq Il-Tramuntana) ab. Nr. 11 ist das sogenannte **Normannenhaus** (Norman House). Es gilt als das älteste Gebäude der Stadt. Schön ist das Fenster im sizilo-normannischen Stil aus dem 11./12. Jh. *schönes Fenster*

Der **Bischofspalast** (11) in der Old Bishop's Palace Street (*Triq Il-Palazz Tal-Isqof*) entstand 1452. Nach Umbauten und Vergrößerungen erhielt er sein heutiges Aussehen 1615. Später diente der Palast als Kurie des Bischofs, beherbergte dann eine Schule. Nicht weit entfernt befindet sich die ehemalige **Waffenkammer** (*Armoury*) der Ritter (9). Der **Palast der Università** (10) in der Convent Street, war der Sitz des früheren Selbstverwaltungsgremium Maltas (siehe Info-Kasten S. 255). Das Gebäude stammt aus dem Jahre 1538 und diente u.a. als Vorratslager. Die Convent Street mündet nun wieder auf die Main Gate Street, über die man zum Ausgangspunkt des Stadtrundgangs zurückkehrt.

INFO **Dghajsas**

Dghajsas (sprich: *daißas*) sind in leuchtenden Farben gestrichene Boote, wobei der Bug mit einem aufgemalten oder eingravierten Augenpaar verziert ist. Diese Dekoration stammt vermutlich von den Phöniziern und geht auf *Horos*, den ägyptischen Hauptgott, zurück. Horos, verehrt in Gestalt eines Falken, ist Himmels- und Königsgott und schützt die Erde und ihre Bewohner. Seine Augen sind Sonne und Mond, das „*Horusauge*" symbolisiert den Mond. Noch heute werden die Boote mit dem Augenpaar versehen, um damit Unwetter und andere Unbill abzuwehren.

Über Jahrhunderte hinweg stellten Dghajsas das wichtigste Transportmittel im Grand Harbour dar, beispielsweise, um Passagiere von und zu den einlaufenden Schiffen zu bringen. Der Besitzer eines Bootes wurde „*barklor*" genannt, und die Dghajsas wurden von Generation zu Generation weitervererbt. Nach dem Abzug der britischen Truppen nahm die Zahl der Bootsbauer rapide ab. Einige Barklori behielten ihre Boote, in der Hoffnung, dass sie eines Tages, den venezianischen Gondolieren gleich, Touristen damit befördern können. Am 8. September, dem National Regatta Day, wetteifern die jungen Malteser miteinander, wobei ihre Boote in den traditionellen Farben gestrichen sind: rot-gelb für Senglea, grün-weiß für Kalkara, blau-weiss für Cospicua, rot-weiß für Birgu, rot-blau für Marsa und gelb-weiß für Valletta.

Kalkara

einst Stützpunkt der britischen Flotte

Kalkara (2.800 Einwohner), auf der nördlichsten Landzunge gelegen, schließt sich an die drei Städte an. In der **Villa Friscari**, linker Hand bevor man nach **Kalkara** kommt, befindet sich das **Malta Centre for Restauration**. Es wurde vom *Istituto Centrale di Restauro* in Italien eingerichtet, wo maltesische Studenten in der Kunst des Restaurierens ausgebildet werden. Kalkara war der Stützpunkt der britischen Flotte. Dominiert wird das Städtchen von dem **Royal Navy Hospital**. Die Villa Bighi stammt aus dem 17. Jh. und liegt auf der Bighi-Anhöhe am Ende der Landzunge. Hier hielt sich auch *Napoleon* während der französischen Belagerung auf. 1805 wurde es von *Lord Nelson* zu einem Marinekrankenhaus ausgebaut. 1840 kamen verschiedene Anbauten hinzu. Im Zweiten Weltkrieg war das Krankenhaus eines der größten Lazarette im Mittelmeerraum. Nach dem Krieg beherbergte es Verwaltungen und eine Schule. Zukünftig soll hier das *Malta Council of Science and Technology* eingerichtet werden, ein Restaurierungslabor und ein Wissenschaftsmuseum. Das von den Rittern 1670 erbaute **Fort Ri-**

Das ehemalige Marinehospital

Die Kanone wiegt über 100 Tonnen

casoli an der Spitze der Landzunge diente zusammen mit Fort St. Elmo der Sicherung der Hafeneinfahrt. Wie alle anderen strategischen Positionen rund um den Hafen wurde auch dieses Fort im 2. Weltkrieg zerstört. Heute ist das Befestigungsbauwerk weitgehend zerfallen, ein Besuch lohnt daher nicht unbedingt. Der Küstenabschnitt südlich Kalkaras ist keine Touristengegend. Hier befinden sich Maltas Gaslager sowie militärische Sperrgebiete. Erst ab Xghajra (s. unten), wo auch Bademöglichkeiten bestehen, ändert sich die Küstenlandschaft bis hin zur Marsaskala Bay. Eine Besucherattraktion ist die **Rinella Battery**. Auf Initiative der Fondazzjoni Wirt Artna (ⓘ Allgemeine Reisetipps S. 116, Stichwort „Organisationen") wurde das zwischen 1878 und 1886 errichtete Fort in liebevoller und detailgetreuer Arbeit restauriert. Jeweils um 14.30 Uhr finden viktorianische Paraden in zeitgenössischen Kostümen statt. Zu bestaunen ist außerdem eine der zwei weltweit existierenden 152 Tonnen wiegenden Kanonen, eine Armstrong RML. Die Kanone wurde von Sir *William Armstrong* in Newcastle England gebaut und 1882 hierher gebracht. Bis 1906 war sie in Benutzung. Sie konnte 4,5 km weit schiessen.

Besucher-attraktion

In **Fort St. Rocco** haben sich die Mediterranean Film Studios etabliert. Gedreht werden hier kommerzielle Werbespots (unter anderem für die Deutsche Telekom), Fernsehfilme und Kinohits. Zu den Filmstudios gehören zwei Wassertanks, die beide bei Filmaufnahmen den Blick auf die offene See erlauben. Einer der Tanks wird für Aufnahmen unter Wasser genutzt. Ein Teil der Filmstudios ist der Rinella Movie Thema Park, ein kleiner Unterhaltungspark für Kinder. Eine beliebte Attraktion ist ein Gang durch den Korridor an Bord der Titanic, während sie bereits sinkt.

Am Ortseingang Kalkaras (von Zabbar kommend) liegt der **Commonwealth Friedhof**, auf dem Opfer des Ersten und des Zweiten Weltkrieges ihre letzte Ruhestätte gefunden haben. Insgesamt ruhen 2.000 Soldaten des Ersten und knapp 1.500 Soldaten des Zweiten Weltkrieg auf den Soldatenfriedhöfen der Insel (siehe Info-Kasten S. 30). Eine andere Gedenkstätte für diejenigen 2.297 Soldaten, die ihr Leben bei Flügen von Malta oder anderen mediterranen Basen verloren und deren Grabstätte unbekannt ist, ist das Commonwealth Air Forces Memorial in Valletta.

★ St. Rocco Kinohits

- 1964 Bedford Incident
- 1969 Eyewitness
- 1970 Murphy's War
- 1975 Shout at the Devil
- 1975 Sinbad in the Eye of the Tiger
- 1977 Midnight Express
- 1979 Clash of the Titans
- 1979 Popeye
- 1979/80 Raise of the Titanic
- 1983 Christopher Columbus
- 1985 Among Wolves
- 1987 Pirates
- 1987 Black Eagle
- 1988 Eric the Viking
- 1989 Scheherezade (1001 Nights)
- 1989 Skipper
- 1991/92 Christopher Columbus – The Discovery
- 1992 Voyage
- 1994/95 Cutthroat Island
- 1995 White Squall

Zabbar

Ferdinand von Hompesch

Zabbar (sprich: sabar) war bereits im Neolithikum und in der Bronzezeit besiedelt. Von Paola aus kommend, erreicht man zunächst den **Hompesch Arch**, einen prächtigen klassizistischen Triumphbogen, den der letzte Großmeister, *Ferdinand von Hompesch* (1797-1798), noch kurz vor seiner Kapitulation vor den Franzosen errichten ließ. Vor dem Tor stehen zwei Kanonen. Hompesch verlieh Zabbar 1707 die Stadtrechte und den Titel „*Città di Hompesch*". Der lebhafte und verkehrsreiche Ort bietet nicht allzu viel Nennenswertes.

Triumphbogen

Beachtung verdient die mächtige zwischen 1641 und 1696 nach Plänen von Tommaso Dingli errichtete Pfarrkirche **Our Lady of Grace** im Ortszentrum. Die prachtvolle Barockfassade – eine Stiftung des Ritterordens – ist eine der schönsten auf Malta. Sie entstand um 1738. Die imposante Zentralkuppel wurde 1928 hinzugefügt. Die ursprüngliche, flachere Kuppel war 1798 beim Einmarsch der Franzosen zerstört worden. Jedes Seitenschiffsjoch ist einzeln überkuppelt. Das Innere der Kirche überrascht durch seine reiche Dekoration und die vielen Kunstwerke. Als Gnadenkirche der Johanniter ist Our Lady of Grace eine der reichsten Pfarrkirchen der Insel. Die Darstellung der Madonna am Hauptaltar wurde von Alessio Erardi, dem Sohn Stefano Erardis, geschaffen.

Our Lady of Grace

Im **Zabbar Sanctuary Museum** rechts hinter der Kirche kann man die Kutsche des Großmeisters *Alof de Wignacourt* (frühes 17. Jh.) sowie zahlreiche Weihegaben und Beutestücke aus der Großen Belagerung sehen.

Hinter Zabbar geht es nach links zu dem an der Küste gelegenen Ort **Xghajra** (sprich: scheira). Der Ort bietet nichts Außergewöhnliches, wenn man aber einmal kurz zur Erfrischung ins Wasser hüpfen möchte, ist es ganz nett. Strandeinrichtungen gibt es nicht.

Paola

Der Name (*Paola*) geht auf den französischen Großmeister *de Paule* zurück, der im 17. Jh. die Stadt gründete. Neben Valletta ist Paola die einzige Städteneugründung der Johanniter auf Malta. Breite und gerade Straßen bestimmen das moderne

Ortsbild. Imposant, wenn auch nicht unbedingt schön, ist die Kirche **Christ the King**, ein Bau des 20. Jh. Rund um die Kirche gibt es zahlreiche Geschäfte.

Weltweit bekannt ist Paola wegen seines **Hypogäums**. Das Hypogäum (griech.: „*Unter der Erde*") von Hal Saflieni („*Der Ort, wo begraben wird*") ist ein von Menschen geschaffenes Höhlenlabyrinth, das über Tausende von Jahren immer tiefer in den weichen Kalkstein gegraben wurde. Entdeckt wurde es 1902 rein zufällig beim Bau eines Hauses. Als man die übliche glockenförmige Zisterne anlegen wollte, durchstieß ein Arbeiter die Decke eines der unterirdischen Räume. Zwischen 1903 und 1911 fanden die Ausgrabungen statt.

berühmtes Höhlenlabyrinth

Das Höhlensystem breitet sich auf einer Fläche von 500 m^2 aus und erstreckt sich 10,6 m tief über drei miteinander verbundenen Ebenen. Das dritte Geschoss wird zeitgleich mit der Entstehung der Tempel von Tarxien datiert, es ist das älteste der Anlage. Das zweite Stockwerk ist das Hauptgeschoss und hat besonders kunstvoll gestaltete Räume. Die in den Höhlen gefundene Keramik wurde vermutlich zwischen 3.800 und 2.500 v. Chr. genutzt. Insgesamt gibt es 33 Räumen, Nischen und Kammern. Alle Räume sind oval oder nahezu rund. Gerade Linien gibt es nicht. Auch die Decken sind leicht gewölbt. Die Kammern wurden mit einfachen Werkzeugen, z.B. Tierhörnern und Steinkeilen, aus dem Globerinenkalk herausgemeißelt. Sie sind ockerrot gefärbt oder mit roten Zeichen versehen. Rot ist die Farbe der Wiedergeburt. Auch einige Decken- und Wandbemalungen sind erkennbar. Die Katakombe diente nicht nur dem Bestattungs- und Totenkult, sondern war gleichzeitig auch ein Tempel, praktisch ein unterirdisches Abbild der Megalithtempel. Auf die kultischen Zwecke weisen die spiralförmigen Ausmalungen der Sakralsäle, die Orakelkammer, das den Tempeln nachgebildete Allerheiligste im zweiten Stock sowie die vielfältigen Funde hin.

unterirdischer Tempel

Man nimmt an, dass in dem unterirdischen Labyrinth gebetet und begraben wurde, Opfer dargebracht und Orakel verkündet, vielleicht auch Heilungen und Weihehandlungen vollzogen. Bei den Grabungen fand man nicht nur etwa 7.000 Skelett- und Knochenreste von mehr als 20.000 Toten, sondern auch Grabbeigaben, wie Keramik, Schmuck und Amulette.

Die Figur der **Schlafenden** ist eine kleine rotbemalte Plastik aus Terrakotta. Dargestellt ist eine Frauengestalt, die auf einer Liege ruht. Man nimmt an, dass es sich bei der Darstellung um eine Priesterin handelt, die während des Schlafes im Tempel göttliche Weisungen erhält. Auch aus früheren Kulturen ist das Phänomen des heilenden „*Tempelschlafes*" bekannt. Die kleine Figur wird heute im Archäologischen Museum in Valletta aufbewahrt.

Möglicherweise waren die unterirdischen Räume eine Initiationsstätte der Priesterinnen, die in den oberirdischen Tempeln der großen Muttergottheit, der *Magna Mater*, dienten. Bei den im Hypogäum bestatteten Toten könnte es sich um die Angehörigen der weiblichen Priesterschaft handeln. Dieses wäre eine Erklärung dafür, warum nur nur relativ wenige und außerdem nur weibliche Skelette in den Kammern gefunden wurden.

weibliche Priester?

Im Eingang erläutert eine kleine Ausstellung die Bedeutung des Hypogäums und informiert über die Ausgrabungsgeschichte. Auch ein Modell des Höhlenkomplexes kann man hier bestaunen. Bei der Führung steigt man nach und nach durch die drei Stockwerke bis in 9 m Tiefe, wobei sich immer neue Räume, Kammern und Gänge erschließen.

9 Meter tief

Besonders interessant ist das Allerheiligste, das wie eine Imitation einer oberirdischen Tempelanlage aussieht. Eine konkav gewölbte Tempelfassade wurde aus dem Fels herausgeschlagen. Durch den Eingang gelangt man in einen nierenförmigen Opferraum mit Altar und einem Opferstein. Vor dem Eingang erkennt man sogar ein Anbindeloch und ein paar in den Boden gegrabene Löcher, die dazu dienten, Trankopfer aufzunehmen. Als man das Hypogäums freilegte, fand man passende Ziegenhörner, die diese Löcher verschlossen. Der unterste Bereich der Anlage ist nicht zugänglich.

Hinweis

Durch die vielen Besucher hat sich das Klima in der Höhle stark verschlechtert. Algenwachstum hat die Wandmalereien stark in Mitleidenschaft gezogen. Nach aufwändigen Restaurierungs- und Umbauarbeiten kann das Hypogäum nach vorheriger Anmeldung besichtigt werden. An den Führungen dürfen nur jeweils 10 Personen gleichzeitig teilnehmen. (ⓘ S. 143)

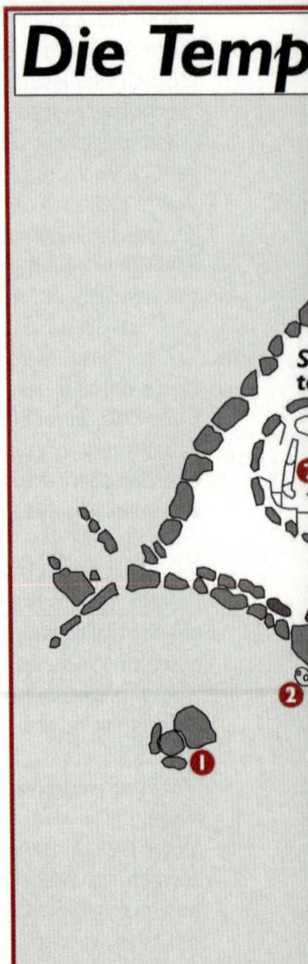

© igraphic

Tarxien

größte maltesische Tempelanlage

Das moderne Städtchen Tarxien (sprich: tarschi:en, 7.300 Einwohner) ist übergangslos mit Paola zusammengewachsen. Hier liegen inmitten moderner Bauten die beeindruckenden Überreste der größten und besterhaltenen maltesischen Tempelanlage. Die Größe der Anlage lässt darauf schließen, dass sich in Tarxien das religiöse und wirtschaftliche Zentrum der Megalithkultur befand.

Die originalen Altäre und andere Fundstücke befinden sich bis auf wenige Ausnahmen im Archäologische Museum in Valletta, an ihren ursprünglichen Plätzen stehen Kopien. Zwischen 1915 und 1919 wurden erstmals Probegrabungen unternommen, die sich bis 1964 fortsetzten. Dabei konnten verschiedene Ablagerungsschichten festgestellt werden, die Hinweise auf die Nutzungsgeschichte der Anlage gaben.

Die erste, unterste Schicht stammt aus der jungsteinzeitlichen Tarxien-Phase (3000-2500 v. Chr.). In dieser Zeit entstanden die drei gut erhaltenen Megalithbauten, die man heute besichtigen kann. Darüber folgte eine Schicht mit verkohlten Knochen und Keramikstücken aus der Bronzezeit (2500-1500 v.Chr.), die mittlerweile abgetragen wurde. Hierbei handelte es sich um einen Urnenfriedhof, der von Einwanderern genutzt worden war.

massive Steinmauern

Der Tempelkomplex beeindruckt vor allem durch seine massiven, exakt behauenen Steinmauern. Sie gehören zu drei miteinander verbundenen Tempeln in Kleeblattform. Von drei weiteren Tempeln sind nur wenige Reste erhalten. Insgesamt gibt es also sechs Einzeltempel. Die gut erhaltenen Tempel werden auf 3000 bis 2500 v. Chr. datiert. Der Osttempel entstand zuerst, gefolgt vom Südwesttempel und als letzter der Zentraltempel. Die schlecht erhaltenen Tempel schätzt man auf 3800 und 3000 v. Chr..

Transportwalzen

Auf dem Vorhof des sogenannten **Südwesttempels** fand man Reste einer Zisterne (1). Die runden Steine, die wie Kanonenkugeln aussehen, dienten als Transportwalzen für die schweren Steinblöcke. Im Osten sieht man eine Nische mit fünf unregelmäßig großen Löchern im Boden. Man nimmt an, dass sie Trankopfern dienten.

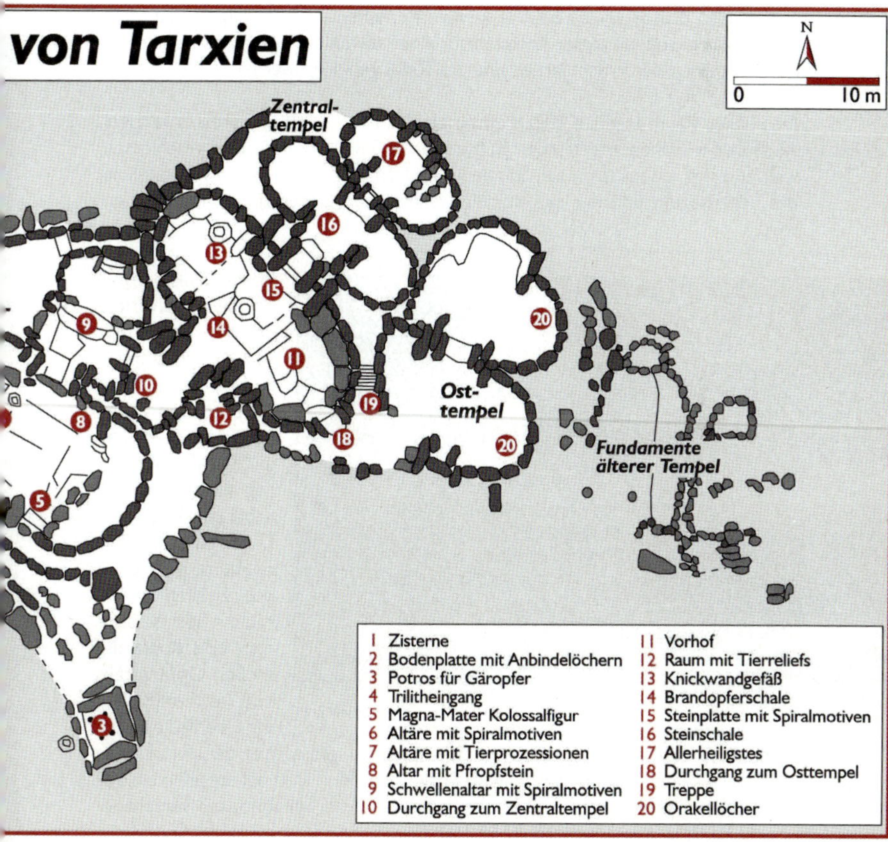

Die sechste Vertiefung am Rand, die schüsselartig, ohne Kontakt zum Erdreich ist, wird als „**Potros**" bezeichnet und war für Gäropfer bestimmt (3).

Man betritt den Tempel durch einen markanten (rekonstruierten) **Trilitheingang** (4). Direkt vor dem Eingang sieht man eine **Platte** mit zwei Löchern. Hier wurden Opfertiere angebunden (2). Die erste Tempelniere besteht aus einem ovalen Hof im Zentrum und zwei nach rechts und links abgehenden Absiden, die durch Altarreihen vom mittleren Raumteil abgetrennt sind.

die älteste Kolossalfigur der Welt?

In der rechten Apside sieht man auf einem flachen Steinblock eine Kopie der Beinpartie der kolossalen **Magna Mater Statue** (5), die bei den Ausgrabungen an dieser Stelle gefunden wurde. Das Original befindet sich im Archäologischen Museum in Valletta. Nur der untere Teil der ehemals wohl fast 3 m hohen Statue ist erhalten. Sie ist möglicherweise die älteste Kolossalfigur der Welt. Obwohl die Figur als „*Große Mutter*" bezeichnet wird, ist das Geschlecht nicht eindeutig. Die breiten Hüften weisen zwar auf die weibliche Gebärerin hin, doch gibt es keine milchspendenden Brüste, wie sie bei den komplett erhaltenen Miniaturfiguren zu sehen sind. Vielleicht soll mit dieser Kolossalfigur einer sowohl weiblichen als auch männlichen Gottheit der Fruchtbarkeit und des Todes gehuldigt werden.

Den linken Raum trennen **Altarreihen** ab (6). Sie sind mit Spiralreliefs verziert. Auch in der frühen griechischen Kultur gibt es Spiralen. Diese sind geschlossen, während sich die maltesischen Spiralen mehrfach verzweigen, was als Darstellung des Lebensbaum und der sich ständig wechselnden Generationen interpretiert wird.

Tierprozession

In den linken Apsis sind die beiden Friese mit den Reliefs der „**Tierprozessionen**" zu beachten (7). Die Darstellungen zeigen Schafe, Ziegen und ein Schwein. Vermutlich handelt es sich dabei um Opfertiere. Durch zwei dekorierte Altäre geht es in den zweiten Sakralraum. Rechts sieht man eine Kopie des großen **Opferaltars von Tarxien** (8). Der die Oberfläche umlaufende Rand diente dazu, das Blut von Opfern aufzufangen. Hinter der durch einen Propfstein verschlossenen Öffnung im Sockel, wurden Tierknochen gefunden. Vor dem Allerheiligsten liegt ein über 3 m langer und mit Spiralmotiven versehener

Schwellenaltar (9). Durch den rechten Seitenraum gelangt man in den mittleren **Zentraltempel** (10). Es ist der größte Tempel in Tarxien und entstand vermutlich in der Zeit um 2.800 v. Chr. Der Zentraltempel hat drei nierenförmige Räume, was ihn im Vergleich mit den anderen Tempeln des maltesischen Archipels einzigartig macht. Man nimmt an, dass der erste der drei Räume die Funktion eines **Vorhofes** hatte (11).

Opferaltar mit Propfstein

In der Nische rechts vom **Eingang** (12) sieht man an der hinteren Wand drei Reliefs: zwei Stiere und eine Sau (oder ein anderes weibliches Tier) mit ihren Ferkeln als Sinnbilder der Fruchtbarkeit. Die **Steinschale** wurde vermutlich für Brandopfer genutzt (14).

Am Eingang zum zweiten Tempelraum sieht man Blockaltäre. Beachten sollte man links auch das große **Knickwandgefäß** (13). Vermutlich diente es als Auffangschale für das Blut der Opfertiere oder aber es enthielt Wasser für rituelle Waschungen. Mächtige Monolithen säumen den Durchgang zur zweiten Tempelniere.

Wenn die erste Tempelniere der Vorhof war, dann ist die zweite Niere der Tempelhauptraum. Die 82 cm hohe, über 3 m lange **Steinplatte** (15) bezeichnet deutlich die Grenze zwischen Vorhof und eigentlichem Tempel. Die sogenannte Augenschwelle ist mit zwei augenähnlichen Spiralmotiven verziert – die bewachenden Augen der Magna Mater? Bis auf die Reste einer **Steinschale in der Mitte** (16) ist der Tempelhauptraum leer.

Augenschwelle

Der daran anschließende hintere Raum ist kleiner. Auffällig ist die flache Nische für das **Allerheiligste** (17). Die Außenwände dieses Raumes bilden mächtige Steinblöcke. Sie sind leicht nach innen geneigt, und zusammen mit den darüber lagernden vorkragenden Quersteinen erwecken sie den Eindruck, dass es sich hier um einen Gewölbeansatz handeln könnte.

Der **Osttempel** ist der älteste der drei miteinander verbundenen Tempel. Von hier aus erreicht man den **Vorhof des Zentraltempels** (18).

Gleich hinter dem Durchgang befindet sich zwischen beiden Tempeln eine **Treppe** (19). Sie führt auf die Höhe der erhaltenen Wandmauern. Vielleicht gelangten die Priester über diese Treppe in die hinteren, heiligen Räume des Zentraltempels, die ursprünglich wahrscheinlich verborgen waren und durch die relativ hohe Schwelle als besonderes Sanktuarium ausgewiesen waren. Über den beiden nierenförmigen Räumen des Osttempels befand sich der Urnenfriedhof.

heilige Räume

In beiden Tempelräumen befindet sich in den östlichen Apsiden ein **Orakelloch** (20), das durch eine Kammer von außen zugänglich war.

6. RUND UM DEN MARSAMXETT HARBOUR

(ⓘ S. 137)

Im 18. Jh. begann die Befestigung des Marsamxett Harbours, die mit in den Verteidigungsgürtel rund um Valletta einbezogen werden sollte. Es entstanden das Fort Manoel und das Tigne Fort. Zu weiteren Bautätigkeiten kam es dann allerdings nicht mehr. Vermutlich wurde alle Kraft in den Ausbau des Grand Harbour gesteckt. Auf der Manoel Halbinsel entstand ein Quarantäne-Krankenhaus, das sogenannte Lazaretto. Im ausgehenden 19. Jh. begann die städtische Entwicklung der gesamten Küstenlinie als vornehmes Wohngebiet der Briten. Die Besiedlung um den Marsamxett Hafen ist demnach erst rund 100 Jahre alt. Der einsetzende Tourismus in der 2. Hälfte des 20. Jh. brachte erneute tiefgreifende Veränderungen mit sich: Moderne Hotelbauten anstelle von englischen Kolonialhäusern bestimmen heute das Bild.

Redaktions-Tipps

- Eine **Hafenrundfahrt** unternehmen. (Seite 222)
- Entlang der **Promenade** von Sliema nach St. Julian's flanieren. (Seite 222 ff)
- In einem der netten **Restaurants** in der Spinola Bay zu Abend essen. (Seite 137)

Gwardamanga, Pietà, Msida und Gzira

dicht besiedelt

Gwardamanga ist ein dicht besiedelter Bezirk mit engen Straßen oberhalb des **Pietà Creek**, wo die Frachtschiffe nach Gozo ablegen. Im Zentrum befindet sich das 1938 erbaute St. Luke's Hospital. Obwohl medizinisch erstklassig, wurde es zu klein, so dass ein neues Krankenhaus in Msida entstand. In der **Villa Guardamangia** lebte Queen *Elizabeth II.* in den frühen Jahren ihrer Ehe, als Prinz *Philip* als Marineoffizier hier seinen Dienst tat. Sein Schiff ankerte im Sliema Creek. Pietà, Msida und Gzira erstrecken sich vom Marsamxett-Hafen über die Halbinsel Ta' Xbiex bis nach Sliema und St. Julian's. Offiziell zwar eigenständige Gemeinden, sind ihre Grenzen nicht mehr erkennbar. Da den Städten besondere Sehenswürdigkeiten fehlen, spielen sie touristisch eher eine untergeordnete Rolle. **Msida** (6.900 Einwohner) ist seit 1969 Sitz der Universität von Malta, die von Valletta nach hierher verlegt wurde. Die Universität liegt auf dem Tal-Qrogg Hügel, auf der anderen Seite der Schnellstraße zwischen Msida und St. Andrews. In der Mitte des Msida Kreisverkehrs steht ein Denkmal für die Arbeiter. An der Straße nach Birkirkara kann man einen Waschplatz aus dem 18. Jh. sehen, dessen Bögen und Arkaden gut erhalten sind. Rechter Hand führt eine Einbahnstraße nach Gzira und Sliema. Die Seeseite Msidas wird von der wuchtigen Pfarrkirche **St. Joseph** dominiert. Sie wurde 1893 errichtet. Die Msida Marina war jahrelang die größte Jachtmarina der Insel. Rund um den Msida Creek haben sich mehrere Hotels angesiedelt, und die Küstenpromenade lädt zu einem Bummel ein. Im Hafen liegt die **Black Pearl**, ein historischer Dreimaster, der schon in dem Film Popeye mitwirkte und heute ein Restaurant beherbergt. In jahrelanger Arbeit wurde auf Freiwilligenbasis unter der Schirmherrschaft von Din L-Art Helwa der **Msida Bastion Garden of Rest** wieder hergestellt.

historischer Dreimaster

Die Grabsteine mussten vielfach aus Einzelteilen wieder zusammengesetzt werden. Der Friedhof wurde zwischen 1806 und 1857 benutzt und beherbergt eine Vielzahl an neoklassizistischen Grabmälern. Durch Bombenangriffe im Zweiten Weltkrieg weitgehend zerstört, lag er bis 1989 brach. Die ruhige Halbinsel Ta' Xbiex (sprich: taschbi-esch, 1.800 Einwohner) ist eines der vornehmsten Villenviertel zwischen Valletta und Sliema und beherbergt zahlreiche Botschaftsresidenzen. Gzira – ebenfalls ein beliebtes mittelständisches Wohngebiet – folgt unmittelbar auf Msida. Hier befindet sich Maltas größtes Fußballstadion, das Empire Stadium, ein Jachthafen sowie zahlreiche Hotels entlang der Küste.

vornehmes Villenviertel

Manoel Island

Die Manoel Island markiert die Grenze zwischen Gzira und Sliema. Die Halbinsel ist durch einen Damm mit der vorgelagerten Manoel Island verbunden, auf der Großmeister *Manoel de Vilhena* in den 1720er Jahren das nach ihm benannte **Fort Manoel** als zusätzlichen Schutz des Marsamxett-Hafens errichten ließ. Das sowohl elegante als auch funktionale Fort konnte bis zu 500 Männer beherbergen. 1800 wurden die französischen Truppen hier interniert, bevor sie – nach dem Vertrag von Amiens – auf britische Schiffe verladen und nach Frankreich zurückgebracht wurden. Von dem ursprünglichen Bau ist kaum etwas erhalten.

zusätzlicher Schutz des Hafens

INFO Das Lazzaretto

Der Begriff „*Lazzaretto*" leitet sich von Lazarus ab, dem biblischen Bettler mit einer pestähnlichen Krankheit. Das Wort „Quarantäne" stammt vom italienischen „*quaranta*" – 40. Vierzig Tage mussten normalerweise in Quarantäne zugebracht werden.

1592 und 1623 kam es zu Ausbrüchen der Pest auf Malta. Manoel Island (auch als Bishop Island bekannt) wurde von Grandmaster Lascaris auserkoren, um eine Quarantänestation zu beherbergen. Es entstand das „**Lazzaretto di San Roco**". Bereits vorher gab es ähnliche Einrichtungen, die aber keinen ausreichenden Schutz boten. In der Mitte des 18. Jh. konnten bis zu 1.000 Besucher im Lazaretto untergebracht werden: Schiffsbesatzung, Passagiere und Fracht, die vom östlichen Mittelmeer nach Europa wollten. Strenge Kontrollen waren notwendig, um die Pest, die sich von Land zu Land verbreitete, zu kontrollieren. Schiffe mit einem sauberen Gesundheitspass lagen achtzehn Tage im Hafen, während Schiffe aus Pestgebieten 80 Tage warten mussten. Wer versuchte die Quarantäne zu umgehen, musste mit dem Leben bezahlen. Selbst Briefe wurden mit Essig und Salpetersäure desinfiziert. Erst 1813 brach die Pest erneut auf Malta aus. Aus Europa verschwand die Pest 1841 und wenig später aus dem Nahen Osten. Auch Sir *Walter Scott* befand sich im Lazaretto in Quarantäne und äußerte sich entrüstet: „*It is unpleasant to be thought so very unclean and capable of poisoning a whole city*". Während des 1. Weltkrieges wurden im Lazaretto die Verwundeten der Schlachten bei den Dardanellen und Salonika versorgt. 1929, als in Tunis die Pest ausbrach, diente es wieder als Isolierstation. Im Zweiten Weltkrieg übernahmen die Briten Manoel Island und nutzten das Lazarett als Basis für ihre U-Boot-Flotte.

Heute wird ein Teil des Fort Manoel von dem 1835 gegründeten **Royal Malta Yacht Club** genutzt. Die Manoel Island Jachtmarina gilt als eine der besten im ganzen Mittelmeer. Es gibt sieben Anlegestellen für Schiffe bis zu 55 Metern. Zum Überwintern stehen 200 Liegeplätze zur Verfügung. Am Fort Manoel beginnen die internationalen Regatten, wie beispielsweise das *Middle Sea Race*. Das Fort und das Lazarett (siehe oben) wie auch die gesamte Manoel Island befindet sich jedoch in einem beklagenswerten Zustand. Mittlerweile sind Bebauungspläne genehmigt worden, um die Halbinsel städtebaulich auszubauen. Trotz reger Proteste, auch seitens der Einheimischen, die auf öffentliche Plätze gehofft hatten, sollen hier in den nächsten Jahren Apartmenthäuser und Einkaufszentren entstehen. Es ist zu befürchten, dass der Charakter der Manoel Island dadurch für immer verloren gehen wird.

traditioneller Jachtclub

Sliema

Baden/Schwimmen
Sandstrände gibt es in diesem Küstenbereich nicht. Wer sich nicht durch den direkt an der Küste entlang flutenden Autoverkehr gestört fühlt, badet von den flachen Felsterrassen aus. Das Wasser ist tief und klar. Die Schwimmeinrichtungen sind meist einfach, aber ausreichend. Die Abschnitte, die zu einzelnen Hotels gehören, sind nur den Hotelgästen vorbehalten, aber z.B. beim Union Club kann man eine Tageskarte erwerben. Die Tower Road zieht sich die ganze Strecke bis nach St. Julian's entlang. Achtung: Schatten gibt es an den Felsterrassen nicht.

Bootstouren
An der von Gzira kommenden Straße „The Strand" befinden sich die Ablegestellen der Ausflugsboote, die die Insel in Halbtages- oder Ganztagestouren umrunden. Auch die lohnenswerten ***Hafenrundfahrten*** *beginnen hier. Sie dauern in der Regel 90 Minuten. Etwas weiter entlang der Promenade gelangt man zum Anleger der Fähre nach Valletta. Die Überfahrt dauert fünf bis zehn Minuten, und die Fähre fährt nach Fahrplan etwa alle 30 Minuten.*

Der Name Sliema bedeutet „*Friede*". Der endlose Strom an Menschen, der sich in der Hauptsaison durch die Hauptverkehrsachsen „*The Strand*" und ihre Verlängerung „*Tower Road*" zieht, wird damit nicht gemeint sein. An diesen beiden Küstenpromenaden befindet sich das eigentliche „Stadtzentrum". Restaurants, Hotels, Bars und die Büros der Ausflugsveranstalter, Bootsverleiher und Imbissbuden, Boutiquen und Souvenirshops reihen sich aneinander. Einwohner und Touristen, fein herausgeputzt, bevölkern die Flaniermeile, die an der Brücke zur Manoel Island beginnt und nahtlos nach St. Julian's übergeht. Sliema ist das touristische Herzstück Maltas: viel Rummel, viel Unterhaltung am Abend, viele Geschäfte und viel Verkehr, jedoch wenig historisch Gewachsenes oder kulturell Aufregendes. Trotzdem wird man auch hier, wenn man abseits der Promenade durch die Wohnstraßen geht, „normales" Leben finden, wo die Leute abends auf ihren Klappstühlen sitzen, und sich das Neueste vom Tage erzählen. Das 14.000 Einwohner zählende Sliema ist erst rund 100 Jahre alt. Abgesehen von dem Tigne Fort am Dragut Point (1792) und dem St. Julian's Tower an der Balluta Bay (zwischen 1657 und 1660) gibt es hier keine alte Bausubstanz.

Flaniermeile

Sliema und St. Julian's
Corinthia San Gorg
St. George's Bay
Westin Dragonara
Paceville
Millenium Chapel
Malta Hilton
Portomaso
St. Julian's
San Gwann
Spinnola Bay
Balluta Bay
Karmeliter Kloster
Il Fortizza
St. Patrick's
Savoy
Sliema
Sacré Cœur
Stella Maris Church
Sliema Point
Waterpolo
Gzira
Plaza
Hafenrundfahrt
Sliema Creek
Manoel Island
Fort Manoel
Lazaretto Creek
Ta' Xbiex
Tigne Fort
Valletta
Triq Is-Sirk
Triq Is-Swieqi
Triq Elija Zammit
St. Andrew's Rd.
Bay St.
Triq id-Dragonara
Church St.
Triq il-Baltiku
Regional Road
Triq San Gorg
Triq Mikiel Ang' Borg
Triq Lapsi
Triq ta Giorni
Gorg Borg Olivier St.
Birkirkara Rd.
Triq il-Kbira
Tower Road
Triq il-Despor
Mrabat St.
Manwel Dimech St.
Depiro Street
St. Frangisk Street
Sir Adrian Dingli St.
Windsor Terrace
Triq Madonna tal-Gebla
Rodolfu St.
Guze Howard St.
Triq Luqa Briffa
St. Albert St.
D'Argens Rd.
Triq San Trofimu
High St.
Triq Sliema
Cameron Street
Marina St.
The Strand
Cathedral St.
Triq L-Imsida
Manoel St.
Bisazza St.
Triq Abate Ricord
Tigne Seafront
Tigne St.
Qui Si Sana St.
0
500 m
N

Die Befestigung *Il Fortizza* am Sliema Point entstand während der britischen Kolonialzeit und beherbergt heute ein Restaurant. Mit der in den 1970er Jahren einsetzenden touristischen Entwicklung Maltas hat sich das Bild Sliemas gewaltig verändert. Um den Erfordernissen gerecht zu werden, wurden die hübschen alten Kolonialhäuser entlang der Küste abgerissen, um Platz für moderne Hotelbauten zu machen. Die Bautätigkeit scheint noch lange nicht zu Ende zu sein. Einige Straßen sind mit Kränen, Zementmischern und Lastwagen blockiert, die den hellen Limestone für weitere Bauten liefern. Viele Straßenzüge sind dem öffentlichen Leben vorbehalten, wodurch Sliema seinen Status als exklusive Wohnmeile eingebüßt hat. Dennoch gilt die Stadt, wie auch das benachbarte St. Julian's, als begehrtes Wohngebiet. Hierhin zieht es die Besserverdienenden oder die es werden wollen. In Sliema gibt es einige Kirchen, die sich aller einer festen Gemeinde erfreuen können. Lohnenswert ist ein Blick in die **Sacre Cœur** Kirche, die ein Altargemälde von *Giuseppe Cali* beherbergt. Es zeigt den hl. Jerome in seinem Grab, mit Bibel, Kreuz und Totenschädel. Das Gemälde gilt als *Calis* Meisterwerk. Das **Tigne Fort** entstand erst unter Grandmaster *de Rohan*, d.h. 262 Jahre nach dem Eintreffen der Ritter auf der Insel und sechs Jahre vor Napoeons Ankunft. Es lag dem Fort St. Elmo gegenüber und von beiden aus konnte so der Eingang zum Marsamxett Harbour bewacht werden. Während der britischen Kolonialzeit befanden sich hier große Armeebaracken. Derzeit wird das gesamte Gebiet von dem gleichen Konsortium umgestaltet, dass auch für die Bebaung der Manoel Island verantwortlich ist. Geplant sind noble Apartmenthäuser und Einkaufsbereiche. Vom eigentlichen Fort ist kaum etwas erhalten. (ⓘ S. 60). Die **Tigne Reserve Osmosis Plant** (ⓘ S. 55) entstand in den 1980er Jahren, doch gab es hier bereits am Ende des 19. Jh. eine Meerwasserentsalzungsanlage.

begehrtes Wohngebiet

St. Julian's

Die dem hl. Julian geweihte Pfarrkirche ist Namensgeberin des Ortes. Das neue turmartige Gebäude entstand 1968 und liegt an der Spinola Bay. St. Julian's entwickelte sich explosionsartig von einem kleinen Fischerort zu einem der wichtigsten Ferienzentren auf Malta mit etlichen Hotels und Restaurants. Der Ort gruppiert sich malerisch um die Balluta-, Spinola- und St. George's Bay. Die Balluta Bay ist der Schnittpunkt zwischen Sliema und St. Julian's. Das **Karmeliterkloster**, zu der die auffällige neugotische Kirche gehört, südlich der Main Road, markiert in etwa die Grenze zwischen beiden Orten. Etwas weiter rechts fällt ein großer, mit Zutaten des Jugendstils versehener Wohnblock ins Auge, die Balluta Buildings Apartment Blocks, ein Bau des Architekten Galizia von 1927. In der Bucht liegt der **Neptunes Waterpolo Club**. Die Neptunes gelten als eines der besten Teams und können sich einer lauten Anhängerschaft erfreuen.

An einigen alten anglo-maltesischen Wohnhäusern entlang führt die Grenfell Street zur **Spinola Bay**, dem Herzstück St. Julian's, die auch St. Julian's Bay genannt wird. Die Heiligenfigur des St. Julian ist heute Treffpunkt der Dorfjugend. Der Ortskern rund um die Spinola Bay ist recht malerisch. In dem kleinen Hafen liegen ein paar bunte Fischerboote, doch obwohl einige Fischer noch immer von hier ausfahren, gehört ihnen die Bucht schon lange nicht mehr. Cafés und Restaurants, wie San Giuliano, La Dolce Vita und Peppino's, um nur einige zu nennen, haben sich hier fest etabliert.

Treffpunkt der Dorfjugend

St. Julian's geht in den Ortsteil **Paceville** über. Die Grenze ist ungefähr der Spinola Hill beim neuen **Portomaso Komplex**. Paceville ist ein Vergnügungsviertel mit zahlreichen Hotels, Restaurants, Bars, Nachtclubs und einem Casino sowie einem ununterbrochenen Strom an Touristen. Zum Leben erwacht der Ort vor allem am Abend, wenn aufgeputzte Jugendliche die Clubs erobern. Das Nachtviertel ist so beliebt, dass es sogar einen speziellen Nachtbusdienst gibt, der von hier die meisten Orte auf der Insel anfährt. Das neue Hilton Hotel ist nur eines von mehreren 5-Sterne Hotels. Am Dragonara Point lockt der Westin Dragonara Beach Resort und das Dragonara Palace Casino. Hier befand sich einst die Sommerresidenz von *Marquis Scicluna*, einem erfolgreichen maltesichen Finanzier. Er verlieh Geld an Papst *Pius IX* und wurde dafür in den Nobelstand versetzt. Der Familie gehört immer noch das Land. In der St. George's Bucht geht es ruhiger zu. Auch hier haben sich einige luxuriöse Hotels angesiedelt. Es gibt einige Wassersporteinrichtungen, wo man surfen, segeln, schnorcheln oder Wasserski laufen kann.

Vergnügungsviertel

Von St. George nach St. Paul's

Möchte man den Ausflug nach Norden fortsetzen, verlässt man hinter St. George die Küste. Durch das Wohngebiet von St. Andrew's gelangt man erst an der Bahar ic-Caghaq Bay (sprich: baha:r itsch-scha-ra) wieder an das Meer. Die ansehnlichen Baracken in St. Andrews und Pembroke gehörten den Briten. In Pembroke gibt es eine weitere Meerwasserentsalzungsanlage. Linker Hand geht es hoch nach **Madliena**, einen hübschen Ort mit teuren Villen. **Fort Madliena** wurde 1874 von den Briten erbaut und sollte die nordöstliche Flanke der Victoria Lines schützen. Im Zweiten Weltkrieg befand sich im Fort Madliena eine Radarstation der Royal Air Force. Es kann besichtigt werden. In Bahar ic-Caghaq lockt der große **Splash&Fun Park** mit der größten Wasserrutschbahn des Mittelmeeres sowie dem Mediterraneo Marine Park. Dahinter ändert sich das Landschaftsbild dramatisch. Das Panorama von Gozo und Comino breitet sich vor einem aus. Auch dieser Küstenabschnitt ist für Bebauung freigegeben – bleibt zu hoffen, dass die Verantwortlichen aus früheren Fehlern gelernt haben, und dass die schöne Sicht erhalten bleibt.

hübscher Ort

INFO Die Wachtürme an Maltas Küste

Der *Qalet Marku Tower* ist einer der zahlreichen Warn- und Wachtürme, die im 17. Jh. entlang der Küste angelegt wurden. Die meisten dieser Warntürme sind in vernachlässigtem Zustand, doch bemühen sich Din l-Art Helwa und kommerzielle Sponsoren um ihren Erhalt. Diese niedrigen Anlagen, französisch „*Redoute*" genannt, waren unbemannt. Bei Angriffen konnte eine Einheit jedoch dort schnell in Deckung gehen und einen Landungsversuch zurückschlagen. Insgesamt wurden vierzehn Wachtürme rings um die Insel gebaut, von denen jeder zwei andere in Sichtweite hatte, so dass Warnzeichen rasch weitergegeben werden konnten. Bei Anblick eines feindlichen Schiffs entzündete der Wachhabende ein Feuer und feuerte einen Kanonenschuss ab. Der nächste Turm wurde so von der Gefahr benachrichtigt und gab die Warnung weiter. So konnte die ganze Insel in kurzer Zeit informiert werden und Neuigkeiten gelangten auch nach Valletta.

7. DIE NÖRDLICHEN LANDESTEILE (ⓘ S. 137)

Allgemeiner Überblick

gute Strände

Im Norden der Insel liegen die guten Strände, und hierher zieht es, vor allem in den heißen Sommermonaten, die meisten Urlauber. An historischen Sehenswürdigkeiten ist der nördliche Teil der Insel arm. Aus dem Neolithikum sind spärliche Überreste der Tempel von Skorba und Ta' Hagrat in der Nähe von Mgarr sowie Ruinen eines weiteren Tempels hinter dem Hotelkomplex New Dolmen in Qawra erhalten. Aus römischer Zeit stammen die Fundamente eines Badehauses. Der Wignacourt Tower in der St. Paul's Bay hingegen ist ein Relikt aus dem 17. Jh. Landschaftlich unterscheidet sich der Norden deutlich vom übrigen Teil der Insel.

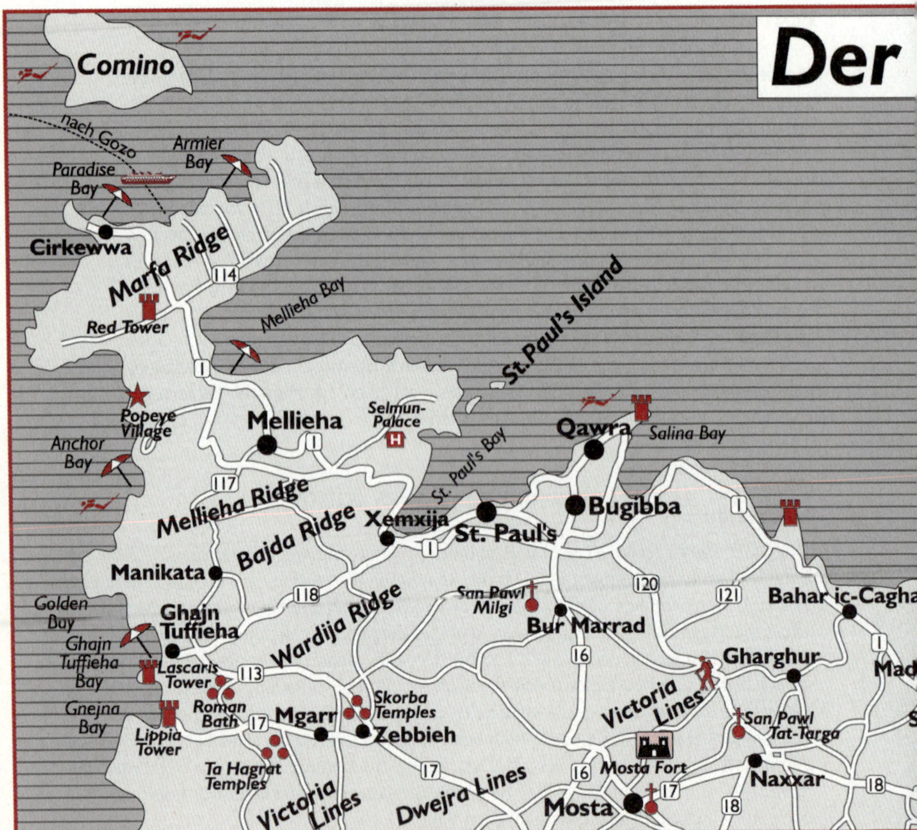

Eine von Ost nach West verlaufende Bruchstufe, der **Great Fault,** grenzt den Norden von der übrigen Insel ab. Parallel dazu verlaufen die ehemaligen Verteidigungswälle Victoria Lines, der Wardija-, Bajda-, Mellieha- und der Marfa Ridge. Nördlich der Linie Naxxar, Mosta und Mdina verläuft – entlang des Great Fault – der höchste dieser Kämme: die sogenannten **Victoria Lines**.

INFO Die Victoria Lines

Die 12 km lange Verteidigungslinie wurde zwischen 1874 und 1880 durch die britische Armee gebaut und mit vier Forts, dem *Bingemma Fort*, dem *Mosta Fort*, dem *Madliena Fort* und *Fort Pembroke* sowie weiteren kleineren Geschützstellen bestückt. Als zusätzlicher Schutz kam ab 1881 etwas weiter südlich eine weitere Verteidigungslinie, die Dwerja Lines (*dwejra* = sehr kleines Haus), hinzu. Schon kurz nach ihrer Ankunft im Jahre 1800, jedoch verstärkt nach der Eröffnung des Suez Kanals im Jahre 1869, sorgten sich die Briten um den Schutz des Grand Harbours. Dieser war zwar durch die Forts am Hafen geschützt, doch fürchteten man einen Angriff von der Landseite her. Malta war die wichtigste britische Station im Mittelmeer. Eine neue Verteidigungslinie musste her, wobei sich der Great Fault als natürliche Linie anbot. Schon die Ritter hatten mit dem Gedanken gespielt, hier eine Befestigungslinie zu ziehen. 1874 begann man mit dem Bau, und die ersten drei Forts, Bingemma, Mosta und Madliena waren rasch fertig. Zusätzlich zu dieser „*Great West Front*" entschloss man sich 1881, eine zweite Befestigungslinie, die Dwejra Lines, zu bauen. Die „Great West Front" wurde zu Ehren des 60. Jahrestag der Thronbesteigung Königin *Victorias* nach ihr benannt: Victoria Lines. An den meisten Stellen sind die Wälle nicht mehr als ein paar Meter hoch, doch man meinte, dass sie im Falle eines Angriffes ausreichend Schutz bieten würden. Zu einem Angriff kam es nie, und man munkelte, dass die Befestigungen nur gebaut wurden, um die stationierten Truppen zu beschäftigen. Bei Ausbruch des Ersten Weltkrieges gab es bereits andere Methoden der Kriegsführung.

Nachdem die Victoria Lines jahrzehntelang vernachlässigt worden waren, bemühen sich nun Mosta und sieben andere angrenzende Gemeinden (mit Unterstützung der EU) um die Instandsetzung. Die gesamte Strecke soll begehbar gemacht und mit Schildern und Hinweistafeln ausgestattet werden. Das Mosta Fort und das Madliena Fort können besichtigt werden. Ein wunderschöner Wanderweg verläuft entlang der Dwejra Lines. Dabei ergeben sich herrliche Aussichten zur Ghajn Tuffieha Bay gen Norden und über die Chadwick Lakes gen Süden.

Buchtipp

- *Zammit, Ray Cachia (Hrsg.):* ***The Victoria Lines****, Malta 1996. Das reich bebilderte Heft (50 Seiten) gibt viele Informationen über die Geschichte der Victoria Lines sowie eine ausführliche Literaturliste zum Thema. Außerdem werden verschiedene Wandervorschläge entlang der Victoria Lines beschrieben.*

Redaktions-Tipps

- Das **Marienheiligtum** in Mellieha besichtigen. (S. 234)
- An der **Ghajn Tuffieha Bay** schwimmen oder faulenzen. (S. 239)
- Das **Popeye Village** aufsuchen. (S. 237)
- In einem der Dorflokale in Mgarr **Fenek** (Kaninchen) essen. (S. 137)

In den Tälern des Nordens wird heute intensiv Landwirtschaft auf Terrassenfeldern betrieben. Die wenigen Dörfer, die es hier gibt, sind recht klein, denn bis ins 17. Jh. hinein war dieser Teil der Insel wegen der ständigen Bedrohung durch Piraten kaum dauerhaft besiedelt. Alle Siedlungen der Antike wurden im Mittelalter aufgegeben. Bis heute ist die Bevölkerungsdichte im Norden im Vergleich zu den südlichen Landesteilen immer noch gering, und überraschenderweise sind an den Buchten, in denen die schönsten Strände Maltas liegen, kaum Siedlungen entstanden. An manchen Buchten finden sich nur Bootsschuppen, andere sind völlig unbebaut. Manchmal stehen an einer Bucht ein oder zwei Hotels, aber von einer Verbauung der Küsten kann in dieser Region nicht die Rede sein – mit Ausnahme der **St. Paul's Bay** im Nordosten.

St. Paul's Bay

An der St. Paul's Bay sind mehrere Orte zu einem riesigen Ferienzentrum zusammengewachsen: Qawra (sprich: aura), Bugibba (sprich: budschibba), St. Paul's und Xemxija (sprich: schem-schija) am südlichen Ende der Bucht. Sie bilden heute das Städtchen, das häufig zusammenfassend St. Paul's Bay genannt wird. Das Gebiet ist neben St. Julian's und Sliema das wichtigste Urlaubsarsenal auf Malta. Während der Hauptsaison verdoppelt oder verdreifacht sich die Zahl der Menschen von ca. 5.000 auf 10.000-15.000. Entsprechend turbulent präsentiert sich dieser Küstenabschnitt mit seinen Souvenirläden, Restaurants, Bars, Apartmentanlagen und Hotels entlang der Strandpromenade. Ein halbes Dutzend Diskotheken und Nachtclubs und ein reiches Sportangebot ziehen ebenfalls Urlauber an. Sandstrände gibt es hier allerdings nicht. Wer nicht in den Swimmingpools der Hotels oder von der Felsküste aus baden will, muss mit dem Bus oder Mietwagen zu einem der Strände in der Umgebung fahren. Im Vergleich zu Sliema oder St. Julian's sind Qawra/Bugibba/ St. Paul's jedoch ruhiger und aufgrund der besseren Zugänge zu den Stränden besser für Familienurlaube geeignet.

Urlauberzentrum

Anfahrt

Von Sliema/St. Julian's führt eine gut ausgebaute Straße immer entlang der Küste zur St. Paul's Bay. Aus den mittleren Landesteilen kommend, fährt man über Mosta und Bur Marrad an.

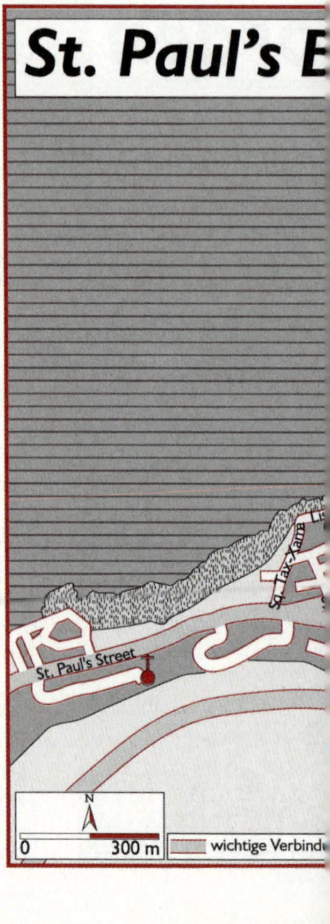

Entlang der Küstenstraße von Sliema/St. Julian's kommend, sieht man rechter Hand den **Ghallis Tower**. Er stammt aus dem 17. Jh. und kann besichtigt werden. In der tief eingeschnittenen **Salina Bay** wird bereits seit dem Mittelalter durch Verdunstung Salz aus dem Meerwasser gewonnen. Auch heute noch werden die Salzpfannen im Sommer benutzt. Im Spätsommer kann man bei der „Ernte" des Salzes zuschauen. Die Salina Bay ist auch bei Wassersportlern sehr beliebt.

Salinenfelder

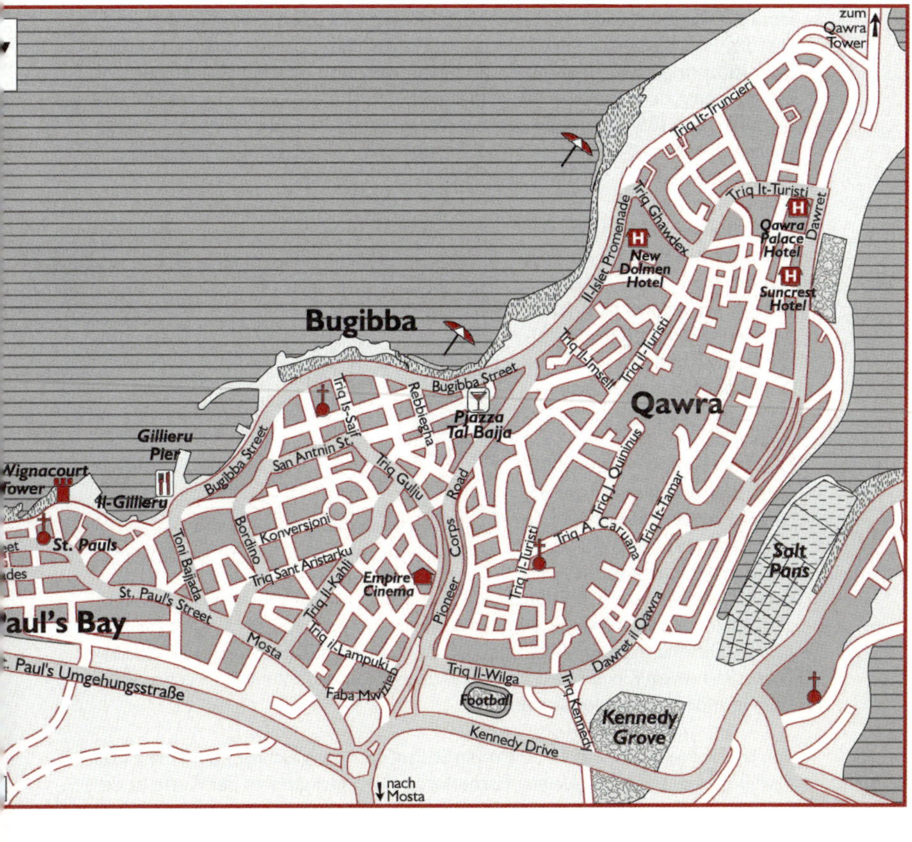

wunderschönes blaues Wasser

Die Landzunge **Qawra** liegt zwischen der St. Paul's Bay und der Salina Bay. Nahtlos in Bugibba übergehend, ist die Halbinsel vollständig bebaut und stellt das größte Touristenzentrum Maltas mit Hotels, Apartmentanlagen, Restaurants und Strandbädern dar. Über eine besondere Atmosphäre verfügt der „Ort" allerdings nicht. Die Küstenstraße fungiert als Zentrum der Siedlung. Der Qawra Point ist bei Schwimmern wegen des wunderschönen blauen Wassers beliebt. Taucher finden hier einen Abhang und einen Unterwassertunnel. Der **Qawra Tower** ist ein weiterer Wachturm aus dem 17. Jh. Das 4-Sterne-Hotel Sol Suncrest ist mit 413 Zimmern das größte der Insel. Im New Dolmen Hotel befinden sich ein Casino, The Oracle, sowie die spärlichen Resten eines neolithischen Tempels im Garten. Fälschlicherweise werden sie als Dolmen bezeichnet. Abends werden die Ruinen nett angestrahlt. Von der einst konkav geformten Fassade sind der Eingang, der aus vier Monolithen gebildet wird, die Türschwelle und einige Steinblöcke erhalten. Die Ruinen sind ständig durch die Hotellobby zugänglich.

Touristenzentrum

Trotz der vielen Hotels ist es in Qawra ruhiger als im benachbarten **Bugibba**. Bugibba ist ein lebhaftes Fereindomizil mit Apartmenthäusern, Timeshare-Anlagen, Hotels, Restaurants und Bars, die auf Massentourismus ausgerichtet sind. Abgesehen von den Hauptferienzeiten erscheinen die riesigen Hotelanlagen und die ebenfalls nicht ganzjährig bewohnten Apartmentanlagen geradezu trostlos. Grünflächen gibt es hier wenig, denn der Platz für immer neue Touristensiedlungen ist kostbar. Die Pjazza Tal-Baija (Bay Square) bildet das Zentrum der St. Paul's Bay. Hier gibt es einen winzigen Sandstrand mit Liegestuhl- und Sonnenschirmverleih sowie Straßencafés und zahlreiche Bars.

Der Kennedy Memorial Grove

Am südlichen Ortsausgang Bugibbas in Richtung Mosta liegt rechter Hand (kurz nach dem Kreisel) ein rudimentär erhaltener neolithischer Tempel, **Tal-Qadi**. Einst bestand auch diese Anlage aus zwei ovalen Räumen, was jedoch kaum mehr zu erkennen ist.

Der **Kennedy Memorial Grove** ehrt den ermordeten 35. amerikanischen Präsidenten *John F. Kennedy* (1917-63). Auf einer Platte an der Innenseite des runden Arkadenbaus aus hellem Stein sind die berümten Worte Kennedys eingraviert: *„Frage nicht, was Dein Land für Dich tun kann, sondern frage, was Du für Dein Land tun kannst"*. Die Anlage ist von Oleanderbüschen und Olivenbäumen umgeben, auch befindet sich hier ein Kinderspielplatz. (Aus Richtung St. Julian's kommend, liegt der kleine Park rechter Hand an der Straße).

Von Bugibba geht es in den Ortskern von St. Paul's mit der gleichnamigen Kirche (San Pawl il-Bahar) und einem kleinen Fischerhafen. Der Wachturm an der Küste ist der

1610 errichtete **Wignacourt Tower**. Der Architekt war *Vittorio Cassar*, Sohn des *Gerolamo Cassar*. Dahinter befindet sich ein kleiner Badestrand. Am Ende der St. Paul's Bucht liegt der Ortsteil Xemxija, wo in den späten 1970er Jahren, unbehindert durch Bauvorschriften, planlos Apartmenthäuser in die Gegend gesetzt wurden.

Die winzigen unbewohnten **St. Paul's Islands**, auch *Selmunetto* oder *Shipwreck Islands* genannt, liegen am nördlichen Ende der Paulus-Bucht, nur wenige hundert Meter von der Küste entfernt. Der Legende nach sollen dies die Felseilande sein, an denen der Apostel *Paulus* im Jahre 59 n. Chr. Schiffbruch erlitt. Eine weithin sichtbare, 12 m hohe Statue des Apostels wurde 1845 auf einer der beiden Inseln aufgestellt und erinnert an dieses Ereignis. Nur für Taucher oder für Passagiere mit dem Glasbodenboot sichtbar ist die Christusstatue, die hier mit dem Segen von Papst Johannes Paul II. versenkt wurde.

Felseilande

INFO War der Apostel Paulus auf Malta?

Für die Malteser steht es als unerschütterliche Tatsache fest, dass der Apostel Paulus im Herbst 59 an der Nordküste Maltas Schiffbruch erlitt. Er befand sich auf dem Weg nach Rom.

Diese Episode ist nachzulesen in der Apostelgeschichte (Apg. 27, 28): Paulus musste sich vor dem Kaiser in Rom verantworten, denn die Hohepriester von Jerusalem hatten ihn angeklagt. Unter Bewachung wurde er deshalb nach Rom gebracht. Das Schiff, mit dem er von Palästina nach Rom gebracht wurde, geriet in der Nähe von Kreta in ein Unwetter. 14 Tage lang trieb es über das Meer, bis es an der als „*Melite*" bekannten Insel strandete. Neuere Bibelübersetzungen sprechen sogar explizit von „*Malta*": „Und als wir gerettet waren, erfuhren wir, daß die Insel Malta hieß". Damit sich die Schiffbrüchigen trocknen konnten, machten die Einwohner ein Feuer. Paulus warf etwas Reisig ins Feuer. Eine Schlange schnellte hervor und biss ihm in die Hand. In der Annahme seines baldigen Todes, sagten die Leute: Dieser Mensch muss ein Mörder sein, welchen die Rache nicht leben lässt, ob er gleich dem Meer entgangen ist." Paulus jedoch geschah nichts, und so glaubte die Bevölkerung, er sei ein Gott. Angeblich weilte Paulus drei Monate auf der Insel und christianisierte während dieser Zeit die dortige Bevölkerung.

Um seinen Aufenthalt spinnen sich viele Legenden. Der römische Statthalter *Publius*, der Paulus für drei Tage in seinem Haus beherbergte (auch dies nachzulesen in der o.g. Apostelgeschichte), hatte einen kranken Vater. Paulus heilte den Vater und bekehrte auch den Statthalter zum Christentum. Angeblich soll Publius dann von Paulus zum Bischof ernannt worden sein.

Nicht nur die Malteser, sondern auch die Bibelforscher sämtlicher Konfessionen waren bis in die späten 1980er Jahre hinein mit dieser Theorie durchaus zufrieden. Der deutsche (protestantische) Bibelexperte *Warnecke* kam mit einer neuen These heraus, die zu großer Aufregung führte. Paulus sei auf einer Insel im westlichen Griechenland gelandet. Bei dem „*Melite*" der Apostelgeschichte könne es sich gar nicht um Malta gehandelt haben. Dagegen sprechen die Strömungs- und Klimaverhältnisse im südlichen Mittelmeer. Während der Herbststürme müsste ein von Kreta kommendes Schiff zu den westgriechischen Inseln abtreiben.

Etliche Wissenschaftler, Bibelforscher sowie Historiker und Geographen argumentierten deshalb, dass das Schiff des Apostel Paulus nicht bei Malta, sondern bei der westgriechischen Insel Kephallenia Schiffbruch erlitt. Ein handfester Wissenschaftsstreit brach aus. Von seiten katholischer Bibelforscher wurde Warneckes These jedoch entrüstet zurückgewiesen. Die Diskussion ist zwar nicht mehr ganz so brisant, doch den Maltesern nach wie vor ein Dorn im Auge, hatten sie es doch als Ehre empfunden, von Paulus persönlich christianisiert worden zu sein. Auf einmal mussten die vielen Legenden und die zahlreichen mit den hl. Paul verbundenen Orte angezweifelt werden. Man braucht nur einmal am „*Feast of St. Paul's Shpiwrecked*" im Februar teilgenommen zu haben, um zu spüren, dass die Malteser eigentlich gar nicht bereit sind, sich von ihrer schönen Geschichte, ob sie nun wahr ist oder nicht, zu verabschieden.

Von der St. Paul's Bay führt die Straße zum **Mellieha Ridge**. Am Kreisverkehr befindet sich der Eingang zum Feriendorf Corinthia Mistra Village Club Hotel, eine Anlage mit Hotel und Ferienwohnungen (ⓘ Regionale Reisetipps S. 137). Die Landschaft öffnet sich hier in ein grünes Tal, von wo sich die Straße dann hinauf auf den Mellieha Ridge windet.

grünes Tal

Am Ende der schön gelegenen Mistra Bay (von der Hauptstraße nach Mellieha rechts abfahren) sieht man **Pinto Redoubt**, ein winziges, völlig vernachlässigtes Fort. Es wird als Fischfarm genutzt. Die Landschaft ist hier felsig, kahl und schroff. Oberhalb erhebt sich ein großes Gebäude, das **Grand Hotel Mercure Coralia Selmun Palace** (ⓘ S. 137). Im 18. Jh. beauftragten die Ritter den Baumeister *Domenico Cachia* mit dem Bau des Palastes, der sich für die Gestaltung vom Verdala Palace (siehe S. 270) beeinflussen ließ. Durch den schräg geböschten Unterbau und die Ecktürme wirkt der Sommerpalast recht wehrhaft, doch gilt die wohl proportionierte Fassade als eine der schönsten des 18. Jh. auf Malta. Zeitweilig im Besitz der kirchlichen Vereinigung Monte di Rendenzione, einer vermögenden Bruderschaft, die sich um den Rückkauf der in die Sklaverei verschleppten Malteser bemühte, wurde Selmun später als Jagdhaus genutzt und leider lange Zeit vernachlässigt.

Selmun Palace

wohl proportionierte Fassade

Heute ist Selmun Palace Teil einer Hotelanlage und dient als Bankettsaal. In der Umgebung des Hotels kann man schön spazieren gehen. Allerdings ist es auf der Anhöhe häufig recht windig. An den Abbruchkanten des Geländes, das hier steil zur Küste hin abfällt, muss man etwas vorsichtig sein.

Tipp: Wandern

***Anfahrt:** Mit dem Bus Nr. 43, 44 oder 45 von Valletta zur Haltestelle des Hotels Selmun Palace fahren (Fahrzeit etwa 45 Minuten).*

Die Gehzeit für diesen relativ leichten Weg (8 km) beträgt etwa zwei Stunden. Beim Palast nimmt man den Weg, der am Turm nach links abzweigt. Nach wenigen Minuten erreicht man eine Kreuzung. Hier biegt man rechts ab und folgt der kleinen Straße, die sich in das Mgiebah Tal hineinschlängelt. Dort wachsen nicht nur Obst und Gemüse, sondern auch einige Steineichen, die einst die ganze Insel bedeckten. Beim Bauernhaus (bis jetzt 15 Minuten Gehzeit) geht es rechts ab und quer durch das Tal. Weiterhin rechts halten und ein Stückchen aufwärts gehen. Man erreicht eine schmale, gewundene Straße und gelangt bald zu den Ruinen des Ghajn Hadid Tower (30 Minuten). Von dort hat man einen wunderschönen Blick über das Meer.

Das nächste Ziel ist Fort Campbell, eine 1936 errichtete Geschützstellung (45 Minuten). Die Außenmauer des Forts auf der rechten Seite lassend, geht man nach weiteren 5 Minuten rechts auf den unteren von zwei Wegen zu den Salinenfeldern hinunter. Bis dahin hat der Weg ca. eine Stunde (ohne Pause) gedauert. Der Küstenpfad führt jetzt hoch zu den Rdum il-Bies (Habichtsklippen) und zur Landspitze Ras il-Miguna. Hier geht es abwärts zur Mistra Bay, wo man sich im kühlen Wasser erfrischen kann. Durch das landwirtschaftlich genutzte Tal kommt man wieder hoch zur Hauptstraße. Wenige Meter nach links (bergauf) liegt die Bushaltestelle in den Ausläufern von Xemxija.

Bur Marrad und Wardija

Von St. Paul's Bay in Richtung Mosta fahrend, erreicht man nach 2 km das kleine, erst im 19. Jh. entstandene Dorf **Bur Marrad**. Es besteht aus zwei Straßen, einem Supermarkt, einer modernen Kirche und der Kapelle San Pawl Milqi. **San Pawl Milqi** (milqi = willkommen) wurde zwischen 1616 bis 1620 errichtet und dient heute als kleines Museum. Unter den Fundamenten der Kapelle – sowie in der Umgebung – fand man 1964 die Reste eines römischen Landgutes, bestehend aus Villa, Öl- und Weinpressen und Unterkünften für Landarbeiter. Man nimmt an, dass das Gut dem römischen Statthalter Publius gehörte und dass die Kapelle an dem Ort erbaut wurde, an dem der Apostel *Paulus Publius* getroffen hat. Am Ortseingang von Bur Marrad befindet sich Farmer's Wine Cooperative Society Ltd., eine in den 1960er Jahren gegründete landwirtschaftliche Produktionsgemein- schaft und die einzige Winzer-Kooperative Maltas. Wenn man Glück hat und die Türen offen sind, kann man den dort hergestellten Wein direkt vom Lager kaufen. (ⓘ Regionale Reisetipps S. 137)

Reste eines römischen Landgutes

Auf dem Hügel linker Hand liegt die Siedlung **Wardija**, die als beste Wohnadresse der Insel gilt. Landschaftlich sehr schön gelegen, sind die Grundstückpreise entsprechend teuer. Rund um Wardija kann man im Frühling schön spazieren gehen. In Wardija befindet sich auch das Zentrum von Maltas neu entdeckter Olivenproduktion. Den Mangel an einer eigenen maltesischen Olivenproduktion bedauernd, ergriff *Sam Cremona* die Initiative, pflanzte Olivenbäume an und beschaffte sich eine Olivenpresse. Mittlerweile floriert das Geschäft und der Import von ausländischem Olivenöl ist bereits erheblich zurückgegangen.

Olivenöl

Mellieha und der Marfa Ridge

lebhafter Ort

Mellieha (sprich: melli-äha) ist mit rund 6.000 Einwohners der größte Ort im Norden der Insel. Im lebhaften, aber ursprünglich wirkenden Ortskern befinden sich Restaurants, Mietwagenagenturen und Einkaufsmöglichkeiten. Oberhalb der Straße, die hinauf in das Stadtzentrum führt, kann man einige der direkt in den Fels gehauenen Höhlenwohnungen, sogenannte *Troglodyten*, sehen, in denen sich die Bevölkerung während der Korsarenangriffe versteckte.

schöne Aussicht

Mellieha war wegen seiner günstigen Lage schon seit Jahrhunderten besiedelt. 1436 zur Gemeinde erklärt, wurde der Ort wegen ständiger Piratenangriffe 100 Jahre später wieder aufgegeben. Die blühende Salzindustrie brach ab (der Name Mellieha leitet sich von „*melha*" = Salz ab) und erst nach 1800, als die Briten entlang der Küsten patroullierten, wuchs der Ort erneut. Das Ortszentrum thront auf einem schmalen Höhenrücken, der zur Mellieha Bay steil abfällt. In nördlicher Richtung sieht man die 1948 fertig gestellte Kirche im neobarocken Stil. Im Inneren kann man das Bild „*Schiffbruch des hl. Paulus*" von *Giuseppe Cali* bestaunen. Von dem Aussichtsplatz vor der Kirche hat man eine wunderschöne Sicht auf das Umland und auf die Mellieha Bay hinüber nach Comino und Gozo. Ein kleines Café lädt zur Erholungspause ein.

Melliehas Hauptattraktion ist die **Höhlenkirche** St. Marija aus dem Jahre 409. Über Jahrhunderte hinweg blieb sie Maltas bedeutendstes Marienheiligtum und eine häufig besuchte Pilgerstätte. Die Kapelle (rechts unterhalb der Kirche) ist direkt in den Fels geschlagen. Im Altarraum befindet sich eine auf den Stein gemalte Darstellung Marias mit dem Kinde. Der Legende nach soll das Bild vom Evangelisten *Lukas* selbst gemalt worden sein. Experten hingegen datieren die Malerei in die Zeit um 1300. Das Gnadenbild erinnert an byzantinische Ikonen, wird stilistisch jedoch eindeutig Sizilien zugeordnet. 1644 wurde das marmorverkleidete Langschiff hinzugefügt, so dass heute nur der Altarraum mit dem verehrten Bild im ursprünglichen Zustand erhalten ist.

Immer wieder hat die Madonna von Mellieha Wunder bewirkt. So findet man in der kleinen Kapelle zahlreiche Votivgaben, die ihr zum Dank (beispielsweise für Heilung von einer Krankheit) verehrt worden sind. Darunter befinden sich auch Portraits von Ordensrittern und zahlreiche Votivgaben, die von der Errettung aus Seenot berichten.

Hinweis

Eine Nonne ist ständig anwesend und achtet u.a. darauf, dass Besucher die Kapelle nur in angemessener Kleidung betreten (schulterfrei ist nicht erwünscht).

Nicht weit von Mellieha entfernt, praktisch unterhalb der Stadt, liegt die **Mellieha Bay**. Die lange Bucht mit dem herrlichen Sandstrand ist sehr beliebt. Es gibt zahlreiche Restaurants, Hotelbauten und Apartmenthäuser und verschiedene Wassersportmöglichkeiten, wie z.B. „*Banana-Rides*". Da das Ufer hier besonders sanft abfällt, ist die Badebucht besonders für Kinder gut geeignet.

Mekka für Windsurfer

Bei entsprechendem Wind wird die Bucht zum Mekka für Windsurfer und für die Segelregatten der Junioren. Der Nachteil ist, dass die Bucht vor allem am Wochenende sehr voll ist und dass sich der gesamte Durchgangsverkehr zur Fähre nach Cirkewwa über die oberhalb des Strandes verlaufende Verbindungsstraße, die Marfa Road, quält.

Linker Hand der Mellieha Bay befindet sich das **Vogelschutzgebiet von Ghadira** (sprich: aadira), eine Senke des Pawles-Tales. Da in diesem Feuchtbiotop einige seltene Vogelarten brüten, wurde das Areal 1982 zum Schutzreservat ernannt. *Schutzreservat*

Ausflug auf den Marfa Ridge

Der **Red Tower**, ein Wachturm aus dem Jahre 1649, überagt den Höhenzug. Der stattliche Turm, auch St. Agatha Tower genannt, wird von der Organisiation Din l-Art Helwa betreut (ⓘ Allgemeine Reisetipps S. 116, Stichwort „Organisationen") und kann besichtigt werden. 40 Stufen führen hinauf zu einer Aussichtsplattform, von der man einen herrlichen Rundblick genießen kann. Der flache, karge Marfa Ridge, ein nur wenig bebauter Höhenzug, verläuft von Ost nach West quer über den nordwestlichen Zipfel Maltas.

Der „Red Tower"

Besonders schön ist es hier im Frühling, wenn blühende Mimosenbäume die Straße säumen. Hierher kommen gerne die maltesischen Familien zum Picknicken. Von der 5 km langen schmalen Straße zweigen mehrere Stichstraßen ab. Sie enden jeweils in kleinen Buchten, die im Sommer leider oft überfüllt sind. Im Wasser sieht man zahlreiche Fischfarmen, die leider einen erheblich negativen Einfluss auf das Ökosystem unter Wasser haben. *Fischfarmen*

Die kleine **Ramla Bay** ist der Privatstrand des Ramla Bay Resort (ⓘ Regionale Reisetipps S. 137), steht aber auch Nicht-Hotelgästen gegen ein Entgelt offen. Zum Resort gehören verschiedene Restaurants und Bars, eine Minigolfanlage sowie Tennisplätze. Der Ocean Club bietet vielfältige Wassersportmöglichkeiten, u.a auch Tretbootverleih am hauseigenen Sandstrand.

> ***Tipp***
> *Auf der anderen Seite der Ramla Bay (von der Straße zur Gozo Fähre) rechts abbiegen. Hier ist das Wasser genauso schön und kostet nichts.*

für Kinder geeignet

Die nächste Bucht ist die **Armier Bay** mit einem 100 m langen sauberen Sandstrand – der von Einheimischen wie von Fremden gleichermaßen gerne genutzt wird. Das Wasser ist flach, so dass es auch für kleine Kinder geeignet ist. Es gibt ein paar schlichte Strandrestaurants sowie Umkleidekabinen und öffentliche Toiletten. Wassersportgeräte, Liegestühle und Sonnenschirme können gemietet werden. Von der Armier Bay hat man einen herrlichen Blick über die tiefblaue See auf die Inseln Comino und Gozo.

Direkt daneben (entweder zu Fuß von der Armier Bay aus oder per Auto über die nächste kleine Stichstraße) liegt die **Little Armier Bay**. Ein kleiner Strandimbiß bietet Snacks und kleine Gerichte zu günstigen Preisen.

Madonna am westlichen Ende Maltas.

Am Aussichtspunkt **Dahlet ix-Xilep** markieren eine kleine Kapelle und eine Madonnenfigur das westliche Ende der Insel.

Am Ende des Marfa Ridge hinter der Meerwasserentsalzungsanlage von Cirkewwa ist die Anlegestelle der **Gozo Ferry**. (ⓘ Abfahrtszeiten Allgemeine Reisetipps S. 110, Stichwort „Fähren"). In den Sommermonaten herrscht hier meist reger Betrieb, so dass es manchmal zu Wartezeiten kommen kann. Die Fahrzeit von Valletta nach Cirkewwa beträgt ungefähr eine Stunde. Viele Urlauber lassen hier ihr Autos stehen und gehen zu Fuß auf die Fähre.

Obwohl man nicht alle Sehenswürdigkeiten an einem Tag sehen kann, bekommt man bei einem Tagesauflug doch zumindest einen guten Eindruck von der kleinen Nachbarinsel. Am Hafen in Mgarr warten die Busse nach Victoria, der Hauptstadt Gozos. Sie sind auf die Fahrzeiten der Fähren abgestimmt. In Mgarr gibt es auch Restaurants, Einkaufsmöglichkeiten und Taxis. Falls man eine Rundtour per Taxi über die Insel plant, sollte man auf jeden Fall vorher den Preis vereinbaren.

250 m vom Fähranleger entfernt liegt die **Paradise Bay**. Wie auch die Golden Bay erhielt diese Bucht ihren romantischen Namen von den Briten. Vom Parkplatz führen Stufen hinab zu dem 100 m langen, geschützen Sandstrand unterhalb der Steilküste. Der Strand ist recht nett (wenn auch durch den Namen etwas überbewertet) und wird dementsprechend gerne aufgesucht. Direkt am Strand gibt es zwei kleine Strandrestaurants.

geschützter Sandstrand

An der Paradise Bay befindet sich auch das Paradise Bay Resort Hotel (ⓘ Regionale Reisetipps S. 137).

Die Anchor Bay und das Popeye Village

Von der Umgehungsstraße um Mellieha führt eine kleine Straße zur Anchor Bay ab (ca. 3 km von Mellieha entfernt). Zu Fuß läuft man etwa eine halbe Stunde. Der Weg führt zwischen Feldern hindurch, auf denen mit Windrädern Grundwasser nach oben gepumpt wird. Auf Grund der guten Bewässerung kann in dieser Gegend mehrmals im Jahr geerntet werden.

Wasser ist kostbar

In der kleinen felsigen Anchor Bay befindet sich eine Attraktion für kleine und große Kinder, das Sweethaven Village. Für die Dreharbeiten des Films „**Popeye**" wurde 1979 als Kulisse ein Dorf aus kleinen windschiefen Holzhäusern und Plattenwegen errichtet. Alle hölzernen Dachpfannen wurden aus Kanada importiert. Es dauerte sieben Monate, um das Dorf zu bauen, wobei acht Tonnen Nägel und 9.000 Liter Farbe verwendet wurden. Der Regisseur des Films war *Robert Altman*, bekannt durch seine Filme „Nashville" und „Macabe". Die Rolle des Popeye spielte *Robin William*, und *Shelly Duvall* stellte Olive Oyl dar. Die Dreharbeiten waren im Juni 1980 abgeschlossen, doch entschloss man sich, die Filmkulisse danach zur Besucherattraktion auszubauen. Man kann auf den Holzveranden und auf den Dächern herumklettern, allerdings nicht in die Häuser hineingehen. Zur Unterhaltung im Sweethaven Village gehört auch ein Funpark. Auch kann man sich einen Film über die Dreharbeiten anschauen oder eine 15min. Bootsfahrt machen. Wenn man nur ein Foto schießen möchte, lohnt sich der Eintritt kaum, denn die beste Sicht ergibt sich von oben, vom südlichen Ende der Anchor Bay. Links vom Popeye Village gibt es einen kleinen Steg für Angler, und für Schwimmer sind Treppen im Fels angebracht, um den Einstieg ins Wasser zu erleichtern.

Popeye und Olive

Tipp: Wandern

Von Valletta den Bus Nr. 43 oder 44 nach Mellieha nehmen. Zu Fuß zur Anchor Bay und von dort in südlicher Richtung über Manikata zur Golden Bay wandern. Der Weg ist nicht ausgeschildert, aber verirren kann man sich nicht, wenn man den mittleren der drei Wege wählt, die von der Anchor Bay Richtung Süden verlaufen. In Manikata hält man sich dann rechts. Von der Anchor Bay zur Golden Bay läuft man etwa 1 bis 1,5 Stunden. Nach einer Badepause an der Golden Bay geht es per Bus (Nr. 47 oder 52) wieder zurück nach Valletta.

Popeye Village

moderne Kirche mit Flachdach

Die moderne Kirche in **Manikata** ist dem hl. Joseph gewidmet und wurde von den Dorfbewohnern selbst finanziert. Der Architekt war *Richard England*, ein international anerkannter maltesischer Architekt. Harte Linien, ein Flachdach und buntes Glas zeichnen den Bau aus (siehe Abbildung S. 47).

Ghajn Tuffieha und die „Goldenen Strände"

Anfahrt

*Mit dem **Auto**: Von St. Paul's Bay geht es auf einer gut ausgebauten Straße 6 km lang durch das fruchtbare Pwalles Valley. Von Mosta fährt man über Zebbieh zu den Stränden im Westen. Mit dem **Bus**: Nach Ghajn Tuffieha von Valletta Bus Nr. 47 (über Mosta) und Nr. 52 (über St. Paul's). Zur Gnejna Bay fährt man mit dem Bus Nr. 46 nach Mgarr, von dort 2,5 km Fußweg.*

schöne Badestrände

Ghajn Tuffieha (sprich: ai:n tuffi:ha) bezieht sich auf eine aus einigen Gebäuden bestehende Häusergruppe. Westlich und südwestlich davon liegen zwischen felsigen Landzungen schöne Badestrände – die schönsten, die Malta zu bieten hat. In der Gegend ergeben sich zudem reizvolle Spazier- und Wandermöglichkeiten. Entlang der Küste geht es in südlicher Richtung, wobei sich wunderschöne Ausblicke eröffnen. Gen Norden kann man über Manikata zur Anchor Bay wandern (siehe oben). Auch besteht die Möglichkeit, Pferde auszuleihen. Bereits in der Bronzezeit gab es in dieser Gegend Siedlungen, wie Ausgrabungen auf der kleinen Halbinsel südlich der Ghajn Tuffieha Bay sowie ein paar Megalithblöcke auf der südlich liegenden Pellegrin-Halbinsel beweisen. 1 km südöstlich von Ghajn Tuffieha wurden die aus römischer Zeit stammenden spärlichen Überreste einer Badeanlage entdeckt (siehe S. 239 f.). Die **Golden Bay** ist einer der längsten und beliebtesten Sandstrände Maltas mit Sonnenschirm- und Liegestuhlverleih. Auch Tretboote und Surfbretter können ausgeliehen werden. Im Sommer wird es hier recht voll. Rechter Hand liegt ein großes Hotel. Am Parkplatz (hier halten auch die Linienbusse) gibt es ein paar Eisbuden, und am Strand zwei schlichte Restaurants.

Die Golden Bay ist auch als Military Bay bekannt, denn das nahegelegene Hal Ferth Tourist Village war früher ein Erholungsheim für Angehörige der britischen Armee.

An der Golden Bay ist es nur im Winter einsam.

Tipp: Ausreiten

Gegenüber der Einfahrt zum Feriendorf Hal Ferth (von der Zufahrtstraße rechts ab) kann man im Golden Bay Horse Riding Centre Pferde mieten und entlang der Landstraße über Manikata bis zur Anchor Bay traben. Eine solche Exkursion durch die Einsamkeit der dünnbesiedeten Landschaft ist ein schönes Erlebnis.

Etwas ruhiger als an der Golden Bay geht es an der **Ghajn Tuffieha Bay** (sprich: ain tufiä-ha) zu. Diese Bucht liegt einen Kilometer weiter südlich und ist problemlos von der Golden Bay aus zu Fuß zu erreichen. An der Spitze der Landzunge, die die beiden Buchten voneinander trennt, steht der **Lascaris Watchtower**. Wenn die rote Fahne weht, sollten Schwimmer nahe am Ufer bleiben. Gefährliche Unterwasserströmungen gibt es hier allerdings sehr selten. Die 150 m lange, wunderschöne Sandbucht ist über eine steile Treppe zu erreichen. Auch in der Ghajn Tuffieha Bay gibt es eine kleine Bar, in der man Erfrischungen kaufen kann sowie Sonnenschirmverleih

Sandbucht

Die **Gnejna Bay**, südlich der Ghajn Tuffieha Bay gelegen, ist eine kieselbedeckte Bucht mit einem 100 m langen, feinen Sandstreifen. Im Sommer öffnet ein einfacher Strandimbiss, und man kann Sonnenliegen und Sonnenschirme ausleihen. In der Bucht liegen viele Bootsschuppen. Sie gehören Gelegenheitsfischern aus der Umgebung. Von Mgarr fahren keine Busse hierher, denn die Senkung ins Gnejna Tal beträgt 21 Prozent. Entweder muss man also per Mietwagen anfahren oder von Mgarr oder von der Golden Bay aus laufen, was im Hochsommer leicht zur Tortur ausarten kann.

Von Mgarr führt eine beschilderte Asphaltstraße durch das von Terrassenfeldern überzogene **Gnejna Valley** nach dort. Die Bucht wird von dem 1637 errichteten **Lippia Tower** bewacht.

Strandfreuden an der Gnejna Bay

Mgarr, Zebbieh und die prähistorischen Tempel

An der Straße zwischen Mgarr und der Golden Bay macht ein Hinweisschild auf die **Römischen Thermen** (*Roman Bath*) aufmerksam. Von Zebbieh kommend, wählt man die rechter Hand abzweigende Straße zur Ghajn Tuffieha Bay.

Öffentliche Bäder spielten eine wichtige Rolle im Leben der Römer und waren stets sehr großzügig ausgestattet. Sie geben einen guten Einblick in die hochentwickelte Lebensweise der Römer. Auf Malta wurde bislang nur eine solche Anlage entdeckt. Zammit, der bedeutende maltesische Archäologe, hat die Bäder 1929 freigelegt. Mit Hilfe der UNESCO wurden sie 1961 weitgehend restauriert und zum Teil überdacht. Die Anlage ist zwar recht klein, weist aber alle typischen Einrichtungen solcher Thermen auf. Es gibt eine *Piscina* (Schwimmbad), ein *Tepidarium* (Lauwarmwasserbad)

wichtig bei den Römern

mit Federmosaik, ein *Caldarium* (Heißwasser- oder Schwitzbad) mit Hypokausten, ein *Frigidarium* (Kaltwasserbad) mit Rombenmosaik und eine Gemeindschaftslatrine. Leider ist die Anlage in den letzten Jahren vollkommen verwahrlost und mittlerweile von Unkraut überwuchert. Besichtigungen sind daher derzeit nicht möglich. Es bleibt zu hoffen, dass sich auch hierfür bald ein „Retter" findet.

schnelle Hilfe nötig

Zebbieh

Der kleine Ort Zebbieh liegt einige Kilometer nördlich von Mdina. Bekannt wurde der ansonsten unscheinbare Platz Anfang der 60er Jahre durch die Ausgrabungen der Tempel von Skorba.

Skorba-Tempel

Am nördlichen Rand des Dorfes, an der Straße von Mdina nach Ghajn Tuffieha (ausgeschildert), liegen die ältesten bisher gefundenen Tempelrudimente aus Maltas megalithischer Zeit. Sie sind eingezäunt, aber von allen Seiten gut sichtbar. Die Tempelanlage befindet sich in schlechtem Zustand, und vom Anblick der Ruinen sollte man nicht zu viel erwarten.

wichtige Einblicke

Zu sehen ist vom Eingang des Haupttempels lediglich ein Steinblock und eine Schwelle. Für den Laien sind dies ein paar Steine, den Wissenschaftlern gab die Ausgrabungsstätte jedoch wichtige Einblicke in die Herkunft und Entwicklung der Neolithkultur und der Tempelarchitektur. Von den Mauerresten und frühen Fundamenten, die als die ältesten Zeugnisse von Siedlungen auf Malta gelten, ist heute nichts mehr vorhanden. In der darüber liegenden Schicht wurden Fundamente zweier späterer Tempel sowie Reste von Hütten aus der Bronzezeit ausgegraben.

Von großer Bedeutung sind die hier freigelegten Keramikfunde. Sie werden im Archäologischen Nationalmuseum in Valletta aufbewahrt. Die älteren, grauen Scherben aus dem frühen Neolithikum schätzen manche Wissenschaftler auf 4500-4400 v. Chr und die roten Scherben auf 4400-4100 v. Chr. Damit wird Skorba in die Nähe von Ghar Dalam (siehe S. 279) gerückt.

Mgarr

Der kleine, ländliche Ort Mgarr (sprich: im:dscharr) hat rund 2.600 Einwohnern und ist von fruchtbarer Landwirtschaft umgeben.

Die Dorfkirche mit einer mächtigen Kuppel wurde in den vierziger Jahren des 20. Jh. fertig gestellt. Da die Kuppel

> ***Tipp: Einkehren***
> *Die beiden Dorfkneipen **Charles il-Barri** und **Sunny Bar** sind für ihre Fenek-Gerichte (Kaninchen) bekannt und am Wochenende platzen sie aus allen Nähten. Als Vorspeise gibt es Spagetti mit Kaninchensoße, danach Kaninchenstew oder gebratenes Kaninchen. Rotwein, der aber auch gerne mit Brause vermischt wird, fließt dabei reichlich.*

Je kleiner der Ort, desto größer die Kirche

im Vergleich zum übrigen Bau relativ klein ist, wird sie auch als Ei im Eierbecher bezeichnet. Die Kirche wurde aus Spendengeldern der Bewohner finanziert und ist der Mariä Himmelfahrt geweiht.

Die Festa am 15. August lockt zahlreiche Besucher aus den umliegenden Dörfern an. Rund um den Kirchplatz liegen einige kleine Geschäfte und einfache Restaurants. Besucher kommen allerdings nach Mgarr, um sich die Tempelanlage Ta' Hagrat anzuschauen.

Ta' Haghrat

Der Tempelkomplex Ta' Hagrat (sprich: ta hadschrat, malt.: *aus (großen) Steinen*) liegt von Zebbieh kommend am Ortseingang links hinter dem Schulgelände. Die meisten Besucher werfen nur einen kurzen Blick durch das Gittertor. Den Schlüssel verwahrt das Archäologische Museum in Valletta, und die hier freigelegten ausgegrabenen Funde können im Archäologischen Museum bewundert werden. Die Tempelanlagen gehören zu den ältesten des maltesischen Archipels, denn sie werden auf die Zeit um 3600 v.Chr. datiert. Die Ausgrabungsarbeiten fanden zwischen 1923 und 1925 statt. Dabei stieß man auf zwei nebeneinanderliegende Tempel. Die Form des größeren und jüngeren Tempels zeigt bereits die typische Grundstruktur des kleeblattförmig angeordneten Dreikammersystems. Stufen leiten von einem Vorhof zu dem Trilitheingang, durch den man in einen rechteckigen Raum gelangt. Von hier aus gehen unterschiedlich große Apsiden ab, wobei die Steinblöcke die Durchgänge markieren. Linker Hand vom Eingang befindet sich eine weitere Kammer, die allerdings erst später hinzugefügt wurde.

typische Kleeblattform

Von Mgarr nach Rabat

Eine kleine, gewundene Straße führt von Mgarr nach Rabat. In dieser Gegend bieten sich schöne Wandermöglichkeiten. Von dem kleinen Dorf Kuncizzjoni hat man einen guten Blick auf die einsame, aber schwer zugängliche Bucht **Fomm ir-Rih**. Der kleine Ort **Bahrija** ist für seine Fenek (Kaninchen)-Lokale bekannt.

einsame Bucht

8. DIE ZENTRALE MITTE (ⓘ S. 137)

Allgemeiner Überblick

Redaktions-Tipps

- **Mdina**, die „schweigende Stadt", besuchen. (S. 252 ff)
- Die **Pfarrkirche von Mosta** besichtigen. (S. 249 f)
- Die **Katakomben in Rabat** aufsuchen. (S. 266 ff)
- Die **rätselhaften Karrenspuren** in Clapham Junction aufstöbern. (S. 271 f)
- Im **Xara Palace Hotel** in Mdina übernachten. (S. 137)
- In der **Grotto Tavern** in Rabat oder im **Ciapetti** in Mdina zu Abend essen (S. 137)
- In der **North Country Bar** oder im **Bobbyland** Kaninchen essen. (S. 137)

Die in diesem Kapitel beschriebene Route führt von Valletta aus durch die Inselmitte (Mosta, Naxxar, Ghargur einerseits, Qormi und Zebbug andererseits), um bei Mdina/Rabat südlich zur Küste abzubiegen. Die ersten Stationen sind Santa Venera, Birkirkara und die „Three Villages" Balzan, Lija und Attard. Das lebhafte Mosta kann mit einer imposanten Kuppelkirche aufwarten, die als viertgrößte der Welt gilt. Höhepunkt der in diesem Kapitel beschriebenen Sehenswürdigkeiten ist Mdina. Wahrhaft fürstlich thront die alte Hauptstadt Maltas auf dem Hochplateau in der Inselmitte. In den engen Gassen dieser Stadt aus dem Mittelalter fühlt man sich in die Vergangenheit versetzt. Aber auch Rabat ist geschichtsträchtig. Hier können eindrucksvolle Katakomben besichtigt werden. Von Mdina/ Rabat sind schöne Spazierfahrten oder Wanderungen in den westlichen oder südlichen Teil der Insel möglich. Ein Besuch des Verdala Palace (nur von außen), der Buskett Gardens und der Dingli Cliffs können mit einer Besichtigung der rätselhaften Karrenspuren kombiniert werden.

Hinweis

Hamrum, Birkirkara und die „Three Villages" sind sehr dicht besiedelt, und der Autoverkehr ist enorm. Immer wieder kommt es hier zu Staus.

Von Valletta nach Mdina

Santa Venera

Hinter Hamrum (siehe S. 201) verläuft die Hauptstraße nach Rabat durch **Santa Venera**. Santa Venera hat rund 6.300 Einwohner und ist mit Hamrum zusammengewachsen. Zwei Sehenswürdigkeiten gibt es hier, die beide entlang der Hauptstraße liegen: Zum einen die interessanten Überreste eines Aquäduktes, das ausnahmsweise kein römisches ist, zum anderen die Villa eines Großmeisters.

barockes Baudenkmal

Die gut erhaltenen Überreste des **Wignacourt-Aquäduktes** stellen ein seltenes barockes Baudenkmal dar. Einen Abschnitt des Aquäduktes kann man direkt neben der Straße von Attard nach Santa Venera sehen. Um die Trinkwasserversorgung Vallettas garantieren zu können, waren schon früh verschiedene Überlegungen angestellt worden.

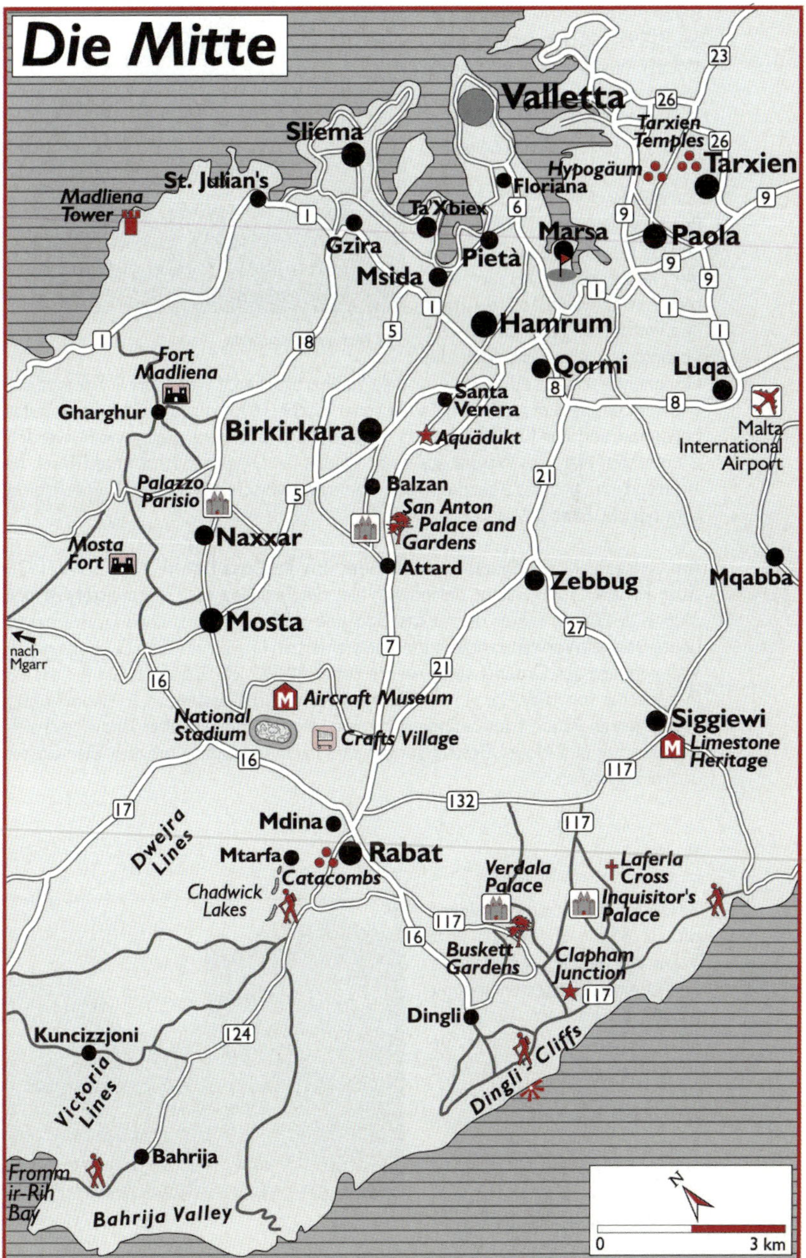
Die Mitte
Valletta
Sliema
St. Julian's
Madliena Tower
Tarxien Temples
Hypogäum
Tarxien
Floriana
Ta'Xbiex
Gzira
Pietà
Marsa
Paola
Msida
Hamrum
Qormi
Luqa
Fort Madliena
Gharghur
Santa Venera
Birkirkara
Aquädukt
Malta International Airport
Balzan
Palazzo Parisio
San Anton Palace and Gardens
Naxxar
Mosta Fort
Attard
Zebbug
Mqabba
Mosta
nach Mgarr
Aircraft Museum
National Stadium
Crafts Village
Siggiewi
Limestone Heritage
Dwejra Lines
Mdina
Mtarfa
Rabat
Catacombs
Chadwick Lakes
Verdala Palace
Laferla Cross
Inquisitor's Palace
Buskett Gardens
Clapham Junction
Dingli
Kuncizzjoni
Victoria Lines
Dingli - Cliffs
Bahrija
Fromm ir-Rih Bay
Bahrija Valley
N
0
3 km
23
26
9
6
1
8
18
5
21
7
27
16
17
117
132
124

Das Wignacourt Aquädukt

Bereits Großmeister *Martino Garzes* (1595-1601) hatte die Idee, Wasser über unterirdische Leitungen in die Hauptstadt zu transportieren. Das Projekt scheiterte jedoch an technischen Problemen.

Garzes' Nachfolger war der äußerst wohlhabende Großmeister *Alof de Wignacourt* (1601-1622), der einen neuen Versuch unternahm. Giovanni Attard – nach ihm wurde der gleichnamige Ort benannt – kam auf die Idee, die Höhenunterschiede durch ein Aquädukt zu überbrücken. Wignacourt finanzierte den Bau der Leitung zum größten Teil aus eigener Tasche. 1610 wurde mit den Bauarbeiten begonnen, und nur fünf Jahre später konnte die Wasserleitung eingeweiht werden. Zum ersten Mal floss Wasser aus einer Quelle bei Dingli zunächst unterirdisch bis Attard, dann über das Aquädukt nach Hamrum und schließlich wieder unterirdisch zum Fort St. Elmo in Valletta.

Residenz des Groß-meisters

Am Ortsausgang von Santa Venera befindet sich die **Casa Leone**, ein Bau von 1730. Auch *Palazzo Leoni* genannt, befand sich hier die Residenz des Großmeisters *Antonio Manoel de Vilhena*. Später diente das Gebäude als Sitz der britischen Gouverneure, heute ist es ein Verwaltungsgebäude. Die steinernen Löwen vor dem Eingang sind die Wappentiere des Großmeisters. An die Villa schließt sich rückwärts ein für das 18. Jh. typischer formaler Garten, der **Romeo Romano Garden**, an. In einem hübsch restaurierten Bauernhaus befindet sich eine kleine Sammlung alter landwirtschaftlicher Geräte und Möbel. Besichtigungen sind nach Anmeldung möglich. Der Garten ist frei zugänglich.

Birkirkara

Typische Wohnhäuser

Birkirkara (auf Straßenschildern oft als *B'Kara* abgekürzt) liegt 5 km südwestlich von Valletta und ist eine der ältesten und mit 23.000 Einwohnern auch eine der größten Städte Maltas. Sie bildet den südwestlichen Rand der um Valletta und Sliema entstandenen städtischen Besiedlung. Ununterbrochen schiebt sich eine Autoschlange durch die engen Straßen. Ruhiger ist es im alten Ortszentrum rechts neben der Hauptstraße, wo man viele Häuser mit den für Malta charakteristischen Erkern und Balkonen sehen kann. Obwohl die meisten Urlauber versuchen, möglichst schnell aus Birkirkara wieder hinauszukommen, gibt es aber auch einige Sehenswürdigkeiten.

Erker und Balkone

Sehenswert ist die dreischiffige Barockkirche **St. Helena**. Der Bau wurde um 1727 begonnen (der Baumeister war *Domenico Cachia*) und war 1745 abgeschlossen. Die Kirche gilt mit ihrer klaren Fassade und ebenso klarer Innenarchitektur als der schönste Sakralbau Maltas dieser Epoche. Da die Auftraggeber so zufrieden mit dem Kirchenbau waren, wurde *Cachia* danach mit der Ausführung der *Auberge de Castille* in Valletta beauftragt (1744). Der Stil der Kirche ist den zeitgleich in Italien oder Sizilien entstandenen Gotteshäusern sehr ähnlich und hat sich über den ganzen maltesischen Archipel verbreitet.

Auf einem breitem Treppensockel erhebt sich eine sowohl horizontal als auch vertikal und diagonal gegliederte Fassade. Der Mittelteil springt risalitartig vor, wobei verschiedene Giebelformen für eine besondere Betonung sorgen. Auch das Innere der Kirche ist mit den paarweise angeordneten Pilastern und den doppelten Gurtbögen im Gewölbe interessant. Beidseitig des Langhauses gibt es je drei Kapellen. Die wunderschönen Fresken stammen von *Francesco Zahra*. Beeindruckend ist die fast fünf Tonnen schwere Hauptglocke des Turmgeläuts, die, wie fast alle Glockenspiele Maltas, mit dem Hammer geschlagen wird. Wie viele andere maltesische Kirchen besitzt auch St. Helena zwei Uhren – während die eine die Zeit anzeigt, können auf der anderen der Wochentag und das Datum abgelesen werden.

wunderschöne Fresken

Unweit liegt die **Church of Assumption**. Sie wurde von Vittorio Cassar, dem Sohn Gerolamos, um 1600 erbaut. Die feingegliederte Fassade (um 1617) stammt jedoch von Tommaso Dingli. Während des Zweiten Weltkrieges stark zerstört, wurde sie von einem Steinmetz aus Gozo in jahrelanger Arbeit sorgfältig wiederhergestellt.

In dem kleinen **Old Railway Station Garden** sind – wie der Name andeutet – die Blumenrabatten, Teiche, ein kleiner Steingarten sowie ein Kriegerdenkmal rund um das ehemalige Bahnhofsgebäude angeordnet. Es gibt auch Vogelhäuser und einen Kinderspielplatz. Eine besondere Attraktion ist ein alter, sorgfältig restaurierter Eisenbahnwaggon dritter Klasse, ein Relikt der lange verschwundenen Eisenbahnlinie Mdina/Rabat. Die Eisenbahnlinie wurde 1883 mit Dampflocks und Waggons aus England eingerichtet und erfreute sich großer Beliebtheit. In den 1920er Jahren wurden 150.000 Personen pro Jahr befördert. Finanziell jedoch nicht lohnend, wurde die Strecke 1931 geschlossen, und mit dem Verschwinden der Gleise verschwanden auch die Bahnhöfe. Nur der Bahnhof in B'Kara und die Station in Mdina an der Mtarfa Road sind von insgesamt fünf Bahnhöfen erhalten.

ehemalige Eisenbahnlinie

The Three Villages

Analog zu den „Three Cities" Bormla, Senglea und Birgu sind mit den „Three Villages" **Balzan, Attard** und **Lija** gemeint. Sie liegen nur wenige Kilometer von Birkirkara entfernt und gehen mittlerweile nahezu ineinander über. Attard, Lija und Balzan, deren

bevorzugtes Wohngebiet

Namen sich auf Familiennamen beziehen, gehören zu den ältesten Siedlungen auf Malta und gelten als bevorzugtes Wohngebiet des gehobenen Mittelstandes. Es gibt nur wenige Geschäfte hier, keine Restaurants und nur ein Hotel, und das auch gleich mit 5 Sternen. Die großen, alten Wohnhäuser – teilweise richtige Paläste – sind von prächtigen Gärten umgeben.

Hinweis

Als Nicht-Ortskundiger ist es leicht, sich in den Three Villages zu verfahren, denn um Staus zu vermeiden, wurde ein kompliziertes Einbahnstraßensystem geschaffen. Es lädt geradezu dazu ein, im Kreis zu fahren.

Balzan hat rund 3.400 Einwohner und ist das ruhigste der drei Dörfer. Östlich liegt Birkirkara, im Westen Lija und im Süden Attard. Alle Straßen führen auf die Verkündigungskirche zu. Anlässlich der Festa am 2. Sonntag im Juli wird das gesamte Kirchensilber zur Schau gestellt und alte Kirchengewänder ausgehängt. Bis 1655 gehörte Balzan zu Birkirkara, wurde dann aber zu einer eigenständigen Ortschaft erklärt. Im Ortszentrum bestimmen enge, kurvenreiche Straßen das Bild. In den Außenbezirken sieht man hingegen viele neuere Wohnhäuser und Villen.

zahlreiche Kirchen

In der Nähe der großen Pfarrkirche **St. Annunziata** im Ortszentrum (erbaut zwischen 1669 bis 1696) befinden sich in der Three Churches Street noch drei weitere Gotteshäuser: **St. Marija Assunta**, **St. Leonhard** sowie die kleine schlichte Kapelle des Pestheiligen **St. Rochus**. Sie wurde 1593 von den Bewohnern von Balzan errichtet, da sie ein Jahr zuvor von der Pest verschont worden waren.

Attard liegt auf halber Strecke zwischen Valletta und Mdina/Rabat und hat 8.300 Einwohner. 1575 gegründet, ließ sich hier im 17. Jh. der Großmeister einen Landsitz errichten. Danach entstanden noch weitere große Landhäuser und von großzügigen Gärten umgebene Villen. Attard gilt als ein bevorzugtes Wohngebiet der Besserverdienenden.

St. Marija: eine der schönsten Renaissancekirchen des Landes

Renaissancekirche

Die Pfarrkirche **St. Marija** (*St. Mary*) gilt als die schönste der wenigen Renaissancekirchen der Insel. Sie ist auch die letzte in diesem Stil erbaute Kirche, denn bei Baubeginn war der Barockstil bereits in Mode gekommen. Der Architekt *Tommaso Dingli* (1591-1661) schuf sie als sein erstes Werk um 1613 im Alter von 22 Jahren. Die elegante Fassade besteht, nach dem Vorbild römisch-antiker Tempel, aus einer Rechteckfläche mit Eckpilastern und sechs eingestellten Figurennischen. Die Fassade wird von einem dreieckigen Giebelfeld überhöht. Im Innenraum betont ein kassettiertes Tonnengewölbe das Langhaus und den Chor, die Querschiffe werden durch Teilerkuppeln, die Vierung durch eine Flachkuppel auf hohem Tambour gekrönt.

Bekannt ist Attard wegen **San Anton Gardens**, einer wunderschönen Gartenanlage, die 1882 von Sir Arthur Borton eröffnet und der Allgemeinheit zugänglich gemacht wurde.

schöne Gartenanlage

Inmitten des Gartens liegt der **San Anton Palace**, ein efeuumrankter prunkvoller Barockpalast, den sich der Großmeister Antoine de Paule (1623-1636) zwischen 1623 und 1626 als Landsitz erbauen ließ. Seit 1802 war der San Anton Palace die Residenz der britischen Gouverneure und seit 1974 der offizielle Wohnsitz des maltesischen Staatspräsidenten. Besichtigungen sind dementsprechend nicht möglich. Für die maltesische Bevölkerung ist diese Gartenanlage wichtig, und am Sonntag machen maltesische Familien Ausflüge hierher. Auch Urlauber kommen gerne in die San Anton Gardens, denn immergrüne Parks sind eine Seltenheit auf den Inseln, und nach anstrengenden Besichtigungstagen ist die Ruhe hier sehr wohltuend. Den Besucher erwartet französische Gartenbaukunst, denn die Pläne zur Errichtung der San Anton Gardens waren ein Geschenk *Ludwig XIV.* an den Großmeister *Antoine de Paule.* Terrassenförmig angelegt, gibt es exotische und tropische Bäume und Blumen, künstlichen Seen und kleine Springbrunnen. In einer Ecke des Gartens befindet sich ein Tiergehege, in dem Schafe, Affen und sogar ein Dromedar gehalten werden.

An der Vjal de Paule liegt das 5-Sterne-Hotel Corinthia Palace Hotel, eines der ersten modernen Hotels auf Malta, ⓘ Regionale Reisetipps S. 137.

elegantes Hotel

> ***Tipp***
> *Großer Beliebtheit erfreuen sich die **Theaterstücke**, die im Sommer im Rahmen des Malta-Festes auf einer Freilichtbühne aufgeführt werden. In englischer Sprache werden Stücke von Shakespeare dargeboten, daneben gibt es aber auch Vorführungen in maltesischer Sprache.*

Lija ist das dritte Dorf im Bunde der „Three Villages". Es hat 2.600 Einwohner und bietet wenig Aufregendes, abgesehen von einem netten, lebhaften Gesamteindruck und einigen schönen Villen aus dem 18. Jh. Lija gilt als das eleganteste der drei Dörfer. Die St. Saviour Kirche (1694) in der Ortsmitte ist ein Barockbau von Giovanni Barbara. Sie steht etwas isoliert am Ende der Transfiguration Avenue. Zwei Obelisken flankieren die Kirchenstufen. Am 6. August findet hier die Festa „*Transfiguration of Our Lord*" statt, zu der auch viele Urlauber kommen.

Im Ortsteil Tal-Mirakli befindet sich die geographische Mitte der Insel. In der Annibale Preca Street sieht man die Kirche **Our Lady of Miracles**, ein Bau von 1664. Die Kirche ist sehr beliebt, und viele Malteser unternehmen Wallfahrten hierher. Im Inneren der Kirche befindet sich nämlich an einer Wand ein Triptychon aus dem 16. Jahrhundet, dem wundersame Kräfte nachgesagt werden. Aus den Augen der Madonna flossen angeblich während des großen Erdbebens im Jahre 1743 Tränen.

wundersame Kräfte

Weiterhin gibt es ein Altarbild der „*Madonna mit dem Kinde*" von *Mattia Preti* zu bestaunen, ein Auftragswerk von Großmeister *Nicolas Cotoner*. Die beiden Heiligen auf dem Gemälde stellen den hl. Peter und den hl. Nikolaus, die persönlichen Schutzpatrone Cotoners, dar.

Ta' Qali: Kunsthandwerkszentrum und National Park

Handwerksbetriebe

Zwischen Attard und Rabat befindet sich das Kunsthandwerkerdorf **Ta' Qali Crafts Village** (ⓘ Allgemeine Reisetipps S. 121, Stichwort „Souvenirs"). Auf Wunsch hält der Linienbus hier. In den Hangars und Kasernen des ehemaligen Flugplatzes hat die maltesische Regierung zahlreiche einheimische Handwerksbetriebe angesiedelt, die Keramik, Töpfer- und Korbwaren, Filigranarbeiten, Strickartikel und Souvenirs aller Art (selbst Ritterrüstungen) verkaufen. Beliebt ist die Glasbläserei Mdina Glass. Man kann den Glasbläsern bei ihrer Arbeit zuschauen, und auf Wunsch werden auch Führungen veranstaltet.

Die Glaswaren von Mdina Glas sind für ihre ungewöhnlichen Formen und interessante Farben bekannt. Die jahrelang auf Manoel Island residierenden Phoenizian Glassblowers haben ebenfalls in Ta' Qali eine neue Heimat gefunden.

maltesische Luftfahrt

Nördlich davon, beim **Nationalstadium**, kann man dem **Luftfahrtmuseum** (ⓘ S. 137) einen Besuch abstatten. Zu sehen sind Erinnerungsstücke an berühmte Piloten oder Flugzeuge, Maschinenteile sowie einige Flugzeuge: eine Spitfire, eine Hurricane, eine DC-3 Dakota und ein Vampire. Noch im Aufbau begriffen, soll hier später die gesamte Geschichte der maltesichen Luftfahrt dokumentiert werden, die bereits im Jahre 1915 mit dem kurzen Flug einer *Short Admiralty 135* begann. In den 1920er und 1930er Jahren spielte Malta eine Rolle als Zwischenlandungsort für Luftfahrtpioniere nach Afrika, Australien oder in den Fernen Osten. Im Zweiten Weltkrieg wurde Malta in den Luftkrieg verwickelt.

Qormi und Zebbug

Qormi (sprich: ormi) ist mit knapp 18.000 Einwohnern eine der größten Städte Maltas. 1493 gegründet, zählte die Stadt bereits im ausgehenden 16. Jh. über 5.000 Einwohner. Da der Grand Harbour bzw. ein Nebenarm zu jener Zeit noch bis hierher reichte, war Qormi damals eine Hafenstadt. Später versumpfte der Hafenausläufer. Zur Zeit der Ritter trug die Stadt den Beinamen „*Casa Fornaro*", denn hier lebten fast alle Bäcker der Insel. Auch heute noch befinden sich in Qormi zahlreiche Backstuben, die die Insel mit Brot versorgen. Daneben gibt es einige Leichtindustrien.

Die stattliche, über kreuzförmigem Grundriss errichtete Kirche **St. George** wurde 1584 fertig gestellt. Die hohe Fassade wird von Türmen flankiert, die Kuppel kam erst später hinzu. Im Inneren sind die dorischen Wandpfeiler und die Kassettendecke beachtenswert. Im Ortszentrum lohnen weiterhin die reizvollen, mit Steinbalkonen und Erkern versehenen Häuser einen Blick. Sie stammen zum größten Teil aus dem 19. Jh. In dem schlichten Palazzo Stagno von 1589 ist heute die Polizeistation untergebracht. In der höher gelegenen Neustadt erhebt sich eine riesige, erst 1982 erbaute Kuppelkirche.

Ein Denkmal ehrt den Dichter **Guzè Muscat Azzopardi** (1853-1927), der die maltesische Sprache zur Dichtersprache erhob (siehe Abbildung S. 51).

Zebbug (sprich: se:budsch) ist eine der zehn Gemeinden, die 1436 gegründet wurden. Auch auf Gozo gibt es ein Zebbug, das aber jünger und kleiner ist. Die Stadt ist ein wichtiger Umschlagplatz für landwirtschaftliche Produkte. Vormittags findet im Ortszentrum ein bunter Wochenmarkt statt. In römischen Zeiten wurden hier Oliven angebaut. Der Name Zebbug bedeutet „*Der Ort, wo Oliven wachsen*". Jahrhunderte später versuchten es die Briten mit dem Anbau von Baumwolle, was aber aufgrund mangelnder Qualität niemals erfolgreich wurde. In Zebbug gab es eine Baumwollfabrik. Hier wurde Segeltuch hergestellt, das dann auf Pferdewagen zum Marsa Creek gebracht wurde. Heute werden weder Oliven noch Baumwolle angebaut.

„Der Ort, wo Oliven wachsen"

Zebbug macht einen wohlsituierten Eindruck. Auch hier sieht man 300 Jahre alte Häuser, wie in den „Three Villages". Den Ortseingang ziert, ähnlich wie in Zabbar, ein mächtiger Triumphbogen. Der vorletzte Großmeister des Ordens, Emanuel de Rohan-Polduc (1775-1797), ließ ihn, nachdem er Zebbug Stadtrechte verliehen hatte, zu seinen eigenen Ehren errichten. Durch das Tor verläuft die Hauptstraße zum Marktplatz. Beiderseits der Hauptstraße sind viele gut erhaltene Erker und Holzbalkone an den Häuser zu bewundern. Die schönste Kirche der Stadt ist die barocke **St. Philip Church**, die ab 1599 über dem Grundriss eines lateinischen Kreuzes errichtet wurde. Die Fassade wurde 1635 gestaltet. Die Mittelachse wird von zwei Glockentürmen flankiert. Auch die anderen Gotteshäuser des Ortes, St. Roque und Our Lady of the Angels, verdienen Beachtung.

Zebbug ist der Geburtsort einer Reihe von maltesischen Berühmtheiten: *Dun Mikiel Xerri* und Bischof *Francis Xavier Caruana*, die Helden des Aufstandes gegen die Franzosen (1799) sowie der Nationaldichter *Dun Karn* wurden hier geboren. Auch *Mikiel Anton Vasalli*, der die erste Grammatik der maltesischen Sprache schrieb, stammt aus Zebbug. Er wird mit einem Denkmal am Kreisverkehr beim *de Rohan Arch* (1777) gewürdigt. Berühmtester Sohn ist der 1883 geborene Bildhauer *Antonio Sciortino* (siehe Info-Kasten S. 172). Außerhalb von Zebbug (am Kreisverkehr in Richtung Siggiewi) steht die kleine Kirche *Tal Hlas* in einem Feld. Sie geht auf einen Bau von 1500 zurück, der aber bei einem Erdbeben 1693 zerstört wurde. Die Kapelle wurde von *Lorenzo Gafà* erneuert.

maltesische Berühmtheiten

Mosta

Mosta hat rund 16.200 Einwohner und ist damit eine der größeren Inselstädte. Der Name Mosta bedeutet „*zentral*", und ganz folgerichtig treffen hier einige Verbindungsstraßen der Insel zusammen. Dementsprechend ist es recht lebhaft. Die Stadt Mosta wurde bereits früh besiedelt, was zwei bronzezeitliche Dolmen belegen, die im Norden der Stadt gefunden wurden. Bis 1610 gehörte Mosta zur Muttergemeinde Naxxar. Rund um den Kirchplatz gibt es zahlreiche Läden und Cafés.

lebhafte Stadt

Die Pfarrkirche **St. Marija Assunta** ist eine der bemerkenswertesten Kirchen des Landes. Sie ist über die gesamte Ebene von Mdina bis Valletta zu sehen. Die der Mariä Himmelfahrt geweihte Kirche entstand ab 1833 und wurde nach Plänen des französischen Architekten *George Grognet de Vasse* (1774-1862) um die alte, erst später abgerissene Pfarrkirche herum gebaut. Die Bauzeit betrug 28 Jahre. Finanziert wurde

St. Marija Assunta gilt als viertgrößte Kuppelkirche der Welt.

sie allein durch Spenden und Eigenarbeit der Einwohner. Bei der Einweihung der Kirche gab es Streitigkeiten, denn der Erzbischof weigerte sich, einen Zentralbau, der aussähe wie eine Moschee, zu segnen. Unversöhnlich sandte er einen Stellvertreter, um den Segen zu erteilen. In Anlehnung an das römische Pantheon wurde einer Rotunda ein neoklassizistisches Eingangsportal vorgelegt. Die Vorhalle hat sechs ionische Säulenpaare und beidseitig zwei hohe Glockentürme. Die gewaltige Kuppel, die den kreisrunden Innenraum überspannt, hat einen Durchmesser von außen 54 m und innen 39 m, ihre Höhe beträgt außen über 60 m und innen über 56 m. Die Kuppel ist aus maltesischem Kalkstein nahezu ohne Zement erbaut und trägt sich selbst ohne weitere Stützgerüste. Sie gilt als viertgrößte Kuppel der Welt, nach denen des Petersdoms in Rom, der St. Paul's Kathedrale in London und der Pfarrkirche von Xewkija auf Gozo. Der 12.000 Menschen fassende Innenraum ist sehr hell und in den Farben Blau, Weiß und Gold gehalten. Der Fußboden besteht aus verschiedenfarbigem Marmor in geometrischen Formen. Die Malereien wurden zu Beginn des 20. Jh. von *Giuseppe Cali* gefertigt. Sie stellen das Leben Jesu von der Geburt bis zur Himmelfahrt dar. Mosta wurde im Zweiten Weltkrieg heftig bombardiert. Am 9. April 1942 durchschlug eine deutsche Fliegerbombe das Gewölbe. Dass sie nicht explodierte und niemand der 300 Gläubigen, die sich zum Gottesdienst versammelt hatten, verletzt wurde, galt damals als Wunder. Die (entschärfte) Bombe wird in der Sakristei aufbewahrt.

viertgrößte Kuppel der Welt

2,5 km nördlich der Stadt liegt das **Fort Mosta**. Es wurde 1878 errichtet und ist Teil der Victoria Lines (siehe Info-Kasten S. 227). Zwar niemals zur Verteidigung der Insel benötigt, stellt es dennoch ein interessantes Beispiel viktorianischer Militärarchitektur dar. Das Fort, ebenso wie die frühchristlichen Gräber und Spuren aus der Bronzezeit in der Umgebung, können besichtigt werden. Etwas weiter westlich liegt die **Targa Battery**, die, wie die Dwejra Lines (1881), zusätzlichen Schutz zu den Victoria Lines boten. Die Targa Battery wurde 1887 erbaut.

viktorianische Militärarchitektur

Naxxar

Der Name Naxxar (sprich: nascha:r) leitet sich vom arabischen Wort „*nsara*" ab, was „*Christen*" bedeutet. Naxxar hat 9.100 Einwohner und ist eines der ältesten Dörfer der Insel und ein Zentrum der Landwirtschaft. Alljährlich findet hier eine internationale Wirtschaftsmesse statt, die **Malta International Trade Fair** (ⓘ S. 61). Daneben werden aber auch kleinere Messen abgehalten. Rund um Naxxar gibt es rege Bautätigkeit, denn der Ort hat sich zu einem begehrten Wohnort der Frischvermählten entwickelt.

Wirtschaftsmesse

Die Ortschaft wird von der monumentalen Pfarrkirche **Our Lady of Victory** beherrscht. Die Bauzeit dauerte von 1616 bis 1630. Die beiden Seitenschiffe und die riesige Fassade kamen erst zu Beginn des 20. Jh. hinzu. Berühmt ist die Karfreitagsprozession, deren Ursprünge bis in die Mitte des 18. Jh. zurückreichen. Die Statuen, die bei den Prozessionen als unverzichtbarer Bestandteil durch die Straßen getragen werden, stammen aus dem frühen 17. Jh. und können außerhalb der Karwoche in einem kleinen Museum neben der Kirche besichtigt werden.

Nur wenige Schritte von der Kirche entfernt liegt der auffällige **Palazzo Parisio**, ein Gebäude aus der ersten Hälfte des 18. Jahrhunderts. Die Pracht des Hauses geht auf den Marquis Giuseppe Scicluna zurück, dessen Leidenschaft für Architektur die hochherrschaftliche Inneneinrichtung inspiriert hat. Das Anwesen wird auch als Mini-Versailles bezeichnet. Der Palast befindet sich immer noch im Familienbesitz, kann aber besichtigt werden. Hinter dem Haus erstreckt sich eine wunderbare klassisch formale Gartenanlage mit Statuen, Fontänen, einem Orangenhain und einer Grotte. Vom Belvedere kann man einen herrlichen Blick über die Insel genießen.

hochherrschaftlich

Nördlich des Ortszentrums befindet sich in dem gleichnamigen Ortsteil die kleine Kapelle **San Pawl Tat Targa** (*St. Paul auf der Stufe*). Sie wurde im 17. Jahrhundert erbaut und erinnert an den angeblichen Aufenthalt des Apostels *Paulus* auf der Insel. Desweiteren lohnt ein Blick auf die beiden wuchtigen Aussichts- und Abwehrtürme: **Gauci's Tower** und **Captain's Tower**, die nahe der Kirche liegen. Sie wurden 1548 bzw. 1558 errichtet. Oben an den Türmen kann man Balkone mit offenem Boden sehen. Von hier aus konnten Angreifer abgewehrt werden, entweder durch das Herunterwerfen von Gegenständen oder von heißem Öl oder Pech. Beide Türme befinden sich in Privatbesitz.

Rund um Naxxar wurden etliche prähistorische Funde gemacht. Besonders erwähnenswert sind die gut erhaltenen Schleifspuren (siehe Info-Kasten S. 271), die sich linker Hand der St. Paul Street, der nach St. Paul's Bay führenden Straße, befinden.

Schleifspuren

Das 2 km nordöstlich gelegenen Dorf **Gharghur** (sprich: a:ru:r, 1.900 Einwohner) gehörte wie Mosta einst zur Gemeinde von Naxxar und wurde 1610 eigenständig. Wie Naxxar hat sich auch Gharghur zu einem begehrten Wohnort entwickelt. Die Pfarrkirche, 1638 nach Plänen Tommaso Dinglis errichtet, ist dem hl. Bartholomäus geweiht. Die Bauzeit betrug mehr als 30 Jahre. Das Innere der Kirche ist barock gestaltet. Die Statue ist ein Werk von Melchiore Gafà.

Ghargur bildet den nordöstlichsten Punkt der **Victoria Lines**, der im letzten Drittel des vorigen Jahrhunderts erbauten Befestigungswälle (siehe Info-Kasten S. 227). Von hier aus sind sie besonders gut zu überblicken.

Mdina und Rabat

Parken
Rechts vor dem Stadttor Mdinas befindet sich ein großer gebührenfreier Parkplatz, links öffentliche WCs.

Mdina

die „schweigende Stadt"

Der Blick, den man auf das hochgelegene Mdina (sprich: im-di:na) mit seinen imposanten Stadtmauern hat, ist großartig und ein Bummel durch die stillen Gassen mit ihren würdevollen Palazzi und Kirchen ein „Muss" für jeden Besucher Maltas. Der Beiname der „schweigenden Stadt" ist in Anbetracht des regen Touristenaufkommens und der dementsprechenden Kommerzialisierung zwar nicht unbedingt zutreffend, doch bietet die ehemalige Hauptstadt der Insel ein vollständig erhaltenes Bild und die einzigartige Atmosphäre einer mittelalterlichen, noch bewohnten Stadt.

Sitz des Adels

Mdina liegt auf einem 185 m hohen Ausläufer des Dingli-Plateaus in der Mitte der Insel. Von der Festungsmauer hat man einen herrlichen Ausblick auf die gesamte Insel. Nach Osten, Norden und Nordwesten hin boten in der Vergangenheit steil abfallende Felsen Schutz vor unliebsamen Besuchern. Ein Grünstreifen mit Blumenbeeten trennt Mdina nach Süden und Südwesten hin von der Nachbarstadt Rabat. Mdina ist das Gegenstück zu Valletta. Während sich die neue Hauptstadt als das lebendige Herz und Einkaufszentrum der Insel darstellt, geht es in Mdina still zu, insbesondere da es in der Innenstadt fast keinen Autoverkehr gibt. Es gibt keine Büros, nur wenige Geschäfte, keinen Markt, dafür aber zahlreiche Kirchen, Klöster und Paläste. Mdina war und ist der Sitz des maltesischen Adels. Die meisten Paläste sind noch im Besitz der alten Familien, die ungerührt vom Touristentrubel an ihren Traditionen und Privilegien festhalten. Abgesehen von der Kathedrale beeindruckt Mdina weniger durch Einzelbauten als vielmehr durch das Gesamtensemble. Mauern, Gassen, Winkel, Plätze und Innenhöfe oder liebevolle Details, wie schmuckvolle Türklopfer, stilvolle Laternen, verspielte Portale an strengen Fassaden sowie die typischen hölzernen Erker, machen den Reiz der Stadt aus.

Geschichtlicher Überblick

Blütezeit unter den Römern

In den Jahrhunderten vor der Ankunft der Ordensritter befand sich das Zentrum an dieser strategischen Stelle in der Mitte der Insel. Bereits in der Bronzezeit gab es eine Siedlung hier. Dic Phönizier legten einen Wall an und gaben der Siedlung den Namen „*Malet*", was soviel wie „*Ankerplatz*" oder „*Zufluchtsort*" bedeutet. Es war der gleiche Name, den sie auch der Insel und dem Hafen gaben. Auch die Römer bezeichneten Stadt und die gesamte Insel mit dem gleichen Namen: *Melite*, als Abwandlung des phönizischen *Malet*. Das heutige Mdina ist nur etwa ein Drittel so groß wie die römische Inselhauptstadt Melite, deren Stadtmauern auch etwa die Hälfte des heutigen Rabat umschlossen. Unter den Römern erlebte Mdina eine Blütezeit. Berühmte Schriftsteller, Dichter und Politiker, z.B. *Cicero*, *Livy* und *Diodorus*, schildern Melite als eine Stadt mit stattlichen und schönen Gebäuden und einem großzügigen Lebenstil.

Viele Funde belegen den Wohlstand jener Zeit. Als die Araber Malta im Jahre 870 eroberten, trennten sie aus strategischen Gründen das Gebiet des heutigen Mdina vom Rest der Stadt durch einen tiefen Graben ab, umgaben es mit neuen kräftigeren Mauern und nannten es Mdina, *„die von Mauern umgebene Stadt"*. Der weiterhin bestehende Rest der Siedlung wurde **Rabat** genannt, was soviel heißt wie „wo angepflockt wurde".Mdina, also der kleinere Teil der nun zweigeteilten Stadt, wurde zur Festung ausgebaut. Seit dieser Zeit hat Mdina seine Form kaum verändert, der Grundriss sowie das Gewirr von Gassen sind noch genauso wie vor über 1.000 Jahren.

von Mauern umgeben

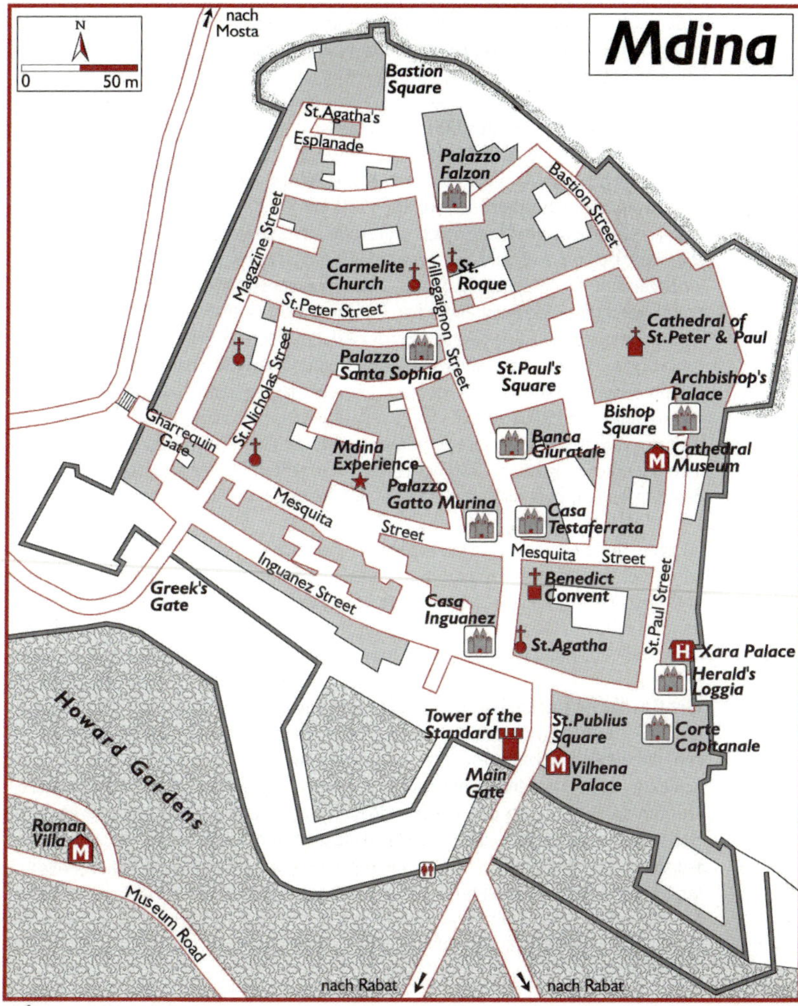

Im Jahre 1090 übernahm der Normannenfürst Graf *Roger* die Stadt, und während der normannischen Herrschaftsperiode (1090-1194) wurden die Umfassungsmauern um- bzw. neu aufgebaut. Nach den Normannen erlebte Mdina ein wechselvolles Schicksal. Bedingt durch Erbfolge und Heirat fiel Malta verschiedenen Herrscherhäusern zu, von denen sich jedoch keiner als Schutzherr verantwortlich fühlte. Der einheimische maltesische Adel füllte dieses (Macht-)Vakuum aus, und Mdina gewann zunehmend an Bedeutung. Zum einen konzentrierte sich aufgrund der guten Verteidigungsmöglichkeiten der Adel auf Mdina, zum anderen wurde die Stadt zum Sitz der sogenannten **Università**, einer vom König eingesetzten Selbstverwaltung der Insel (siehe Info-Kasten S. 255). In dieser Zeit, zwischen der Ankunft der Normannen um 1100 n. Chr. und dem Beginn der Ritterzeit um 1530 entstanden in Mdina einige der schönsten Gebäude im sogenannten sizilo-normannischen Stil, von denen einige noch heute zu sehen sind.

Selbstverwaltung

Im Jahre 1422, noch vor Ankunft der Ordensritter, suchten die Türken Malta heim und verwüsteten mit 18.000 Soldaten die Insel. Mdina einzunehmen, gelang ihnen allerdings nicht, woraufhin die Stadt von König Alfons von Aragon mit dem Ehrentitel „*Città Notabile*" ausgezeichnet wurde. 1530 kamen die Johanniter nach Malta. Von Mdina, der „*alten, verlassenen Stadt*" waren sie nicht übermäßig begeistert, ließen sich aber dennoch für zwei Jahre in deren Mauern nieder, bis sie nach Birgu (Vittoriosa) umzogen. Die Ordensritter ließen die Mauern ausbessern und durch zwei neue Bastionen verstärken. Den einheimischen Adligen waren sie unerwünschte Eindringlinge. Politisch einigte man sich darauf, dass der Adel mit der Università sein Selbstverwaltungsorgan behielt. Die Malteser erkannten die Oberherrschaft der Ritter an. Der Großmeister musste der Università schwören, dass er die Privilegien und autonomen Rechte von Mdina auf die innere Verwaltung der Insel anerkannte. Erst dann erhielt der jeweils neu gewählte Großmeister den Schlüssel zur Hauptstadt als symbolische Anerkennung seiner Oberhoheit. Zu einer echten Gemeinschaftsarbeit zwischen dem Orden und dem maltesischen Adel, der weiterhin in Mdina wohnte, kam es nie.

unerwünschte Eindringlinge

Im Laufe der Zeit verlor Mdina, vorher der politische, kulturelle und religiöse Mittelpunkt der Insel, zunehmend an Bedeutung. Die Stadt blieb zwar Sitz der Università und noch bis 1571 Hauptstadt, wurde aber zur „*Città Vecchia*", zur alten Stadt. Mit dem Erblühen Vallettas wanderten immer mehr Bewohner Mdinas in die neue Inselhauptstadt ab, und die Ritter beschnitten zunehmend den Einfluss der Università.

Großmeister Lascaris (1637-1657) regte sogar an, die Stadt im Falle eines neuerlichen Türkenangriffs aufzugeben, die Befestigungsanlagen zu schleifen, die schweren, wertvollen Bronzegeschütze abzutransportieren und die Einwohner ihrem Schicksal zu überlassen. Als die Soldaten versuchten, die Geschütze abzumontieren, wurden sie jedoch von den Frauen Mdinas und Rabats angeblich so energisch mit Besenstielen angegriffen, dass der Plan fallengelassen wurde. Großmeister Lascaris wurde noch unpopulärer, als er vorher schon war. Beispielsweise verbot er den Frauen, während der Karnevalszeit Masken zu tragen. Noch heute gilt der „*Wicc Lascari*" (*das Gesicht Lascaris*) als der Gesichtsausdruck höchster Verachtung unter den Maltesern. Ein Mensch, der keinen Spaß versteht, wird allgemein als „*Lascari*" bezeichnet.

Angriff per Besenstiel

Während der Großen Belagerung 1565 konnte Mdina unter dem portugiesischen Gouverneur *Don Mesquita* keine direkte Hilfe leisten, da nur die Alten und einige wenige Ordnungskräfte in der Festung verblieben waren. Allerdings wurde von hier aus die Verbindung mit dem Festland durch Nachrichten an den Statthalter des Vizekönigs in Sizilien aufrecht erhalten. Nach dem Fall von Fort St. Elmo wurde jeden Tag zur psychischen Zermürbung des Gegners ein türkischer Gefangener auf den Mauern Mdinas gehängt.

große Schäden

Das sowohl Sizilien als auch Malta erschütternde **gewaltige Erdbeben** von 1693 richtete beträchtliche Schäden an und zerstörte viele der mittelalterlichen Gebäude. Von der Kathedrale blieb lediglich die Apsis erhalten. Am Neuaufbau beteiligten sich mit ehrgeizigen Bauvorhaben auch die Ritter, die auf diesem Weg ihren Herrschaftsanspruch über Mdina deutlich zu machen versuchten. Trotz der Pläne für einen kompletten Neubau durch Großmeister *de Vilhena*, wurden jedoch nur das Haupttor und einige Paläste neu gebaut. 1730 ließ sich *de Vilhena* den ehemaligen Ministerialpalast am Haupttor zum Sommerpalast ausbauen – wodurch sich der einheimische Adel beleidigt fühlte. Dafür musste sogar das Haupttor verlegt werden. Die frühere Bedeutung als politischer und kultureller Mittelpunkt der Insel konnte Mdina nie wieder erreichen.

Als *Napoleons* Truppen im Juni 1798 die Ritter kampflos aus Malta vertrieben, ergab sich auch Mdina. Bald darauf formte sich hier jedoch der Widerstand. Ähnlich wie die Ritter vor ihnen, leisteten die Franzosen einen heiligen Schwur, die Religion, die Freiheit zur Selbstverwaltung und die Besitztümer der Einwohner zu achten. Ungeachtet dessen konfiszierten sie aus Palästen und Kirchen alles, was nicht niet- und nagelfest war. Nach der Plünderung des Karmeliterklosters im September des gleichen Jahres warf die Bevölkerung Mdinas kurzerhand den Oberbefehlshaber, General Masson, von einem Balkon. Unter der britischen Herrschaft (ab 1800) geriet Mdina endgültig ins politische Abseits. Schließlich wurde auch die Università aufgelöst. Bauliche Veränderungen gab es keine mehr, und so hat sich das aristokratische Ambiente der Stadt nahezu erhalten. In dieser Zeit wurde Mdina zur „stillen Stadt" mit hohen Mauern, verschlossenen Toren und Treppen, die ins Nichts führen.

politisches Abseits

Rabat hingegen, sich nahtlos an Mdina anschließend und nur durch ein Stück Niemandsland von ihr getrennt, entwickelte sich im 19. Jh. zu einem modernen Ort. Zwischen 1883 und 1931 war Rabat sogar durch Maltas einzige Eisenbahnlinie mit Valletta verbunden. Rund 13.000 Einwohner leben heute hier, in Mdina knapp 500. Aber auch der Besuch Rabats ist ein Gang in die Vergangenheit. Diese liegt hier größtenteils unter der Erde, in weitläufigen Katakomben, die immer noch nicht vollständig erforscht sind.

INFO Die Università

Zusammen mit Unteritalien und Sizilien wurde Malta um 1130 Teil des neuen Königreiches Sizilien, das *Roger II.* (1101-1154) vom Papst zum Lehen erhielt und von Sizilien aus regierte. Der Normannenherrscher gab seinem Reich eine neue Rechtsordnung, von der auch Malta profitierte. Die Insel erhielt als lokales Selbstverwaltungsorgan einen Adelsrat, den **„Consiglio Popolare"**. Dies bedeutete das Recht auf eine eigene Verwaltung und Rechtsprechung.

In den Dörfern wurde das Gemeinderecht eingeführt und die Adelsherrschaft an Gesetze gebunden. Während dieser Zeit erlebte Malta einen wirtschaftlichen und sozialen Aufschwung.

Die **Università** war die Verwaltungsinstitution Maltas, der Consiglio Popolare ihr oberstes Gremium, mit dem Recht, Steuern einzuziehen, Gesetze einzuführen und Richter zu ernennen. Der wichtigste Mann der Consiglio Popolare war der **Capitano della Verga**, der „Kapitän der Rute". Sein Symbol war ein Rutenbündel. Der Capitano erließ „*Bandi*", sorgte für Ordnung und Frieden und für ausreichende Wasservorräte in der Stadt, musste die Instandhaltung der Befestigungen überwachen, den Militärdienst organisieren, er verwaltete das Krankenhaus und die Besitztümer der Kirche. Nach dem Ende des Normannenreiches und dem Zerfall des Stauferreiches (1265) folgte ein stetiger Wechsel von meist nur steuereintreibenden Lehnsherren auf Malta. Dies führte zu Unruhe in der Führungsschicht und in der Bevölkerung. Kämpfe zwischen rivalisierenden sizilianischen Adelsfamilien um die Vorherrschaft auf Malta brachten weitere Unruhen. 1282 fielen Sizilien und Malta an das spanische Königreich von Aragon. In einer Urkunde von 1397 wurde Malta von Aragon als Krondomäne mit Lehensverbot endgültig anerkannt und von jährlich wechselnden Königsbeamten beaufsichtigt. Die Selbstverwaltung der Insel, die Università, wurde gestärkt.

Im Jahre 1419 bricht König *Alfons V.* (1416-1458) von Aragon (aus Geldnot) die einst vertraglich zugesicherten Rechte Maltas und verpfändet die Insel für eine hohe Summe an den Vizekönig von Sizilien, der fortan die unumschränkte Herrschergewalt besitzt. Unter großen Anstrengungen und weitgehend aus eigenen Mitteln gelang es den Maltesern, sich aus den Pfandrechten loszukaufen. Sie stützten sich auf ihre alten Rechte und erwirkten, dass *Alfons V.* die Insel als „ewiges" Lehen der Krone anerkannte. Dies wird urkundlich in einer Art Freiheitsbrief von 1428 bestätigt. Auch die Università wird darin offiziell anerkannt. Als die Ritter nach Malta kamen und sich dort niederließen, musste jeder neu gewählte Großmeister den Schwur leisten, die Vorrangsstellung der Università zu akzeptieren. Dennoch ließ ihre Bedeutung zunehmend nach. Im 16. Jahrhundert verfügte der Capitano nur noch über die Rechtssprechung in und rund um Mdina, und während des 17. und 18. Jh. hatte die Università politisch keine Macht mehr. Auf Veranlassung des britischen Gouverneurs Sir *Thomas Maitland* (gest. 1824) wurde die Università dann gänzlich abgeschafft.

Sehenswertes in Mdina

drei Stadttore

Der **Saqqajja** ist ein weitläufiger hochgelegener Platz zwischen Mdina und Rabat, von dem man einen schönen Blick über den Osten Maltas hat. Hier befindet sich die Bushaltestelle, wo die Busse nach Dingli, Attard, Hamrum und Valletta abfahren bzw. von dort ankommen. Mdina hat drei **Stadttore**. Das Griechentor und das Haupttor wurden unter Großmeister *de Vilhena* errichtet. Das Gharrequin-Tor im Westen entstand erst Ende des 19. Jh. Damit wollte man einen direkten Zugang zur damals existierenden Eisenbahnstation schaffen. Am besten beginnt man seine Besichtigungstour am Haupttor. Alle Sehenswürdigkeiten können ohne Probleme zu Fuß aufgesucht werden. Vor dem Stadttor bieten aber auch Kutscher Stadtbesichtigungen per Pferd und Wagen an.

Durch die Museum Road und die **Howard Gardens** kommend sieht man zunächst den alten Befestigungsgraben und die imposante **Stadtmauer**. Sie wurde im 10. Jh. von den Arabern errichtet. Die Howard Gardens wurden in den 1920er Jahren angelegt und nach Maltas erstem Premierminister Howard benannt. Der Garten markiert die Grenze zwischen Mdina und Rabat. Im Frühling ist die Anlage von einem Meer an Frühlingsblühern übersät, dazwischen stehen Pinien und Palmen. Unweit befinden sich ein Kinderspielplatz und ein Café.

Über eine mit Wappen und Löwenfiguren verzierte Brücke gelangt man zum **Main Gate**. Das 1724 erbaute, prächtig verzierte barocke Haupttor trägt das Wappen des Großmeisters de Vilhena, auf dessen Veranlassung es neu gebaut wurde. Rechter Hand kann man die Umrisse des alten, 1693 zerstörten Tores noch erkennen. Es war mit einer Zugbrücke versehen. Neben Statuen des Apostels *Paulus* und der Heiligen Publius und Agatha ist an der Torinnenseite das Wappen der bedeutensten maltesischen Adelsfamilie, der Inguanez, zu sehen. Eine Inschrift weist auf die Erneuerung des Tores im Jahre 1724 hin. An diesem Tor empfing die Università den jeweils gewählten Großmeister, um sich durch einen Schwur die anerkannten Rechte und die Freiheit auf Selbstverwaltung erneut bestätigen zu lassen, bevor die Stadtschlüssel symbolisch an den jeweiligen Großmeister übergeben wurden.

barockes Haupttor

Nach Durchschreiten des Tores steht man sogleich auf dem kleinen St. Publius Square.

Rechter Hand wurden als Besucherattraktion die **Mdina Dungeons** eingerichtet. Man wandert durch gruselige Kerker und wird dabei mit der Geschichte der Stadt vertraut gemacht. Auch eine Folterkammer gibt es.

Bronzebüste und Wappen des Großmeisters

Linker Hand erhebt sich der **Torre dello Stendardo**, ein alter Wachturm. Erbaut wurde er im 16. Jh. als Ausguck- und Signalturm. Auf dem Dach konnten beim Nahen von Feinden Signalfeuer entzündet werden, um damit die Inselbevölkerung zu warnen.

Der Turm zeigt das Wappen der Università sowie das des Großmeisters *de Vilhena*. Während des Erdbebens 1693 wurde der Turm zerstört, 1726 jedoch neu aufgebaut.

Direkt gegenüber liegt der **Vilhena Palace**, in dem sich heute das naturgeschichtliche Museum befindet.

Ein schönes Portal führt zum Vilhena Palace.

Vor der Zerstörung durch das Erdbeben im Jahre 1693 befand sich hier der Sitz der Università. Nach 1730 ließ Großmeister *de Vilhena* das Gebäude im prachtvollen Barockstil wiederherstellen und nutzte es als Sommersitz. Der Architekt war *Giovanni Barbara*. Hinter dem kunstvollen Portal öffnet sich der schattige Ehrenhof. Er wird von einem dreiflügeligen Palast umschlossen. Die mit Pilastern verzierte Fassade hat reich ornamentierte Fenster. Am Portal sieht man eine Bronzebüste und das Wappen des Großmeisters *de Vilhena*. 1908 wurde im Vilhena Palast von den britischen Gouverneuren ein Krankenhaus eingerichtet, in dem noch bis 1956 Kranke versorgt wurden.

kunstvolles Portal

Seit 1973 ist hier das **Naturgeschichtliche Museum** untergebracht. Es beherbergt eine umfassende Sammlung aus den Bereichen Ornithologie, Conchologie (Muschelkunde), Geologie und Paläontologie. In einem alten viktorianischen Schaukasten sind die Zähne eines prähistorischen Hais (*Carcherodon megalodon aggasiz*) zu sehen. Das „Monster" war angeblich 25 Meter lang und lebte vor 30 Millionen Jahren.

Rechts um den Vilhena Palace herumgehend, gelangt man zu einem Nebengebäude des Palastes, dem **Corto Capitanale**. Dieser Teil diente als Gerichtsgebäude und war Sitz des jeweiligen *Capitano della Verga*. Im Keller sind noch die Kerker zu sehen. Ein unterirdischer Gang soll früher zum erzbischöflichen Palast geführt haben. Die siebenachsige Fassade wird horizontal durch alternierende Giebel- und Segmentfenster, vertikal von Pilastern mit Kompositkapitellen gegliedert. Die mittlere Achse ist durch einen Balkon am Portal besonders hervorgehoben. Die beiden Figuren über dem Portal symbolisieren die Gnade und die Gerechtigkeit. Daneben kann man die fragwürdige Inschrift „*Legibus et Armis*" (durch Gesetze und Waffen) erkennen. Unter den Engländern wurde der Palast als Militärhospital und als Erholungsheim genutzt.

„Legibus et Armis"

Der Balkon des Corte Capitanale ist einer der möglichen Schauplätze, wo 1798 der Kommandant der französischen Garnison im Anschluss an die Plünderung des Karmeliterklosters in den Tod gestürzt wurde. Daneben teilen sich aber auch die Karmeliterkirche und der Balkon eines Palastes in der Villegaignon Street die zweifelhafte Ehre, und in Rabat gibt es gar einen weiteren Balkon, auf dem sich dieses Ereignis abgespielt haben soll.

Hotel der Luxusklasse

Direkt gegenüber liegt der **Xara Palace**, einst der Palast einer maltesischen Adelsfamilie, heute ein Hotel der Luxusklasse (ⓘ Regionale Reisetipps S. 137).

Das Xara Palace Hotel und der Corte Capitanale werden durch die **Herald's Loggia** miteinander verbunden. Der Stadtschreier, der „*Banditre*", verkündete die „*Bandi*", d.h. die Beschlüsse und Gesetze der Università, die alle sorgfältig registriert wurden und heute im Kathedralmuseum archiviert sind.

Sie sind kostbare Quellen über das Leben auf der Insel. Ein Erlass vom 11. September 1472 zum Beispiel untersagte die Einfuhr von Vieh aus dem benachbarten Gozo. Auch Fahndungsmeldungen nach flüchtigen Rechtsbrechern wurden hier verkündet.

Zurück in Richtung Vilhena Palace und dem St. Publius Square gehend, erhebt sich rechts das den ganzen Block einnehmende Nonnenkloster der Benediktiner, die **Nunnery of St. Benedict**. Das heutige Klostergebäude geht auf einen Bau des 15. Jh. zurück, der 1625 erweitert und umfassend restauriert wurde. Die Ordensregeln sind außerordentlich streng, bis 1974 durften die Nonnen das Gebäude niemals verlassen, auch nach dem Tode nicht. Alle Nonnen wurden und werden in der Krypta des Klosters beigesetzt. Lediglich Ärzte, Handwerker oder Bauarbeiter haben als männliche Wesen Zutritt zu dem Gebäude, und das auch nur mit Genehmigung des Erzbischofs. Etwa 20 Nonnen leben hier in völliger Abgeschiedenheit und widmen sich dem Gebet und der Pflege des Hausgartens. Das Kloster kann nicht besichtigt werden.

strenge Ordensregeln

Ein Teil des Benediktinerinnenklosters ist die **St. Agatha-Kapelle**. 1410 erbaut, erfolgte 1694 eine Umgestaltung durch *Lorenzo Gafà*. Die Kapelle ist der hl. Agatha (gest. unter Decius 249 oder 251) gewidmet, die neben dem hl. Paulus und dem hl. Publius eine der drei Schutzpatrone der Stadt ist. Die Kirche wurde 1995 umfassend renoviert. Sie wird nur während des Patronatsfestes der Heiligen geöffnet.

INFO Die heilige Agatha

Agatha lebte im 3. Jh. in Sizilien und wurde für ihren christlichen Glauben gemartert. Kaiser *Decius* hatte verlangte, dass sie Quintanus, den Statthalter von Katanien, heiraten sollte. Agatha weigerte sich und flüchtete nach Malta. Als sie wieder in ihr Land zurückkehrte, warf man sie ins Gefängnis und schnitt ihr eine Brust ab. Schließlich wurde sie verbrannt. Statuen von der hl. Agatha oder bildliche Darstellungen zeigen sie mit abgetrennter Brust oder mit den Folterwerkzeugen.

An der St. Agatha-Kapelle beginnt die Villegaignon Street, die 230 m lange, von Kirchen und Palästen gesäumte Hauptstraße Mdinas. Der französische Ritter *Nicolas Durand de Villegaignon* (1510-71) führte die mutige Verteidigung Mdinas gegen die Türken im Jahre 1551. Später fand Villegaignon weiteren Ruhm als Gründer der Stadt Nouvelle-Geneve in Brasilien, dem späteren Rio de Janeiro.

mutige Verteidigung

Hinter der St. Agatha-Kapelle liegt die **Klosterkirche St. Benedikt**. Der schlichte Bau gehört zum Benediktinerkloster. Die Konventskapelle bestand schon 1418 und war dem hl. Petrus geweiht, nach Gründung des Klosters wurde sie dann dem hl. Benedikt gewidmet. 1625 erfolgte ein Umbau. Das Altarbild – ein Werk von *Mattia Preti* – zeigt Maria mit dem Kind, den hl. Benedikt, Petrus und Scholastika. Schräg gegenüber der St. Agatha-Kapelle (zwischen der Inguanez Street und der Mesquita Street) liegt der Palast der Familie Inguanez.

Hübsches Detail an der Casa Inguanez

Die Familie *Inguanez* war die älteste (mittlerweile erloschene) Adelsfamilie Maltas. Die **Casa Inguanez** wurde 1370 erbaut, über die Jahrhunderte hinweg mehrmals umgeändert und erweitert. Ein interessantes Detail sind die Türklopfer, beispielsweise als Neptun mit dem Dreizack, umgeben von Seeschlangen und Seepferdchen. Rund um den Außenbau verlaufen (elektrische) Fackeln. Alle spanischen Könige haben bis heute in der Casa Inguanez Wohnrecht, was allerdings bisher nur von *Alfons V. von Aragon* (1432) und König *Alfons XIII.* (1927) wahrgenommen wurde. 1447 hatte *Alfons V.* der Familie die erbliche Statthalterschaft über Mdina übertragen.

hübsche Türklopfer

Nicht weit davon entfernt liegt der kleine Mesquita Square. In einem restaurierten Adelspalast wurde die Multimediashow **Mdina Experience** eingerichtet, die einen Einblick in die Geschichte und Kulturgeschichte Mdinas vermitteln soll.

In der Gatto Murina Street sollte man einen Blick auf den **Palazzo Gatto Murina** werfen. Der Palast stammt aus dem 14. Jh. Die strenge Fassade wird durch hübsche Zwillingsfenster im ersten Stock belebt, ein Hinweis auf die lokale Eigenständigkeit in der Übernahme normannischer Vorbilder. Schräg gegenüber vom Gatto Murina steht auf der anderen Seite der Villegaignon Street die **Casa Testaferrata**, ein Bau des 17. Jh. und Stadtpalast der alteingesessenen maltesischen Adelsfamilie Testaferrata. Angeblich soll an dieser Stelle zur Römerzeit ein dem Apollo geweihter Tempel gestanden haben. Gegenüber befindet sich die **Casa Viani**, ebenfalls aus dem 17. Jh. Auch der Balkon dieses Hauses kommt als möglicher Schauplatz für den Mord am französischen Kommandanten (1798) in Frage. An der Ecke der Villegaignon Street zum St. Paul's Square erhebt sich die barocke **Banca Giuratale**. Hier befand sich nach 1730 der Sitz der Università. Bei dem Aufstand gegen die Franzosen ernannten die Bürger Mdinas in diesem Gebäude ein Kommitee, das mit Lord Nelson verhandeln sollte, um ihn als Beistand gegen die Franzosen zu gewinnen. Der **St. Paul's Square** ist der zentrale Hauptplatz der Stadt, an dessen östlicher Stirnseite sich die Kathedrale erhebt. Rechts sieht man die Banca Giuratale, links die **Casa Gourgion**, daneben ein Gebäude aus der britischen Zeit: ein Pfarrhaus im viktorianisch-neogotischen Stil – ein Baustil, der hier etwas befremdlich wirkt. Der Platz hatte ursprünglich nur etwa ein Drittel seiner jetzigen Größe, wurde jedoch nach dem großen Erdbeben 1693 auf seine heutigen Ausmaße gebracht.

alte Stadtpaläste

Die Kathedrale

Der Überlieferung zufolge steht die Kathedrale von Mdina auf dem Platz, an dem einst der Apostel Paulus den römischen Stadthalter *Publius* zum Christentum bekehrte. Angeblich bestand hier bereits im 4. Jh. eine kleine Kirche, die an dieses Ereignis erinnerte. Die erste urkundliche Erwähnung findet das Gotteshaus allerdings erst im Jahre 1298, als sie dem Apostel *Paulus* geweiht wurde. Beim Erdbeben 1693 wurde der später im sizilo-normannischen Stil errichtete Bau bis auf Sakristei und Chor völlig zerstört. 1697 wurde *Lorenzo Gafà* mit dem Neubau beauftragt. Die Bauzeit betrug nur fünf Jahre. Gafà schuf einen dreischiffigen Bau über dem Grundriss eines lateinischen Kreuzes. Die Doppelturmfassade ist zweigeschossig und wird vertikal durch korinthische Pilaster gegliedert. Die Mittelachse springt risalitartig hervor und ist durch einen Dreiecksgiebel besonders betont. Über dem Hauptportal ist das Stadtwappen zu sehen, daneben das Wappen des Großmeisters *Ramon Perellos y Roccaful* (1697-1720) und das Wappen von Bischof *Cocco-Palmieri. Cocco-Palmieri* weihte die Kathedrale 1702.

Bauzeit nur fünf Jahre

Der Innenraum zeigt eine für die Barockzeit typische Kuppelraumlösung mit Tonnengewölbe, Vierungskuppel, Halbkuppel der Apsis und überkuppelten Seitenkapellen. Auffallend sind die kunstvollen Grabplatten aus farbigen Steinen, die hier, wie in der St. John's Co-Cathedral in Valletta, den Boden bedecken. Unter ihnen liegen allerdings keine Ordensritter, sondern einheimische – geistliche oder weltliche – Adlige. Das Deckengewölbe wurde von den sizilianischen Künstler *Vincenzo* und *Antonio Manno* geschaffen und zeigt Szenen aus dem Leben der Apostel *Paulus* und *Petrus* (1794). Die Kuppel wurde 1955 von *Mario Caffaro Rore* ausgemalt. Das ursprüngliche Gemälde war durch Regenwasser zerstört worden.

Der Hauptaltar ist prunkvoll aus Marmor und Lapislazuli gestaltet. Das Fresko darüber zeigt den Schiffbruch des hl. Paulus und stammt von *Mattia Preti.* Es ist noch aus der Vorgängerkirche erhalten. Das Altarbild *„Die Bekehrung des hl. Paulus"* ist vermutlich auch ein Werk Pretis. Das Chorgestühl stammt aus dem 18. Jh., die Einlegearbeiten aus dem 19. Jh. Die beiden „Throne", die die Gemeinde überblicken, sind dem Bischof von Malta und dem Grandmaster vorbehalten. In der Kapelle links vom Hauptaltar kann man einen Tabernakel aus Silber sehen, vermutlich ein Werk von *Benvenuto Cellini*, Bildhauer und Goldschmied aus Florenz (1500-1571).

prunkvoller Hauptaltar

Unsicherer Datierung ist die italienisch-byzantinische Ikone der stillenden Gottesmutter, ebenfalls in dieser Kapelle. Genannt werden das frühe 15. Jh. und das 12. Jh.. Der Legende nach wurde sie vom Evangelisten *Lukas* als Portrait der Gottesmutter mit dem Kind gemalt.

Die Kathedrale ist ein Werk Lorenzo Gafàs.

Aus dem Vorgängerbau, der sizilo-normannischen Kathedrale, stammt noch deren ehemalige Haupttür. Das Kirchentor aus dem 12./13. Jh. ist aus eisenharter irischer Mooreiche gefertigt und mit nordischen Symbolen verziert – Motive aus der nordeuropäischen Heimat der Normannen.

nordische Symbole

Rechts neben dem Gotteshaus, an dessen Südfassade, schließen sich der Archbishop's Palace (Palast des Erzbischofs) und das Kathedralmuseum an. Der **Archbishop's Palace** wurde anstelle eines Gebäudes aus dem 14. Jh. errichtet und 1772 fertig gestellt. Der Bischof und der Inquisitor waren neben dem Großmeister die beiden anderen Pfeiler der Macht auf Malta. Unablässig versuchten sie, ihren Machtanspruch gegenseitig und gegenüber dem Großmeister auszudehnen. Bei den häufigen Interessenskonflikten musste immer wieder der Papst eingreifen und schlichten.

Interessenskonflikte

Das **Kathedralmuseum** ist ein mit einem beeindruckenden Atlanten-Portal versehener Barockbau, der zwischen 1733 und 1740 nach Plänen von Giovanni Barbara entstand. Zunächt diente er als Priesterseminar.

Im ausgehenden 19. Jh. wurde das Kathedralmuseum gegründet. Zum Museumsbesitz gehören die Kunstsammlung des Grafen *Saverio Marchese* (1757-1833), der seinen Nachlass der Kathedrale vermacht hatte sowie liturgische Geräte, Chorbücher des 16. Jh., Gewänder, Möbel (12.-19. Jh.) und eine umfangreiche Münz- und Medaillensammlung (2. Jh. v. Chr. bis heute), zahlreiche maltesische, italienische und flämische Gemälde des 14.-20. Jh., weiterhin Exponate aus römischer Zeit und wichtige Originaldokumente aus der Zeit der Inquisition und der frühen Università, so z.B. von Ferdinand II. (1507) und von Papst *Adrianus VI.* (1522). Ausgestellt sind ferner Architekturteile des Vorgängerbaus der heutigen Kathedrale. Besonders interessant sind die zahlreichen Kupferstiche und Holzschnitte von *Albrecht Dürer* und seiner Schule, die aus ungeklärten Gründen ihren Weg auf die Insel gefunden haben. Von Dürer selbst sind 22 Tafeln eines Vorabdruckes des *„Marienlebens"* (1511) sowie 37 Tafeln der *„Kleinen Passion"* (1509-1511) zum Teil im Original, zum Teil in Kopien des 16. Jh. ausgestellt. Auch einige Graphiken von *Hans Schäuflein* und von *Hans Baldung Grien* sind ausgestellt.

Werke von Albrecht Dürer

Nach der Besichtigung der Kathedrale und des Kathedral-Museums setzt man den Rundgang am besten entlang der Villegaignon Street fort.

Gegenüber der Casa Gourgion ist der **Palazzo Santa Sophia** zu bestaunen, dessen Erdgeschoss im sizilo-normannischen Stil als ältestes Bauwerk der Stadt gilt. Die Jahreszahl 1233 an der Hauptfassade stammt aus einer späteren Epoche. Das Obergeschoss wurde erst 1938 aufgesetzt. Die Zierelemente der sizilo-normannischen Architektur sind beispielsweise die doppelten Zackenreihen an der Trauflinie sowie die Zierwülste an den Mauerkanten der Fassade. Auch die leicht abgeflachten Spitzbögen der Portale sind kennzeichnend. Dieser Architekturstil entstand zur Zeit des normannischen Königsreiches in

Der Santa Sophia Palast

Sizilien und ist eher sizilianisch als normannisch geprägt. Mitten durch das Gebäude führt die Triq Santa Sofija. Gegenüber dem Palazzo Santa Sophia kann man die kleine Kapelle des Pestheiligen **Rochus** sehen, deren heutiges Erscheinungsbild 1728 entstand. Rochus ist der Schutzheilige gegen die Pest.

Links folgt die **Carmelite Church** (Karmeliterkirche). Der heutige Bau wurde in den Jahren zwischen 1630 und 1690 nach Plänen von *Francesco Sammut* errichtet. Nach dem schlichten Äußeren der Kirche überrascht der Innenraum mit seinen roten Pilastern und den gedrehten Säulen, die mit Engelsköpfen verziert sind. Einige der Gemälde stammen von *Stefano Erardi* und *Michele Bellanti*. Hier in der Karmeliterkirche nahm der Aufstand gegen die Franzosen im September 1798 seinen Lauf.

Gegenüber von der Kirche befindet sich der **Palazzo Costanzo**. Nach aufwändigen Restaurierungsarbeiten zeugen farbenfrohe Wappen an den alten Steinwänden von dem Reichtum einer maltesischen Adelsfamilie in mittelalterlicher Zeit. Heute befindet sich hier die Besucherattraktion „*Medieval Times*", eine selbstgeführte unterhaltsame Tour, bei der man durch verschiedene Räume und Gänge des Palastes geht. Dargestelllt werden Aspekte des Handwerks und der Landwirtschaft, der Medizin, des Bildungswesens und der Università. Nach Abschluss der Tour kann man sich im Restaurant oder in der Caféteria stärken. Auch ein Souvenirladen ist angeschlossen. *bunte Wappen*

Als nächstes folgt der **Palazzo Falzon**, der aufgrund der normannischen Stilelemente allgemein als **Normannenhaus** bekannt ist. Viele halten das Gebäude, 1495 von Antonio Falzone errichtet, für den am besten erhaltenen, mittelalterlichen Palast Mdinas, wenn nicht gar ganz Maltas. Der erste Stock mit seinen Biforienfenstern stammt aus dem 15. Jh. Das Erdgeschoss hingegen ist teilweise noch aus der frühen Bauphase von 1095 erhalten.
Ein typischer normannischer Fassadenschmuck ist die Zackenleiste. 1910 wurde das Gebäude von Kapitän Gollcher restauriert und wird seitdem von der Gollcherstiftung unterhalten. Wunderschön ist der Innenhof, der im späten 16. Jh. gestaltet wurde. Im Inneren sind über 3000 Kunstgegenstände, schöne alte Möbel, Teppiche, Waffen, Familienportraits und andere Gemälde, alte Stiche, Schiffsmodelle und Orden aus dem 16.-18. Jahrhundert, zu bestaunen.

Die Villegaignon Street führt nun zum **Bastion Square**. Dieser wunderschöne Platz an der nördlichen Spitze der Stadtmauer bietet eine herrliche Aussicht über weite Teile der Insel. Der Blick schweift hinüber nach Mtarfa, rechts sieht man die gewaltige Kuppelkirche von Mosta, im Hintergrund ist sogar die Salina Bay zu sehen. Ganz rechts erkennt man die Kuppel der Karmeliterkirche von Valletta. Hier auf der Stadtmauer wird die exponierte Lage der ehemaligen Hauptstadt besonders deutlich. *herrliche Aussicht*

Um wieder zum Ausgangspunkt am Main Gate zurückzukehren, kann man der Bastion Street folgen. Sie verläuft entlang der östlichen Stadtmauer. Von der Terrasse der Fontanella Tea Gardens, einem Café auf der Bastionsmauer (ⓘ Regionale Reisetipps S. 137) ergibt sich ein herrlicher Blick auf den Norden und den Osten der Insel.

Durch die St. Paul's Street geht es zum Corte Capitanale und über den St. Publius Square zurück zum Main Gate.

„Hole in the wall"

Alternativ führt nach Westen die St. Agathas Esplanade zur Magazine Street, wo bald das **Gharrequin-Tor** erreicht ist. Das „*Hole in the Wall*" wurde als Zugang zu dem im Tal gelegenen Bahnhof errichtet. Der westliche Teil der Stadt ist besonders schön. Die St. Nicholas-Kapelle in der St. Nicholas Straße war die Kirche der hier ansässigen Griechen. Sie wurde 1550 erbaut und 1692 erneuert.

Durch das **Greeks Gate**, das Griechentor, kann man direkt zum Römischen Museum in Rabat gehen oder durch die Mesquita Street und die Villegaignon Street zurück zum Ausgangspunkt des Rundganges am Main Gate spazieren. In der Casa Magazini informiert die Ausstellung „*Knights of Malta*" über die Zeit der Ritter.

Rabat

Nachdem die Araber im Jahre 870 das römische Melite zweigeteilt hatten (siehe oben), erweiterte sich „Rabat", wie die Vorstadt des neuen „Mdina" genannt wurde, rapide. Heute ist sie die größte Stadt im Südwesten und somit das Marktzentrum der Region. Es gibt zahlreiche Geschäfte und Handwerksbetriebe sowie Banken, einen Wochenmarkt und einige nette Restaurants. Rabat ist weniger reich an Baudenkmälern und Kunstschätzen als Mdina. Dennoch gibt es hier einige sehr interessante Sehenswürdigkeiten, zum Beispiel eine römische Stadtvilla (heute Museum) und ein weitverzweigtes System frühchristlicher Katakombengräber. Sie liegen außerhalb der alten römischen Stadtmauern, da innerhalb der Stadt niemand beerdigt werden durfte.

Sehenwertes in Rabat

Beim Saqqajja, dem Hügel bei der Hauptstraße nach Valletta führt die Racecourse Street nach Siggiewi. Hier finden sich am 29. Juni, dem St. Peter-und-St. Paul-Tag, die Zuschauermassen ein, um dem traditionellen Pferde- und Eselrennen zuzuschauen. Der **Grandstand**, wo einst der Grandmaster saß, befindet sich an der Ecke des Saqqajja Hill und der Racecourse Street.

Reste einer römischen Villa

Der Museum Road folgend, gelangt man zur **Roman Villa**, dem Museum für römische Antiquitäten. Das 1925 im neoklassizistischen Stil errichtete Museumsgebäude steht auf den Resten eines römischen Stadthauses, die man 1881 hier entdeckte. Die Ausgrabungen erfolgten zwischen 1902 und 1924. Im Erdgeschoss des Museums sind verschiedene Funde aus römischer Zeit ausgestellt: Architekturfragmente, Grabsteine, Keramik, Glas, zwei Theatermasken aus dem 1. Jh., wie sie von römischen Schauspielern in Komödien getragen wurden, sowie eine rekonstruierte Olivenpresse.
Im Untergeschoss kann man sehen, dass die Villa um einen Innenhof herum gebaut worden war. Die Experten vermuten, dass es sich um ein vornehmes Stadthaus handelte. Zu einem solchem Haus gehörte ein offener Säulengang (*Peristyl*), ein Empfangsraum (*Vestibül*) und ein Speiseraum (*Triclinium*).

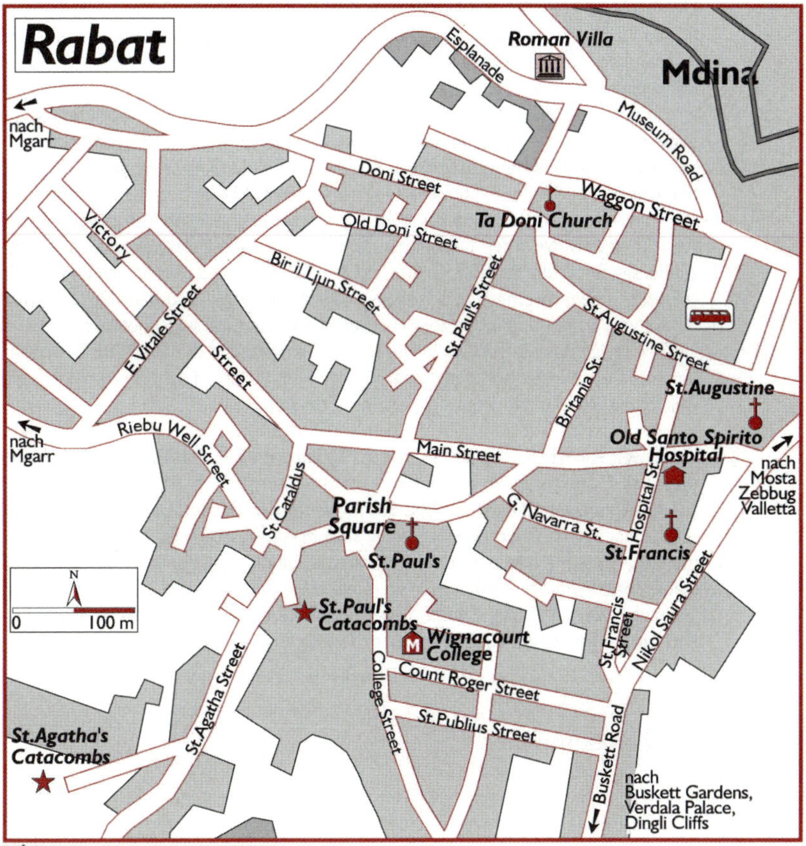

© igraphic

Alle drei Räume sind mit feinster Mosaikarbeit ausgelegt. Das Kernstück des Museums ist das wunderschöne und außerordentlich gut erhaltene Mosaik des Atriums. Es zeigt ein Taubenpaar, auf dem Rand einer goldenen Schale sitzend. Die Darstellung ist von einem Wellenornament umgeben, welches wiederum von einem Mäandermosaik gesäumt wird. In einem anderen Raum des Museums sind mit Inschriften in kufischer Kalligraphie verzierte Grabsteine zu sehen, die von dem arabischen Friedhof stammen, der sich zur Zeit der Araber über dem Römerhaus befand.

Mosaik zweier Tauben

In der Museum Road Nr. 16 kann man in einer Dauerausstellung in der **Galleria Cremona** die Werke *Marco Cremonas* bewundern. *Cremona* wurde 1951 in Malta geboren. Nach einer Kunstausbildung durch seinen Vater *Emvin* studierte er von 1970 und 1974 an der *Accademia di Belle Art* in Perugia in Italien und an der *Slade School of Fine Art* in London. *Cremona* war auf Gruppen- und Einzelausstellungen in London, Malta, der Schweiz, Italien, Deutschland, Holland und Frankreich vertreten.

Der Baubeginn der **St. Paul's Church** war 1572. Im späten 17. Jh. wurde sie nach Plänen Gafàs erweitert und danach noch mehrfach umgebaut. Die Fassade entstand während der Regierungszeit des Großmeisters Manoel de Pinto (1741-73). Sie wird *F. Bonnamici* zugeschrieben. Das 1683 geschaffene Titularbild im Hauptschiff der Pfarrkirche von *Stefano Erardi* zeigt, wie der Apostel *Paulus* nach seinem Schiffbruch von einer giftigen Natter gebissen wird und sie ins Feuer schleudert, ohne daran zu sterben. Es gilt als das gelungenste Werk Erardis. Ein Teil der Kirche ist die **St. Publius Kapelle**, die durch den rechten Seiteneingang der Kirche zu betreten ist. Sie wurde 1617 im Auftrag von *Giovanni Beneguas* errichtet. Der spanische Adlige war mit der Absicht, dem Ritterorden beizutreten, von Spanien nach Malta gekommen. Als der zukünftige Ritter die St. Paul's Grotto sah, war er so bewegt, dass er sich fortan dem religiösen Leben widmete. Mit finanzieller Hilfe vom Papst und dem Orden ließ er die Kapelle bauen und lebte dort als Eremit. *Lorenzo Gafà* vollendete den Entwurf 1692. Von der Kapelle geht es hinunter in die Krypta und die **St. Paul Grotte**. In der schlichten Grotte soll, den Aufzeichnungen des Lukas zufolge, der Apostel *Paulus* während seines Aufenthaltes auf Malta gelebt haben.

giftiger Schlangenbiss

Nicht weit von der Kirche entfernt ist das **Museum of St. Paul's Church at Wignacourt College**, das in einem Barockpalast untergebracht ist. Zeitgleich mit der Kirche gebaut, gehörte das College den Mönchen des Ordens. Das reizend altmodische Museum beherbergt ein Sammelsurium an Ausstellungsstücken: Gemälde, Münzen, römische und punische Töpferwaren, Landkarten, Portraits der Großmeister, Möbel sowie vier Zeichnungen von *Stefano Erardi*, „*The Legend of Our Lady*". Schräg gegenüber der St. Paulus Church liegen unterhalb einer Kapelle die **St. Kataldus-Katakomben**, die als Grabanlage einer Familie angelegt worden waren.

Sammelsurium

INFO Katakomben

Katakomben sind christliche Begräbnisstätten, in denen zwischen dem 4. und dem 6. Jh. Bestattungen abgehalten wurden. Die neuere Forschung widerlegt die Annahme, die Katakomben hätten als Zuflucht während der Christenverfolgung gedient: Sie waren unterirdische Begräbnisorte aus einer langen, schon vorchristlichen Tradition. Die Felsgräbertradition geht auf jahrtausende alte antike Vorbilder zurück. Die frühchristliche Tradition beginnt etwa im 2. Jh. n. Chr. und erreicht ihren Höhepunkt zwischen dem 4. und 5. Jh. n. Chr. Teilweise lässt sie sich sogar bis ins 9. Jh. n. Chr. verfolgen.

Im Unterschied zu Rom, wo große Gemeinschaftsfriedhöfe von der Kirche verwaltet wurden, blieben die maltesischen Katakomben im Rahmen kleiner Familien – und Gildenbegräbnisse mit jeweils eigenem Eingang (jetzt meist vermauert). Manche wurden schon in der Benutzungszeit miteinander verbunden, um die Belüftung zu verbessern. Licht kam durch Lichtschächte und durch Öllampen, die in den vielen kleinen Nischen in den Wänden aufgestellt wurden. Einst befanden sich in Rabat rund 1.400 unterirdische Grabstätten, von denen etwa 900 erhalten sind. Alle Gänge zusammengenommen, ist das Katakombensystem einen knappen Kilometer lang. Die St. Paul's-Katakombe ist die ausgedehnteste unterirdische Grabanlage der Stadt. Diese und die St. Agatha-Katakomben können besichtigt werden.

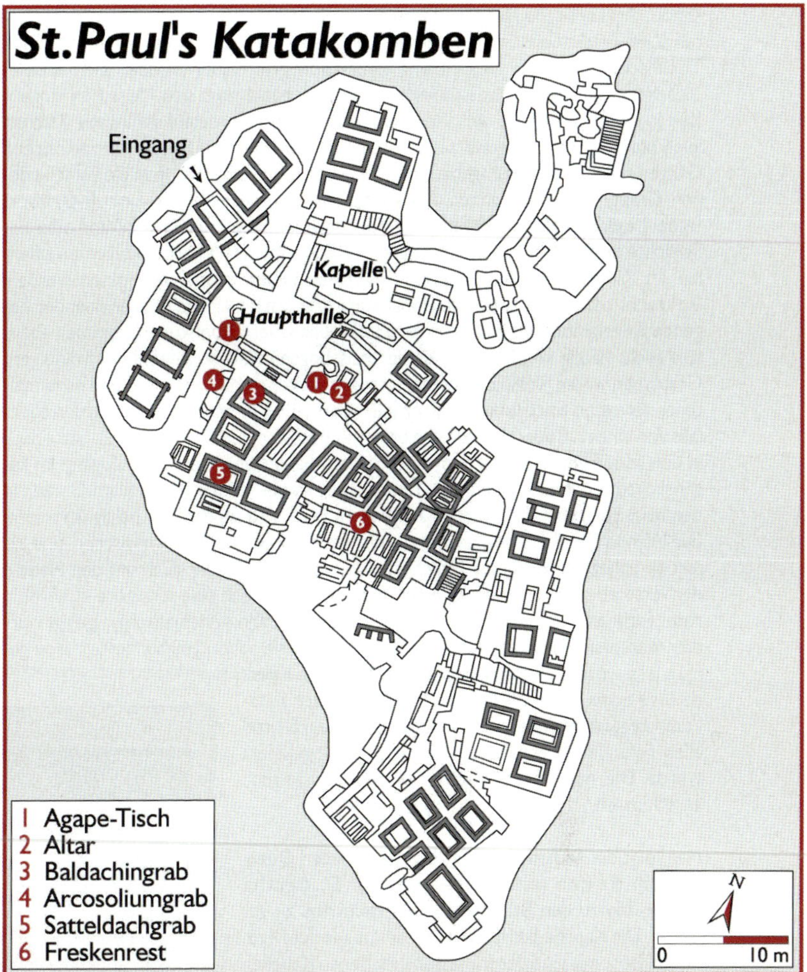

© graphic

In der St. Agatha Street befindet sich der Eingang zu den **St. Paul's Catacombs**. Mehr als 1.000 Personen sind hier bestattet. Man betritt die Katakomben über eine moderne Treppe, unter der noch die steilen, antiken Stufen erkennbar sind. Zuerst gelangt man in die große Haupthalle mit einer zwei Stufen tiefer gelegenen Kapelle. An beiden Schmalseiten der Halle befindet sich in Nischen je ein „**Agape-Tisch**". Diese Tische gehörten zur „Standardeinrichtung" der frühen christlichen Katakomben und bestanden aus einem runden, aus dem Fels geschlagenen Stein, um den an drei Seiten eine leicht angeschrägte Liegebank verläuft. Der Rand des Steines war etwas

Standard-einrichtung

liebendes Miteinander

erhöht. Agape-Tische spielten eine wichtige Rolle bei den bei Todesfeiern zelebrierten *„Liebes- oder Gedächtnismahlzeiten"*. Die Trauernden lagerten dabei um die runde Tischfläche herum. Die Bezeichnung kommt vom griechichen *„Agape"* und bedeutet *„liebendes Miteinander"*. Es ist allerdings zu bezweifeln, dass sich Menschen längere Zeit in einer Katakombe aufhalten konnten. Vielleicht wurde auf den Agape-Tischen auch nur den Toten aufgewartet. Die Haupthalle ist auf drei Seiten von zahlreichen Gängen und Kammern umgeben. In den „Gräbergalerien" kann man die verschiedenen Grabtypen gut erkennen. Am häufigsten sind die einfachen **Loculi-Gräber**. Dabei handelt es sich um rechteckige oder gewölbten Nischen in der Wand oder um Schächte im Boden. Viele dieser Loculi sind ausgesprochen klein und dienten offenbar als Kindergräber. Sie konnten einfach mit einem Stein verschlossen werden. **Baldachin-Gräber**, zwei, manchmal auch drei oder vier flach nebeneinander liegende Einzelgräber mit einer aus dem Stein gehauenen „Kopfstütze", kommen ebenfalls recht häufig vor. Darüber ist der Fels bogenförmig ausgehöhlt. Aufwändigere Grabtypen waren wohlhabenderen Persönlichkeiten vorbehalten und sind daher seltener vertreten. **Satteldachgräber** (auch Sarkophag-Gräber genannt) werden ebenfalls von einem „Baldachin" überwölbt, direkt über dem Grab ist jedoch ein Satteldach in den Felsen gehauen. **Arcosolium-Gräber** haben einen seitlichen Zugang. Im zugänglichen Teil der St. Paul's-Katakomben gibt es nur wenige Arcosolium-Gräber, in den nahe gelegenen St. Agatha-Katakomben (s.u.) sind sie dagegen häufig vertreten. Die Wände der Katakomben waren mit **Fresken** geschmückt. Inzwischen sind sie jedoch nahezu verblichen. Möglicherweise waren die Gräber auch mit den Namen der Verstorbenen versehen. An einer Stelle lässt sich noch eine schwache Inschrift in roter Farbe erahnen. Als die Katakomben Ende des 19. Jh. systematisch freigelegt wurden, waren sie vollständg leer, vermutlich waren sie schon Jahrhunderte zuvor geplündert worden. Bereits Großmeister *Philippe Villiers de L'Isle-Adam* hatte offiziell die Plünderung der Katakomben gestattet, unter der Bedingung, dass ein Drittel aller gefundenen Schätze an den Orden abgeliefert wurde. Die nun offenen Gräber waren ursprünglich verschlossen.

Wände mit Fresken geschmückt

Man folgt der St. Agatha Street bis zur nächsten Quergasse, in die man rechts einbiegt, um zur **St. Agatha Crypt** und zu den **St. Agatha's Catacombs** zu gelangen. Die Kapelle der hl. Agatha stammt aus dem 4./5. Jh. und ist somit eine der frühesten erhaltenen Kapellen auf Malta. Verschiedene Schichten von Fresken wurden hier gefunden. Die Fresken links unten beim Eingang sind die ältesten. Man vermutet, dass sie aus der Entstehungszeit der Kapelle stammen. Aus dem 12. Jh. stammen die drei byzantinischen Heiligenbilder an der linken Seitenwand: Eine Madonna Lactans mit dem Kind an der Brust, die hl. Agatha (das „th" des Namens ist erkennbar) und ein bärtiger Heiliger, wohl *Paulus*. Sie zeigen die strengen Linien, den ernsten Ausdruck und den einfarbigen Hintergrund byzantinisch-romanischer Malerei.

Die hl. Agatha und der hl. Paulus?

Um 1480 wurde die Krypta zur jetzigen Größe erweitert und von Salvatore d'Antonio neu ausgemalt. Die Fresken zeigen nun den Einfluss sizilianischer Kunst mit reich gefalteten Gewändern und feinen Gesichtslinien vor einem Hintergrund mit Mauern, Hügeln und Blumen. Spitzenbordüren sollen Wandbehänge vortäuschen. Fast die Hälfte der Bilder zeigt die hl. Agatha mit abgetrennten Brüsten, dem Zeichen ihres Martyriums. Um 1880 wurden die recht zerfallenen Fresken „restauriert", faktisch aber im Nazarenerstil der Zeit übermalt und die bereits während des Türkeneinfalls stark zerstörten Gesichter ergänzt. Zu dieser Zeit kam auch der Seitenaltar der „Mutter Göttlicher Gnade" hinzu. Nach weiterem Verfall während des Zweiten Weltkrieges, als die Krypta als Zugang zu einem Luftschutzkeller diente, konnten die Fresken zwischen 1983 und 1989 restauriert und sorgfältig in ihrem Zustand vor 1880 zurückversetzt werden.

verschiedene Grabtypen

Die Galerien der **Katakomben**, von der Krypta durch Gänge zu erreichen, erstrecken sich links und rechts neben der Kapelle. Auch in den St. Agatha-Katakomben sieht man verschiedene Grabtypen. Besonders interessant sind die beiden ausgemalten Gräber. Ein Grab zeigt Reste einer griechischen Inschrift auf einer Tafel und Reste von figürlicher Darstellung, beide werden auf das 4. Jh. n. Chr. datiert. Die Inschrift wurde 1911 von dem deutschen Forscher *Erich Becker* entdeckt. Ein weiteres Grab ist mit Kränzen und Vögeln geschmückt, die Malereien sind etwas älter als die Inschrift, somit sind dies wohl die ältesten erhaltenen Katakombenmalereien in Malta. Eine besonders schöne Malerei ist in einer halbrunden Nische zu sehen: Sie zeugt von ihrer Bedeutung als Altar mit Symbolen, die den früheren Christen wohl vertraut waren. Die Nische ist gefüllt mit einer Muschelschale – schon in frühchristlicher Zeit ein Symbol für fortdauerndes Leben. Nach außen hin scheinbar tot, umschließt und beschützt sie einen Kern von Leben. Zwei juwelengeschmückte Becher verweisen auf die Eucharistiefeier. Zwei Tauben stehen für Frieden, die Blumen in ihren Schnäbeln wie im Hintergrund sind Zeichen für das himmlische Paradies.

In dem kleinen **St. Agatha Museum** sind archäologische, botanische und kirchliche Exponate ausgestellt: Steine, Tonwaren, ein Krokodil aus dem 4. Jh. v. Chr., Münzen, Militaria, griechische Vasen, mumifizierte Vögel, Trinkgefäße aus dem 3. und 4. Jh. und Votivtafeln aus Stein und eine Alabasterstatue von 1666, die einst in der Krypta stand. Unter den spanischen Königen, etwa zwischen 1300 und 1400, errichteten zahlreiche Glaubensorden ihre Klöster in der Umgebung von Rabat. Die Bauten der Dominikaner, Augustiner und Franziskaner sind teilweise noch erhalten. Die **Augustinerkirche** wurde 1571 von *Gerolamo Cassar* errichtet. Die Innenraumgestaltung ist im Stil der Renaissance gestaltet: Pilasterordnung, mächtige Arkaden mit eingestellten Halbsäulen und klassischem Dekor und einem kassettierten Gewölbe.

Maltas erstes Krankenhaus

Ganz in der Nähe befindet sich in der Nicolo Saura Street das ehemalige **Santo Spirito Hospital**, das erste auf Malta gebaute Krankenhaus. Dokumenten zufolge war es bereits 1370 in Betrieb. Es wurde 1968 geschlossen. Die **St. Dominic Priory** am St. Dominic Square hat eine schöne Barockkirche mit Kreuzgang. Während der kurzen französischen Besatzung diente sie als Krankenhaus. Napoleon hatte nämlich veranlasst, dass die religiösen Orden nur jeweils eine Kirche haben dürften, und die Dominikaner hatten bereits eine in Valletta.

In der Umgebung von Mdina/Rabat

ehemalige Garnisonsstadt

Mtarfa (der Name bedeutet „*Platz am Rand*") ist eine frühere Garnisonsstadt im Norden Mdina/Rabats, die von den Kasernen und den Gebäuden des ehemaligen britischen Militärkrankenhauses auf einer Anhöhe dominiert wird. Mittlerweile hat sich Mtarfa zunehmend zum Wohngebiet ausgedehnt. Die **Chadwick Lakes** wurden 1890 zur Wasserversorgung des San Anton Palace künstlich angelegt. Sie tragen nur manchmal Wasser, und sind während Trockenzeiten leider oft von Unrat bedeckt.

> ***Tipp***
> *Von Rabat bietet sich eine schöne Autotour in den touristisch nur wenig frequentierten Westen Maltas an.* **Kuncizzjoni** *und* **Bahrija** *sind verschlafene Ansiedlungen, in die sich nur wenig Urlauber verirren. Liebhaber von maltesischen Kaninchengerichten werden Bahrija allerdings gerne aufsuchen, denn es gibt dort gleich mehrere Fenek-Lokale. Von Bahrija kann man über eine kleine, holprige Straße zur einsamen, aber wunderschönen* **Fomm ir-Rih Bay** *gelangen. Die Straße von Bahrija endet 600 Meter über den südlichen Klippen. Von hier geht es zu Fuß hinunter in die Bucht. Dort lockt ein Bad im schönen klaren Wasser.*

Von Mdina an die Südküste

Sommerpalast

Am St. Dominic's Square zweigt eine Straße nach rechts ab und führt nach Dingli und zur gleichnamigen Klippenküste. Die links abbiegende Straße führt zum Verdala Palace und zu den Buskett Gardens. Der **Verdala-Palast** erhebt sich auf einer Anhöhe und ist nach allen Seiten weithin sichtbar. Er wurde 1586 auf Veranlassung des Großmeisters *de Verdalle* (1581-95) als Sommerpalast erbaut. Der Architekt war *Gerolamo Cassar* und dieser Bau sein letztes Werk, denn er starb 1586. Das wehrhafte Gebäude ist fast viereckig und hat an allen Ecken vorspringende Türme. Rund um den Bau verlöuft ein Graben. Die kleine Kapelle neben dem Palast, St. Anthony the Abbot gewidmet, stammt ebenfalls aus dem 16. Jh. Von den Großmeistern und später den britischen Gouverneuren als Sommersitz (zwischenzeitlich auch als Gefängnis französischer Kriegsgefangene) genutzt, wurde der Palast 1858 renoviert. Seit 1975 dient er als Gästehaus für Staatsbesuche. Besichtigungen sind daher nicht möglich. In einem Tal unterhalb des Verdala Palace (gut 2 km südlich von Rabat) liegen die **Buskett Gardens** (auch „*Boschetto*" genannt), ein Wäldchen, das um 1570 von den Rittern als Jagdrevier für den Großmeister angelegt wurde. Seit 1980 ist das Jagen streng verboten (siehe Info-Kasten S. 56). Der Boschetto ist Maltas einziges Waldgebiet und die größte Grünanlage auf der ansonsten baumlosen Insel. Hier gedeihen Palmen, Pinien und Kiefern, Maulbeer-, Zitronen und Orangenbäume. Schon im Februar blühen die Pfirsich- und Mandelbäume. Der größte Teil des Parks ist für die Öffentlichkeit zugänglich. Die Einheimischen kommen, vor allem am Wochenende, hierher. Schattige Bäume bieten zahlreiche Picknickplätze. Alljährlich am St. Peter-und-Paul-Tag, dem 29. Juni, findet in den Buskett Gardens das **Imnarja-Lichterfest** statt. Der Name Imnarja stammt von dem italienischen Luminaria („*Beleuchtung*") ab. Hunderte von bunten Lampen und Laternen schmücken dann die Orangen- und Zitronenbäume (siehe S. 82/83). Das Fest findet seit über 300 Jahren statt.

Picknickplätze

Traditionell beginnt der Tag mit dem Pferde- und Eselrennen auf der Racecourse Street. Am Nachmittag kommen hier die Familien im Boschetto zusammen. Musikalisch wird das Fest von Folkloresängernden, den „ghannej", begleitet.

i ***Anfahrt***

Bei Anreise mit dem Bus (Nr. 81) entweder am St. Dominic's Square aussteigen (dann 1,25 km zu Fuß) oder mit dem gleichen Bus bis nach Dingli fahren, und von dort die Straße zum Buskett Garden nehmen (etwa 1,2 km). Vom Verdala Palace zu den Dingli Cliffs sind es etwa 2 km. Zu Fuß geht man eine halbe Stunde.

Auf einer nur wenige hundert Meter entfernten Anhöhe hinter den Buskett Gardens, oberhalb der Dingli-Klippen, kommt man nach **Clapham Junction**. Es handelt sich hierbei natürlich nicht um die bekannte Eisenbahnkreuzung im Süden Londons, sondern um die deutlichsten und die am leichtesten zu findenden Gleitkarrenspuren. Die Briten waren von dem System sich verzweigender und sich kreuzender Schienen so sehr beeindruckt, dass sie ihm den Namen Clapham Junction gaben. Mehr als zwölf Rillenpaare liegen dicht nebeneinander. Sie führen wie ein Fächer auf den Hügel, um dann zu den Klippen hin zu verlaufen.

Gleitkarrenspuren

INFO Rätselhafte Spuren

Die sogenannten Schleif- oder Karrenspuren (englisch: *car ruts*), die sich auf Malta und Gozo finden lassen, geben nach wie vor Rätsel auf. *D.H. Trump* erbrachte den Beweis, dass die Spuren aus der späten Bronzezeit stammen. Oft werden die Karrenspuren durch Grabschächte, die aus der phönizisch-punischen Zeit stammen, unterbrochen. Demnach müssen sie also aus der Zeit vor der phönizischen Besiedlung stammen. Nach 1000 v. Chr. wurden sie vermutlich nicht mehr gebraucht. In der Umgebung der neolithischen Tempel kommen sie nicht vor, wohl aber vermehrt vor bronzezeitlichen Siedlungen. Deshalb nimmt man an, dass sie in der späten Bronzezeit (1500-1000 v. Chr.) entstanden. Aus Verteidigungsgründen wurden die bronzezeitlichen Siedlungen bevorzugt auf Anhöhen angelegt. Alle Karrenspuren, die man auf Malta und auf Gozo entdeckte, ähneln sich: Sie sind in einem Abstand von 1,32 bis 1,47 m paarweise im Boden angeordnet. Die bis zu 75 cm tiefen Aushöhlungen sind v-förmig, aber nach unten hin leicht gerundet. Oben sind sie 20-30 cm breit. Die Rillen laufen parallel, kreuzen sich oder führen auch voneinander fort. Nach wie vor besteht Unklarheit über die Funktion dieser

Rätselhafte Spuren

Schienen. Die bevorzugte These ist, dass es sich um ein Transportnetz für landwirtschaftliche Produkte handelte. In den 1950er Jahren erprobte ein Fernsehteam verschiedene Gefährte. Ein einfacher, mit Rädern versehener Karren fuhr sich immer wieder fest, und die Kurven der Gleise konnte er nicht bewältigen. Ein **Gleitkarren** hingegen, der nur ein Paar in den

Rekonstruktion eines Gleitkarren

© igraphic

Spuren entlangschleifende Holme besaß, ließ sich durch die noch vorhandenen Rinnen ziehen. Diese Konstruktion hatte zwei starke Holzstangen, die am oberen Ende mit einem Joch verbunden waren. Das untere Ende der Stangen glich alle Unebenheiten aus. Ein solches Gerät ist auch aus anderen Teilen Westeuropas bekannt. Die Last wurde in einem Netz aus Flechtwerk transportiert, das sich zwischen den Holzstangen befand. Die schleifenden Holme waren am Ende aufgespalten und ein Stein in den Spalt geklemmt (oder mit Gurten an das Schaftende gebunden), so dass dann Stein auf Stein rieb. Durch die ständige Nutzung wurden die zunächst flachen Spurrillen immer tiefer ausgehöhlt. Warum allerdings keine Spuren von Tierhufen vorhanden sind, lässt manche an der Transporttheorie zweifeln. Einige Forscher gehen davon aus, dass es sich um ein Bewässerungssystem handelte.

Lesetipp

- *Kennedy, M.: „It wasn't little green men, just farmers scratching a living" in The Guardian, 04. 10. 2003*

Anfahrt

Das Gebiet ist jedereit frei zu begehen. Von Mdina/Rabat kommend geht es südlich am Verdala Palace und den Buskett Gardens vorbei. An der Kreuzung nach der Brücke gibt es einen Parkplatz. Von hier weisen Schilder nach links. Nehmen Sie den Weg an der Mauer entlang. Nach ca. 200 m geht man bei einem kleinen Haus rechts. Rechterhand, vom Weg ab, sieht man überall die Karrenspuren. Bei Anfahrt per Bus (Nr. 81) von Dingli aus, an der Haltestelle vor der Brücke aussteigen.

noch bis 1823 bewohnt

Inmitten dieses Gebietes liegt **Ghar il-Kbir**, die „*große Höhle*". Die Karstgrotte war noch bis 1823 bewohnt, als ihre Bewohner von den Briten umgesiedelt wurden. Reste einer Mauer und die Fundamente eines Wachturms kennzeichnen den Eingang. Die Decke der Haupthöhle ist mittlerweile in sich zusammengebrochen.

Die Dingli Cliffs

beliebtes Restaurant

Die **Dingli Cliffs** bezeichnen einen mehrere Kilometer langen, wunderschönen Küstenabschnitt. Der Name erinnert an den Engländer Sir *Thomas Dingli*, der 1540 hier lebte. An einigen Stellen stürzen die 250 m hohen (nicht befestigten) Klippen unmittelbar ins Meer ab. Die Klippen bilden auch ein beliebtes Terrain zum Klettern und Abseilen. In den kühleren Monaten lassen sich herrliche Spaziergänge und Wanderungen entlang der Küste unternehmen. Im Frühling bedeckt ein bunter Teppich an Wildblumen das ansonsten karge Land. Der große weiße „Tennisball" ist ein Navigationstransmitter. Nicht verpassen sollte man es, dem „Bobbyland" (ⓘ Regionale Reisetipps S. 137) einen Besuch abzustatten, ein lang etabliertes Lokal, das bei Einheimischen wie auch Urlaubern gleichermaßen beliebt ist. Die Spezialität des Hauses ist Kaninchen.

9. DER SÜDEN UND SÜDOSTEN

(ⓘ S. 137)

Allgemeiner Überblick

Entlang der Süd- und Südostküste gibt es nicht nur kleine Fischerorte und nette Badebuchten, sondern auch Steilküsten, Höhlen und Grotten, wie die Blaue Grotte, die per Boot besucht werden kann sowie mächtige Barockkirchen, zwei berühmte neolithische Tempel und ein interessantes Museum, dass sich mit dem Abbau des inseltypischen Kalksteins beschäftigt. Gen Süden fällt die Küste steil und schroff zum Meer ab und bietet wunderschöne Ausblicke über das Meer.

Redaktions-Tipps

- Die **Tempelanlage von Hagar Qim** aufsuchen. (S. 286 ff)
- Das **Limestone Heritage Museum** in Siggiewi besuchen. (S. 293 f)
- **Ghar Dalam** besichtigen. (Seite 279 f)
- Die **Aussicht bei Ghar Hassan** bewundern. (S. 281)
- Eine **Bootstour zur Blauen Grotte** machen. (S. 285 f)
- Im **Fishermen's Rest** in der St. Thomas Bay Fisch essen. (S. 137)

In der maltesischen Geschichte spielte die Südostküste als Einfallstor verschiedener Eroberer eine wichtige Rolle. Piraten bevorzugten vor allem die flache Küste von Marsaxlokk, um an das Ufer zu gelangen. Auch die Türken landeten hier, bevor sie zum Angriff auf die Ordensfestung übergingen. Im 17. Jh. ließen die Johanniter kleinere Bastionen zum Schutz gegen Piratenüberfälle bauen (siehe Info-Kasten S. 225). Auch *Napoleon* benutzte 1798 die weite Bucht im Südosten und später Admiral Nelson. Am Ende des 19. Jh. wurde der Küstenabschnitt mit unterirdischen Festungen bei Tas-Silg und an der Spitze von Delimara befestigt. Im Zweiten Weltkrieg, als mit Angriffen Deutschlands und Italiens zu rechnen war, wurden die Festungen weiter verstärkt. Heute stellen die schönen Buchten im Südosten lediglich ein Ausflugsziel für Tagestouristen dar. Leider wird die Idylle an der Marsaxlokk Bay durch das Kraftwerk, und die Pretty Bay bei Birzebbuga durch den Containerhafen gemildert.

Hinweis
Die in diesem Kapitel vorgestellten Orte und Sehenswürdigkeiten sind in zwei Touren unterteilt, die jeweils als Tagesausflüge von Valletta aus unternommen werden können.

Marsaskala – Zetjun – Marsaxlokk – Ghar Dalam – Ghar Hassan

Marsaskala (M'scala)

fjordähnliche Bucht

Marsaskala (sprich: marsa-skala, 4.500 Einwohner) liegt am Ende der Marsaskala Bay, einer fjordähnlichen Bucht mit einer niedrigen Felsküste. Rund um das innere Buchtufer haben sich Bars und Restaurants angesiedelt, so dass sich das Leben vor allem hier abspielt. Obwohl es auch in Marsaskala zahlreiche Hotels und Apartment-

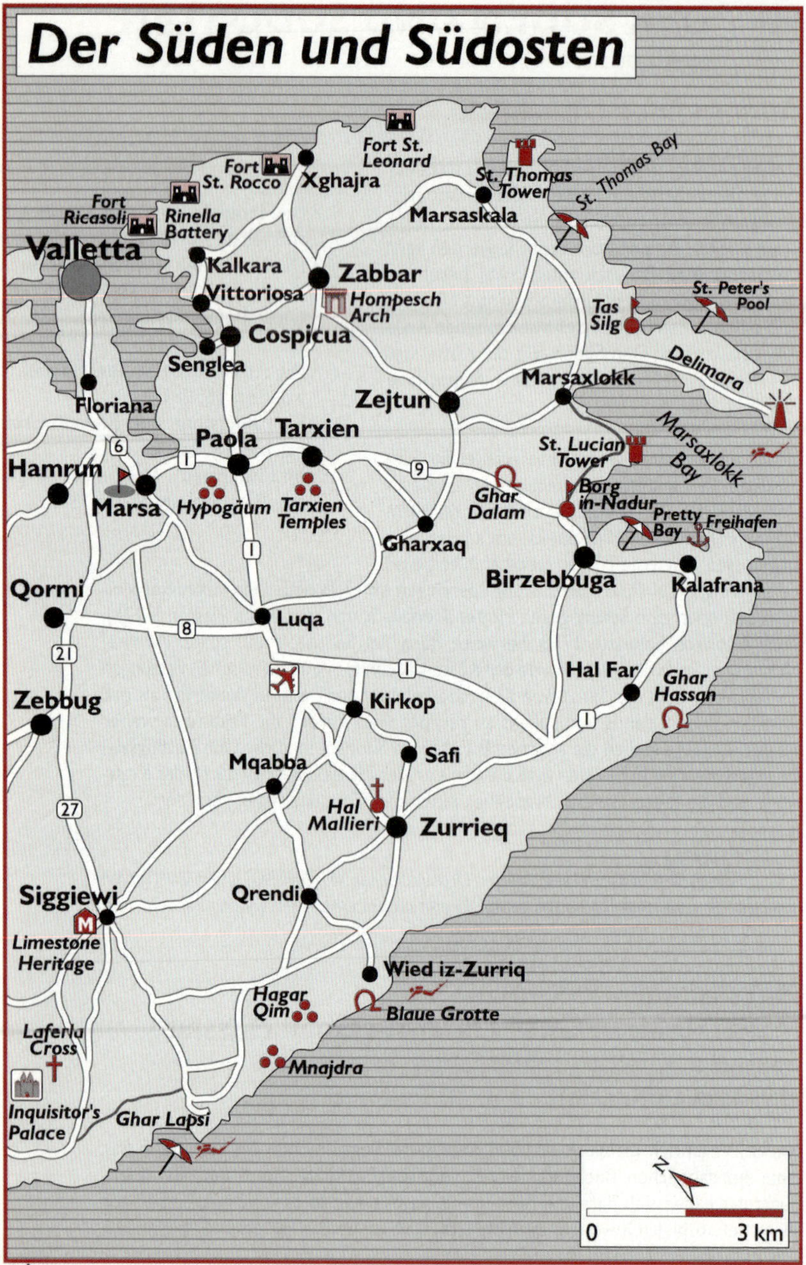
Der Süden und Südosten
Fort St. Leonard
Fort St. Rocco
Xghajra
St. Thomas Tower
St. Thomas Bay
Fort Ricasoli
Rinella Battery
Marsaskala
Valletta
Kalkara
Zabbar
Vittoriosa
Hompesch Arch
St. Peter's Pool
Tas Silg
Cospicua
Senglea
Delimara
Marsaxlokk
Floriana
Zejtun
Marsaxlokk Bay
Paola
Tarxien
St. Lucian Tower
Hamrun
Marsa
Hypogäum
Tarxien Temples
Ghar Dalam
Borg in-Nadur
Pretty Bay
Freihafen
Gharxaq
Birzebbuga
Kalafrana
Qormi
Luqa
Hal Far
Ghar Hassan
Zebbug
Kirkop
Safi
Mqabba
Hal Mallieri
Zurrieq
Qrendi
Siggiewi
Limestone Heritage
Wied iz-Zurriq
Hagar Qim
Blaue Grotte
Laferla Cross
Mnajdra
Inquisitor's Palace
Ghar Lapsi
0
3 km

© igraphic

St. Thomas Tower

anlagen gibt, bietet der Ort dennoch ein nettes Bild. Dafür sorgen schon die bunten Fischerboote im Hafen. Ein schöner Spaziergang auf der Uferstraße führt entlang der Südseite des Fjords in 20 Minuten zum Hotel Jerma Palace (ⓘ S. 137).

Der mächtige **St. Thomas Tower** gegenüber dem Hotel wurde unter Großmeister *Wignacourt* 1614 errichtet und diente zum Schutz gegen Piraten, die die windgeschützte Bucht von Marsaskala zum bevorzugten Landungsplatz nahmen. Die von einem tiefen Wassergraben umgebene und nur über eine Zugbrücke zugängliche Anlage kann nicht besichtigt werden.

*Die **Hauptbadestelle** von Marsaskala liegt in der 2 km entfernten **St. Thomas Bay**, wo Beton- und Felsterrassen sowie ein winziger Sandstrand zum Sonnenbaden einladen. Auch von Surfern wird die Bucht gerne aufgesucht. Von der St. Thomas Bay aus kann man nett am Wasser entlang zur nächsten westlich gelegenen Halbinsel Xrobb Il-Ghagin laufen, die von den Sendetürmen der Deutschen Welle beherrscht wird.*

Der nahegelegene **Mamo Tower** wurde 1657 von der Mamo Familie erbaut. Mit seinem Grundriss in Form eines Andreaskreuzes ist der Turm eine bauliche Rarität aus der Zeit der Johanniter. Der kleine Festungsturm steht unter der Obhut von Din l-Art Helwa (ⓘ Allgemeine Reisetipps S. 116, Stichwort „Organisationen") und kann besichtigt werden.

bauliche Rarität

Delimara-Halbinsel

Die Marsaxlokk Bay wird nach Norden von der lang gestreckten Delimara-Halbinsel begrenzt. Ein paar nette Felsbuchten liegen an der dem Meer zugewandten Seite. Einrichtungen wie Restaurants, Bars oder WCs gibt es nicht, und da die Buchten mit öffentlichen Verkehrsmitteln nicht erreichbar sind (es sei denn, man fährt bis Marsaxlokk und läuft von dort aus zu Fuß, was in sengender Hitze im Hochsommer nicht unbedingt empfohlen werden kann), sind die Badestellen nicht so stark frequentiert. Bedauerlicherweise ist die Delimara Halbinsel ein beliebtes Gebiet der „*Kaċċa*", der Vogeljäger, die Besucher nicht unbedingt willkommen heissen (siehe Info-Kasten S. 56).

Vogeljäger

Um zur netten **Island Bay** zu gelangen, folgt man der Straße zum Delimara Point bis zur Weggabelung, wo die Bäume anfangen, und fährt dort nach links. Es geht einen holprigen Weg entlang, vorbei an der Ranana Villa und der winzigen St. Paul's Kapelle. Leicht zu übersehen liegt rechter Hand (kurz vor der St. Paul's Kapelle) ein schmaler Eingang. Dahinter versteckt sich, eingerichtet in der in den 1880er Jahren erbauten

Tas Silg Battery, Maltas Hunde-Waisenhaus, das **Island Sanctuary**, wo ausgesetzte und streunende Hunde ein neues Zuhause finden. Bald ist die kleine Island Bay erreicht, wo man wunderbar schwimmen kann, insbesondere zu der kleinen vorgelagerten Insel. Die Bucht ist geschützes Terrain, wird also auch in der Zukunft nicht bebaut werden.

Hier kann man schön schwimmen.

Auf dem Rückweg fährt man an der Stelle, wo die Bäume anfangen nach links, um zur beliebten Bucht **St. Peter's Pool** zu kommen. Hier kann man sich auf Felsterrassen sonnen oder im erfrischenden Wasser baden. Vielleicht wagt man ja auch, es den Einheimischen nachzumachen, die hier von den Felsen ins Wasser springen. Noch ein Stückchen weiter entlang des Weges gelangt man zur Delimara Bay, wo man viele steile Stufen hinuntergehen muss, um zum Wasser zu gelangen.

Sprung ins Wasser

An der Südspitze von Delimara liegt das **Fort Delimara**, das von den Briten zwischen 1876-1884 errichtet wurde. Es dient immer noch militärischen Zwecken und kann deshalb nicht besichtigt werden, ebenso wenig wie der nah gelegene Leuchtturm. Dass die Südspitze der Delimara Halbinsel ein strategisch äußerst wichtiger Punkt war, kann man bei einem Blick auf die Landkarte leicht nachvollziehen.

Die Westseite der Halbinsel wird durch die Delimara Power Station in Mitleidenschaft gezogen. Das Kraftwerk trägt einen erheblichen Anteil an der Stromversorgung der Insel.

Tas-Silg

Am Fuße der Halbinsel liegt, nordöstlich von Marsaxlokk und unweit der Straße von Zetjun nach Delimara, die Ausgrabungsstätte von **Tas-Silg** (sprich: tas sildsch). Erst seit 1936 wird Tas-Silg untersucht. Zwischen 1963 und 1972 legten italienische Archäologen einen punisch-römischen Tempel frei.

punisch-römischer Tempel

Gefunden wurden die Überreste eines Tempels mit zwei nierenförmigen Räumen. Die Außenmauer der Tempelanlage ist noch zu erkennen. Der 1970 entdeckte, aufrecht stehende Steinblock diente wohl als Heiligtum. Im Archäologischen Nationalmuseum in Valletta ist eine Figur im Relief zu sehen, die in Tas-Silg gefunden wurde. Sie ähnelt anderen Darstellungen von Muttergottheiten, die man auf Malta entdeckte. Auch fand man aus dieser Zeit Topfscherben und Keramikreste. Die Funde aus der Bronzezeit (2000-1000 v. Chr.) weisen auf eine profane Nutzung während dieser Zeit hin. In phönizisch-punischer Zeit wurde auf den Grundmauern ein der Astarte geweihter Tempel errichtet. Astarte war eine kleinasiatische Fruchtbarkeitsgöttin. Die Römer nutzten dieses Heiligtum, aber weihten es ihrer Göttin *Juno*. Das schöne Säulenkapitell stammt von den Phöniziern, und aus punischer Zeit einige Steinplatten mit Inschriften. Zur Zeit des frühen Christentums gab es in Tas-Silg ein Baptisterium. Das Taufbecken und andere religiöse Gegenstände werden auf das 4. Jh. n. Chr. datiert. Das Kloster, das zur byzantinischen Zeit errichtet wurde, wurde später zerstört, aber auch Fundamente aus der arabischen und normannischen Zeit wurden gefunden. Die Ausgrabungsstätte ist von einer hohen Mauer umgeben und kann nur nach vorheriger Anmeldung besichtigt werden.

Zetjun

Der nette Ort Zetjun (sprich: seitu:n) liegt zwischen Paola und Marsaxlokk, hat knapp 12.000 Einwohner und ist die Partnerstadt von Mönchengladbach. Olivenanbau, von dem der Name des Ortes zeugt (*Zetjun* = „Olivenfrucht") gibt es hier allerdings nicht mehr. Aber auch heute noch spielt Landwirtschaft eine große Rolle in dem von Trockenbaufeldern umgebenen Landstädtchen.

netter Ort

Zetjun gehört zu den ältesten Besiedlungen Maltas, wie Funde aus phönizischer Zeit in der Umgebung und Überreste einer römischen Villa auf dem Gelände des heutigen Mädchengymnasiums belegen. Über Jahrhunderte hinweg hatte Zetjun unter Piratenangriffen zu leiden. Da sich die Siedlung auf einer Ebene ausbreitet, die kein schützendes Hinterland bietet, konnten sich die Bewohner nur dadurch verteidigen, dass sie ihre Bauernhäuser befestigten und wehrhaft machten. Einige dieser befestigten Bauernhäuser kann man in der Umgebung des Ortes sehen.

St. Katherina

Urlauber kommen nach Zetjun vor allem wegen der beiden sehenswerten Kirchen, St. Katherina im Zentrum des Ortes und der kleinen, dem hl. Georg (*St. Grigor*) geweihten Kirche am Ortsrand. Beide haben besondere Erwähnung verdient.

sehenswerte Kirchen

St. Katherina wurde 1692 nach den Plänen von *Lorenzo Gafà* begonnen. Allerdings dauerte es fast 100 Jahre, bis das Langhaus, das Querschiff und die Seitenkapellen fertiggestellt waren. Die Kuppel wurde sogar erst 1907 aufgesetzt. Viele halten St. Katherina für den schönsten Sakralbau Maltas. Die zweigeschossige Fassade wird von zwei hohen Glockentürmen eingefasst und die mittlere Achse durch einen Segmentgiebel besonders betont. Im Inneren der Kirche kann man ein Altarbild von *Stefano Erardi* sehen (frühes 18. Jh.). In der rechten Seitenkapelle gibt es ein Altarbild, das einige Forscher für ein Werk Botticellis halten.

Durch die Triq San Grigor (St. Grigor Street) links an der Katharinenkirche gelangt man (vorbei an dem *Nazarene Institute*, einem 1925 auf Privatinitiative gegründeten Waisenhaus) zu der nicht weit entfernten Kirche **St. Gregory**. Diese Gemeindekirche ist eine der ältesten und schönsten Kirchen auf Malta überhaupt. Sie geht auf eine Kapelle aus dem 13. Jh. zurück, die erweitert wurde, als Zetjun zur Gemeinde erklärt wurde. Im Jahr 1436 erhielt Malta erstmalig zehn Pfarrstellen. Das rechte Querschiff ist ein Wachturm, der mit in den Bau integriert wurde. An der Rückseite der Kapelle und dem sich zur Basis verjüngenden Mauerwerk sieht man Schießscharten. Im späten 16. und frühen 17. Jh. wurden Langhaus und Querschiff mit einem Satteldach versehen. Wenig später kamen die Renaissanceportale der heutigen Eingänge hinzu.

St. Gregory

An der einen Seite des Langhauses sieht man den Bogen eines sizilo-normannischen Portals, an der gegenüberliegenden Seite den Bogen eines früheren romanischen Portals. Zunächst hatte man geplant, die alte Kapelle zu entfernen. Dieser Plan wurde fallengelassen und nur der Chor wurde abgetragen. Hinter dem Altar entstand eine Wand, woran sich später die Sakristei anschloss. Im Inneren führt eine kleine Wendeltreppe zu zwei schmalen Passagen, die im dicken Mauerwerk verborgen sind. Sie wurden erst 1969 entdeckt, wobei man die Knochen von 80 Personen fand. Vermutlich handelte es sich um Dorfbewohner die sich hier beim Türkenangriff 1547 versteckten und in ihrem Versteck erstickten, als die Kapelle in Brandt gesetzt wurde. Die Kirche wurde jahrelang als Warenlager genutzt. Während der britischen Kolonialzeit diente sie auch kurzzeitig als Krankenstation. Leider wurden die kostbaren Fresken weiß übergetüncht.

im Versteck erstickt

Hinweis
Als Friedhofskapelle ist St. Gregory meist nur zu Trauerfeiern geöffnet.

Marsaxlokk (M'xlok)

Das maltesische Wort für Hafen (*Marsa*) und für den warmem Schirokko-Wind (*Xlokk*) bildet den Namen des netten Ortes Marsaxlokk (sprich: marsa-schlokk, 2.900 Einwohner), der pittoresk in der gleichnamigen Bucht liegt. Die Marsaxlokk Bucht wird im Norden von der Delimara Landzunge und im Süden von der Benghisa Landzunge eingefasst. 1565 landeten die Türken hier im „*Hafen des warmen Windes*" und am 10. Juni 1798 die Franzosen.

bunte Fischerboote

Marsaxlokk ist das größte Fischerdorf der Insel, bietet aber gleichzeitig mit seinen typisch maltesischen Häusern und den vielen bunten Fischerbooten im Hafen ein recht malerisches und ursprüngliches Ambiente, was den Ort insbesondere als Ausflugsziel für Bustouren attraktiv macht. Die ihre Netze flickenden Fischer sind aber durchaus authentisch.

Im Hintergrund dieser malerischen Hafenidylle ragt die Pfarrkirche **Our Lady of Pompei** hervor – sicherlich eines der am häufigsten fotografierten Motive Maltas. Kurios ist die Marienfigur im Giebel der Kirche – sie steht in einem Boot. Am schönsten ist der Ort gegen Abend, wenn die Reisebusse wieder weggefahren sind. Dann kehrt Ruhe ein, und mit Muße kann man in der untergehenden Sonne die mediterrane Schönheit des Hafenortes genießen und in einem der netten Fischlokale entlang der Wasserlinie frischen Fisch schlemmen.

Maria im Boot

Wochenmarkt
Eine Attraktion für die vielen Besucher ist der große Markt, der täglich (Mo-Sa nur vormittags, So ganztägig) entlang der Uferpromenade abgehalten wird. Hier werden Bekleidungsartikel, Wäsche, maltesische Handarbeiten, aber auch Importe aus asiatischen Billigländern sowie Fisch feilgeboten.

Am 2./3. Dezember 1989 kam es in Marsaxlokk zu einem weltpolitischen Ereignis, als sich beim **Malta Gipfel** der amerikanische Präsident *Bush* und der sowjetische Generalsekretär *Gorbatschow* in der Bucht von Marsaxlokk auf dem Kreuzfahrschiff „*Maxim Gorki*" trafen. Der maltesische Seegipfel endete in entspannter Atmosphäre und wurde als der Beginn vom Ende des kalten Krieges bezeichnet.

Nur einen Kilometer südlich von Marsaxlokk, an der Spitze der Halbinsel, liegt die **St. Lucian's-Festung** (1610). Für den Bau beauftragte Großmeister *Alof de Wignacourt* den Architekten *Vittorio Cassar*. Heute sind hier das Agrarministerium und ein Institut für Meeresbiologie untergebracht.

Ghar Dalam

Nördlich von Birzebbuga lohnt ein Besuch von Ghar Dalam (sprich: aar-dalam). Die Höhle ist paläontologisch von herausragender Bedeutung und gilt als die älteste Fundstätte prähistorischen Lebens auf Malta. Die ersten Ausgrabungen unternahm 1865 der deutsch-italienische Paläontologe *Arturo Issel*. Zu bedenken ist, dass dies die Zeit war, als, ausgelöst durch *Charles Darwins* Buch „*On the Origin of the Species*", die Diskussion über die Evolutionstheorie begann. Gefunden wurden Tonscherben und die Knochen eines Flusspferdes und eines wilden Schafes. Anfang des 20. Jh. folgte die systematische Ausgrabung, und weitere Untersuchungen fanden zwischen 1933 und 1938 unter der Leitung von *Joseph Baldacchino* statt. Beim Betreten der Anlage geht es zunächst in das 1934 eröffnete Museum, in dem Funde aus Ghar Dalam ausgestellt sind. In zahlreichen Glasvitrinen sind Tausende von Knochen, exakt nach Größe sortiert, ausgebreitet: Knochen von Rotwild, von Braunbären, Wölfen, Füchsen, Kröten, Mäusen, Riesenschwänen sowie die Knochen von zwei verschiedenen Arten von Flusspferden und Zwergelefanten. Die meisten dieser Tiere sind heute ausge-

Paläontologie

storben. Die im Museum ausgestellten, vollkommen intakten Skelette von Zwergelefanten und einem Mini-Nilpferd sind neueren Datums und dienen lediglich als Vergleichsobjekte.

nicht immer eine Insel

Die Funde belegen, dass Malta nicht immer eine Insel war, sondern dass es vor etwa 2 Millionen Jahren eine Landverbindung zwischen Malta und dem heutigen Italien gab, über die diese Tiere (auf der Flucht vor der Eiszeit) gen Süden zogen. Die Tiere, deren Knochen in Ghar Dalam gefunden wurden, gab es auch in anderen Teilen Europas. Man nimmt heute an, dass Malta bis zum Ende des *Pleistozäns* mit dem europäischen Kontinent verbunden war und wie dieser in den Zwischeneiszeiten eine fast tropische Fauna aufwies.

Andere Funde belegen, dass etwa um 5000 v. Chr. Menschen in der Höhle gelebt haben. Damit ist Ghar Dalam die älteste bekannte Siedlungsstätte menschlicher Existenz auf Malta überhaupt. In den oberen Schichten der Höhle wurden neben Tierknochen auch Keramiken gefunden. Die Ausgrabungen von Werkzeugen und Knochen von Menschen führen zu der Annahme, dass Ghar Dalam während der gesamten Jungstein- und Bronzezeit bewohnt war.

Nach der Besichtigung des Museums geht es über eine kakteengesäumte Treppe 200 m hinab zum *Wied Dalam* und zum Eingang der Höhle. Das „*Tal der Finsternis*" ist ein Trockenflusstal, das tief in den Kalkstein eingeschnitten ist. Vor Millionen von Jahren verlief das Dalam-Tal noch über dem unteren Flusslauf. Die Skelette der hier lebenden Tiere sammelten sich in dem quer zur Höhle verlaufenden Flussbett. Allmählich schuf die Wassererosion eine Verbindung mit dem unterirdischen Höhlengang. Die Öffnungen übten eine starke Sogwirkung aus, so dass sich unzählige Tierknochen in der Höhle ablagerten. Diese Anschwemmung setzte sich so lange fort, bis der Dalam-Fluss den Höhlentunnel völlig zerschnitten hatte.

Von dem röhrenförmigen, 140 m langen Hauptgang der Höhle zweigen im hinteren Teil kürzere Gänge verästelnd ab. Besucher können den vorderen Abschnitt bequem beschreiten und die zahlreichen Stalagmiten sowie Stalaktiten bestaunen. Im Höhlenboden sind Tierknochen zu erkennen, die bisher noch nicht ausgegraben wurden, sowie Spuren früherer Ausgrabungsarbeiten.

i ***Anfahrt***

Die Höhle und das angeschlossene Museum befinden sich etwa 1 km vor dem Ortseingang von Birzebugga rechter Hand an der Straße von Valletta. Die Busse nach Birzebugga halten dort.

Birzebbuga

wichtiger Warenumschlagplatz

Birzebbuga (sprich: birsebbu:dscha) ist der größte Ort an der Marsaxlokk Bay (7.200 Einwohner) und liegt auf einer Halbinsel. Das Stadtgebiet reicht von der St. George Bay im Norden bis nach **Kalafrana** im Süden. Dort bestimmen die riesigen Kräne, die die Waren im **Freihafen** ein- und ausladen, das Bild. Kundschaft aus aller Welt nutzt diesen Freihafen im Mittelmeer für den Umschlag von Waren.

Über besondere Sehenswürdigkeiten verfügt Birzebbuga nicht, und nur wenige Urlauber kommen hierher. Es gibt einige schlichte Hotels und ein paar Restaurants. Mit der St. George Church besitzt der Ort die obligatorische Kirche. Sie stammt aus dem Jahre 1683. Früher diente sie den Seefahrern als Ort zum letzten Gebet, bevor sie wieder in See stachen. Entsprechend sind die Außenwände der Kirche mit Schiffsmotiven aus der Johanniterzeit geschmückt. In der **Pretty Bay**, südlich des Ortskernes, gibt es einen langen Sandstrand. Besonders die britischen Soldaten, die in der nahe gelegenen Militärbasis **Hal Far** stationiert waren, haben den Strand zu schätzen gelernt. Trotz der vielen Schiffe, die den Hafen in Kalafrana anlaufen, ist die Bucht besonders im Sommer oft überfüllt. Die Gemeinde schafft extra hellen Sand hierher, damit die Pretty Bay auch tatsächlich „pretty" ist.

Ort des letzten Gebets

Am nördlichen Ortsrand von Birzebbuga befinden sich die Überreste eines Tempels aus neolitischer Zeit und eine Siedlung aus der Bronzezeit. Der Name **Borg in-Nadur** (sprich: bordsch in-nadu:r) bedeutet „*Steinhaufen auf dem Hügel*". Obwohl historisch bedeutsam, gibt es nicht viel zu sehen. Über einen Feldweg, der bei der Kapelle San George beginnt, gelangt man zur Ausgrabungsstelle. (Die ansonsten schlichte San George Kapelle trägt die interessante Inschrift „*Non goge l'immunita ecclesias*". Dies bedeutet, dass die Kapelle keinen Schutz für Verfolgte und Flüchtende bietet. Diese Inschrift gibt es an etlichen anderen kleinen Kapellen der Insel.) Nach ca. 100 m ist die Hochfläche erreicht. Auf der linken Seite des Weges sieht man die spärlichen Tempelreste. Sie werden auf etwa 3000 v. Chr. datiert. Erhalten sind Reste einer Megalithmauer und Teile des Eingangs. Hinter dem Eingang erstreckt sich ein unübersichtlicher ovaler Hof. An diesen schließen sich westlich zwei nierenförmige Kammern an. Auf der höchsten Stelle des Hügels (nur einen Viertelkilometer von den Tempelresten entfernt) befinden sich die Reste einer aus unregelmäßigen Steinen und ohne Bindemittel zusammengefügten Mauer. Sie wird auf die Zeit um 1200 v. Chr. datiert. Dahinter entdeckte man 1959 die Reste von zwei Steinhütten mit Herdstellen (ⓘ S. 157).

historisch bedeutsam

Drei km südlich von Birzebbuga (von Birzebbuga entlang der Pretty Bay und Kalafrana, von dort gibt es eine kleine Straße) liegt an der steilen Küste die Höhle **Ghar Hassan**. Auch Ghar Hassan war, wie Ghar Dalam, einst ein unterirdischer Flusslauf. In eindrucksvoller Weise öffnet sich die Höhle rund 80 m über dem Meeresspiegel in einer senkrecht ins Wasser stürzenden Steilwand. Über Stufen und mit einer Absicherung zum Festhalten gelangt man hinunter zum Eingang. Der Legende nach soll die „*Höhle des Hassan*" dem Sarazenen *Hassan*, nach der Rückeroberung der Insel durch die Christen, als Versteck gedient haben. Bei ihm war seine maltesische Geliebte. Als die beiden entdeckt wurden, stürzten sie sich aus der Höhle ins Meer und somit in den Tod. Eine andere Version ist weniger romantisch: *Hassan* war ein Pirat und Sklavenhändler. In der Höhle versteckte er nicht nur die auf der Insel geraubte Beute, sondern hielt auch maltesische Bauern gefangen. Mit Körben wurde die „Fracht" dann an den Klippen hinab auf die Korsarenschiffe verfrachtet, um zu arabischen Märkten transportiert zu werden. Angeblich habe ein tapferes neunjähriges Mädchen den Seeräuber mit dessen eigenem Messer ermordet. Keine Legende ist jedoch, dass sich während des Zweiten Weltkrieges in der Höhle Malteser nachts vor Bombenangriffen versteckten.

Höhle des Hassan

Ghar Hassan ist naturbelassen und kann jederzeit besucht werden. Allerdings ist es dunkel und der Boden oft feucht. Man kann einige Meter in die Höhle hineingehen. Einheimische, die den Komplex „bewachen", verleihen gegen ein Entgeld Taschenlampen und fungieren auch als Führer. Früher konnte man durch einen Höhlengang zu einer zweiten Öffnung in der Felswand, dem sogenannten Höhlenbalkon, gelangen. Diese Passage ist heute leider abgesperrt. Dennoch ist die Aussicht auf das glitzernde Meer wunderschön. Nur einige Kilomenter von der Küste entfernt sieht man den Felsen **Filfa** im Meer. Früher diente das Eiland der britischen Marine für Zielübungen. Da hier seltene Vögel brüten, und auch wegen der endemischen Eidechsenart „*Lacerta filfonsis*", steht die Insel seit 1988 unter Naturschutz.

Naturschutz

Gudja

Der kleine Ort **Gudja** (2.800 Einwohner) ist der Geburtsort *Gerolamo Cassars* (1520-1586), des bedeutendsten Baumeisters in der maltesischen Geschichte. Er schuf die Entwürfe für alle wichtigen Gebäude des Ritterordens. An der Straße von Gudja nach Luqa steht die kleine Kirche **St. Mary ta' Bir Miftuh**. Es handelt sich um eine der zehn ersten Gemeindekirche, die auf Malta errichtet wurden. Sie wurde um 1430 errichtet, danach aber mehrfach erweitert. Die Fragmente der Fresken (um 1480) zeigen das Letzte Gericht. Bir Miftuh wird von Din l-Art Helwa betreut und kann besichtigt werden.

Villa Bettina

Von Gudja zum Flughafen fahrend, sieht man den **Palazzo D'Aurel** (auch als *Palazzo Dorell* oder *Villa Bettina* bekannt), ein Bau von 1770. *Bettina Muscati Dorell* hat hier angeblich zuerst *Napoleon* und wenig später *Horatio Nelson* empfangen und unterhalten. Später heiratete sie den *Marquis Dorell* und wurde Kammerdame von Queen *Carolina*, der Schwester von *Marie Antoinette* – Gemahlin des Königs von Neapel und Sizilien.

Luqa – Zurrieq – Blaue Grotte – Hagar Qim – Mnajdra – Ghar Lapsi – Siggiewi

> ***Tipp***
> *Die Blaue Grotte, Hagar Qim und Mnajdra kann man gut im Zuge eines (Halb)-Tagesausfluges besichtigen. Wegen des schönen Morgenlichtes sollte man zunächst die Blaue Grotte aufsuchen, und anschließend die Tempel.*

Luqa

Der Name Luqa (sprich: luha) ist aus dem Arabischen Halluqah abgeleitet und bedeutet „*Ein Stück Land*". Der 6.000 Einwohner zählende Ort liegt 6 km südwestlich Vallettas. Der internationale Flughafen Luqa befindet sich unmittelbar südlich des Ortes. Abgesehen vom Flughafen hat der Ort nicht viel zu bieten. Während des

Zweiten Weltkrieges starteten von hier aus Flugzeuge nach Sizilien und Nordafrika. Trotz der starken Zerstörungen durch Bombenangriffe, ist die Church of Assumption aus dem 15. Jh. erhalten geblieben, während die St. Andrews Church (1650, nach Plänen von *Tommaso Dingli*) nach dem Krieg vollständig neu aufgebaut werden musste. Hier befindet sich ein kostbares Altarbild von Mattia Preti. Eine weitere Kirche, „*Our Lady of the Aircrafts*", befindet sich beim Flughafen. Südlich Luqas teilt sich die Straße. Rechterhand gelangt man nach Mqabba. Linker Hand geht es über Kirkop und Zurrieq an die Küste.

Mqabba

Der Ort Mqabba (sprich: im-habba, 2.600 Einwohner) liegt – wie der Name schon sagt (*Mqabba* = Steinbruch) – inmitten riesiger, tiefer Steinbrüche. Mit gigantischen Baggern wird vor allem **Globigerinenkalk** gebrochen, der für Maltas Hausbau verwendet wird. *tiefe Steinbrüche*

INFO Honigfarbige Steine

Globigerinenkalk ist der damals wie auch heute am meisten verwendete Baustoff auf Malta. Globigerinen sind uralte, aber auch heute noch in allen Weltmeeren vorkommende, bis zu 5 cm große Meereslebewesen mit einer kalkhaltigen Hülle, die nach dem Tod der Tiere auf den Meeresboden absinkt.

Im Laufe der Jahrtausende bildet sich aus diesen Hüllen Kalkstein. Solange er nicht mit Luft in Berührung kommt, ist er feucht und weich, an der Luft erhärtet er jedoch rasch. Globigerinenkalk, Franka genannt, ist leicht abzubauen und einfacher zu bearbeiten, als der sehr viel härtere und billigere koralline Kalkstein, der sogenannte „*Zonqor*". Zonqor wurde für wenig kostspielige Bauten und zum Beispiel für die Herstellung von Mühlsteinen verwendet. Erst im 18. Jh. erkannte man die bessere Haltbarkeit des Zonqor gegenüber Seewasser und dem Alterungsprozess. Beispielsweise wurde für den Festungsbau und für Gebäude in Küstennähe gerne das härtere Gestein verwendet. Beide Steinarten werden im Tagebau gewonnen. Vor allem in Zentralmalta sieht man zahlreiche, viele Dutzend Meter tiefe Gruben.

Es ist interessant, einmal einen Blick in die Gruben zu werfen, in denen der Stein gebrochen und abgebaut wird. Limestone Heritage in Siggiewi (siehe unten) ist ein Museum, das sich der Geschichte des Abbaus von Kalksteins auf Malta widmet.

Kirkop

Kirkop (2.000 Einwohner) ist im Grunde weder Dorf noch Stadt – was im übrigen typisch für Malta ist –, sondern lediglich eine Streusiedlung, in der fast ziellos Häuser wie Pilze aus dem Boden schießen. Kurz vor dem Ort, von Luqa kommend, steht ein etwa 3 m hoher Obelisk, der mit einem Kreuz geschmückt ist. *Streusiedlung*

Zurrieq

Zurrieq (sprich: surri:ä) hat ca. 8.700 Einwohner und wurde 1436 gegründet. Es ist damit eine der ältesten Ortschaften Maltas. Wegen der Nähe zu den prähistorischen Tempeln Hagar Qim und Mnajdra und zur Blauen Grotte liegt der Ort auf jeder Touristenstrecke

langgestreckter Ort

Im Zentrum des lang gestreckten Ortes steht die Pfarrkirche **St. Katharina**, ein ursprünglich aus dem 17. Jh. stammender Bau. In den folgenden Jahrhunderten wurde die Kirche verschiedene Male umbaut. Die Sakristei stammt aus dem 17. Jh., Langschiff und Fassade entstanden erst am Ende des 19. Jh. in der jetzigen Form. Einen Besuch lohnt die Kirche vor allem für Bewunderer der Werke *Mattia Pretis*, der einige Jahre in Zurrieq zu Hause war. In der Kirche sind zahlreiche Gemälde von *Preti* (vor allem Spätwerke) sowie Werke seiner Schüler zu sehen. Vielgerühmt ist *Pretis* Altarbild „*Martyrium der hl. Katharina*". Die Kirche ist zu Messezeiten geöffnet.

Das stets prachtvoll ausgerichtete Patronsfest von Zurrieq, zu Ehren der hl. Katharina, alljährlich am ersten Sonntag im Septembe, ist sehr beliebt. Bei der Prozession werden die Statuen der hl. Katharina, ein Werk *Mariano Geradas* und „*Our Lade of Mount Carmel*" von *Salvu Psaila* gezeigt. Die zweite Kirche des Ortes, die Karmeliterkirche, veranstaltet Mitte Juli ihr Patronatsfest, wobei sich die Anhänger der beiden „Parteien" gerne in der Pracht ihres Festes übertrumpfen.

Der schlichte sogenannte **Armeria-Palast** in der Britannic Street, ein Bau des 17. Jh., diente im 18. Jh. den Johannitern als Waffenarsenal. Heute befindet sich der Palast in Privatbesitz.

Der Armeria-Palast

Am nördlichen Ortsausgang von Zurrieq lohnt sich ein Blick in die Kapelle von **Hal Millieri**, Maltas besterhaltener Sakralbau aus dem Mittelalter mit einem Freskenzyklus aus dem 15. Jh.

uralte Siedlung

Die Siedlung Hal Millieri lag einst zwischen den Dörfern Kirkop, Mqabba, Qrendi und Zurrieq und bestand aus einer Ansammlung von Farmhäusern, die um vier Kirchen gruppiert waren. Erstmalig wurde das Dorf im Jahre 1419 erwähnt, aber die Ursprünge gehen wesentlich weiter zurück. Bei Ausgrabungen wurden Töpferwaren aus prähistorischer Zeit, Keramik aus der römischen Epoche, *Majolica* des 13. Jh. sowie sizilianische Münzen aus dem frühen 15. Jh. geborgen. Über Jahrhunderte hinweg war die Einwohnerzahl der Siedlung konstant geblieben, bis sie aus ungeklärten Gründen 1685 drastisch abnahm. Um 1700 lebten nur noch einige wenige Menschen hier, danach war das Dorf verlassen. Von den vier Kapellen des Ortes wurden zwei abgerissen, die anderen beiden vernachlässigt.

Seit 1968 bemüht sich die Vereinigung Din L-Art Helwa um den Schutz der „**Annunciation Chapel**", die von einer kleinen Gartenanlage umgeben ist. Die heutige Kapelle ersetzte einen Vorgängerbau aus dem 13. Jh.. Die ursprüngliche Kirche war mit Fresken ausgestattet. Man nimmt an, dass es sich bei den jetzigen Fresken um Repliken der vorherigen handelt. Der Maler mag ein Malteser oder Sizilianer namens Garinu gewesen sein, dessen Unterschrift unter der Oberfläche eines Freskos entdeckt wurde. Als Vorlage dienten offensichtlich byzantinische Fresken des Südostens Siziliens. Dargestellt sind jene Heiligen, denen die maltesischen Kirchen vor dem 16. Jh. gewidmet waren. Die Inschriften sind in gotischen Buchstaben gegeben, so dass die Heiligen leicht identifiziert werden konnten. Diese sind, abgesehen von den beiden Darstellungen des hl. Georg am Eingang, von links: der hl. Vincent, der hl. Johannes, der hl. Lorenz, der hl. Jakob, der hl. Andreas, der hl. Nikolaus und rechts: der hl. Leonard, die hl. Agatha, der hl. Blaise, der hl. Augustinus und der hl. Paulus. 1974 wurden die Fresken restauriert.

Verkündigungskapelle

Auch um die Untersuchung der Überreste der im späten 15. Jh. erbauten, 1667 auf Veranlassung des damaligen Bischofs niedergerissenen „*Visitation Chapel*" bemüht sich seit 1977 Din L-Art Helwa.

Blaue Grotte

Von Zurrieq geht es auf einer landschaftlich schönen Strecke in 3 km zum **Wied iz Zurrieq**. Früher befand sich an der lang gestreckten Bucht nur ein Liegeplatz für Boote. Heute herrscht vor allem im Sommer recht viel Betrieb, denn hier starten die Touren zur Blauen Grotte. Von dem Aussichtspunkt oberhalb der Steilküste bieten sich bezaubernde Blicke auf das blaue Meer, die Küste und das Felseiland Filfa. Der kurze Weg hinunter vom Parkplatz zur Anlegestelle ist im Sommer von Souvenirläden und kleinen Cafés gesäumt. Die Bootstour dauert ungefähr eine halbe Stunde.

Besucherattraktion

Blaue Grotte

Allerdings ist das Meer häufig so ungestüm, dass keine Fahrten durchgeführt werden können. Entweder sollte man von der Hotelrezeption aus anfragen lassen, ob die Boote ausfahren, oder sich überraschen lassen und sich gegebenenfalls mit dem schönen Blick zufriedengeben. Auch wenn das Wetter die Bootsfahrt zulässt, muss man durchaus mit einer unfreiwilligen „Dusche" rechnen – was durch die wunderschönen Eindrücke sicherlich bald wieder in Vergessenheit gerät.

Bereits die Bootsfahrt entlang der gewaltigen Steilwände der Küste, auf der sich der 1637 errichtete Wachturm **Torre Sciuto** erhebt, beeindruckt. Mehrere Grotten werden angefahren. Durch den Lichteinfall und die in den Grotten wachsenden Algen (nicht Korallen, wie gerne erklärt wird) entsteht ein interessantes Farbenspiel. Am schönsten ist das Licht am Vormittag. Die größte Grotte ist die Blaue Grotte, von den Maltesern wegen des riesigen Bogens am Eingang der Höhle Tat il-Hnejja genannt, „*unter dem Bogen*". Zur See hin geöffnet, ist sie 25 bis 30 m hoch und hat einen Umfang von 90 m. Hier ist das Farbenspiel besonders intensiv. Abrupt verebbt in den Grotten der Wellengang, und die schräg einfallenden Sonnenstrahlen tauchen dank der hier wachsenden Blaualgen das Wasser in ein zauberhaftes Blau. Die Briten tauften die Höhle „*Blue Grotto*", eingedenk der Grotte auf Capri in Italien.

intensives Farbenspiel

i ***Anfahrt***
Mit dem Bus Nr. 39 von Valletta nach Zurrieq fahren. Von dort geht es nach Wied iz-Zurrieq entweder mit dem Taxi oder in einer halben Stunde zu Fuß.

Qrendi

Qrendi (sprich: rendi) ist ein lang gestrecktes Dorf mit 2.300 Einwohner. Schön ist die Kirche **St. Catherine Tat-Torba**, deren barocke Fassade 1625 dem älteren Langhaus vorgesetzt wurde. Die Gemeindekirche **St. Mary** hat eine imposante Treppe, die zum Hauptportal führt. Angeblich setzte Lorenzo Gafà 1685 den bereits begonnen Bau fort.

Aus dem 16. Jahrundert stammt der **Cavalier Tower**, der einzige Turm der Insel auf oktagonalem Grundriss. In Gefahrenzeiten suchten die Dorfbewohner hier Schutz, und bei Angriffen schütteten sie Pech und Steine auf die Angreifer.

das „Loch von Malta"

Am südlichen Ortsausgang (hier führt eine wunderschöne Feldstraße in Richtung Blaue Grotte) zweigt bei einer Kapelle ein Fußweg links ab. Man gelangt zu einer Senke, die „**Il Maqluba**" genannt wird. Das ca. 50 m tiefe und 100 m breite „Loch von Malta" soll angeblich in der Mitte des 14. Jh. entstanden sein. Durch Erosion stürzten die unter dem Fels liegenden Höhlen ein. Fast senkrecht fallen die Felswände ab, wobei sie ein Tal einschließen, das von Bäumen überwachsen ist.
Um die Entstehung des Loches ranken sich viele Legenden. Die Einwohner von Il Maqlubba waren böse Menschen und verärgerten Gott so sehr, dass er den Boden unter ihren Füssen wegriss und sie gen Hölle schickte. Dadurch entstand dieses tiefe Loch. Eine andere Legende besagt, dass auch der Teufel mit diesen bösen Menschen nichts zu tun haben wollte. Deren Sünden waren zu schrecklich für ihn. Als also die schlechten Menschen bei ihm unten in der Hölle ankamen, schleuderte er sie mit seiner ganzen Kraft wieder hoch und ebenso den Boden, auf dem sie standen. Sie landeten im Meer und die Insel Filfa entstand.

Hagar Qim

dominierende Lage

Die wichtigste Tempelanlage Maltas, Hagar Qim (sprich: hadschar-in), liegt 3 km südlich von Qrendi auf einem Felshügel in einmalig dominierender Lage über der Küste. Von der Stätte aus hat man einen herrlichen Blick über das Meer und eine prachtvolle Ansicht der kleinen Insel Filfa.

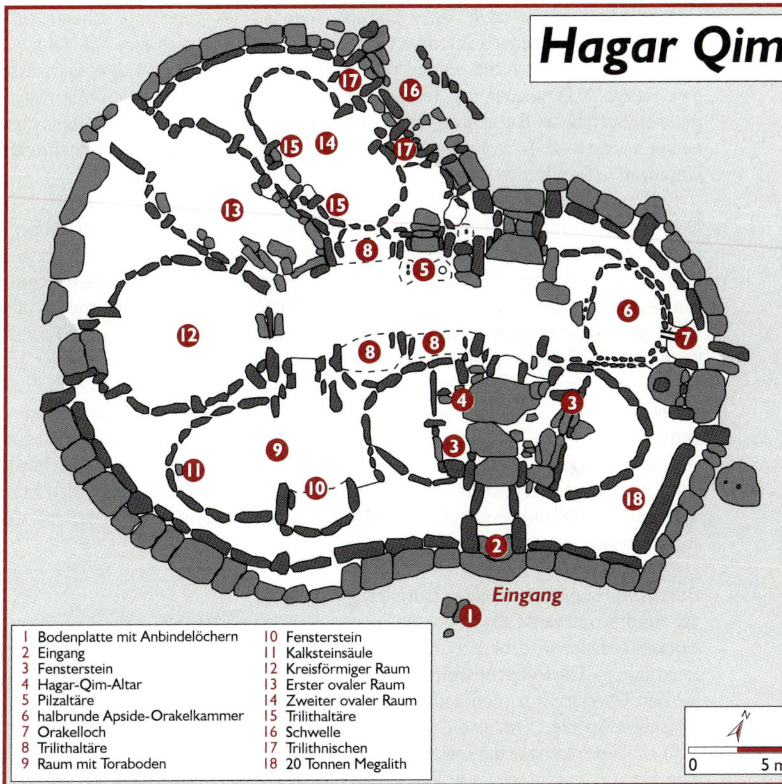

© graphic

Die Anlage verblüfft nicht nur durch die gewaltige technische Leistung der Tempelbauer vor rund 5.000 Jahren, die ja weder Metallwerkzeuge noch Seilzüge kannten, sondern auch durch deren feines ästhetisches Empfinden. Der Komplex breitet sich auf einer Grundfläche von 600 m Länge und 300 m Breite aus und stellt damit die geräumigste Anlage dieser Art dar. Die Bedeutung des Namens Hagar Qim ist „*Stehende Steine*" oder „*Steine des Gebets*", und bevor die Stätte ausgegraben wurde, konnte man nur große Steinblöcke aus Erdhügeln herausragen sehen. Erstmalig erwähnt wurde die Anlage im Jahr 1647. Erste Grabungen fanden ab 1839 unter Leitung von J. G.Vance statt, die 1855 unter Leitung von *A.A.Caruana* fortgesetzt wurden. 1909/10 legte man die Anlage vollständig frei.Weitere Restaurierungs- und Vermessungsarbeiten erfolgten in den 1950er Jahren. Die Tempel wurden aus Globigerinenkalk gebaut. An der dem Meer zugewandten Seite ist das Gestein etwas verwittert.

1647 erstmalig erwähnt

Im August 2008 begann man mit dem heftig umstrittenen Bau eines Besucherzentrums.

riesige Außenmauer

Der Grundriss des um etwa 3000 v. Chr. entstandenen Heiligtums unterscheidet sich in seiner Struktur deutlich von dem Grundriss anderer Tempelanlagen auf Malta. Die Räume sind hier nicht wie bei anderen Tempeln gestaffelt. In Hagar Qim fasst eine riesige Außenmauer den Tempel ein, der aus sechs ovalen (nierenförmigen) Räumen besteht, an die sich verschiedene Kammern und Nischen anschließen. Man nimmt an, dass die Außenmauer einst eine Höhe von 8 m hatte, die von mehreren Eingängen unterbrochen wurde.

gigantische Megalithplatten

Die leicht geschwungene Fassade der Tempelanlage gilt als die schönste der auf dem maltesischen Archipel erhaltenen steinzeitlichen Tempel. Der Eingang besteht aus ebenmäßig behauenen, quadratischen Blöcken und einem darüber gelegten **Steinblock** (1). Er steht mitten auf einem gut gepflasterten Vorhof. Hier mögen die Gläubigen gewartet haben, bevor sie den Tempel betraten. Wie in Mnajdra und Tarxien waren für die Opfertiere, die sie mitbrachten, U-förmige **Löcher** in das Pflaster gebohrt, durch die man den Strick ziehen konnte, um die Tiere festzubinden (2). Zwei dieser Steinösen kann man links vom Eingang sehen. Beidseitig des Einganges befinden sich gigantische Megalithplatten. Die Bankaltäre entlang der Fasasde führten wahrscheinlich einst um die gesamte Außenmauer. Ein riesiger **Monolith** beschließt den Komplex nach Osten. Er ist waagerecht in das Mauerwerk eingefügt. Man kann sich kaum vorstellen, wie damals ein 6,40 m breiter, 3 m hoher und 60 cm dicker Stein von 20 Tonnen bewegt werden konnte (18).

Durch das Haupttor und einen Durchgang, der aus drei paarweise angeordneten Steinblöcken gebildet wird, betritt man nun das Sanktuarium. Ein **Fensterstein** (3) sorgt für den Durchgang zu den beiden Seiten. Beachten Sie die „Steinösen", an denen einst ein Ledervorhang oder vielleicht auch eine Holztür angebracht war. Die kleinen Steine mit Punktornament dienten als Sitzplätze oder zum Aufstellen von Statuen.

Exakt behauen: Fensterstein

Magna-Mater-Darstellungen

Im Mittelteil des Raumes (erste Tempelniere) steht eine Nachbildung des berühmten **Altars von Hagar Qim** (4). Das Original kann im Archäologischen Nationalmuseum in Valletta betrachtet werden. Der Altar sowie die hier gefundcnen Plastlken stammen aus einer späten Phase des Tempels, der ja jahrhundertelang benutzt und offenbar immer wieder erweitert wurde. Auf allen vier Seiten ist der Stein mit Reliefs verziert, die eine Pflanze zeigt, die aus einem Gefäß herauswächst. Auch zahlreiche *Magna Mater*-Darstellungen (ebenfalls im Museum in Valletta zu sehen) wurden gefunden.

Der berühmte Altar von Hagar Qim

Steinblöcke leiten über in den nächsten Raum.
Links fallen sogenannte „Pilzaltäre" auf, zwei tischartige **Altäre**, die durch ihre Form an Pilze erinnern (5). Sie besitzen an ihrer Oberfläche einen erhabenen Rand, der verhindern sollte, dass das Blut der Opfertiere auf den Boden floss. Neben und gegenüber den Pilzaltären sind hohe **Trilithaltäre** in das Mauerwerk eingearbeitet (8). Sie bestehen aus zwei senkrecht stehenden und einer waagerecht darüberliegenden Steinplatte, eine mittlere Säule dient als Stütze.

Vom Mittelhof aus geht man rechts durch einen Durchgang in eine halbrunde, gut erhaltene **Apside** (6). Kragsteine lassen vermuten, dass sie einst überdacht war. 18 ca. 1,50 m hohe Orthostaten bilden den unteren Teil der Raumwand. Darüber ruhen zwei bis drei Reihen von waagerecht angeordneten Platten, die nach innen leicht vorragen. Vor der Wand ist eine weitere Reihe niedriger Steinplatten kreisförmig angeordnet. Auffallend ist in dieser Apside ein aus einem Wandstein ausgemeißeltes ovales Loch. Es befindet sich 50 cm über dem Boden und hat eine Verbindung zu einer winzigen, dahinter liegenden Kammer. Allgemein wird es als **Orakelloch** gedeutet (7), denn wahrscheinlich wurden in den Tempeln auch Orakel verkündet. Eine Priesterin sprach aus der dahinterliegenden Kammer das Orakel, während die Tempelbesucher ihren Worten innerhalb des durch die flachen Steine gebildeten Kreises lauschten. In der kleinen, durch ein Dach verdunkelten Apsis im Tempelinneren, von deren steinernen Wänden der geheimnisvolle Spruch widerhallte, dürfte solch eine Orakelverkündung höchst eindrucksvoll gewesen sein. Die Felskammer, wo die Priesterin saß, konnte von außen betreten werden.

Orakelsprüche

Am Südende (links) des großen Raumes führen moderne Stufen in einen weiteren, annähernd **ovalen Raum** (9) mit perfekt aneinander gestellten Steinblöcken. Die zwei aufrechten (restaurierten) Steine, die den Eingang bilden, weisen Steinösen auf. Der Bodenbelag aus gestampfter Erde (Torba) ist gut erhalten. Dem Eingang gegenüber befindet sich ein **Fensterstein** (10). Vor den Blöcken steht eine **Kalksteinsäule**, die bei Ausgrabungen an dieser Stelle gefunden wurde (11) und möglicherweise rituellen Handlungen diente. An den Mittelraum schließt sich ein weiterer **Raum mit eher rundlichem Grundriss** an (12). Von hier aus kann man durch den südwestlichen Eingang ins Freie gelangen.

Übergang in höhere Sphäre

Die **hinteren ovalen Räume** (13, 14) waren nur von außen zu betreten (heute auch vom Mittelraum) und zwar über eine 65 cm hohe **Schwelle** (16), die von zwei **Trilithnischen** eingerahmt wird (17). Eine Schwelle hat eine besondere Bedeutung: Sie betont das Trennende, den Übergang von einer Sphäre in eine andere, die Tempelschwelle also den Übertritt in eine höhere Sphäre. Die vor dem Eingang auf dem Boden liegenden Steine gehörten wohl zur Fassade. Im hinteren ovalen Raum, den man von außen zuerst betritt, befinden sich zwei **Trilithaltäre** (15).

Mnajdra

Ein Plattenweg in Richtung Meer führt von Hagar Qim hinab zu dem 500 m entfernten Heiligtum von Mnajdra (sprich: im-naidra). Die wunderschöne Lage an der Küste spiegelt sich im Namen Mnajdra – „**Ausblick**" – wieder. 1840 fanden einige erste Ausgrabungen statt, jedoch ohne genauere Untersuchung der Fundstücke.

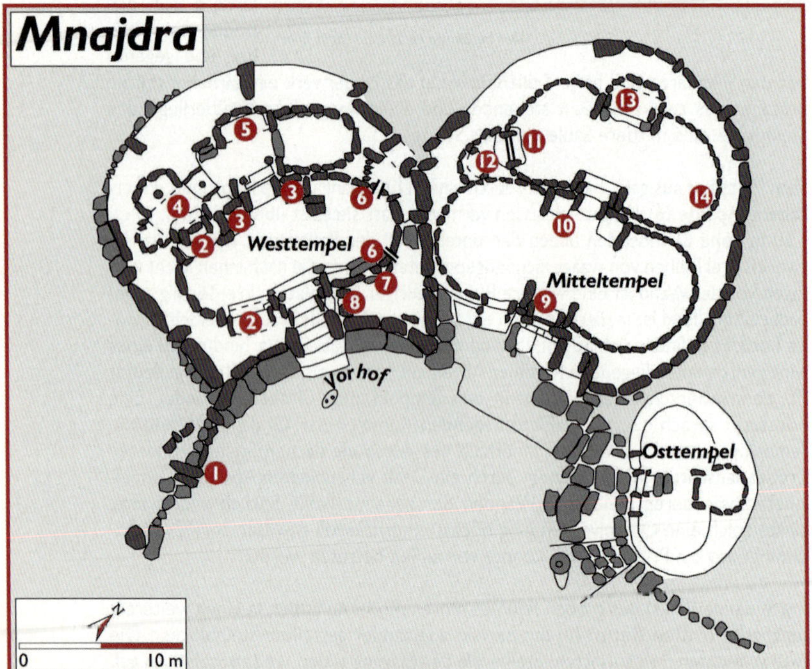

1 Reste der Vorhofmauer
2 Trilithnischen
3 Blockaltäre
4 Raum mit drei Doppeltrilithaltären
5 Hauptnische mit Trilithaltar
6 Orakellöcher
7 Fensterstein
8 Fensterstein, von Trilitheingerahmt mit Säulenaltar
9 Fensterstein-Eingang
10 Blockaltar und Orthostat mit Tempelfassade
11 Fensterstein
12 Kammer mit Säulenaltar
13 Trilithaltar
14 Orakelloch

In den 1920er Jahren unter *T. Zammit* und in den 1950er Jahren unter *J. D. Evans* wurden genauere Ausgrabungen durchgeführt. Berühmt ist das Heiligtum von Mnajdra für die architektonisch perfekten Ausführung der Bauten und die auffallend verschönerten Innenstrukturen. Besonders bemerkenswert ist die Punktornamentik, die die Nischen und Räume schmückt. Zu den wichtigsten Fundstücken Mnajdras zählt ein 73 cm hoher, kunstvoll behauener Stein mit Punktornament und Palmenblattmuster. Dieser und viele andere Fundstücke sind im Archäologischen Nationalmuseum in Valletta ausgestellt. Eine kleine weibliche Tonfigur zeigt einen aufgedunsenem Bauch. Es liegt die Vermutung nahe, dass in diesem Heiligtum Kranke um Heilung gebetet und geopfert haben.

Punkt-ornamente

Der Tempelkomplex ist überraschend klar gegliedert. Ungleich der Tempel in Tarxien und Hagar Qim sind hier die Einzeltempel aus verschiedenen Jahrhunderten nicht miteinander verbunden worden, sondern deutlich nebeneinander gesetzt. Ein mit Platten ausgelegter Vorhof erstreckt sich vor den drei Tempeln. Vor der Anlage stehend, sieht man rechts den Osttempel. Er wird meist auf die Zeit um 3000-3500 v. Chr. datiert. Daran schließt sich der jüngste der drei Tempel an, der Mitteltempel, dessen Entstehungszeit auf etwa 3000-2800 v. Chr. datiert wird. Ganz links sieht man den Westtempel, der zeitlich zwischen dem Ost- und dem Mitteltempel einzuordnen ist (wohl um 3000 v. Chr.). Bei dem Mittel- und Westtempel handelt es sich um doppelnierenförmige Tempel. Nach links verlaufen Reste einer **Mauer** (1), an deren Ende sich ein niedriger Blockaltar befindet.

klare Gliederung

Osttempel

Vom **Osttempel** sind lediglich einige Megalithen am Eingang und in der Zentralnische erhalten. Die übrigen Teile wurden rekonstruiert. Es ist der kleinste Tempel der Anlage und besteht lediglich aus einem ovalen Heiligtum mit einer zentralen Nische.

Mitteltempel

Der **Mitteltempel** liegt etwa 2,5 m über dem Niveau des Vorhofes. Eine Terrasse führt zum Tempeleingang, wo ein großer **Fensterstein** ins Innere führt (9). Interessanterweise dienen nur in Mnajdra Fenstersteine als Eingänge. Hier musste also eine sicherlich als magisch und bedeutungsvoll empfundene Schwelle überstiegen werden, um in das Heiligtum einzutreten. Diese Fensterausschnitte können eigentlich nur den Sinn haben, fühlbar zu machen, dass hinter ihnen ein „anderer" Bezirk begann, vielleicht eine Trennung von Diesseits und Jenseits oder aber auch nur von Laien und Priestern. Der erste nierenförmige Raum wird von 1 m hohen Steinplatten eingegrenzt. Beidseitig des Durchganges zum hinteren Raum sieht man Nischen, in denen sich jeweils ein etwa 30 cm hoher Blockaltar befindet. Blockaltäre werden in der Literatur gerne als Schlachtblöcke für Opfertiere interpretiert. In der linken Nische sieht man eine rote Zeichnung mit der Darstellung einer **Tempelfassade** (10). Beachten Sie in der zentralen Nische den **Trilithaltar** (13) und das Orakelloch in der **rechten Ausbuchtung** (14). Links geht es durch einen schönen **Fensterstein** (11) in einen kleinen Raum mit einem **Säulenaltar** (12).

Fensterstein als Eingang

Westtempel

Der **Westtempel** hat eine gut erhaltene halbrunde Fassade. Ein Trilitheingang führt in den 14 m langen und 7 m breiten Hauptraum. Die über vier Meter hohe Mauer in der rechten Apsis besteht aus Orthostaten, auf die horizontale Steinblöcke gesetzt sind. Diese Steinblöcke kragen leicht vor, so dass man annehmen könnte, dass der Raum einst überkuppelt war. Möglich ist aber auch, dass der Tempels durch eine Konstruktion aus Holzbalken und Lehm eingedeckt war. In der Mauer sieht man zwei rechteckige **Orakellöcher** (6). Das rechte Orakelloch öffnet sich zu einer größeren Kammer zwischen Oval und Außenmauer. Auch ein **Fensterstein** (7) führt in diese Kammer. Besonders interessant ist hier die **Altarnische** (8), die aus einem Fensterstein besteht, der in eine Trilithkonstruktion eingepasst wurde.

einst überdacht

An der linken Seite des Hauptraumes kann man zwei **Trilithnischen** sehen. Sie liegen einander gegenüber (2). Beim hinteren ist (wie oben auch) ein Fensterstein genau in eine Trilithkonstruktion eingepasst. Die **Blockaltäre** (3) wie auch der Fensterstein und die Trilithen sind mit Punktdekor verziert. Durch den Fensterstein geht es in einen anderen Raum, in dem sich **drei Doppeltrilithaltäre** (4) befinden. Der rechte Altar grenzt den hinteren nierenförmigen Raum ab, der auch vom Hauptraum des Tempels zugänglich ist. Die **Hauptnische** mit dem Trilithaltar ist nur flach ausgebildet (5).

Vandalismus

Hinweis

Die Tempelanlage Mnajdra wurde in der Nacht vom 12. auf den 13. April 2001 von Vandalen verwüstet, wobei 60 Megalithen umgestossen und einige völlig zerstört wurden. Die maltesische Regierung bezeichnete diesen Anschlag auf die älteste und vielleicht schönste der maltesischen Anlagen als „Verbrechen gegen die Zivilisation" und als „kulturellen Terrorismus".

Anfahrt

Anfahrt mit dem Bus 32, 38 oder 138 von Valletta

Misq-Wasserbehälter

Ungefähr 200 m nordwestlich von Mnajdra befinden sich sieben große Wasserzisternen. Möglicherweise wurden sie von den Steinzeitmenschen für ihren persönlichen Bedarf oder für die Bewässerung des Landes ausgehoben. Bei einigen fließt das Wasser durch miteinander verbundene Öffnungen von einer Zisterne in die andere. Der Grund für die Zisternen muss wohl eine Ansammlung von Grundwasser an dieser Stelle sein.

Tipp: Wandern

Die Tour führt von Mnajdra über Ghar Lapsi entlang der Dingli Cliffs nach Dingli. Mit drei bis vier Stunden Gehzeit sollte man rechnen. Die Tour ist auch in umgekehrter Richtung machbar. ***Von Qrendi*** *die ausgeschilderte Straße nach Hagar Qim und Mnajdra gehen. Links vom Mnajdra Tempel führt eine rote Markierung entlang der Steilküste.*

Mit herrlichen Ausblicken geht es rechter Hand auf und ab, bis die Badebucht und die Fischerhütten von Ghar Lapsi auftauchen. Hier könnte man eine Mittagsrast einlegen, denn auf der restlichen, weniger anstrengenden, aber längeren Strecke gibt es keine Lokale mehr. ***Von Ghar Lapsi*** *geht es zunächst die Straße in Richtung Siggiewi hinauf, wo man bei Tal-Bajjada nach links in die Felder einbiegt. Zwischen den Ackerterrassen geht es bis zu einer schmalen, steil rechts aufwärts führenden Straße, die nach einigen hundert Metern auf einen asphaltierten Weg mündet. Diesem folgt man nach links und gelangt zur kleinen Annunciation Chapel. Bald stößt man auf die entlang der Steilküste führende Straße, passiert „Clapham Junction" und gelangt, bei Tal-Vecca rechts gehend, nach Dingli.*

Ghar Lapsi

(sprich: a:r lapsi), die „*Höhle der Himmelfahrt*", bezeichnet zwei winzige Buchten, die seit Jahrhunderten von Fischern genutzt wurden. Obwohl es keinen Strand gibt, sind die Buchten bei Maltesern und Urlaubern äußerst beliebt, allerdings finden in den kleinen Grotten nur wenige Menschen Platz. Baden sollte man, auch als geübter Schwimmer, nur in der geschützten Bucht und nicht im offenen Meer. Die Brandung kann an der Südküste manchmal recht stürmisch werden. Für Schnorchler ist die Bucht ein Paradies. Wunderschön ist es hier bei Sonnenuntergang, wenn die Sonne blutrot hinter Filfa im Meer untertaucht. Bei „Rita" oder im „Lapsi View" kann man sich mit leckerer Fischsuppe stärken. Das konstante Geräusch, das man hier wahrnimmt, stammt von der nahegelegenen, 1982 eingerichtete Meerwasserentsalzungsanlage (siehe S. 54/ 55). Salziges Meerwasser wird hier in Trinkwasser verwandelt.

winzige Buchten

Siggiewi

Das Landwirtschaftsstädtchen Siggiewi (sprich: si-dschi-äwi) hat rund 6.000 Einwohner und ist die größte Siedlung im Südwesten. Im Ortszentrum ragt die schon von weitem sichtbare Pfarrkirche St. Nikolaus auf. Der Bau wurde ab 1675 unter Leitung von *Lorenzo Gafà* errichtet und im 19. Jh. nachträglich mit einer neoklassizistischen Fassade versehen. Imposant ist die auf einem sehr hohen Tambour ruhende Kuppel. Im Innenraum kann ein unvollendetes Gemälde des hl. Nikolaus von *Mattia Preti* bewundert werden. Vor der Kirche steht mitten auf dem geräumigen Dorfplatz eine Statue des hl. Nikolaus. Rechts und links wird der Platz von zwei Kapellen flankiert. Die rechte ist dem hl. Marc gewidmet, die linke der Maria.

Der hl. Nikolaus

Nicht versäumen sollte man einen Besuch im ausgezeichneten **Limestone Heritage**, einem modernen Museum, das sich mit der Geschichte des Kalksteins auf Malta beschäftigt und einen interessanten Einblick in diesen wichti-

Dokumentation des maltesischen Steinbruchs

gen Aspekt der maltesischen Inseln gibt. Das Museum wird von der Familie *Baldacchino* betrieben. 25 Jahre lang arbeitete Manuel zusammen mit seinem Vater Franz im Steinbruch. Ziel des Museums ist es, das alte Gewerbe zu dokumentieren und einen Einblick sowohl in die traditionellen als auch modernen Abbaumethoden zu geben. Zunächst erläutert ein fünfzehnminütiger Film die Geschichte und Abbaumethoden des Kalksteins. Danach geht es hinaus in den Museumshof, der in einem ausgedienten Steinbruch eingerichtet wurde. Beeindruckend ist die massive Wand als Hintergrundkulisse. Hier kann man gut erkennen, wo die Maschinen ansetzten, um den Stein abzutragen. Mit Kopfhörern ausgestattet (die Erläuterungen sind in verschiedenen Sprachen abrufbar) geht es auf eine audiovisuelle Entdeckungsreise, wobei dem Besucher die verschiedenen Stufen des Steinbruchhandwerks näher gebracht werden. Nach dem Rundgang kann man in einem kleines Museum seine Eindrücke vertiefen. Ausgestellt sind verschiedene Geräte, Maschinen und besonders schöne Fossilien, die im Stein gefunden wurden. Im Eingangsraum lädt ein nettes Café zur Stärkung und ein kleiner Souvenir- und Buchladen zum Stöbern ein. Das Museum hat solchen Anklang gefunden, dass es mittlerweile auch als Veranstaltungsort für andere Zwecke genutzt wird, wie z.B. Konzerte, Lesungen oder sogar Hochzeiten. Anlässlich der Limestone Heritage Weeks kommen Experten aus vielen Ländern, um sich über den maltesischen Kalkstein zu informieren.

Informationen per Kopfhörer

Von Siggiewi an die Küste

Von Siggiewi kann man entweder über Zebbug und Qormi zurück nach Valletta fahren (siehe S. 242 ff.) oder aber in südwestlicher Richtung durch das Girgenti Valley an die Küste fahren. Linker Hand sieht man bald auf einem Hügel (mit 238 Meter Höhe einer der höchsten der Insel) das 12,5 m hohe **Laferla Cross** (*Tas-Salib*). Es wurde 1903 hier aufgestellt. Von hier bietet sich ein schöner Blick auf das Land und die Küste. Eine Abzweigung geht nach **Fawwara**, einem hübschen Flecken zwischen dem Laferla Cross und dem Meer mit der kleinen Annunciation Chapel und einer unterirdischen Kapelle. Hier kann man wunderschön spazieren gehen. Nicht weit entfernt liegt in schöner Lage, direkt am Hang des Girgenti Valley, der **Sommerpalast des Inquisitors**. Er wurde 1625 bis 1627 auf Veranlassung von *Horatio Visconti* gebaut. Die Kapelle stammt von 1760. Das elegante Gebäude ist nur ein Zimmer tief, wobei alle sieben Zimmer miteinander verbunden sind. Jahrelang lag der Palast vernachlässigt da. Nach aufwändiger Renovierung dient er jetzt als Sommerresidenz des Premierministers und ist dementsprechend für die Öffentlichkeit nicht zugänglich.

schmales Gebäude

10. GOZO UND COMINO (ⓘ S. 137)

Allgemeiner Überblick

Redaktions-Tipps

- Sich im **Ta' Cenc Hotel** verwöhnen lassen. (S. 137)
- Bei **Ghester** in Xaghra zu Mittag essen, im **Oleander** in Xaghra oder in einem der netten **Fischrestaurants** in Xlendi oder Marsalforn zu Abend essen. (S. 137)
- Durch die **Hauptstadt Victoria** schlendern und die **Zitadelle** besichtigen. (S. 300 ff)
- Im Nordosten und im Süden der Insel spazieren gehen (S. 300 und 311)
- Den **Fungus Rock**, das **Azure Window** und den **Inland Sea** bestaunen. (S. 307 f)
- Die **Tempelanlage** von Ggantija besichtigen. (S. 313 ff)

Gozo liegt 6 km von Malta entfernt, und für die Passage über den Gozo Channel zwischen Cirkewwa auf Malta und Mgarr auf Gozo braucht die Fähre etwa eine halbe Stunde. Vielen Urlaubern ist die Existenz von Gozo oder „Ghawdex" (sprich: audesch), wie die Insel im Volksmund genannt wird, nur vage bekannt. Es gibt keinen Flughafen, und im Vergleich mit der Hauptinsel verbringen weitaus weniger Menschen hier ihre Ferien. Straßen und Wege sind geruhsamer, und es gibt deutlich weniger Autoverkehr. Die Dörfer und Städte wurden vorwiegend auf den felsigen Anhöhen der Insel gebaut. Dies bot etwas mehr Schutz gegen die häufigen Überfälle der Piraten und der Türken, die bis ins 18. Jh. hinein die kleine Insel bedrohten.

Fast im Zentrum der Insel erstreckt sich unter dem mittelalterlichen Burgberg mit der Zitadelle die Inselhauptstadt Victoria, auch Rabat genannt.

© igraphic

einsame Felsbuchten

Victoria ist das Verwaltungs- und Handelszentrum der Insel. Südlich und nördlich davon konzentriert sich in den Küstendörfern Marsalforn und Xlendi Gozos Fremdenverkehr. Sandstrände sind auf Gozo zwar ebenso rar wie auf Malta, doch dafür findet man eine Reihe einsamer Felsbuchten, in denen man baden kann, ohne Häuser und Hotels vor Augen zu haben. An Sehenswürdigkeiten kann Gozo einige Besonderheiten vorweisen, vorrangig einen der größten und ältesten Megalithtempel des maltesischen Archipels: Ggantija.

Zeitplanung

Alle Sehenwürdigkeiten Gozos lassen sich an einem Tag besichtigen. Deshalb kommen die meisten Urlauber auch nur für einen Tag hierher. Schöner ist es jedoch, wenn man sich ein paar Tage Zeit nehmen kann, um die kleine Insel in Ruhe kennen zu lernen. Wenn man an einem Erholungsurlaub interessiert ist oder intensiv Wassersport betreiben möchte, auf abendlichen Rummel aber verzichten kann, sollte man sich überlegen, den gesamten Urlaub auf Gozo zu verbringen und Malta von hier aus in Form von Tagesausflügen zu besichtigen.

Hinweis
Die in diesem Kapitel genannten Legenden über San Dimitri, Sansuna und Kalypsa sind angelehnt an Joseph Bezzinas „Vierzig Legenden von Gozo", Malta 1992.

Landesnatur

fruchtbare Täler

Gozo ist 14 km lang und 7 km breit. Die Insel wird von einem Hochplateau geprägt, das von fruchtbaren Tälern und flachen, langgestreckten „Bergen" (der höchste Punkt liegt bei 176 m ü. d. M.) durchzogen wird. Die Ortschaften sind im Gegensatz zu den Dörfern auf Malta klar voneinander getrennt. Zwischen den einzelnen Dörfern bleibt Platz für Landwirtschaft. Die Insel Gozo hat eine andere Gesteinszusammensetzung als Malta, insbesondere gibt es mehr „**blauen Ton**". Diese klebrige, wasserstauende Gesteinsschicht ist reich an Mineralstoffen und begünstigt die Fruchtbarkeit des Bodens entscheidend. Die Landschaft ist weniger schroff und karg, die Felder reicher bestellt und die Vegetation üppiger. Der kleinen Insel wurde daher auch der Beiname „**grünes Gozo**" verliehen.

Landschaft auf Gozo

An der Südseite gibt es steile Felsenklippen, bei Marsalforn, Xlendi und in der Ramla Bay kleine Sandstrände.

Bevölkerung

Gozo ist nur etwa ein Viertel so groß wie Malta und beherbergt mit 25.000 Menschen nur ca. ein Vierzehntel der maltesischen Staatsbürger. Mit einer Bevölkerungsdichte von 373 Personen pro km² ist sie also sehr viel dünner besiedelt als die große Schwesterinsel. Malta hat eine Bevölkerungsdichte von 1.240 Einwohner pro km². In der Hauptstadt Victoria leben die meisten Menschen. Insgesamt gibt es 13 weitere ländliche Ortschaften. Aufgrund von Arbeitsplatzmangel verlassen nach wie vor viele Gozitaner ihre schöne Insel. Auch pendeln viele täglich nach Malta zur Arbeit, beharren aber darauf, dass sie keine Malteser sind. Gozitaner sind sehr stolz auf ihre Insel und solidarisch miteinander verbunden. Politisch sind die Gozitaner überwiegend nationalistisch eingestellt. Ein Minister für Gozo vertritt seit 1987 die Interessen der kleinen Insel im maltesischen Kabinett.

dünn besiedelt

Wirtschaft und Landwirtschaft

Tourismus, Landwirtschaft und eine kleine Textil- und Fertigwarenindustrie (z.B. Kleidung und Schuhe) sind die Hauptarbeitgeber. Im Gegensatz zu Malta ist Gozo mehr von der Landwirtschaft bestimmt als vom Handel. Um nicht wertvolle Ackerfläche zu verlieren, sind die Felder im Terrassenbau angelegt. Der Nachteil ist, dass beim Terrassenbau der Einsatz von Maschinen so gut wie unmöglich ist. Wie eh und je wird vielfach mit Hacke und Sense gewirtschaftet, und der Eselkarren ist immer noch ein häufig verwendetes landwirtschaftliches Gerät. Fischerei und Viehwirtschaft spielen eine untergeordnete Rolle. Da das Land als Ackerland gebraucht wird, sieht man kaum Tiere, sie werden in Ställen gehalten. Der überwiegende Teil der landwirtschaftlichen Produkte, die auf Malta und Gozo produziert werden, stammt aus Gozo. Kartoffeln, Zwiebeln, Tomaten, Melonen, Pfirsiche, Nektarinen, Äpfel und Zitrusfrüchte sowie Wein sind die traditionellen Anbauprodukte. Teilweise sind zwei Ernten pro Jahr möglich. Ein Teil der ertragreichen Ernten kann exportiert werden, wie beispielsweise Tomaten.

Terrassenbau

Auf den Salinenfeldern im nördlichen Teil der Insel wird seit jeher Meersalz gewonnen. Im Westen der Insel wird Globigerinenkalkstein abgebaut. Auch auf Gozo sind fast alle Gebäude aus dem gelben Stein gebaut.

Tourismus

Eine wichtige Rolle für die Wirtschaft der kleinen Insel spielt der Fremdenverkehr. Von einem unentdeckten Paradies kann zwar mittlerweile nicht mehr die Rede sein, aber Gozo ist vor allem für Aktivurlauber (Wandern, Wassersport) und für Erholung und Ruhe suchende Urlauber interessant. Gozo verfügt über ausreichende Über-

Ruhe und Erholung

nachtungsmöglichkeiten in Hotels, Pensionen, Apartmenthäusern und zu Ferienhäusern ausgebauten ehemaligen Bauernhäusern (ⓘ Regionale Reisetipps S. 137). Marsalforn an der Nordküste und Xlendi an der Südküste sind die wesentlichen Touristenorte auf Gozo.

Geschichtlicher Überblick

lange besiedelt

Archäologische Funde belegen, dass die Insel bereits ebenso lange wie Malta, also schon seit dem 5. Jahrtausend v. Chr., besiedelt ist. Die Tempelanlage **Ggantija** entstand in der Mitte des 4. Jahrtausends. Sie ist damit eine der frühesten neolithischen Tempelanlagen. Wie auf Malta hat man auch auf Gozo bronzezeitliche Karrenspuren sowie Relikte aus der Zeit der Phönizier und der Römer entdeckt. Von den Phöniziern wurde Gozo als „*Göl*" bezeichnet. Griechen und Römern nannten sie „*Gaulus*". Italienische Quellen des 14. Jh. sprechen erstmals von „Gozo".

Das ganze Mittelalter hindurch hatte Gozo weit mehr als Malta unter Überfällen und Plünderungen durch Piraten und Türken zu leiden. Zwar war der antike Burgberg, die Zitadelle, bereits im 8. Jh. von den Arabern befestigt und später von den Rittern erneuert worden, doch konnte sie nur als Fluchtburg dienen. Eine ernsthafte Verteidigung der Insel war von dort aus nicht möglich. 1551 wurde Gozo von den Türken unter *Sinan Pascha* überfallen und fast ausgerottet. Erst im 17. Jh. erfolgte eine neue Besiedlung von Malta und Sizilien aus.

Küstenwachtürme

Im gleichen Jahrhundert errichteten die Johanniter eine Reihe von Küstenwachtürmen. Die Gefahr von Überfällen ließ nach, und so entstand gegen Ende des 17. Jh. unterhalb der Zitadelle die heutige Hauptstadt Victoria. Am Anfang des 18. Jh. plante Großmeister *de Vilhena* oberhalb des Hafens von Mgarr eine neue Stadt. Der Bau scheiterte jedoch an fehlendem Kapital. Als einziges Gebäude wurde 1749 das Fort Chambray errichtet, das man schon bei der Anfahrt auf den Hafen sehen kann. Während des Zweiten Weltkrieges bauten Briten und Amerikaner auf Gozo einen Behelfshafen, um die Invasion Siziliens vorzubereiten. Im Gegensatz zu Malta wurde Gozo jedoch von deutsch-italienischen Bombenangriffen verschont.

Sehenswertes auf Gozo

Die wichtigsten landschaftlichen und kulturellen Sehenswürdigkeiten von Gozo lassen sich problemlos an einem Tag besichtigen. Sie werden im Folgenden im Rahmen einer Rundfahrt, die ihren Ausgang im Hafenort Mgarr nimmt, beschrieben.

Mgarr

Gozos Fährhafen Mgarr (sprich: im-dscharr) besteht aus einem riesigen Parkplatz, wenigen Häusern, einigen Geschäften und ein paar schönen Hotels und Restaurants. Die meisten Besucher nehmen den hier wartenden Linienbus, um nach Victoria zu fahren.

Es gibt aber auch eine Autovermietung, und die Touristeninformation vermittelt Unterkünfte. Überragt wird der freundliche Ort von der neugotischen Kirche „**Our Lady of Lourdes**" (1888) mit ihrem markant spitzen Kirchturm sowie von den Festungsmauern des **Fort Chambray**. Das Fort wurde in der Mitte des 18. Jh. auf Veranlassung von Jacques de Chambray als letzter größerer Bau des Ritterordens errichtet. Von den Briten wurde es später als Kaserne genutzt, danach als Sanatorium. Heute entsteht hier ein kommerzielles Zentrum mit einem Hotel, Apartmentanlagen und Sport- und Freizeiteinrichtungen.

markanter Kirchturm

Ghajnsielem

Auch das ist moderner Kirchenbau

Etwas weiter landeinwärts beeindruckt ein weiteres Gotteshaus, der riesenhafte und mit einem spitzen Kirchturm versehene Neubau von **Ghajnsielem** (sprich: einsiälem, 2.100 Einwohner). Die Kirche ist der *Black Madonna of Loreto* geweiht. Der Baubeginn war 1922, vollendet wurde sie allerdings erst 1978, als der Gemeindepriester in der Lotterie gewann und 10.000 Lm für einen neuen Altar ausgeben konnte.

Am Ortsausgang von Ghajnsielem wurde in einem schönen ehemaligen Bauernhaus an der Hauptstraße (20 Mgarr Road) zwischen Mgarr und Victoria das kleine private „Museum" Gozo Heritage eingerichtet. In unterhaltsamer Weise wird hier im Schnelldurchgang die 7.000-jährige Geschichte Gozos dargestellt. Begleitet von speziellen Ton- und Lichteffekten sowie Erläuterungen vom Band, die in verschiedenen Sprachen abrufbar sind, demonstrieren nachgestellte Szenen mit lebensgroßen Figuren in Orginalgewändern und mit originalen Gerätschaften hantierend auf anschauliche Weise die Lebensumstände der Gozitaner. Der Besucher soll so in die Ereignisse der verschiedenen Geschichtsepochen zurückversetzt werden. Der Rundgang endet in einem Souvenirgeschäft, wo man auf Gozo hergestellte kunsthandwerkliche Produkte erwerben kann.

Geschichte Gozos im Schnell-durchgang

Xewkija

Xewkija (sprich: scheki:ja) ist ein ausuferndes Dorf mit 3.100 Einwohnern – *„ein Platz, aus dem Dornen wachsen"*, so der arabische Name. Der ganze Stolz der Dorfbewohner ist ihre – mehr oder weniger in Eigenarbeit und durch die Spenden der Dorfbewohner finanzierte Kirche. Sie wurde zwischen 1951 und 1973 gebaut und 1978 geweiht. Die alte Pfarrkirche (von 1665) ist in den neuen Krichenbau intergriert. Seine wuchtige Kuppel ist höher als die in Mosta auf Malta, und mit 86 m äußerem Kuppelumfang

der Stolz des Dorfes

und knapp 75 m Höhe ist der Bau sogar eine der größten Kuppelkirchen Europas. Die Kirche, ein unübersehbarer Blickfang, ist Johannes dem Täufer geweiht.

Plateau von Ta' Cenc

Das Hochplateau Ta' Cenc (sprich: ta-tschensch) erstreckt sich östlich von **Sannat**. In der ursprünglichen Landschaft gibt es schöne Spaziermöglichkeiten, wobei sich phantastische Ausblicke hinüber nach Malta und auf das Innenland Gozos ergeben. Die Klippen sind hier bis zu 145 m hoch. Die Gegend ist von bronzezeitlichen Spuren im Gestein durchzogen. Am Ortsausgang von Sannat befindet sich das aus Naturstein erbaute Fünf-Sterne-Hotel Ta' Cenc (ⓘ S. 158) dessen Bungalows sich harmonisch in die Umgebung einfügen. Hinter dem Hotel wurden zwei Dolmen entdeckt. Ein schöner Spaziergang ergibt sich zu der Bucht von **Mgarr ix-Xini**. Der Wachturm stammt von 1658. Er wurde zum Schutz vor Piraten gebaut. Die Bucht bietet schöne Bademöglichkeiten, und am vorgelagerten Fessej Rock finden Taucher gute Tauchreviere.

wunderschönes Hotel

Victoria/Rabat

Eine fast überdimensional große Schnellstraße führt von Xewkija zur Inselhauptstadt Victoria. 1887 wurde der alte arabische Name Rabat in Victoria umgetauft – zur Ehrung des 50-jährigen Thronjubiläums Königin Victorias. Bei den Inselbewohnern heisst die Hauptstadt jedoch nach wie vor Rabat. Die lebhafte Stadt hat 6.200 Einwohner und ist der wirtschaftliche und kulturelle Mittelpunkt der Insel. Rund um die schon von weitem sichtbare Zitadelle, hat sich im 17. Jh. die Vorstadt entwickelt.

gleich zwei Opernhäuser

In der von West nach Ost leicht ansteigenden Republic Street, der Hauptstraße Victorias, befinden sich kurioserweise zwei (!) Opernhäuser. Das **Astra** und das **Aurora** bieten jeweils Platz für 1.000 Besucher. Sie werden von privaten, miteinander konkurrierenden Gesellschaften betrieben. Staatliche Unterstützung gibt es keine. Nur noch selten finden in den Häusern Gastspiele großer Orchester oder Opernensembles statt. Hauptsächlich dienen sie als Kino, für Vorträge oder als Diskothek für die Jugend Gozos. Das Astra und das Aurora konkurrieren auch bei den „Festas" miteinander, denn das eine Opernhaus ist mit der Kathedrale verbunden, die das Himmelfahrtsfest ausrichtet, das andere Opernhaus mit St. George. Vor der Unabhängigkeit der Inseln hieß die Republic Street „*Racecourse Street*". Diesem Namen macht die breite Straße

Schöner Blick auf Victoria

Beliebtes Café am Hauptplatz

noch zweimal im Jahr Ehre, nämlich am 3. Wochenende im Juli, dem St. Georg Day, und an Himmelfahrt, dem 15.8., wenn entlang der alten „*Racecourse Street*" Pferderennen stattfinden. Das Himmelfahrtsfest ist sehr beliebt, und die Malteser kommen in hellen Scharen nach Gozo. Die **Rundle Gardens**, ebenfalls an der Republic Street, sind Gozos einziger Park mit Pflanzen aus aller Welt. Die Gartenanlage wurde um 1914 im Auftrag des britischen Gouverneurs Sir *Leslie Rundle* (1909-15) angelegt.

beliebte Festa

Am **Main Square** („*It Tokk*" = Treffpunkt) findet allmorgendlich ein Markt statt. Rund um den Platz laden die engen Gassen mit ihren kleinen Läden und Cafés zu einem Bummel ein. In Gehentfernung vom It Tokk liegt nördlich die Zitadelle. Südlich vom Main Square liegt der St. George's Square. Die Kirche **St. George** (1672-1678) wurde beim Erdbeben 1693 stark zerstört. Die jetzige Fassade stammt von 1818, Querschiff und Seitenschiffe wurden 1935 bis 1945 erneuert. St. George ist eine der am üppigsten dekorierten Kirchen Gozos.

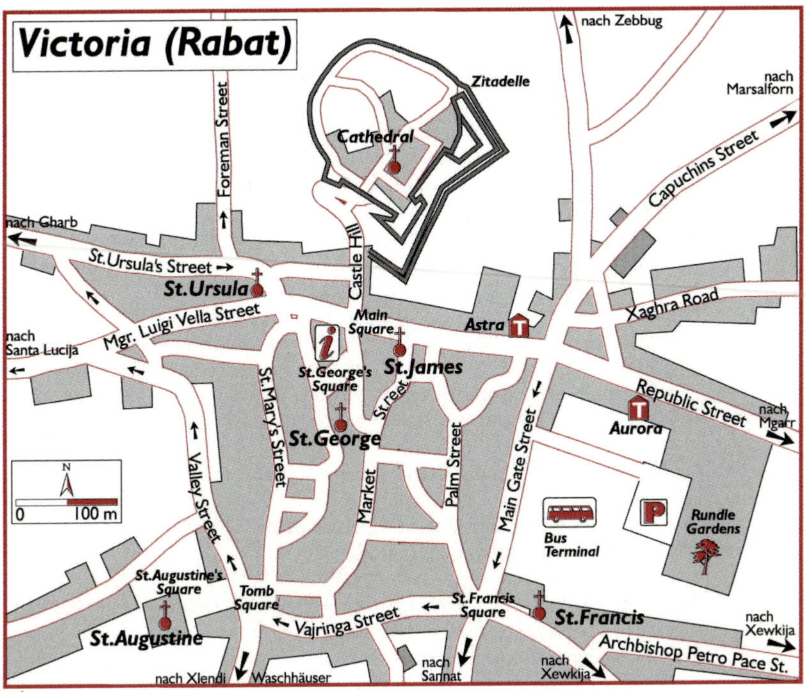

aus einem Baumstamm geschnitzt

Gian Battista Conti, ein Maler aus Rom, malte die Deckengemälde, *Mattia Preti* und *Francesco Zahra* schufen einige der Altarbilder. Andere Malereien sind Arbeiten von *Giuseppe Cali* und *Stefano Erardi*. Die reichlich verzierte Statue des hl. Georg wurde 1841 von *Paolo Azzopardi* aus einem Baumstamm geschnitzt. Der Bronzealtar ist eine kleinere Version von Bernini's Altar in St. Peter in Rom.

Hinter St. Georg beginnt der älteste Teil der Stadt, **il-Borgo**. Die engen Straßen und Gassen waren geeignet, Eindringlinge in die Irre zu führen. Einige der Häuser haben schöne Steinbalkone.

Am südlichen Ortsrand führt die Straße nach Xlendi. Im Ortsteil Fontana kommt man an zwei öffentlichen **Waschhäusern** vorbei (*Ghajn il-Kbir* bzw. *Ghajn Bendu*), die der deutsche Ordensritter *Wolfgang Philipp von Guttenberg* den Insulanern stiftete (zu Guttenberg siehe auch S. 27). Die Waschhäuser wurden in natürlichen Höhlen eingerichtet. Gegenüber bietet das Souvenirgeschäft „*Fontana Cottage Industrie*" eine Auswahl an handgearbeiteter Klöppelspitze. Man kann den Frauen dort bei ihrer Arbeit zuschauen.

Zitadelle

herrlicher Rundblick

Die Besichtigung der Zitadelle gehört zum Pflichtprogramm eines jeden Gozo-Besuches, nicht nur wegen des herrlichen Rundblicks über die ganze Insel, der sich bei einem Rundgang über die Kastellmauern ergibt, sondern auch wegen der Architektur innerhalb der Festungsmauern und der hier eingerichteten Museen. Die Anfänge der Zitadelle (*Citadel*), auch „*Gran Castello*" genannt, liegen in punischer und römischer Zeit. Auch die Araber nutzten den strategisch günstigen Platz in der Inselmitte und befestigten ihn nach 870 erneut. Im Jahre 1551 durch die Türken vollständig zerstört, sorgten die Johanniter Ende des 16./Anfang des 17. Jh. in mehreren Bauphasen für ihren Wiederaufbau. Ein bis 1637 gültiges Gesetz schrieb den Bewohnern Gozos vor, dass sie die Nacht in den Kastellmauern verbringen mussten. Nach Aufhebung dieser Vorschrift (Mitte des 17. Jh.) zog sich die Bevölkerung nur noch in Notfällen in die Zitadelle zurück, ihre Häuser errichteten sie zunehmend in der sich langsam vergrößernden neuen Stadt unterhalb der Zitadelle. Heute leben nur noch wenige Menschen innerhalb der Burg. Im Inneren der Zitadelle wurde seit 1960 das ursprüngliche Straßennetz planmäßig freigelegt und einige Häuser restauriert, in denen heute verschiedene Museen eingerichtet sind. Von den Festungsmauern aus ist bei klarer Sicht sogar das 90 km entfernte Sizilien zu sehen.

Am besten parkt man in der Castle Street und geht dann die wenigen Schritte zu Fuß den Castle Hill hinauf. Im Citadel Theatre am Castle Hill kann man sich in der Multivisionsshow **Gozo 360 Degrees „Island of Joy"** über die Geschichte der Insel informieren. Die Vorführungen dauern 25 Minuten.

neues Haupttor

Zunächst gelangt man zum architektonisch wenig geglückten modernen **Haupttor** (1). Da das alte Haupttor zu niedrig war, um bei religiösen Prozessionen die Statuen bequem hindurchzutragen, entstand 1956 dieser Neubau. Die damalige Kultur-

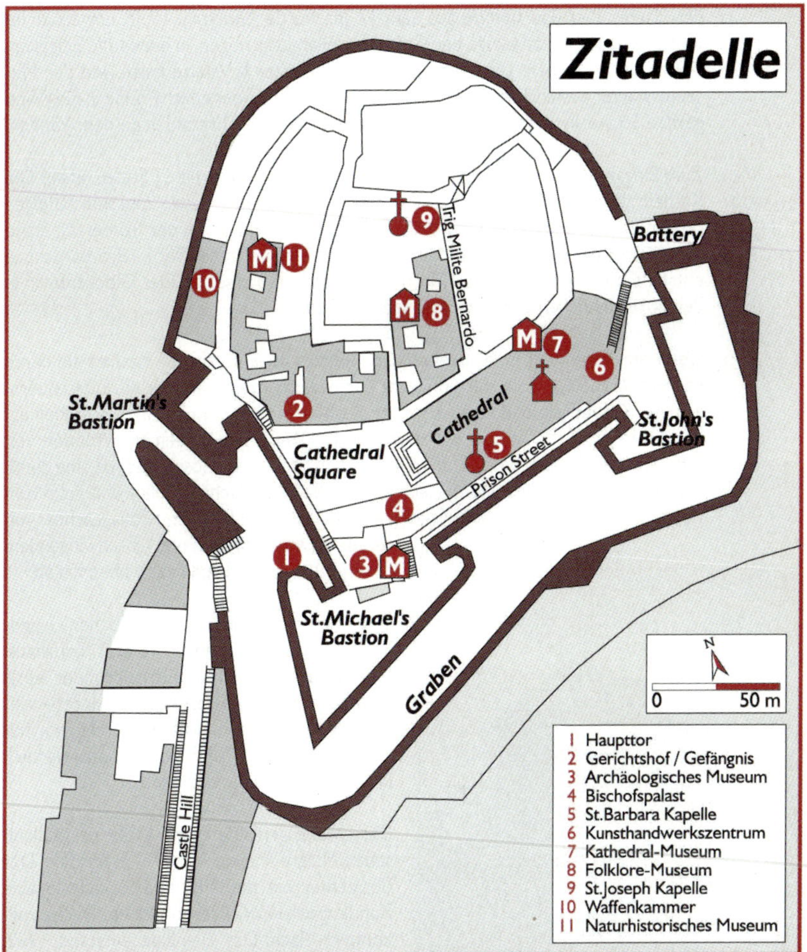

ministerin (die spätere Präsidentin Maltas) die den Bau genehmigte, war Miss *Agatha Barbara*. Ihr Name bot sich für regen Spott an: „*Quod non fecerunt barbari, fecit Barbara – Was die Barbaren nicht getan haben, hat Barbara erledigt*". Der alte Haupteingang zur Zitadelle befindet sich etwas weiter unterhalb. *reger Spott*

Nach Durchschreiten des Haupttores gelangt man auf den Cathedral Square, den kleinen Hauptplatz der Zitadelle, der von der Kathedrale beherrscht wird. An der Südseite (rechts) erhebt sich der **Bischofspalast** (4). Der **Gerichtshof** (2) der gozitanischen Università (heute Verwaltungsgebäude) liegt gegenüber an der Nordfront des Platzes. Der Bau stammt aus dem 17. Jh., wurde jedoch im 19. Jh. umgebaut. Im **Gefängnis** kann man einige der Gefängniszellen besichtigen, in denen die Eingekerkerten teilweise viele Jahre lang saßen. Großmeister la Valette hatte, wie der Museumswärter ausführlich erklärt, die einzige Zelle mit „Sonnenlicht": eine in die Wand geritze Sonne. In anderen Zellen sieht man Schiffe und Jahrezahlen an den Wänden.

breite Freitreppe

Zum Eingangsportal der **Kathedrale** führt eine Freitreppe mit 31 Stufen hinauf. Die Kathedrale ist der Mariä Himmelfahrt geweiht. 1864 wurde Gozo zum selbständigen Bistum erklärt und das Gotteshaus zur Kathedrale ernannt. In der Römerzeit stand hier bereits ein Tempel und im Mittelalter eine kleine Kirche. Der jetzige Barockbau entstand zwischen 1697 und 1711 nach Plänen Lorenzo Gafàs. Der Glockenturm in der nordwestlichen Ecke kam erst später hinzu.

Über dem Grundriss eines lateinischen Kreuzes beeindruckt die Kathedrale durch ihre Schlichtheit und die Harmonie der Formen. Kennzeichnend für die Entstehungszeit der Kathedrale und ihre wehrhafte Position sind die zwei großen Kanonen auf der Freitreppe zur Kirche. Sie stammen von 1680 und zeigen die Wappen von Grandmaster *Cottoner* und *Caraffa*. Die Fassade ist zweigeschossig und hat eine durch Pilaster vertikal gegliederte mittere Achse. Die Wandflächen rechts und links vom Portal sind ungegliedert. Auf vorkragendem Gesims schließt ein Attikageschoss mit geradem Dreiecksgiebel und einschwingendem Seitengiebel das Gebäude nach oben hin ab.

Zwei Kanonen „bewachen" den Eingang zur Kathedrale

Das Innere zeigt den für Gafà typischen Grund- und Aufriß: ein tonnengewölbtes Langhaus, Querschiff, einen Chor mit halbrunder Apsis und überkuppelte Seitenkapellen. Interessant sind die Grabplatten aus buntem Marmor mit Einlegearbeiten im Fußboden, wie man sie auch in Valletta und in Mdina findet.

Das Deckengemälde ist ein Werk des italienischen Malers *Antonio Manuele de Messina*. Der Betrachter hat die Illusion, er schaue in eine Rundkuppel. In Wirklichkeit ist die Decke vollkommen flach. Das Gemälde entstand 1732. Die Malereien im Tonnengewölbe stammen aus heutiger Zeit. Beachtenswert sind weiterhin der Hauptaltar von 1855 und ein Taufbecken aus Alabaster von 1742.

Am 15. August wird rund um die Kirche herum das **Fest der Mariä Himmelfahrt** begangen, einem der größten und wichtigsten Ereignisse im Jahreskalender Gozos. Die Straßen werden festlich geschmückt, es finden Prozessionen und ein buntes Feuerwerk statt.

Von der Zitadelle aus kann man die ganze Insel überblicken.

Im **Kathedral Museum** (7) wird der Kirchenschatz der Kathedrale aufbewahrt und teilweise präsentiert: Kunst- und Gebrauchsgegenstände aus dem 19. Jh., beispielsweise kostbare Gewänder, Leuchter und Gefäße aus Gold und Silber sowie Gemälde (*Giuseppe Hyzler, Michael Busetti* und *Tomaso Medion)* und wertvolle Weihgaben und Dokumente zur Geschichte der Diözese. Auch einige Marmorsäulen des früheren römischen Tempels sind zu sehen.

Besonders interessant ist das **Archäologische Museum** (3) in der Casa Bondi rechts vom Cathedral Square. In dem restaurierten Adelspalast kann man Fundstücke aus Gozo von der Steinzeit bis zum Mittelalter bestaunen. Besonders wichtige Exponate sind zwei Steinplatten. Die eine trägt auf der Schmalseite das Relief einer Schlange und stammt aus den Tempeln von Ggantija. Sie gilt als älteste bildliche Darstellung auf den maltesischen Inseln. Die andere Steinplatte, ein Grabstein aus Marmor, ist ein Überrest der arabischen Epoche auf Gozo und stammt wohl aus dem Jahr 1174: Wissenschaftler interpretierten die kufischen Schriftzeichen als Klage

Relief einer Schlange

über den frühen Tod eines Mädchens namens Maimuna. Von Interesse ist die stattliche Sammlung an Münzen aus der Zeit vom 5. Jh. v. Chr. bis zum Ende der römischen Herrschaft. Ebenfalls aus punischer Zeit stammen der Terrakotta-Sarkophag mit einem Skelett in Hochstellung und Fragmente von Statuen und Schmuck. 1912 fand ein Fischer auf Comino unter einer halben Amphore ein Skelett, das auf das 2.-5. Jh. v. Chr. datiert wird. Aus dem 1./2. Jh. n. Chr. stammt die römische Glasamphore, in der wohl die Asche eines Menschen aufbewahrt wurde. Die fünf Aquarelle des deutschen Künstlers *H. von Brocktorff* im Eingangsraum stammen von 1827 und zeigen die Ausgrabungen der Tempelanlagen von Ggantija.

Skelett in Hochstellung

Am Ende der Prison Street befindet sich das kleine **Naturgeschichtliches Museum** (6). Das Gebäude stammt von 1614, wurde Ende des 19. Jh. vergrößert und diente bis 1964 als Gefängnis. Neben Exponaten der Tier- und Pflanzenwelt aus aller Welt werden Sammlungen zur Flora, Fauna und Geologie der maltesischen Inseln gezeigt. Ein Kuriosum des Museums ist ein Gesteinsstück vom Mond. Der gewölbte Raum im Erdgeschoss war einst eine Kapelle und angeblich die älteste der Zitadelle.

sizilo-normannischer Stil

Das **Folklore-Museum** (8) wurde in zwei restaurierten Häusern im sizilo-normannischen Stil aus dem 14./15. Jh. eingerichtet. Kennzeichen dieser Architektur sind die feinen Steinmetzarbeiten, die halbspitzen Türbogen und die Mittelsäulen der Fenster. Gezeigt werden landwirtschaftliche Geräte und Gebrauchsgegenstände aus dem Alltagsleben der Gozitaner, Kunsthandwerk sowie Trachten, Spitzenklöppeleien, Webdecken und silberne Votivtäfelchen. Im Erdgeschoss ist eine alte Kornmühle zu sehen, die einst von Eseln angetrieben wurde. Ein Besuch des Folklore-Museums lohnt nicht nur wegen der Exponate, sondern auch wegen des Gebäudes selbst mit seinen zahlreichen verwinkelten winzigen Räumen. Wenige Schritte weiter gelangt man zum **Bastionsgürtel**. Die Ausblicke von hier auf das hügelige Land und auf die Küste sind großartig.

Das **Waffenmuseum** (*Armoury*) (10) ist im Turm der St. Martin's Bastion, die die Zitadelle im Westen begrenzt, untergebracht und kann nur nach vorheriger Anmeldung besichtigt werden (☏ 21 564 188). Gezeigt werden Waffen, Rüstungen und Wappen.

Xlendi

Die Fahrt von Victoria führt 3 km schlängelnd durch hügeliges Weideland nach **Xlendi** (sprich schlendi). Zu Fuß läuft man etwa eine Stunde. Der im Sommer lebhafte, im Winter eher verschlafene Badeort zwängt sich zwischen die bis zu 100 m aufsteigenden Talwände des *Wieds* (= eine durch Erosion ausgewaschene Felsschlucht). Xlendi liegt an einer mehreren hundert Meter langen, schlauchähnlichen tiefblauen Bucht. Da der Strand winzig ist, weichen die Sonnenbader auf die präparierten Uferfelsen aus. Über besondere Sehenswürdigkeiten verfügt der kleine Ort nicht, er lohnt aber wegen seiner schönen Lage durchaus einen Besuch. Neben den vielen modernen Apartmenthäusern (auf der linken Buchtseite), einigen schlichten Hotels und einem 4-Sterne-Hotel gibt es eine Reihe von Cafés und kleinen Restaurants entlang

tiefe Bucht

der Uferpromenade. Die alten Häuser wurden weitgehend renoviert und bieten einen netten Anblick. Auf der rechten Uferseite der Bucht führt eine steile Treppe den Berg hinauf zu einer Aussichtsplattform und weiter zur kleinen, meeresumspülten Höhle Ghar Ta' Karolina (Karolina-Grotte) im vorderen Bereich der Bucht. An der linken Uferseite führt ein Fußweg um eine zweite Bucht herum zu einem Wachturm (1658). Von dort hat man den schönsten Überblick über die Xlendi Bay und über die Steilküste bis hin zur Südwestspitze Gozos. Die unterhalb gelegenen ehemaligen Salinenfelder werden gerne zum Sonnenbaden genutzt. Oberhalb des Turmes gibt es eine kleine Straße durch die Terrassenfelderkulturen nach Munxar (sprich: munschar) und weiter nach Sannat.

Heiligenstatuen sieht man überall: Der hl. Andreas

San Lawrenz

Die kleine Ortschaft San Lawrenz kann mit einem 5-Sterne-Hotel aufwarten (ⓘ Regionale Reisetipps S. 137) sowie mit dem Kunsthandwerkszentrum **Ta' Dbiegi**, wo man Schmuck, Lederartikel, Keramik und Spitzen erwerben kann.

Dwejra Bay, Dwejra Lake, Fungus Rock und Azure Window

Hinter San Lawrenz, vorbei an imposanten Steinbrüchen, ist bald an der Westküste die **Dwejra Bay** und der berühmte **Dwejra Lake** erreicht. An der Bucht warten zahlreiche Eisstände und ein kleines Café auf die Besucher. Die U-förmige Felsbucht Dwej-ra Bay wird von einer beeindruckenden Steilküste eingefasst. Die Bucht gilt als paradiesisches Tauchrevier. Baden sollte man hier aber nur bei ruhiger See. Auf den Felsvorsprüngen und dem kurzen Kiesstrand aalen sich die Sonnenanbeter.

paradiesisches Tauchrevier

Beeindruckende Küstenlandschaft

Auf dem Bergrücken über dem See und auf den Felsplateaus kann man viele in den Globigerinenkalk eingelagerte Fossilien und Millionen prähistorischer Muscheln sehen. Somit stellt die Gegend auch eine Fundgrube für den naturhistorisch und geologisch interessierten Besucher dar. Der Dwejra Lake, ein Binnensee, wird von einem 100 m hohen steilen und 500 m breiten Felsen eingerahmt. Unter dessen höchstem Punkt verläuft ein „Tunnel" hinaus ins Meer. Der See stellt ein ideales und ruhiges Badegewässer dar und ist durch das Meerwasser, das durch das Loch ein- und ausdringt, stets frisch. Am Ufer stehen die Bootsschuppen der Fischer aus Gharb und San Lawrenz. Kinder baden dort, Taucher starten von den Anlegern aus zu Exkursionen, und Fischer bieten Bootstouren an. Im Sommer öffnet ein einfaches Restaurant seine Pforten.

Binnensee

Bei Gozitanern wird der **Fungus Rock** „*Il Gebla Tal-General*" (der Felsen des Generals) genannt. Es handelt sich um einen 20 m hohen Felsen, der steil aus dem Meer ragt und auf dem einst eine weltbekannte Rarität zu finden war, der berühmte *Fungus Gaulitanus* oder *Fungus Melitensis* (*Cynomorium coccineum*), nämlich eine Art Pilz, dem die Ritter große Heilkräfte zuschrieben. Die etwa 20 cm große Pflanze, die in Europa nur hier wächst, galt im 16. und 17. Jh. als Allheilmittel und war dementsprechend kostbar. Wegen ihrer vermeintlich blutstillenden Wirkung wurde die Pflanze bei Wunden oder Blutungen angewendet. Im 17. und 18. Jh. wurde der Pflanzenextrakt für viel Geld an europäische Fürstenhäuser verkauft. Der Fungus Rock wurde deshalb Tag und Nacht bewacht, und zu diesem Zwecke errichteten die Ritter sogar einen Wachturm. Da der Fungus Rock durch die Steilheit des Felsens fast unzugänglich war, bauten sie vom Turm aus eine Seilbahn zum Felsen. So konnte der Berg sogar bei schwerer See erreicht werden.

weltbekannte Rarität

Der Turm ist noch gut erhalten und kann besichtigt werden. 1968 wurde die Pflanze pharmazeutisch untersucht. Heilende Wirkstoffe konnten nicht nachgewiesen werden.

Das Azure Window

Nördlich der Dwejra Bay liegt das **Azure Window**. Auf zwei gewaltigen Felssäulen von je 40 m Durchmesser ruht eine etwa 100 m lange und 20 m dicke Felsplatte, so dass eine riesige Öffnung von etwa 30 bis 40 m entsteht, durch die das azurblaue Wasser der Dwejra Bay leuchtet.

Volkstümlich wird dieses Naturwunder deshalb „*Azure Window*" oder „*It Tiega*" genannt. Von dem vordersten Felsen aus hat man einen phantastischen Blick auf die Steilküste.

Prachtvolle Kirche

Gharb und Ta'Pinu

Der nordwestliche Teil der Insel macht einen ruhigen, fast verschlafenen Eindruck. Beschützt von Klippen, entwickelte sich hier, früher als in anderen Teilen der Insel, die Landwirtschaft. Nach wie vor stellen Kirche, Familie und Felder die wichtigsten Säulen der dortigen Bevölkerung dar.

Das Dorf **Gharb** (sprich: aarb) ist vermutlich eine arabische Siedlung, denn der Ortsname bedeutet im Arabischen „*Westen*". Der Ort hat 1.000 Einwohner und wirkt auch heute noch sehr ursprünglich. Einige der alten Häuser haben schöne Steinbalkone. Die Grundsteinlegung der Pfarrkirche war 1699, 20 Jahre nachdem das Dorf zur Gemeinde erklärt worden war. Es war üblich, dass die Gemeinde Wünsche hinsichtlich der Gestaltung ihres Gotteshauses äußern durfte. Obwohl Gharb damals lediglich aus einer winzigen Kapelle und ein paar Farmhäusern bestand, fiel die Wahl alles andere als bescheiden aus. Als Modell wählte man die römische Kiche Santa Agnese, ein Bau von *Francesco Borromini*, der im damals modernsten Stil, nämlich Barock, arbeitete. Im Inneren der Kirche kann man ein Altarbild von *Francesco Zahra* sehen, ein Geschenk von Grandmaster de Vilhena.

Am Kirchplatz lohnt das **Gharb Folk Museum** einen Blick. Es ist in einem hübschen alten Farmhaus untergebracht und beherbergt eine große Sammlung an volkskundlichen Exponaten. Auch eine alte Druckpresse ist ausgestellt.

Nicht zu übersehen ist der spitze Turm von **Ta' Pinu**, nur knapp einen Kilometer östlich von Gharb. Da unzählige wundersame Heilungen mit dieser Pilgerstätte in Verbindung gebracht werden, wird die Kirche auch das „Lourdes" von Malta genannt.

berühmte Pilgerstätte

Die gozitanische Bäuerin Carmela Grima hatte am 22. Juni 1883 eine Erscheinung. Sie befand sich in einer Kapelle auf dem Feld, als sie die Stimme der heiligen Maria zu hören glaubte. Natürlich sprach sich die Erscheinung herum, und nachdem der Papst 1920 diesen Ort und die Erscheinung offiziell anerkannt hatte, begann man mit dem Bau der Basilika im neoromanischen Stil. Finanziert wurde das Gotteshaus mit Spenden von Maltesern aus aller Welt. 1931 waren die Arbeiten abgeschlossen, und 1932 wurde die Kirche von Papst *Pius XI.* zur Basilika erhoben. Am Ende des Kirchenschiffs sind die Überreste einer kleinen Kapelle aus dem 15./16. Jh. in den Bau einbezogen. Links vom Altar kann man in einer kleinen Kapelle das Grab der Bäuerin

Die Wallfahrtskirche von Ta' Pinu

Carmela Grima sehen. In der Sakristei belegen zahlreiche Votivgaben, aber auch von Geheilten zurückgelassene Krücken und Prothesen, die Wundertätigkeiten der Gottesmutter. Die mediterrane Gläubigkeit mag – zumindest auf protestantische Reisende – etwas befremdlich wirken. Nicht nur Gozitaner schwören auf die Wunderheilungen und Gnadenakte, die sie den Gebeten zur Gottesmutter von Ta'Pinu hier verdanken, sondern alljährlich pilgern Tausende von Gläubigen aus aller Welt zu dieser Wallfahrtsstätte. Nach Ansicht der Insulaner hat die Mutter Gottes dort nicht nur bei vielen Heilungsuchenden Wunder bewirkt, sonden auch die Insel insgesamt vor Unheil bewahrt. 1887 soll sie das Übergreifen einer Choleraepidemie von Malta nach Gozo verhindert haben, und im Zweiten Weltkrieg verschonte sie Gozo vor Luftangriffen.

Gnadenakte

In den installierten Telefonboxen können für einen kleinen Obulus auch in deutscher Sprache Informationen abgerufen werden.

INFO Eine gozitanische Legende

Um die Kapelle *San Dimitri* rankt sich eine schöne Legende, die zu jener Zeit spielt, als die Bewohner von Gozo regelmäßig von Piratenüberfällen gebeutelt wurden. Die Piraten hassten die Christen und stahlen alles, was nicht niet- und nagelfest war: Nahrung, Tiere, Frauen und Männer.

Nahe der Kapelle wohnte *Zgugina*, eine alte Frau mit ihrem einzigen Sohn *Matthias* in großer Armut. Jeden Tag betete sie für dessen Wohlergehen zum hl. Dimitri. Als Piraten auf der Insel anlandeten, verwüsteten sie die Felder und die Kapelle und entführten den geliebten Sohn, um ihn in die Sklaverei zu schicken.

In ihrer Verzweiflung betete Zgugina zum Heiligen, und ein Wunder geschah: Plötzlich fing *Demetrius* an, sich zu bewegen, ritt auf seinem stolzen Pferd aus dem Altarbild hinaus und über das Meer hinter dem entschwindenden Piratenschiff her. Wenig später kam er mit dem Sohn zurück. Zwar wurde die alte Kapelle angeblich während eines Erdbebens zerstört, doch erinnert das Altarbild noch heute an diese Geschichte.

Zur Kirche gehört ein frei stehender Campanile im neoromanischen Stil, der fast ein wenig an den Big Ben in London erinnert. Gegenüber der Kirche führt ein von Heiligenstatuen gesäumter Weg hinauf auf einen Hügel.

Ein schöner, 2 km langer Spaziergang ergibt sich von Ta' Pinu aus durch die Terrassenlandschaft zur Kapelle **San Dimitri**. Der Bau stammt aus dem 15. Jh., wurde aber 1736 erheblich erweitert. Auf dem Altarbild (1810) ist der hl. Dimitri auf einem weißen Hengst abgebildet. Eine alte Frau kniet zu seiner Linken und fleht ihn um Hilfe an. Im Hintergrund sieht man einen angeketteten Mann. Von der Kapelle aus hat man einen herrlichen Blick über die Landschaft und zu den Dörfern San Lawrenz, Gharb, Ta' Pinu, Ghammar und dahinter Zebbug.

schöner Spaziergang

Zebbug

Der Name Zebbug bedeutet „*Der Ort, an dem Oliven gedeihen*" und weist auf die Bedeutung Zebbugs als Landwirtschaftszentrum hin. Oliven gibt es hier allerdings nicht mehr. Der kleine Ort liegt in 130 m Höhe auf einem lang gestreckten Bergrücken, 2 km von Marsalforn entfernt. Von hier aus hat man einen schönen Panoramablick und herrliche Möglichkeiten für Spaziergänge.

Die Architektur Zebbugs erinnert an Dörfer des Südostzipfels Siziliens. Dies erklärt sich dadurch, dass Zebbug nach der Erdbebenkatastrophe von 1693 im Stil des sizilianischen Barocks wieder aufgebaut wurde. Die Kirche stammt von 1739. An beiden Glockentürmen gibt es eine Uhr, wobei allerdings nur eine die richtige Zeit anzeigt. Die andere dient dazu, den Teufel in die Irre zu führen – eine gängige Methode auf Malta und Gozo. Auch in Zebbug gibt es am Kirchplatz ein kleines Heimatmuseum.

den Teufel in die Irre führen

Von Zebbug geht es gen Norden auf einer serpentinenreichen Straße, 100 Höhenmeter überwindend, zur Küste hinab. Hier befinden sich die Salinenfelder von **Qbajjar**. Nur im Sommer ist die Sonne stark genug, um effektiv Meersalz zu gewinnen. Die Pfannen sind ca. 2 m^2 groß und wurden aus dem Fels herausgeschlagen. Hier hinein wird das Meerwasser gefüllt, das in etwa einer Woche verdunstet. Die zurückbleibende Salzmasse wird erneut getrocknet. Einige Bassins dienen auch als Auffangbecken für Angler, die ihre Fische hier zappeln lassen.

Marsalforn

Marsalforn liegt drei Kilometer von Victoria entfernt. Der Name weist auf eine Hafenbäckerei (ital.: *forno* = Ofen) hin, die während der Johanniterzeit hier betrieben wurde. In der Vergangenheit war der Ort häufg Schauplatz von Piratenüberfällen. Heute ist Marsalforn ein beliebter und lebhafter Bade- und Urlaubsort. Überragt wird der Ort von einer modernen **Christusstatue** mit ausgetreckten Armen. Da die frühere Betonstatue vom Blitz getroffen und zerstört wurde, errichtete man eine neue aus Fiberglas. Die Bucht wird von einer Uferpromenade gesäumt. Hier befinden sich Bars, Restaurants und einige schlichte Hotels. Am Rande des Dorfers gibt es zahl-

häufige Piratenüberfälle

reiche Apartmenthäuser. Am Abend ist hier mehr los als am Tage, weil dann alle, Urlauber und Einheimische zugleich, die Promenade auf- und ab flanieren. Viele Malteser und Gozitaner verbringen hier die heißesten Monate des Jahres. Direkt im Ort gibt es einen winzigen Badestrand. Aber auch von den Felsterrassen rund um die Bucht kann man bequem ins Wasser steigen. Weitere Bademöglichkeiten bestehen nach Westen an der linken Buchtseite, und gen Osten ist nach etwa einer Stunde Fußmarsch die Ramla Bay erreicht.

schöne Bademöglichkeiten

Xaghra

Unterhalb des Bergrückens, der Marsalforn östlich begrenzt, führt eine Landstraße aus dem hübschen Marsalforn Valley hinauf auf das **Plateau von Xaghra**. Auch von Victoria aus gibt es eine von Oleanderbäumen gesäumte Straße auf das Xaghra Plateau. Das lebhafte Dorf **Xaghra** (ausgesprochen: schara) hat 3.200 Einwohner. An seinem Dorfplatz erhebt sich eine neobarocke Kirche aus dem 19. Jh.. Die imposante Fassade wird durch drei Barockportale und eine vorspringende Mittelachse gegliedert. Das Langhaus ist von einer Kuppel bekrönt. Rund um den Marktplatz befinden sich einige Bars und das nette Restaurant Oleander.

Die **Windmühle** am östlichen Dorfausgang von Xaghra wurde 1724 im Auftrag des Großmeisters Manoel de Vilhena errichtet. Zeitgleich entstanden Mühlen in Nadur und Gharb. Hervorragend renoviert, beherbergt sie heute ein kleines Museum. (Der Eintrittspreis zu Ggantija erlaubt auch den Besuch der Windmühle.)

Die Windmühle von Xaghra ist heute ein Museum.

Tropfsteinhöhlen

Unter zwei Privathäusern (vom Dorfplatz aus ausgeschildert) sind bei Ausschachtungsarbeiten 1888 bzw. 1923 kleine Tropfsteinhöhlen mit stalaktitischen und stalagmitischen Formen entdeckt worden, die man besichtigen kann: **Ninu's Cave** und **Xerri's Grotto**. Lustig ist, dass man fast durch die Privaträume der Hausbesitzer gehen muss, um die Höhlen zu sehen. Die Besichtigung empfiehlt sich, wenn man der maltesischen Sommerhitze für einige Minuten entfliehen möchte.

Wie der reizende Besitzer der Xerri's Grotte, der Enkel des Entdeckers, bei einer 10-minütigen Führung erläutert, kann man alle möglichen Steinformationen erkennen: eine Giraffe, ein Schaf, das Ohr eines Elefanten, selbst einen Streifen Schinkenspeck. Während des Zweiten Weltkrieges hat sich die Familie hier, zehn Meter unter der Erde, versteckt und die Höhle immer weiter ausgegraben.

Spielzeugmuseum

In der Gnien Xibla Street, an der Straße zur Ramla Bay, lohnt auch das kleine Spielzeugmuseum, das **Pomkizillious Museum of Toys**, einen Besuch. Das Museum beruht auf einer privaten Sammlung, mit der 1965 begonnen wurde. Zu sehen sind Puppen, Puppenhäuser und verschiedenes Spielzeug. Die frühesten Ausstellungsstücke stammen aus dem späten 18. Jh. Eine lebensgroße Figur des englischen Künstlers und Schreibers *Edward Lear* gab dem Museum seinen Namen. Lear, der Malta verschiedene Male besuchte, kam 1866 auch nach Gozo und schrieb begeistert in einem Brief: *„Did I tell you of my visit to Oudesh, vulgarly called Gozo? It was a most pleasant one and with the aid of Giorgio (dem Diener) I drew every bit of it, walking fifteen miles a day. Its coast scenery may truly be called Pomskizillious and Gromphibberous, being as no other words can describe its magnificence."*

Am südlichen Ortsrand von Xaghra (gut ausgeschildert) liegt **Ggantija**, Gozos wichtigste Sehenswürdigkeit.

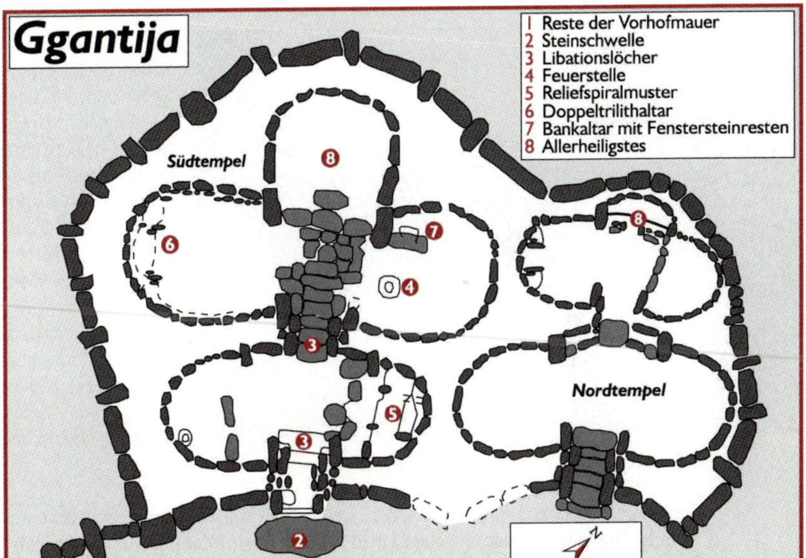

© igraphic

Der Tempelkomplex von Ggantija (sprich: dschi:ganti:ja) ist eine der ältesten und größten neolithischen Ausgrabungsstätten der maltesischen Inseln. Die Entstehungszeit wird nach neuesten Untersuchungen auf etwa 3600-3300 Jahre v. Chr. geschätzt.

das Werk einer Riesin

Über Jahrhunderte hinweg war die Tempelanlage durch Erd- und Sandsteinschichten bedeckt. Der Name Ggantija rührt von der Annahme der Bevölkerung her, dass es sich um das Werk einer Gigantin handelte (siehe Info-Kasten S. 316). Sie konnten nämlich lediglich einige hohe Steine aus dem Boden herausragen sehen.

Der britische Gouverneur Otto Bayer ließ zwischen 1816 und 1826 die ersten Untersuchungen der einstigen Kultstätte durchführen. Allerdings verlief die Grabung laienhaft: weder wurde sie schriftlich dokumentiert, noch wurden die Keramikfunde fachgerecht aufbewahrt, so dass etliche Funde verloren gingen.

Lediglich die Aquarelle des deutschen Malers *H. von Brocktorff* geben etwas Aufschluss über die Grabungsarbeiten. Sie sind im Archäologischen Museum in Victoria zu sehen. Nach 1933 fand die erste systematische Untersuchung durch Mitarbeiter des Archäologischen Museums in Valletta statt. In den Jahren 1953 und 1960-1963 wurden die Ausgrabungen fortgeführt.

Die Anlage besteht aus dem größeren und älteren Südtempel und dem kleineren Nordtempel. Beide sind umgeben von einer gemeinsamen **Umfassungsmauer**, die aus abwechselnd waagerecht und senkrecht geschichteten Steinen besteht. Der größte dieser Steine hat eine Breite von 5,70 m, eine Höhe von 3,80 m und muss über 50 Tonnen schwer sein. Auch heute noch ist die Mauer bis zu 6 m hoch, was im Vergleich zu den ursprünglichen 16 Metern allerdings niedrig ist. Es ist nicht verwunderlich, dass in den gozitanischen Legenden diese Bauten das Werk von Riesen, nicht von Menschen waren.

Löcher deuten darauf hin, dass der Eingang einst verschlossen war.

Fassaden bis zu 10 m hoch

Der ovale, 40 Meter lange Vorplatz, der sich vor den beiden Tempeln erstreckt, war ebenfalls von einer Mauer umgeben. Links vor der **Tempelfassade** sind noch einige Reste zu erkennen (1). Man nimmt an, dass die Tempelfassaden bis zu 10 m hoch waren.

Vor dem Südtempel liegen einige Steinkugeln, die wohl als Transportwalzen dienten. Vor dem Eingang des **Südtempels** (Deckstein fehlt) sieht man eine mächtige **Schwelle** (2) mit umlaufendem erhöhten Rand. Brandspuren deuten darauf hin, dass sie die Funktion einer Opferschale oder eines Opfertisches gehabt haben könnte.

Durch einen leicht ansteigenden Korridor betritt man den ersten Raum des Tempelinneren. Hier kann man ein **Libationsloch** (3) im Boden sehen, das der Aufnahme von Trankopfern diente.

Im ersten rechten Raum sieht man auf zwei Steinblöcken **Reliefspiralmuster** (5). In dieser Apsis fand man auch einen Steinblock mit dem Relief einer Schlange. Der Stein wird heute im Archäologischen Museum in Victoria aufbewahrt.

Durch einen Gang erreicht man das hintere Heiligtum in Form eines Kleeblattes. Dies ist der größte Raum in Ggantija. Die Achsenlänge beträgt 23 m und das leicht vorkragenden Mauerwerk ist 6 m hoch. In der linken Apsis kann man einen **Doppeltrilith-Altar** sehen, allerdings ohne Deckplatte (6).

Gewaltige Steine

In der rechten Apside gibt es linker Hand einen erhöhten Bankaltar mit den **Fragmenten eines Fenstersteins** (7) und rechts vorne eine **Feuerstelle** (4). Der Südtempel hat eine vollständig ausgeformte mittlere Apsis. Diese fehlt bei dem später entstandenen Nordtempel. Hier befand sich wohl das **Allerheiligste des Tempels** (8), das nur Priestern zugänglich war. Der kleinere **Nordtempel** ist leer. Man nimmt an, dass die von Brocktorff aufgezeichneten Steine mittlerweile gestohlen wurden. Nur in der mittleren Apsis, dem Allerheiligsten, das hier nur als Nische ausgebildet ist, kann man einen (rekonstruierten) Trilithaltar sehen.

Hinweis

*Während der Ausgrabungsarbeiten an Ggantija unter Otto Bayer wurde auch mit der Untersuchung des **Xaghra Stone Circle** begonnen. Die Grabungen wurden nicht vollendet und die Stätte danach vernachlässigt.*

Es handelt sich um eine unterirdische Grabstätte, bestehend aus einem natürlichen Höhlensystem mit verschiedenen Gängen, die, vergleichbar mit dem Hypogäum in Hal Saflieni, vorwiegend als Begräbnisstätte genutzt wurde. Man nimmt an, dass der große Beerdigungskomplex zwischen 4100 und 2500 v. Chr. in Benutzung war.

1985 beschloss man, den Xaghra Stone Circle erneut zu untersuchen. Zwischen 1987 und 1994 fanden verschiedene Ausgrabungen statt. Einige der im Xaghra Stone Circle gefundenen Exponate wurden in der Ausstellung „Prähistorische Kunst auf den maltesischen

Funde aus dem Xaghra Stone Circle

Inseln" im Jahre 1996 in London, Florenz und Malta erstmals der Öffentlichkeit präsentiert. (Stiftung für Maltesisches Kulturgut in Zusammenarbeit mit dem National Museum of Archaeology)

Die Ausstellung dokumentierte das künstlerische Erbe der ersten Menschen auf Malta und zeigte Ton- und Steinmetzarbeiten aus den Jahren 5000 bis 2500 v. Chr.

Ausstellungskatalog: Anthony Pace (Hrsg.): Maltese Prehistoric Art 5000-2500 BC. Fondazzjoni Patrimonju Malti. In Association with the National Museum of Archaeology, Malta 1996. In dem Ausstellungskatalog sind namhafte Archäologen mit Aufsätzen vertreten, u.a. John D. Evans und David H. Trump.

INFO Ggantija – das Werk einer Riesin?

Wegen der gigantischen Steinmauern wird die Kultanlage auch „Tempel der Riesin" genannt. Weil die tonnenschweren Steine aus einem fünf Kilometer entfernten Steinbruch stammen – wohlgemerkt das Rad war damals noch unbekannt –, konnten sich die Einheimischen noch im letzten Jahrhundert die Anlage nur als Werke von Riesen vorstellen.

Eine örtliche Legende erzählt dazu Folgendes: Einst wurde die Insel von Riesen bewohnt. Unter ihnen lebte auch Sansuna. Ihr Name ist abgeleitet von Samson, dem biblischen, hebräischen Richter, der mit außergewöhnlichen körperlichen Kräften versehen war.

Auch Sansuna verfügte über ungewöhnliche Energien. Das Geheimnis ihrer Kräfte lag in ihrer Ernährung. Seit ihrer Geburt wurde sie nämlich ausschließlich mit getrockneten Saubohnen ernährt, die fein zu Staub gemahlen und mit Wasser vermischt wurden. Sansunas Aufgabe in der Gemeinschaft der Riesen lag darin, die gewaltigen Steinblöcke zu befördern, die in der Nähe von Ta' Cenc gebrochen und zum Tempelbau benötigt wurden. Mit Leichtigkeit hob sie die Steine auf den Kopf und trug sie zum Tempelplatz, ohne auch nur einmal abzusetzen. Dabei kaute sie stets Saubohnen.

Als sie heiratete und ein Kind gebar, legte sie das Baby in eine Wiege, band es auf den Rücken und trug weiterhin Steine.

Ramla Bay

Die schöne Bucht liegt 3 km östlich von Marsalforn. Der Sandstrand ist 500 m lang und 50 m breit und im Sommer oft überlaufen. Während der Hauptsaison gibt es einige Snackbars und einen Sonnenschirm- und Liegestuhlverleih.

Von der linken Seite der Ramla Bay kann man in einer Viertel Stunde zur **Höhle der Kalypso** hinaufsteigen.

INFO Die Höhle der Kalypso

Homer beschreibt in der Odyssee die Irrfahrten des griechischen Helden *Odysseus*. Nach der Beendigung des Kampfes um Troja wurde sein Boot auf der Heimfahrt kreuz und quer durch das Mittelmeer getrieben. All seine Gefährten kamen dabei ums Leben.

Odysseus hingegen landete auf der Insel Oygygia, von der einige Forscher und natürlich die Einheimischen glauben, es sei Gozo gewesen. Oygygia war der Wohnort der lieblichen *Kalypso*. Sieben Jahre lang behielt sie Odysseus bei sich und verwöhnte ihn mit allen Mitteln einer göttlichen Frau. Angeblich weigerte er sich standhaft, mit ihr das Lager zu teilen. Er sehnte sich nach seiner Heimat, der griechischen Insel Ithaka.

Schließlich gab Göttervater Zeus der Kalypso den Befehl, Odysseus ziehen zu lassen, und so blieb Kalypso traurig in ihrer Höhle zurück. Diese soll sich angeblich über dem Strand der Ramla Bay befinden.

Oberhalb der Ramla Bay öffnet sich an einer Felskuppe eine kleine Grotte, die Höhle der Kalypso. Von außen wie von innen ist die jederzeit frei zugängliche Höhle nicht sonderlich aufregend, eindrucksvoll ist hingegen der Ausblick über das Meer und die unterhalb gelegene Sandbucht der Ramla Bay.

Im seichten Wasser der Bucht, keine 30 m vom Strand entfernt, kann man, wenn man genau hinschaut, einen dunklen Streifen sehen – dies sind die Reste einer Unterwasserbefestigung.

Befestigung unter Wasser

Die große Mauer wurde von den Rittern um das Jahr 1703 erbaut, um damit die ganze Bucht vor Piratenschiffen zu sichern. Linker Hand sieht man die Reste einer kleinen Bastion, die zur zusätzlichen Befestigung errichtet worden war.

Auf der Ostseite des Strandes gibt es einige in den Felsen geschlagene Schächte. Sie waren mit Sprengstoff gefüllt und konnten im Falle eines Angriffs gezündet werden. Diese „Kanonen" waren so sorgfältig berechnet und gebaut, dass sie ihre tödliche Ladung bei Zündung direkt auf die unerwünschten Boote entluden, die entlang der Mauer angehalten worden waren und dort eine Zielscheibe bildeten.

Nadur

Nadur ist mit 3.900 Einwohner die zweitgrößte Stadt Gozos. Der Name stammt von dem arabischen Wort „*nadar*", was „*Aussichtspunkt*" bedeutet. Nadur liegt nämlich auf 160 m und ist somit Gozos höchst gelegenes Dorf.

reiche Gemeinde

Der Reichtum der Gemeinde – nicht zuletzt dank der vielen Auswanderer nach Australien oder nach Nordamerika – wird an der Größe der Kirche deutlich. Die Barockkirche (Baubeginn 1760, Veränderungen im 20. Jh.) ist St. Peter and St. Paul gewidmet. Im Inneren beeindruckt die Fülle an italienischem Marmor. In einem goldverzierten Schaukasten ist eine Kopie der Kette ausgestellt, mit der St. Petrus festgebunden war, als er in Rom im Gefängnis saß. Rechter Hand des Altars werden Relikte des hl. Coronatus aufbewahrt sowie ein Modell des Märtyrers aus Pappmaschee in einer silbernen Rüstung.

Sammlerleidenschaft

Vom Hauptplatz gelangt man in wenigen Schritten zum **Kelinu Grima Maritime Museum** in der Parish Priest Church. Die erstaunliche Sammlung ist das Ergebnis einer lebenslangen Leidenschaft für Schiffsbesatzungen und Schiffe. Über 80 Jahre lang hat der ehemalige Dorfschullehrer die zahlreichen Exponate zusammengetragen und sie zunächst in seinem eigenen Haus am Dorfrand aufbewahrt. Zu sehen sind Modelle von Segelschiffen, Holzstücke von verschiedenen Schiffen, Uniformen, Fotographien und zahlreiche Erinnerungsstücke, die ein Zeugnis von 300 Jahren Maritimgeschichte abgeben.

Von Nadur aus ist rasch die **San Blas Bay** erreicht. Am nördlichen Ortsausgang kann man parken. Von der Bushaltestelle in Nadur läuft man ca. eine halbe Stunde. Durch idyllisch grüne und fruchtbare, künstlich bewässerte Obstplantagen mit Zitronen- und Feigenbäumen geht es auf einem schmalen holprigen Weg hinab zur Bucht. Der Strand ist 100 m lang, aber trotzdem ist es zur Hochsaison leider recht voll und etwas schmutzig.

Die **Dahlet Qorrot Bay** liegt 1 km weiter östlich. Auch diese Bucht kann man von Nadur aus erreichen. Es gibt einen winzig kleinen Strand, aber das Wasser ist nicht sehr sauber hier. Die Felsen rechter Hand der Bucht werden gerne von Sonnenanbetern genutzt.

Qala

hübsches Dorf

Das hübsche Dorf Qala (1.400 Einwohner, ausgesprochen: aala) ist vom Tourismus noch weniger berührt als die anderen Inseldörfer. Die aus der zweiten Hälfte des 19. Jh. stammende Windmühle wurde von einem deutschen Technikhistoriker liebevoll restauriert. Sie ist das Schmuckstück des Ortes, aber Innenbesichtigung sind nicht möglich.
Fährt man von Qala aus in südöstliche Richtung hinunter zum Meer, kommt man zur winzigen Bucht Honoq ir-Rummeln. Von hier hat man herrliche Blicke nach Comino und hinüber nach Malta.

Comino und Cominotto

Die Insel Comino ist nur 2,75 km² groß und liegt zwischen Malta und Gozo. Von Mgarr ist sie etwa 1,5 Meilen entfernt. Gut ein Dutzend Einwohner lebt ständig hier. Zu deutsch heißt das unter Naturschutz stehende Comino (malt.: *Kemmuna*, ital.: *Comino*) „*Kümmel*", denn neben verschiedenen Wildblumen wächst hier vor allem wilder Kümmel, der angeblich im Mittelalter von Gefangenen angebaut wurde. Der besondere Charme der kleinen Insel ist neben der eigentümlich kargen, quellenlosen Landschaft, die klare Luft und das herrlich kristallklare Wasser. Im Frühling bedeckt ein bunter Teppich aus Wiesenblumen den kargen Stein.

wilder Kümmel

Comino ist ideal, wenn man sich richtig entspannen will. Abseits von Verkehrslärm und touristischem Rummel finden Individualisten, Sportler, Naturfreunde und Erholungssuchende hier ein ruhiges Feriendomizil.

Zu den Gästen des einzigen Hotels gesellt sich eine Schar von Tagesausflüglern, die entweder mit dem Boot von Cirkewwa oder Mgarr übersetzen oder eine organisierte Tour von Malta und von Gozo aus machen. Die Boote ankern in der **Blauen Lagune** zwischen Comino und Cominotto.

Comino bietet wunderbare Möglichkeiten zum Wassersport, vor allem Tauchen spielt eine große Rolle. Das Tiefsee-Ambiente in der **Blue Lagune** ist ein begehrtes Ziel. Der flache 125 m breite Meeresarm hat eine wunderschöne grün-blau schillernde Farbe. Die Sicht unter Wasser ist phantastisch. Die Liegeplätze an dem kleinen Strand sind allerdings etwas knapp bemessen und in den Sommermonaten leicht überlaufen.

beliebt bei Tauchern

Bereits in der Bronzezeit war Comino besiedelt. An der Westküste entdeckte man vier Gräber aus der phönizisch-punischen Zeit. Aus römischer Zeit stammt die Bestattungsstätte in der St. Marija Bay. Hier steht auch die **St. Marija-Kapelle**, deren Ursprünge in das 14. Jh. zurückgehen. Am Wochenende wird in der Kapelle von einem Preister aus Qala die Messe gelesen.

Während des Mittelalters lebten mehr als 200 Menschen auf der kleinen Insel sowie zahlreiche Hasen und Wildschweine. Wegen ihrer geschützten Buchten stellte die Insel ein beliebtes Versteck von Piraten dar. Um den Kanal zwischen Gozo und Malta vor den ewigen Piratenangriffen zu schützen, baten die Maltester 1416 König *Alfonso V.* von Spanien um Hilfe. Seine Antwort kam jedoch lediglich in Form einer Weinsteuer, um das Geld für den Bau eines Wachturms einzutreiben.

Alfonso gab das Geld jedoch anderswo aus. So wurde der **St. Marija Tower** erst 1618 gebaut. Der damalige Grandmaster hoffte mit dieser großzügigen Geste die Besiedlung der kleinen Insel ankurbeln zu können.

großzügige Geste

Der Turm wurde durch Din L-Art Helwa restauriert. Abends wird er schön angestrahlt. 1800 wurden französische Kriegsgefangene hier bewacht, bevor sie nach Frankreich zurückgeschickt wurden. Im ersten Weltkrieg befand sich auf Comino eine kleine Isolationsstation. Diese Gebäude bilden jetzt das „Dorf".

Cominotto

Cominotto („*Kümmelkörnchen*") ist durch die Blaue Lagune von Comino getrennt. Das unbewohnte felsige Inselchen ist nur 0,2 km^2 groß. Im Osten des Eilandes gibt es Stufen, die in den Fels gehauen wurden. Sie enden bei den Ruinen eines Gebäudes, das nie eindeutig datiert wurde.

11. ANHANG

Weiterführende Literatur zu Malta

Adam, Hans Christian, Malta – Nabel des Meeres, (Bibliophile Taschenbücher) Dortmund 1990.
Arlt, Wolfgang, Olav Münzberger und R. Singh (Hrsg.), Malet. Literatur aus Malta, Berlin 1989. Im Berliner Verlag „Das Arabische Buch" erschien diese Anthologie, die in deutscher Sprache die bekanntesten zeitgenössischen maltesischen Schriftsteller vorstellt und einen guten Einblick in die maltesische Mentalität, Gedankenwelt und Poesie gibt.
Ash, Stephen, D. Giles und Frank M. Edward Ash, Offical Visitors Guide to the Church of St. Lawrence Vittoriosa, o.O., o.J.
Azzopardi, Anton, A new Geography of the Maltese Islands, Valletta 1995.

Bezzina, Joseph, Forty Legends from Gozo. Stories of Bygone Times (2) 1997. Deutsche Ausgabe: Vierzig Legenden von Gozo. Geschichten aus vergangener Zeit, Valletta (2) 1992. Mittlerweile gibt es zusätzlich „Vierzig weitere Legenden", Valletta 1998.
Bezzina, Joseph, Religion and Politics in a Crown Colony. The Gozo-Malta Story. 1798-1864. Die Geschichte Maltas unter der britischen Herrschaft ist Bezzinas Hauptwerk. Joseph Bezzina gilt als der führende Historiker Maltas.
Blouet, Brian: The Story of Malta, London 1967 (1997). Kurzer, verständlich geschriebener Abriss der maltesischen Geschichte von den Anfängen bis heute. Ausführliche Bibliographie.
Bonnici, Joseph und Michael Cassar, A Century of the Royal Navy at Malta, Malta 1999. Reichlich bebilderter Großband über die Geschichte der Royal Navy auf Malta. 320 Seiten.
Borg, Claude u.a.: „Wall Painting Conservation at Hal Millieri" in Vigilo, April 2002, Nr. 21, Seite 16 ff. Vigilo ist die Zeitschrift Din L-Art Helwas. Sie erscheint zweimal im Jahr.
Borg, John, Public Gardens in Malta and Gozo, Malta 1976. John Borg, Direktor der Argotti Botanical Gardens in den 1920er und frühen 1930er Jahren, war einer der ersten Wissenschaftler, die sich mit Kakteen beschäftigten. 1923 schrieb er seine erste Darstellung über diese Spezies.
Bradford, Ernle, Kreuz und Schwert. Der Johanniter-/Malteserorden, München 1999.
Bradford, Ernle, Der Schild Europas. Der Kampf der Malteserritter gegen die Türken, München 1999.
Brincat, J.M., Malta 870-1054: Al-Himyari Account, Foundation of International Studies, 1991. Eine der wenigen Darstellungen über die Zeit der Araber auf Malta.
Bugeba, Paul, Maltese – How to read and speak it, Malta o.J. Das handliche Buch ist in jeder maltesischen Buchhandlung erhältlich. Hilfreich für das Alltagsvokabular.

Evans, John D., Malta, London 1959 (in deutscher Übersetzung: Köln 1963).
Evans, John D., The Prehistoric Antiquities of the Maltese Islands: a Survey, London 1971.
Freeden, Joachim von, Malta und die Baukunst seiner Megalith-Tempel, Darmstadt 1993.

Gabarretta, Ant. Zammit, The Church of the Grand Masters and Inquisitors. Historical descriptive guide to St. Lawrence, Vittoriosa o.J.
Galea, Michael, Die Ordensritter von Malta, Malta 2001. Neuere Darstellung über die Zeit der Ordensritter auf Malta.
Galea, Michael, Ferdinand von Hompesch 1744-1804. Ein deutscher Großmeister, Valletta 1992.
Galea, Michael, Malta Diary of a War 1940-1945, Malta 1994.
Grech, Lisa (Hrsg.), The Definitive(ly) Good Guide, Malta. Regelmäßig neu aufgelegtes Büchlein. Es bewertet und beschreibt 150 Restaurants nach dem Interieur, den Speisen, der Bedienung und dem Gesamteindruck. Es gibt ein ausführliches Stichwortverzeichnis, in dem die Restaurants nach Orten und alphabetisch gegliedert sind.

Hammet, Dashiell, Der Malteser Falke, Zürich 1974 (Malta 1992). Spannender Krimi über die Suche nach der kostbaren Figur eines Falken.
Hughes, Quentin, The Buildings of Malta 1530-1795, London 1967.
Hughes, Quentin, Malta – A guide to the Fortifications, Malta 1993. Ausgezeichneter Führer zu den Forts der Insel mit Fotos und Zeichnungen.

Kompass Karten, Malta: Wander-, Freizeit- und Straßenkarte, Innsbruck 2008.

Lockhart, Douglas und Sue Ashton, Malta, Gozo and Comino, London (3) 2000. Der Wander- und Autowanderführer ist mit Farbfotos und großmaßstäblichen Karten ausgestattet. Außerdem gibt es Beschreibungen der Fauna und Flora.

Mahoney, Leonard, 5000 Years of Architecture in Malta, Malta 1996. Das umfangreiche Werk befasst sich mit den profanen, sakralen und militärischen Bauwerken Maltas.
Meekers, Georges, Malta's Wine Buddy. Practical aid for the exploration of winemaking and tasting in Malta and Gozo, Malta 1999. Humorvoll erzählt Meekers die Entwicklung von Maltas Weinherstellung vom hausgemachten „Diesel" bis hin zum preisgekrönten Tropfen. Die einzelnen Winzer werden mit ihren besonderen Weinen vorgestellt. Auch gibt der Autor allgemeine Tipps zum Weintesten und Weinkauf.
Monserrat, Nicholas, Der Kaplan von Malta. Hamburg 1977. Das Taschenbuch ist überall auf Malta, auch in deutscher Sprache, erhältlich. In leicht verständlicher Form berichtet der Roman über Malta zur Zeit des Zweiten Weltkrieges.
Morana, Martin, Die prähistorische Höhle von Ghar Dalam, Malta 1987. Das 24 Seiten starke Heft erläutert anschaulich die Entstehung der Höhle und die Geschichte der Ausgrabungen.
Munzinger Archiv, Internationales Handbuch – Länder aktuell, Malta.
Muscat, Joseph, The Dghajsa and other traditional Maltese Boats, Malta 1999. Reichlich bebilderter Bericht über die maltesischen Boote und ihre Urspünge.

The National War Museum Association Malta (Hrsg.), The National War Museum Official Guide. With an account of Malta in World War Two, Malta 1994.

Pace, Anthony (Hrsg.), Maltese Prehistoric Art 5000-2500 BC. Fondazzjoni Patrimonju Malti. In Association with The National Museum of Archaeology, Malta

1996. In dem Ausstellungskatalog sind namhafte Archäologen mit Aufsätzen vertreten, u.a. John D. Evans und David H. Trump. Ausführliche Bibliographie.
- **Piro, Nicolas de**, The International Dictionary of Artists who Painted Malta, Malta 2002.
- **Piro, Nicolas de**, The Temple of the Knights of Malta, Malta 1999. Schöner Bildband über die St. John's Co-Cathedral. Die Fotografien stammen von Daniel Cilia.

- **Renfrew, Colin**, Before Civilization, Harmonsworth 1990. Renfrew erbringt den Beweis, dass Maltas und Gozos Tempel die ältesten freistehenden Monumente sind.

- **Schlender, Momo**, Auf den Spuren von Kreuz und Halbmond, München 1988. Die Autorin berichtet erzählerisch über Stationen der Ordensritter auf Malta.
- **Spiteri, Stephen C.**, The British Fortifications, Malta 1996. Spiteri ist einer der führenden Autoren über die Zeit der Briten auf Malta.
- **Sultana, Donald**, The Journey of Sir Walter Scott to Malta, New York 1986.
- **Statistisches Bundesamt** (Hrsg.), Länderberichte Malta, Stuttgart.

- **Trump, D.H.**, Malta. An Archaeological Guide, London 1990, Malta (3) 1993. Archäologisches Standardwerk.

- **Vigilo**. Vigilo ist die Zeitschrift von Din L-Art Helwa, dem National Trust of Malta. Sie erscheint zweimal im Jahr.

- **Warnecke, Heinz**, Die tatsächliche Romfahrt des Apostel Paulus, Stuttgart 1987.
- **Welsh, Dr. Andy**, „One Year On – Mnajdra Revisited" in Vigilo, April 2002, Nr. 21, Seite 10 ff.
- **Wienand, Adam** (Hrsg.), Der Johanniter-/Malteserorden. Die ritterlichen Orden des hl. Johannes vom Spital zu Jerusalem, Köln (3) 1988.

- **Vella, Dr. Adriana**, „Considerations in Tuna Penning" in Vigilo, Nr. 21, April 2002, Seite 42ff.

- **Zammit, Sir Themistocle**, The Hal-Saflieni Prehistoric Hypogeum at Casal Paula, Malta, First Report, Malta 1910. Professor Zammit waren als Direktor des archäologischen Museums in Valletta die Ausgrabungen der meisten prähistorischen Stätten anvertraut.
- **Zammit, Sir Themistocle**, Die westliche Gruppe der megalithischen Überreste von Malta. Mit Plänen von Hagar Qim und Mnajdra, Illustrationen und einigen ausgeführten Beobachtungen, 1931.
- **Zammit, Ray Cachia** (Hrsg.), The Victoria Lines, Malta 1996. Das reich bebilderte Heft gibt wichtige Informationen über die Geschichte der Victoria Lines.

Glossar

Amphora (Amphore)
mit zwei Henkeln versehenes, bauchiges Gefäß, meist zur Aufbewahrung von Wein.

Apsis
Halbrunde oder vieleckige Nische als Abschluss eines Kirchenraumes.

Aquädukt
Von den Römern erfundener künstlicher Wasserkanal, oft auf mehrstöckigen Bogenbrücken, durch den das Quellwasser über weite Strecken in die Städte geführt werden konnte.

Das Wignacourt Aquädukt

Antiphonar
Liturgisches Buch mit dem Text der Antiphonen (liturgische Wechselgesänge) und des Stundengebets.

Arkosolgrab (Arkosolium, Arkosol)
Wandgrab unter einer Bogennische in den Katakomben.

Atrium
Innerer Wohnhof des römischen Privathauses.

Baptisterium
Selbstständiges kirchliches Bauwerk zum Vollzug des Taufaktes, daher meist Johannes dem Täufer geweiht.

Bastion
Der vorspringende Bauteil einer Festung, von welchem aus die Besatzung das Verteidigungsfeld besser über-blicken und Angreifer von den Flanken abweisen konnte.

Biforium
Zweiflügeliges, durch eine Mittelsäule gegliedertes Fenster.

Caldarium
Baderaum mit warmem Wasser in römischen Thermenanlagen.

Castello
Befestigter Ort.

Chorgestühl
Oft reich verzierte Sitzreihen für die Geistlichen an den Längsseiten des Chores einer Kirche.

Dolmen
Dolmen wurden in der Jungsteinzeit errichtet und bestehen aus mehreren senkrecht stehenden Steinen, auf denen ein großer Deckstein liegt.

Filigran
Ornamentaler, aus feinem Silber- oder Golddraht gefertigter Schmuck.

Frigidarium
Baderaum mit kaltem Wasser in römischen Thermenanlagen.

Hypogäum
Unterirdischer Kultraum und Grabanlage.

Hypokausten
Fußbodenheizung antiker Gebäude mittels warmer Luft.

Intarsien
Einlegearbeit aus Holz, Elfenbein, Stein, Schildpatt oder Perlmutt.

Kalligraphie
Insbesonders im Islam, in Japan und in China praktizierte Kunst des Schönschreibens.

Kasematte
Überwölbte Bunker, die zur Unterbringung von Kanonen und Munition, aber auch von Soldaten dienten.

Kavalier
Erhöhte Plattform innerhalb der Befestigungsanlagen zu Beobachtungszwecken und zur Aufstellung von Kanonen.

Kraggewölbe
Aus zwei treppenförmig aufeinander zulaufenden Steinschichten bestehendes Gewölbe. Auch „falsches Gewölbe" genannt.

Kufische Schrift
Die eckige Monumentalschrift der arabischen Schrift; sie wurde im 12. Jh. durch die Kursive verdrängt.

Kurtine
Der Wall zwischen zwei Bastionen einer Befestigungsanlage.

Langhaus (=Längsschiff)
Der langgestreckte Gebäudeteil einer Kirche.

Libation
Trankopfer für Götter und Verstorbene.

Loculus
Spezielle Form einer Bestattungsnische in Katakomben.

Megalithkultur
Aus „Großen Steinen" (Megalithen) gebaute Monumente sind kennzeichnend für die Kultur der Jungsteinzeit (um 3000 v. Chr.).

Monolith
(griech.: Einzelstein) Denkmal, Bauteil oder Bauform aus einem einzigen Stein, häufig auch Säulen.

Nazarenerstil
Deutsche romantische Kunstrichtung, die eine Erneuerung christlicher Kunst im Sinne der Kunst des Mittelalters anstrebte.

Nekropole
Großer Friedhof in der Antike.

Neolithikum
Jungsteinzeit. Sie beginnt in Mitteleuropa im 6. Jahrtausend v. Chr. und endet um 1800 v. Chr.

Orthostat
Die großen, meist aufrecht stehenden Steinblöcke der untersten Steinlage eines Mauerwerks bei antiken Gebäuden.

Peristyl
Eine Säulenhalle, die ein Bauwerk oder den offenen Hof eines antiken Wohnhauses oder Tempels umgibt.

Piano Nobile
Das repräsentativ ausgerichtete erste Stockwerk eines Palastes.

Pilaster
Eine der Wand vorgelegte „Scheinsäule" mit Basis und Kapitell.

Ravelin
Ein Außenwerk einer Festung, außerhalb des Hauptwalls gelegen.

Polyptychon
Vielflügeliges Altarbild.

Radiokarbonmethode
Eine Methode, um das Alter von organischen Stoffen zu bestimmen. Unter- sucht wird der Gehalt an radioaktivem Kohlenstoff.

Redoute
Kleines trapezförmiges Vorwerk einer Befestigungsanlage.

Retabel
Rückwand des Altars.

Sanktuarium
In allen Kultbauten die Stätte des Heiligtums. In christlichen Kirchen der Altarraum, meist identisch mit dem Chor.

Sarkophag
Reichlich verzierter Sarg.

Stele
Eine aufrecht stehende Gedenk- oder Grabplatte meist mit Relief, weit verbreitet im Altertum.

Tambour
Unterbau einer Kuppel, rund oder mehreckig.

Tepidarium
Raum zum Abkühlen in römischen Thermenanlagen.

Terrakotta
Gebrannte Tonerde. Terrakotta wird für Bauplastik, Friese und für kleinere Vollplastiken verwendet.

Therme
Badehaus in der römischen Antike, für die Öffentlichkeit zugänglich.

Votiv (Votivgaben, Votivaltar)
Eine Gabe, die aufgrund eines Gelüdes gegeben wird.

Die Wallfahrtskirche von Ta' Pinu

Wied
Eine durch Erosion ausgewaschene Felsschlucht.

Zentralbau
Alle Bauteile sind auf einen Mittelpunkt bezogen, im Gegensatz zum einseitig gerichteten Langhausbau.

Stichwortverzeichnis